乡镇供电所员工岗位培训手册

国网河北省电力公司营销部　编著

中国标准出版社
北京

图书在版编目(CIP)数据

乡镇供电所员工岗位培训手册/国网河北省电力公司营销部编著．—北京：中国标准出版社，2017.9

ISBN 978-7-5066-8714-0

Ⅰ.①乡…　Ⅱ.①国…　Ⅲ.①农村配电—岗位培训—教材　Ⅳ.①TM727.1

中国版本图书馆CIP数据核字（2017）第211695号

中国标准出版社　出版发行
北京市朝阳区和平里西街甲2号（100029）
北京市西城区三里河北街16号（100045）
网址：www.spc.net.cn
总编室：（010）68533533　发行中心：（010）51780238
读者服务部：（010）68523946
中国标准出版社秦皇岛印刷厂印刷
各地新华书店经销

*

开本 787×1092　1/16　印张 26　字数 477 千字
2017年9月第一版　　2017年9月第一次印刷

*

定价 87.00 元

编委会

编写说明

按照《国网营销部关于印发2017年“全能型”乡镇供电所建设的工作意见》（营销农电〔2017〕16号）要求，为了加强推进营配业务末端融合，培养复合型员工，支撑新型业务推广，构建快速响应的服务前端，建设业务协同运行、人员一专多能、服务一次到位的“全能型”乡镇供电所，国网河北省电力公司组织专家技术人员编写了本培训教材。本教材包含了从事供电所岗位工作应当具备的“知识、技能、态度”三个方面“基本、专业、相关”各种程度的内容。按照培训目标，针对各岗位特点进行岗位能力培训，使之满足本岗位工作的需求，教材分为以下两篇：

第一篇为通用部分。该部分由乡镇供电所所有岗位能力项的基础知识、专业知识、相关知识、基本技能、职业素养组成。

第二篇为专业部分。该部分主要包括综合柜员和台区经理两个岗位所需要掌握的知识。由各岗位能力项的专业技能、相关技能组成。

本课程本着面向对象，以工作任务为导向的思路，通过对工作任务的枚举以及对工作深度的了解，进行了岗位能力分析分解，形成了以各岗位应知、应会及能力提高三个层次的课程结构，用以培训从事供电所各岗位的相关人员，为进一步打造“全能型”乡镇供电所服务。

编　者

2017年8月

目　录

第一篇　通用部分

第二篇　专业部分

第一篇

通用部分

第一章 电力相关法律规程

第一节 《中华人民共和国安全生产法》摘编

《中华人民共和国安全生产法》是为了加强安全生产工作，防止和减少生产安全事故，保障人民群众生命和财产安全，促进经济社会持续健康发展而制定的。由中华人民共和国第九届全国人民代表大会常务委员会第二十八次会议于2002年6月29日通过公布，自2002年11月1日起施行。2014年8月31日第十二届全国人民代表大会常务委员会第十次会议通过全国人民代表大会常务委员会关于修改《中华人民共和国安全生产法》的决定，自2014年12月1日起施行。

1. 以人为本，坚持安全发展

《中华人民共和国安全生产法》（以下简称新法）明确提出安全生产工作应当以人为本，将坚持安全发展写入了总则。对于坚守红线意识，进一步加强安全生产工作，实现安全生产形势根本性好转的奋斗目标具有重要意义。（第三条）

2. 建立完善安全生产方针和工作机制

将安全生产工作方针完善为“安全第一、预防为主、综合治理”，进一步明确了安全生产的重要地位、主体任务和实现安全生产的根本途径。新法提出要建立生产经营单位负责、职工参与、政府监管、行业自律、社会监督的工作机制，进一步明确了各方安全职责。（第三条）

3. 落实“三个必须”，确立安全生产监管执法部门地位

按照安全生产“管行业必须管安全、管业务必须管安全、管生产经营必须管安全”的要求，新法一是规定国务院和县级以上地方人民政府应当建立健全安全生产工作协调机制，及时协调、解决安全生产监督管理中的重大问题。二是明确各级政府安全生产监督管理部门实施综合监督管理，有关部门在各自职责范围内对有关“行业、领域”的安全生产工作实施监督管理。三是明确各级安全生产监督管理部门和其他负有安全生产监督管理职责的部门作为行政执法部门，依法开

展安全生产行政执法工作，对生产经营单位执行法律、法规、国家标准或者行业标准的情况进行监督检查。（第八条、第九条、第六十二条）

4. 强化乡镇人民政府以及街道办事处、开发区管理机构安全生产职责

乡镇街道是安全生产工作的重要基础，有必要在立法层面明确其安全生产职责，同时，针对各地经济技术开发区、工业园区的安全监管体制不顺、监管人员配备不足、事故隐患集中、事故多发等突出问题，新法明确：乡、镇人民政府以及街道办事处、开发区管理机构等地方人民政府的派出机关应当按照职责，加强对本行政区域内生产经营单位安全生产状况的监督检查，协助上级人民政府有关部门依法履行安全生产监督管理职责。（第八条）

5. 明确生产经营单位安全生产管理机构、人员的设置、配备标准和工作职责

新法一是明确矿山、金属冶炼、建筑施工、道路运输单位和危险物品的生产、经营、储存单位，应当设置安全生产管理机构或者配备专职安全生产管理人员，将其他生产经营单位设置专门机构或者配备专职人员的从业人员下限由300人调整为100人。二是规定了安全生产管理机构以及管理人员的7项职责，主要包括拟定本单位安全生产规章制度、操作规程、应急救援预案，组织宣传贯彻安全生产法律、法规；组织安全生产教育和培训，制止和纠正违章指挥、强令冒险作业、违反操作规程的行为，督促落实本单位安全生产整改措施等。三是明确生产经营单位作出涉及安全生产的经营决策，应当听取安全生产管理机构以及安全生产管理人员的意见。（第二十一条至第二十三条）

6. 明确了劳务派遣单位和用工单位的职责和劳动者的权利义务

一是规定生产经营单位应当将被派遣劳动者纳入本单位从业人员统一管理，对被派遣劳动者进行岗位安全操作规程和安全操作技能的教育和培训。劳务派遣单位应当对被派遣劳动者进行必要的安全生产教育和培训。二是明确被派遣劳动者享有本法规定的从业人员的权利，并应当履行本法规定的从业人员的义务。（第二十五条、第五十八条）

7. 建立事故隐患排查治理制度

新法把加强事前预防、强化隐患排查治理作为一项重要内容：一是生产经营单位必须建立事故隐患排查治理制度，采取技术、管理措施消除事故隐患。二是政府有关部门要建立健全重大事故隐患治理督办制度，督促生产经营单位消除重大事故隐患。三是对未建立隐患排查治理制度、未采取有效措施消除事故隐患的行为，设定了严格的行政处罚。（第三十八条、第九十八条、第九十九条）

8. 推进安全生产标准化建设

结合多年来的实践经验，新法在总则部分明确生产经营单位应当推进安全生

产标准化工作，提高本质安全生产水平。（第四条）

9. 推行注册安全工程师制度

新法确立了注册安全工程师制度，并从两个方面加以推进：一是危险物品的生产、储存单位以及矿山、金属冶炼单位应当有注册安全工程师从事安全生产管理工作，鼓励其他单位聘用注册安全工程师。二是建立注册安全工程师按专业分类管理制度，授权国务院人力资源和社会保障部门、安全生产监督管理等部门制定具体实施办法。（第二十四条）

10. 推进安全生产责任保险

根据2006年以来在河南省、湖北省、山西省、北京市、重庆市等省（市）的试点经验，重点是为了增加事故应急救援和事故单位从业人员以外的事故受害人的赔偿补偿资金来源，新法规定：国家鼓励生产经营单位投保安全生产责任保险。（第四十八条）

11. 建立分类分级监管和年度监督检查计划制度

新法将分级分类监管和按照年度监督检查计划作为安全监管部门的法定执法方式，明确规定：安全生产监督管理部门应当按照分类分级监督管理的要求，制定安全生产年度监督检查计划，并按照年度监督检查计划进行监督检查，发现事故隐患，应当及时处理。（第五十九条）

12. 对拒不执行停产执法决定的生产经营单位，依法实施停电停供民用爆炸物品等强制停产措施

近年来，由于没有采取断然措施导致发生的重特大事故屡见不鲜。新法深刻吸取事故教训，规定：依法对存在重大事故隐患的生产经营单位作出停产停业、停止施工、停止使用的决定，生产经营单位拒不执行，有发生生产安全事故的现实危险的，在保证安全的前提下，经本部门主要负责人批准，负有安全生产监督管理职责的部门可以采取通知有关单位停止供电、停止供应民用爆炸物品等措施，强制生产经营单位履行决定。通知应当采用书面形式，有关单位应当予以配合。（第六十七条）

13. 建立严重违法行为公告和通报制度

为加强安全生产诚信体系建设，促进生产经营单位落实安全生产主体责任，尤其是针对实践中一些生产经营单位特别是上市公司“不怕罚款怕曝光”的情况，新法规定负有安全生产监督管理职责的部门建立安全生产违法行为信息库，如实记录生产经营单位的安全生产违法行为信息；对违法行为情节严重的生产经营单位，应当向社会公告，并通报行业主管部门、投资主管部门、国土资源主管

部门、证券监督管理机构和有关金融机构。（第七十五条）

14. 完善了事故应急救援制度

新法将生产安全事故应急救援工作的基本保障和实践中的有效做法上升为法律规定，一是明确国家加强生产安全事故应急能力建设，在重点行业、领域建立应急救援基地和应急救援队伍，鼓励社会力量建立应急救援队伍。二是国务院安全生产监督管理部门建立全国统一的生产安全事故应急救援信息系统，国务院有关部门建立健全相关行业、领域的生产安全事故应急救援信息系统。三是生产经营单位应当依法制定本单位生产安全事故应急救援预案，与有关人民政府组织制定的生产安全事故应急救援预案相衔接，并定期组织演练。四是参与事故抢救的部门和单位应当服从统一指挥，加强协同联动，采取有效的应急救援措施，并根据事故救援的需要组织采取警戒、疏散等措施，防止事故扩大和次生灾害的发生。（第七十六条、第七十八条、第八十二条）

15. 加大对违法行为和事故责任的追究力度

一是规定了事故行政处罚和终身行业禁入。第一，按照两个责任主体、四个事故等级，规定了对生产经营单位及其主要负责人的 8 项罚款处罚明文。第二，大幅提高对事故责任单位的罚款金额：一般事故罚款 20 万元至 50 万元，较大事故 50 万元至 100 万元，重大事故 100 万元至 500 万元，特别重大事故 500 万元至 1000 万元；特别重大事故且情节特别严重的，罚款 1000 万元至 2000 万元。第三，进一步明确主要负责人对重大、特别重大事故负有责任的，终身不得担任本行业生产经营单位的主要负责人。（第九十一条、第九十二条、第一百零九条）二是加大罚款处罚力度。结合各地区经济发展水平、企业规模等实际，新法维持罚款下限基本不变、将罚款上限提高了 2 至 5 倍，并且多数罚则不再将责令限期改正作为前置程序；增加了对直接负责的主管人员和其他直接责任人员的处罚规定。（第六章相关条文）

第二节　《农村低压电气安全工作规程》摘编

一、范围及引用标准

本规程规定了农村低压电网安全工作的基本要求和保证安全的措施，适用于县级及以下从事低压电气工作的人员。

引用标准：《国家电网公司电力安全工作规程（线路部分）、（配电部分）、（变电部分）》，DL/T 499—2001《农村低压电力技术规程》。本规程如有与《国家电网公司电力安全工作规程（线路部分）、（配电部分）、（变电部分）》不同之处，应遵照《国家电网公司电力安全工作规程（线路部分）、（配电部分）、（变电部分）》。

二、基本要求

1. 电气工作人员

具备必要的安全生产知识，学会紧急救护法，特别要学会触电急救。各类作业人员应接受相应的安全生产教育和岗位技能培训，经考试合格后上岗。

2. 电气设备

高压电气设备，电压等级在1000V及以上者；低压电气设备，电压等级在1000V以下者。

3. 配电线路和设备巡视检查

在巡视检查中，发现有威胁人身安全的缺陷时，应采取全部停电、部分停电或其他临时性安全措施，不得越过遮栏或围墙。

4. 电气操作

电气操作必须根据值班负责人的命令执行，执行时应由两人进行，低压操作票由操作人填写，每张操作票只能执行一个操作任务。

三、保证安全工作的组织措施和技术措施

（1）在低压电气设备上工作，保证安全的组织措施。在低压电气设备上工作，工作票的使用应按从事工作的类型正确填写相应的工作票。同时工作票签发人、工作负责人（监护人）、工作许可人、工作班成员的职责明确。

进行电力线路施工作业、工作票签发人或工作负责人认为有必要现场勘察的检修作业，施工、检修单位均应根据工作任务组织现场勘察，并填写现场勘察记录，现场勘察由工作票签发人组织。

现场勘察应查看现场施工（检修）作业需要停电的范围、保留的带电部位和作业现场的条件、环境及其他危险点等。

1）工作票制度。工作票应用黑色或蓝色的钢（水）笔或圆珠笔填写与签发，一式两份，内容应正确，填写应清楚，不得任意涂改。如有个别错、漏字需要修改时，应使用规范的符号，字迹应清楚。一张工作票中，工作票签发人和工作许

可人不得兼任工作负责人。第一、二种工作票和带电作业工作票的有效时间，以批准的检修期为限。

工作票所列人员的安全责任应明确。各项目负责人不得随意越位指挥。

2）工作许可制度。填用第一种工作票进行工作，工作负责人应在得到全部工作许可人的许可后，方可开始工作。

填用电力线路第二种工作票时，不需要履行工作许可手续。

3）工作监护制度和现场看守制度。工作负责人、专责监护人应始终在工作现场，对工作班人员的安全进行认真监护，及时纠正不安全的行为。若工作负责人必须长时间离开工作现场时，应由原工作票签发人变更工作负责人，履行变更手续，并告知全体工作人员及工作许可人。原、现工作负责人应作好必要的交接。

4）工作间断和转移制度。在工作中遇雷、雨、大风或其他任何情况威胁到工作人员的安全时，工作负责人或专责监护人可根据情况，临时停止工作。需要临时停止工作时，安全措施可以保留，并派专人看管，恢复工作前，应检查接地线等各项安全措施的完整性。

5）工作终结、验收和恢复送电制度。完工后，工作负责人（包括小组负责人）应检查线路检修地段的状况，确认在杆塔上、导线上、绝缘子串上及其他辅助设备上没有遗留的个人保安线、工具、材料等，查明全部工作人员确由杆塔上撤下后，再命令拆除工作地段所挂的接地线。接地线拆除后，应即认为线路带电，不准任何人再登杆进行工作。

（2）在全部停电和部分停电的电气设备上工作时，必须完成下列技术措施：

1）停电（断开电源）。

2）验电。验电时，应使用相应电压等级、合格的接触式验电器。

3）挂接地线。装设接地线时，应先接接地端，后接导线端，接地线应接触良好，连接应可靠。拆接地线的顺序与此相反。

工作地段如有邻近、平行、交叉跨越及同杆塔架设线路，为防止停电检修线路上感应电压伤人，在需要接触或接近导线工作时，应使用个人保安线。

4）装设遮栏和悬挂标示牌。

四、架空线路工作要求

架空线路施工中的挖坑工作，立杆和撤杆工作，电杆上工作，放线、撤线和紧线工作应符合安全操作规程。同时起重运输工作也应做好各项安全措施。

五、邻近带电导线的工作要求

做好各项安全检查和安全措施，并与带电导线、设备保持足够的安全距离。

六、低压间接带电作业要求

进行间接带电作业时，作业范围内电气回路的剩余电流动作保护器必须投入运行。

七、室内线路和电动机安装使用要求

（1）室内线路安装安全注意事项。

（2）电动机安装、使用安全注意事项。

八、砍伐树木工作要求

砍伐树木工作应严格遵守作业规定，并做好各项安全措施。

（1）砍剪树木应有人监护。

（2）砍剪靠近带电线路的树木，要向全体作业人员说明电力线路有电，应使用绝缘绳索将其拉向与线路相反的方向。

九、测量工作与仪表使用

（1）电气测量工作要求。

（2）使用绝缘电阻表安全注意事项。

（3）使用钳型电流表安全注意事项。

（4）使用万用表安全注意事项。

十、安全工器具的使用与保管要求

其中绝缘安全工器具试验项目、周期和要求参见《国家电网公司电力安全工作规程（线路部分）》附录L内容。

十一、其他工作要求

在没有脚手架或者在没有栏杆的脚手架上工作，高度超过1.5m时，应使用安全带，或采取其他可靠的安全措施；遇有电气设备火灾时，应立即将有关设备的电源切断，然后进行救火。

第三节　企业事业单位内部治安保卫条例

第一条　为了规范企业、事业单位（以下简称单位）内部治安保卫工作，保护公民人身、财产安全和公共财安全，维护单位的工作、生产、经营、教学和科研秩序，制定本条例。

第二条　单位内部治安保卫工作贯彻预防为主、单位负责、突出重点、保障安全的方针。单位内部治安保卫工作应当突出保护单位内人员的人身安全，单位不得以经济效益、财产安全或者其他任何借口忽视人身安全。

第三条　国务院公安部门指导、监督全国的单位内部治安保卫工作，对行业、系统有监管职责的国务院有关部门指导、检查本行业、本系统的单位内部治安保卫工作；县级以上地方各级人民政府公安机关指导、监督本行政区域内的单位内部治安保卫工作，对行业、系统有监管职责的县级以上地方各级人民政府有关部门指导、检查本行政区域内的本行业、本系统的单位内部治安保卫工作，及时解决单位内部治安保卫工作中的突出问题。

第四条　县级以上地方各级人民政府应当加强对本行政区域内的单位内部治安保卫工作的领导，督促公安机关和有关部门依法履行职责，并及时协调解决单位内部治安保卫工作中的重大问题。

第五条　单位的主要负责人对本单位的内部治安保卫工作负责。

第六条　单位应当根据内部治安保卫工作需要，设置治安保卫机构或者配备专职、兼职治安保卫人员。治安保卫重点单位应当设置与治安保卫任务相适当的治安保卫机构，配备专职治安保卫人员，并将治安保卫机构的设置和人员的配备情况报主管公安机关备案。

第七条　单位内部治安保卫工作的要求：

（一）有适应单位具体情况的内部治安保卫制度、措施和必要的治安防范设施；

（二）单位范围内的治安保卫情况有人检查，重要部位得到重点保护，治安隐患及时得到排查；

（三）单位范围内的治安隐患和问题及时得到处理，发生治安案件、涉嫌刑事犯罪的案件及时得到处置。

第八条 单位制定的内部治安保卫制度应当包括下列内容：

（一）门卫、值班、巡查制度；

（二）工作、生产、经营、教学、科研等场所的安全管理制度；

（三）现金、票据、印鉴、有价证券等重要物品使用、保管、储存、运输的安全管理制度；

（四）单位内部的消防、交通安全管理制度；

（五）治安防范教育培训制度；

（六）单位内部发生治安案件、涉嫌刑事犯罪案件的报告制度；

（七）治安保卫工作检查、考核及奖惩制度；

（八）存放有爆炸性、易燃性、放射性、毒害性、传染性、腐蚀性等危险物品和传染性菌种、毒种以及武器弹药的单位，还应当有相应的安全管理制度；

（九）其他有关的治安保卫制度。

单位制定的内部治安保卫制度不得与法律、法规、规章的规定相抵触。

第九条 单位内部治安保卫人员应当接受有关法律知识和治安保卫业务、技能以及相关专业知识的培训、考核。

第十条 单位内部治安保卫人员应当依法、文明履行职责，不得侵犯他人合法权益。治安保卫人员依法履行职责的行为受法律保护。

第十一条 单位内部治安保卫机构、治安保卫人员应当履行下列职责：

（一）开展治安防范宣传教育，并落实本单位的内部治安保卫制度和治安防范措施；

（二）根据需要，检查进入全单位人员的证件，登记出入的物品和车辆；

（三）在单位范围内进行治安防范巡逻和检查，建立巡逻、检查和治安隐患整改记录；

（四）维护单位内部的治安秩序，制止发生在本单位的违法行为，对难以制止的违法行为以及发生的治安案件、涉嫌刑事犯罪案件应当立即报警，并采取措施保护现场，配合公安机关的侦查、处置工作；

（五）督促落实单位内部治安防范设施的建设和维护。

第十二条 在单位管理范围内的人员，应当遵守单位的内部治安保卫制度。

第十三条 关系全国或者所在地区国计民生、国家安全和公共安全的单位是治安保卫重点单位。治安保卫重点单位由县级以上地方各级人民政府公安机关按照下列范围提出，报本级人民政府确定：

（一）广播电台、电视台、通讯社等重要新闻单位；

（二）机场、港口、大型车站等重要交通枢纽；

（三）国防科技工业重要产品的研制、生产单位；

（四）电信、邮政、金融单位；

（五）大型能源动力设施、水利设施和城市水、电、燃气、热力供应设施；

（六）大型物资储备单位和大型商贸中心；

（七）教育、科研、医疗单位和大型文化、体育场所；

（八）博物馆、档案馆和重点文物保护单位；

（九）研制、生产、销售、储存危险物品或者实验、保藏传染性菌种、毒种的单位；

（十）国家重点建设工程单位；

（十一）其他需要列为治安保卫重点的单位；

治安保卫重点单位应当遵守本条例对单位治安保卫工作的一般规定和对治安保卫重点单位的特别规定。

第十四条 治安保卫重点单位应当确定本单位的治安保卫重要部位，按照有关国家标准对重要部位设置必要的技术防范设施，并实施重点保护。

第十五条 治安保卫重点单位应当在公安机关指导下制定单位内部治安突发事件处置预案，并定期演练。

第十六条 公安机关对本行政区域内的单位内部治安保卫工作履行下列职责：

（一）指导单位制定、完善内部治安保卫制度，落实治安防范措施，指导治安保卫人员队伍建设和治安保卫重点单位的治安保卫机构建设；

（二）检查、指导单位的内部治安保卫工作，发现单位有违反本条例规定的行为或者治安隐患，及时下达整改通知书，责令限期整改；

（三）接到单位内部发生治安案件、涉嫌刑事犯罪案件的报警，及时出警，依法处置。

第十七条 对认真落实治安防范措施，严格执行治安保卫工作制度，在单位内部治安保卫工作中取得显著成绩的单位和个人，有关人民政府、公安机关和有关部门应当给予表彰、奖励。

第十八条 单位治安保卫人员因履行治安保卫职责伤残或者死亡的，依照国家有关工伤保险、评定伤残、批准烈士规定给予相应的待遇。

第十九条 单位违反本条例的规定，存在治安隐患的，公安机关应当责令限期整改，并处警告；单位逾期不整改，造成公民人身伤害、公私财产损失，或者严重威胁公民人身安全、公私财产安全或者公共安全的，对单位处1万元以上10万元以下的罚款，对单位主要负责人和其他直接责任人员处500元以上5000元以下的罚款，并可以建议有关组织对单位主要负责人和其他直接责任人员依法给予处分；情节严重，构成犯罪的，依法追究刑事责任。

第二十条 单位治安保卫人员在履行职责时侵害他人合法权益的，应当赔礼道歉，给他人造成损害的，单位应当承担赔偿责任。单位赔偿后，有权责令因故意或者重大过失造成侵权的治安保卫人员承担部分或者全部赔偿和费用；对故意或者重大过失人员侵害他人合法权益的行为属于受单位负责人指使、胁迫的，对单位负责人依法给予处分，并由其承担赔偿责任；情节严重，构成犯罪的，依法追究刑事责任。

第二十一条 公安机关接到单位报警后不依法履行职责，致使公民人身、财产和公共财产遭受损失，或者有其他玩忽职守、滥用职权行为的，对直接负责的主管人员和其他直接责任人员依法给予行政处分；情节严重，构成犯罪的，依法追究刑事责任。对行业、系统有监管职责的人民政府有关部门在指导、检查本行业、本系统的单位内部治安保卫工作过程中有玩忽职守、滥用职权行为的，参照前款规定处罚。

第二十二条 机关、团体的内部治安保卫工作参照本条例的有关规定执行。高等学校治安保卫工作的具体规定由国务院另行制定。

第二十三条 本条例自2004年12月1日起施行。

第四节 《中华人民共和国消防法》摘编

第一章 总 则

第二条 消防工作贯彻预防为主、防消结合的方针，按照政府统一领导、部门依法监管、单位全面负责、公民积极参与的原则，实行消防安全责任制，建立健全社会化的消防工作网络。

第五条 任何单位和个人都有维护消防安全、保护消防设施、预防火灾、报告火警的义务。任何单位和成年人都有参加有组织的灭火工作的义务。

第二章　火灾预防

第十六条　机关、团体、企业、事业等单位应当履行下列消防安全职责：

（一）落实消防安全责任制，制定本单位的消防安全制度、消防安全操作规程，制定灭火和应急疏散预案；

（二）按照国家标准、行业标准配置消防设施、器材，设置消防安全标志，并定期组织检验、维修，确保完好有效；

（三）对建筑消防设施每年至少进行一次全面检测，确保完好有效，检测记录应当完整准确，存档备查；

（四）保障疏散通道、安全出口、消防车通道畅通，保证防火防烟分区、防火间距符合消防技术标准；

（五）组织防火检查，及时消除火灾隐患；

（六）组织进行有针对性的消防演练；

（七）法律、法规规定的其他消防安全职责。

第十七条　消防安全重点单位除应当履行本法第十六条规定的职责外，还应当履行下列消防安全职责：

（一）确定消防安全管理人，组织实施本单位的消防安全管理工作；

（二）建立消防档案，确定消防安全重点部位，设置防火标志，实行严格管理；

（三）实行每日防火巡查，并建立巡查记录；

（四）对职工进行岗前消防安全培训，定期组织消防安全培训和消防演练。

第二十一条　禁止在具有火灾、爆炸危险的场所吸烟、使用明火。因施工等特殊情况需要使用明火作业的，应当按照规定事先办理审批手续，采取相应的消防安全措施；作业人员应当遵守消防安全规定。

进行电焊、气焊等具有火灾危险作业的人员和自动消防系统的操作人员，必须持证上岗，并遵守消防安全操作规程。

第二十三条　生产、储存、运输、销售、使用、销毁易燃易爆危险品，必须执行消防技术标准和管理规定。进入生产、储存易燃易爆危险品的场所，必须执行消防安全规定。禁止非法携带易燃易爆危险品进入公共场所或者乘坐公共交通工具。

储存可燃物资仓库的管理，必须执行消防技术标准和管理规定。

第二十七条　电器产品、燃气用具的产品标准，应当符合消防安全的要求。

电器产品、燃气用具的安装、使用及其线路、管路的设计、敷设、维护保养、检测，必须符合消防技术标准和管理规定。

第二十八条 任何单位、个人不得损坏、挪用或者擅自拆除、停用消防设施、器材，不得埋压、圈占、遮挡消火栓或者占用防火间距，不得占用、堵塞、封闭疏散通道、安全出口、消防车通道。人员密集场所的门窗不得设置影响逃生和灭火救援的障碍物。

第二十九条 负责公共消防设施维护管理的单位，应当保持消防供水、消防通信、消防车通道等公共消防设施的完好有效。

第四章 灭火救援

第四十四条 任何人发现火灾都应当立即报警。任何单位、个人都应当无偿为报警提供便利，不得阻拦报警。严禁谎报火警。

人员密集场所发生火灾，该场所的现场工作人员应当立即组织、引导在场人员疏散。

任何单位发生火灾，必须立即组织力量扑救。邻近单位应当给予支援。消防队接到火警，必须立即赶赴火灾现场，救助遇险人员，排除险情，扑灭火灾。

第六章 法律责任

第六十条 单位违反本法规定，有下列行为之一的，责令改正，处五千元以上五万元以下罚款：

（一）消防设施、器材或者消防安全标志的配置、设置不符合国家标准、行业标准，或者未保持完好有效的；

（二）损坏、挪用或者擅自拆除、停用消防设施、器材的；

（三）占用、堵塞、封闭疏散通道、安全出口或者有其他妨碍安全疏散行为的；

（四）埋压、圈占、遮挡消火栓或者占用防火间距的；

（五）占用、堵塞、封闭消防车通道，妨碍消防车通行的；

（六）人员密集场所在门窗上设置影响逃生和灭火救援的障碍物的；

（七）对火灾隐患经公安机关消防机构通知后不及时采取措施消除的。

个人有前款第二项、第三项、第四项、第五项行为之一的，处警告或者五百元以下罚款。

有本条第一款第三项、第四项、第五项、第六项行为，经责令改正拒不改正的，强制执行，所需费用由违法行为人承担。

第六十二条 有下列行为之一的，依照《中华人民共和国治安管理处罚法》的规定处罚：

（一）违反有关消防技术标准和管理规定生产、储存、运输、销售、使用、销毁易燃易爆危险品的；

（二）非法携带易燃易爆危险品进入公共场所或者乘坐公共交通工具的；

（三）谎报火警的；

（四）阻碍消防车、消防艇执行任务的；

（五）阻碍公安机关消防机构的工作人员依法执行职务的。

第六十三条 违反本法规定，有下列行为之一的，处警告或者五百元以下罚款；情节严重的，处五日以下拘留：

（一）违反消防安全规定进入生产、储存易燃易爆危险品场所的；

（二）违反规定使用明火作业或者在具有火灾、爆炸危险的场所吸烟、使用明火的。

第六十四条 违反本法规定，有下列行为之一，尚不构成犯罪的，处十日以上十五日以下拘留，可以并处五百元以下罚款；情节较轻的，处警告或者五百元以下罚款：

（一）指使或者强令他人违反消防安全规定，冒险作业的；

（二）过失引起火灾的；

（三）在火灾发生后阻拦报警，或者负有报告职责的人员不及时报警的；

（四）扰乱火灾现场秩序，或者拒不执行火灾现场指挥员指挥，影响灭火救援的；

（五）故意破坏或者伪造火灾现场的；

（六）擅自拆封或者使用被公安机关消防机构查封的场所、部位的。

第七章 附 则

第七十三条 本法下列用语的含义：

（一）消防设施，是指火灾自动报警系统、自动灭火系统、消火栓系统、防烟排烟系统以及应急广播和应急照明、安全疏散设施等。

（二）消防产品，是指专门用于火灾预防、灭火救援和火灾防护、避难、逃生的产品。

（三）公众聚集场所，是指宾馆、饭店、商场、集贸市场、客运车站候车室、客运码头候船厅、民用机场航站楼、体育场馆、会堂以及公共娱乐场所等。

（四）人员密集场所，是指公众聚集场所，医院的门诊楼、病房楼，学校的教学楼、图书馆、食堂和集体宿舍，养老院，福利院，托儿所，幼儿园，公共图书馆的阅览室，公共展览馆、博物馆的展示厅，劳动密集型企业的生产加工车间和员工集体宿舍，旅游、宗教活动场所等。

第七十四条 本法自 2009 年 5 月 1 日起施行。

第二章　电力技术规程

第一节　架空绝缘配电线路施工及验收规程

本规程规定了架空绝缘线路路器材检验、施工技术要求、工程验收规则。适用于额定电压6kV～10kV（中压）和额定电压1kV及以下（低压）架空绝缘配电线路的施工及验收。

一、器材检验

（1）器材应符合现行国家标准，无国家标准时，应符合行业标准，无正式标准的新型器材，须经有关部门鉴定合格后方可采用。

（2）器材出厂应有试验合格证、产品合格证；

（3）器材检查应符合要求。

二、电杆基坑

（1）基坑施工前定位应符合要求；

（2）电杆埋深应符合设计规定；

（3）基础浇筑、焊接应符合国家标准；

（4）混凝土浇筑应定期检查，并满足养护规定日期。

三、杆塔组装

（1）钢筋混凝土杆塔焊接应符合规定；

（2）铁塔组立后，塔脚应与基础面接触良好；

（3）电杆立好后符合规定；

（4）横担安装应平整；

（5）螺栓穿入的方向应符合标准；

（6）绝缘子安装应牢固、可靠。

四、拉线安装

安装拉线前应进行外观检查，且符合下列规定：

（1）镀锌良好，无锈蚀；

（2）无松股、交叉、折叠、断股及破损等缺陷。

五、导线架设

安装导线前，应先进行外观检查，且符合下列要求：

（1）导体紧压，无腐蚀；

（2）绝缘线端部应有密封措施；

（3）绝缘层紧密挤包，表面平整圆滑，色泽均匀，无尖角、颗粒，无烧焦痕迹。

六、电器设备安装

安装电气设备前应进行外观检查，且符合下列要求：

（1）外表整齐，内外清洁无杂物；

（2）操作机构灵活无卡位；

（3）通、断动作应快速、准确、可靠；

（4）辅助触点通断准确、可靠；

（5）仪表与互感器变比及接线、极性正确；

（6）紧固螺母拧紧，元件安装正确、牢固可靠；

（7）母线、电路连接紧固良好，并且套有绝缘管；

（8）保护元件整定正确；

（9）随机元件及附件齐全。

七、对地距离

绝缘配电线路应尽量不跨越建筑物，如需跨越，导线与建筑物的垂直距离在最大计算弧垂情况下，不应小于下列数据：

（1）中压：2.5m；

（2）低压：2.0m。

线路边线与永久建筑物之间的距离在最大风偏的情况下，不应小于下列数值：

（1）中压：0.75m（人不能接近时可为0.4m）；

（2）低压：0.2m。

八、接户线

接户线指架空绝缘线配电线路与用户建筑物外第一支持点之间的一段线路。低压接户线档距不宜超过25m，中压接户线档距不宜大于30m。

接户线不应从1～10kV引下线间穿过，接户线不应跨越铁路。

（1）不同规格不同金属的接户线不应在档距内连接，跨越通车道的接户线不应有接头。

（2）两个电源引入的接户线不宜同杆架设。

（3）接户线与导线如为铜铝连接必须采用铜铝过渡措施。

（4）接户线与主杆绝缘线连接应进行绝缘密封。

九、工程交接验收

工程验收时应提交下列资料。

（1）施工中的有关协议及文件。

（2）设计变更通知单及在原图上修改的变更设计部分的实际施工图、竣工图。

（3）施工记录图。

（4）安装技术记录。

（5）接地记录，记录中应有接地电阻值、测试时间、测验人姓名。

（6）导线弧垂施工记录，记录中应明确施工线段、弧垂、观测人姓名、观测日期、气候条件。

（7）交叉跨越记录，记录中应明确跨越物设施、跨越距离、工作质量负责人。

（8）施工中所使用器材的试验合格证明。

（9）交接试验记录。

第二节 电能计量装置安装接线规则

一、适用范围

DL/T 825—2002《电能计量装置安装接线规则》规定了电力系统中计费用和非计费用交流电能计量装置的接线方式及安装规定，适用于各种电压等级的交流电能计量装置。电能计量装置中弱电输出部分由于尚无统一规范，故暂不包括在内。

以下着重介绍农网配电、营业工作中重点应用的相关条款。

二、技术要求

1. 接线方式

（1）低压计量。低压供电方式为单相二线者，应安装单相有功电能表；低压供电方式为三相者，应安装三相四线有功电能表；有考核功率因数要求者，应安装三相无功电能表。

（2）高压计量。中性点非有效接地系统一般采用三相三线有功、无功电能表，但经消弧线圈等接地的计费用户且年平均中性点电流（至少每季测试一次）大于0.1%I_N（额定电流）时，也应采用三相四线有功、无功电能表。中性点有效接地系统应采用三相四线有功、无功电能表。

（3）电能表的实际配置按不同计量方式确定，有功电能表、无功电能表根据需要可换接为多费率电能表、多功能电能表。

2. 二次回路

（1）所有计费用电流互感器的二次接线应采用分相接线方式。非计费用电流互感器可以采用星形（或不完全星形）接线方式（简称为简化接线方式）。

（2）电压、电流回路U、V、W各相导线应分别采用黄、绿、红色线，中性线应采用黑色线或采用专用编号电缆。导线颜色参见相关规程。

（3）电压、电流回路导线均应加装与图纸相符的端子编号，导线排列顺序应按正相序（即黄、绿、红色线为自左向右或自上向下）排列。

（4）导线应采用单股绝缘铜质线；电压、电流互感器从输出端子直接接至试验接线盒，中间不得有任何辅助触点、接头或其他连接端子。35kV及以上电压互感器可经端子箱接至试验接线盒。导线留有足够长的裕度。110kV 及以上电压互感器回路中必须加装快速熔断器。

（5）经电流互感器接入的低压三相四线电能表，其电压引入线应单独接入，不得与电流线共用，电压引入线的另一端应接在电流互感器一次电源侧，并在电源侧母线上另行引出，禁止在母线连接螺钉处引出。电压引入线与电流互感器一次电源应同时切合。

（6）电流互感器二次回路导线截面不得小于 $4mm^2$。

（7）电压互感器二次回路导线截面应根据导线压降不超过允许值进行选择，但其最小截面不得小于 $2.5mm^2$。Ⅰ、Ⅱ类电能计量装置二次导线压降的允许值为 $0.2\%U_{2N}$，其他类电能计量装置二次导线压降的允许值为 $0.5\%U_{2N}$。

（8）电压互感器及高压电流互感器二次回路均应只有一处可靠接地。高压电流互感器应将互感器二次 n_2 端与外壳直接接地，星形接线电压互感器应在中性点处接地，V－V 接线电压互感器在 V 相接地。

（9）双回路供电，应分别安装电能计量装置，电压互感器不得切换。

3. 直接接入式电能表

（1）金属外壳的直接接入式电能表，如装在非金属盘上，外壳必须接地。

（2）直接接入式电能表的导线截面应根据额定的正常负荷电流按表 2－2－1 选择。所选导线截面必须小于端钮盒接线孔。

表 2－2－1　负荷电流与导线截面选择表

负荷电流/A	铜芯绝缘导线截面/mm^2	负荷电流/A	铜芯绝缘导线截面/mm^2
$I<20$	4.0	$60\leqslant I<80$	7×2.5
$20\leqslant I<40$	6.0	$80\leqslant I<100$	7×4.0
$40\leqslant I<60$	7×1.5		

注：按 DL/T 448—2000《电能计量装置技术管理规程》规定，负荷电流为 50A 以上时，宜采用经电流互感器接入式的接线方式。

4. 二次回路的绝缘测试

二次回路的绝缘测试是指测量绝缘电阻。绝缘配合见 GB/T 16935.1—2008《低压系统内设备的绝缘配合　第 1 部分：原理、要求和试验》。绝缘电阻采用 500V 绝缘电阻表进行测量，其绝缘电阻应不小于 5MΩ。试验部位为所有电流、电压回路对地，各相电压回路之间，电流回路与电压回路之间。

三、安装要求

1. 计量柜（屏、箱）

（1）10kV及以下电力用户处的电能计量点应采用全国统一标准的电能计量柜（箱），低压计量柜应紧靠进线外，高压计量柜则可设置在主受电柜后面。

（2）居民用户的计费电能计量装置必须采用符合要求的计量箱。

2. 电能表

（1）电能表应安装在电能计量柜（屏）上，每一回路的有功和无功电能表应垂直排列或水平排列，无功电能表应在有功电能表下方或右方，电能表下端应加有回路名称的标签，两只三相电能表相距的最小距离为80mm，单相电能表间的最小距离为30mm，电能表与屏边的最小距离为40mm。

（2）室内电能表宜装在0.8m～1.8m的高度（表水平中心线距地面尺寸）。

（3）电能表安装必须垂直牢固，表中心线向各方向的倾斜不大于1°。

（4）装于室外的电能表应采用户外式电能表。

3. 互感器

（1）为了减少三相三线电能计量装置的合成误差，安装互感器时，宜考虑互感器合理匹配问题，即尽量使接到电能表同一元件的电流、电压互感器比差符号相反、数值相近，角差符号相同、数值相近。当计量感性负荷时，宜把误差小的电流、电压互感器接到电能表的W相元件。

（2）同一组的电流（电压）互感器应采用制造厂、型号、额定电流（电压）变比、准确度等级、二次容量均相同的互感器。

（3）两只或三只电流（电压）互感器进线端极性符号应一致，以便确认该组电流（电压）互感器一次及二次回路电流（电压）的正方向。

（4）互感器二次回路应安装试验接线盒，便于带负荷校表和带电换表。

（5）低压穿芯式电流互感器应采用固定单一的变比，以防发生互感器倍率差错。

（6）低压电流互感器二次负荷容量不得小于10VA。高压电流互感器二次负荷可根据实际安装情况计算确定。

4. 熔断器

低压计量电压回路在试验接线盒上不允许加装熔断器。

5. 电压监视装置

电力用户用于高压计量的电压互感器二次回路，应加装电压失压计时仪或其他电压监视装置。

6. 电能表端钮盒盖、试验接线盒盖及计量柜（屏、箱）门

施工结束后，电能表端钮盒盖、试验接线盒盖及计量柜（屏、箱）门等均应加封。

7. 基本施工工艺

基本要求是：按图施工，接线正确；电气连接可靠、接触良好；配线整齐美观；导线无损伤，绝缘良好。

（1）二次回路接线应注意电压、电流互感器的极性端符号。接线时可先接电流回路，分相接线的电流互感器二次回路宜按相色逐相接入，并核对无误后，再连接各相的接地线。简化接线方式的电流互感器二次回路可利用公共线，分相接入时，公共线只与该相另一端连接，其余步骤同上。电流回路接好后再按相接入电压回路。

（2）二次回路接好后，应进行接线正确性检查。

（3）电流互感器二次回路每只接线螺钉只允许接入两根导线。当导线接入的端子是接触螺钉，应根据螺钉的直径将导线的末端弯成一个环，其弯曲方向应与螺钉旋入方向相同，螺钉（或螺母）与导线间、导线与导线间应加垫圈。

（4）直接接入式电能表采用多股绝缘导线，应按表计容量选择。若遇到选择的导线过粗时，应采用断股后再接入电能表端钮盒的方式。

（5）当导线小于端子孔径较多时，应在接入导线上加扎线后再接入，再连接各相的接地线。简化接线方式的电流互感器二次回路可利用公共线，分相接入时，公共线只与该相另一端连接，其余步骤同上。电流回路接好后再按相接入电压回路。

第三节　架空配电线路及设备运行规程

一、规程的引用及相关内容

（1）引用SD 292—1988《架空配电线路及设备运行规程》。

（2）引用标准主要包括以下内容：配电线路及设备的防护；架空配电线路的运行；配电设备的运行；防雷与接地；事故处理；技术管理。

二、配电线路及设备的防护

(1) 配电线路及设备的防护应认真执行“电力设施保护条例”及其“实施细则”的有关规定。

(2) 运行单位要发动沿线有关部门和群众进行护线和做好护线宣传工作，防止外力破坏，及时发现和消除设备缺陷。

(3) 配电线路对地距离及交叉跨越距离应符合“架空配电线路设计技术规程”的要求。修剪树木，应保证在修剪周期内树板与导线的距离符合上述规定的数值。

(4) 当线路跨越通航江河时，应采取措施设立标志，防止船桅碰线。

(5) 配电运行部门的工作人员对下列事项可先行处理，但事后应及时通知有关单位：

1) 修剪超过规定界限的树木。

2) 为处理电力线路事故，砍伐林区个别树木。

3) 清除可能影响供电安全的收音机、电视机天线、铁烟囱或其他凸出物。

(6) 运行单位对可能威胁线路安全运行的各种施工或活动，应时行劝阻或制止，必要时应向有关单位和个人提出防护通知书。对于造成事故或电力设施损坏者，应按情节与后果，予以处罚或提交公安、司法机关依法惩处。

三、架空配电线路的巡视与检查

为了掌握线路的运行状况，及时发现缺陷和沿线威胁线路安全运行的隐患，必须按期进行巡视与检查。

线路巡视有以下几种：

(1) 定期巡视。由专职巡线员进行，掌握线路的运行状况，沿线环境变化情况，并做好护线宣传工作。

(2) 特殊性巡视。在气候恶劣（如：台风、暴雨、复冰等）、河水泛滥、火灾和其他特殊情况下，对线路的全部或部分进行巡视或检查。

(3) 夜间巡视。在线路高峰负荷或阴雾天气时进行，检查导线接点有无发热打火现象，绝缘表面有无闪络，检查木横担有无燃烧现象等。

(4) 故障性巡视。查明线路发生故障的地点和原因。

(5) 监察性巡视。由部门领导和线路专责技术人员进行，目的是了解线路及设备状况，并检查、指导巡线员的工作。

四、事故处理

（1）事故处理的主要任务：

1）尽快查出事故地点和原因，消除事故根源，防止扩大事故；

2）采取措施防止行人接近故障导线和设备，避免发生人身事故；

3）尽量缩小事故停电范围和减少事故损失；

4）对已停电的用户尽快恢复供电。

（2）配电系统发生下列情况时，必须迅速查明原因，并及时处理：

1）断路器掉闸（不论重合是否成功）或熔断器跌落（熔丝熔断）；

2）发生永久性接地或频发性接地；

3）变压器一次或二次熔丝熔断；

4）线路倒杆、断线；发生火灾、触电伤亡等意外事件；

5）用户报告无电或电压异常。

（3）运行单位为便于迅速、有效地处理事故，应建立事故抢修组织和有效的联系办法。

（4）高压配电线路发生故障或异常现象，应迅速组织人员（包括用电监察人员）对该线路和其相连结的高压用户设备进行全面巡查，直至故障点查出为止。

（5）线路上的熔断器或柱上断路器掉闸时，不得盲目试送，必须详细检查线路和有关设备，确无问题后，方可恢复送电。

（6）中性点不接地系统发生永久性接地故障时，可用柱上开关或其他设备（如用负荷切断器操作隔离开关或跌落熔断器）分段选出故障段。

（7）变压器一、二次熔断按如下规定处理：

1）一次熔丝熔断时，必须详细检查高压设备及变压器，无问题后方可送电；

2）二次熔丝（片）熔断时，首先查明熔断器接触是否良好，然后检查低压线路，无问题后方可送电，送电后立即测量负荷电流，判明是否运行正常。

（8）变压器、油断路器发生事故，有冒油、冒烟或外壳过热现象时，应断开电源并待冷却后处理。

（9）事故巡查人员应将事故现场状况和经过做好记录（人身事故还应记录触电部位、原因、抢救情况等），并收集引起设备故障的一切部件，加以妥善保管，作为分析事故的依据。

（10）事故发生后，运行单位应及时组织有关人员进行调查、分析，制订防止事故的对策，并按有关规定提出事故报告。

(11) 事故处理工作应遵守本规程和其他有关的部颁规程的规定，紧急情况下，可在保障人身安全和设备安全运行的前提下，采取临时措施，但事后应及时处理。

(12) 运行单位应备有一定数量的物资、器材、工具作为事故抢修用品。

五、技术资料管理

(1) 运行部门应备有以下主要技术资料：

1) 配电网络运行方式图板或图纸；

2) 配电线路平面图；

3) 线路杆位图（表）；

4) 低压台区图（包括电流、电压测量记录）；

5) 高压配电线路负荷记录；

6) 缺陷记录；

7) 配电线路、设备变动（更正）通知单；

8) 维护（产权）分界点协议书；

9) 巡视手册；

10) 防护通知书；

11) 交叉跨越记录；

12) 事故、障碍记录；

13) 变压器卡片；

14) 断路器、负荷开关卡片；

15) 配变站巡视记录；

16) 配变站运行方式结线图；

17) 配变站检修记录；

18) 配变站竣工资料和技术资料；

19) 接地装置布置图和试验记录；

20) 绝缘工具试验记录；

21) 工作日志。

(2) 运行部门应备有下列规程：

1) 电力工业管理法规；

2) 架空配电线路及其设备运行规程；

3) 电业安全工作规程（电力线路部分）；

4）电力设施保护条例；

5）架空配电线路设计技术规程；

6）电力设备过电压保护设计技术规程；

7）电力设备接地设计技术规程；

8）电气装置安装工程施工及验收规范（10kV及以下架空配电线路篇）；

9）电业生产人员培训制度；

10）电气设备预防性试验规程；

11）电业生产事故调查规程；

12）配电系统供电可靠性统计办法；

13）变压器运行规程；

14）并联电容装置设计技术规程。

第四节　设备标志

配电线路及其设备应有明显的标志，主要标志内容如下：

（1）配电线路名称和杆塔编号；

（2）配变站的名称或编号；

（3）相位标志；

（4）开关的调度名称和编号。

变电所配电线的出口和配变站的进、出线应有配电线名称、编号和相位标志。架空配出线的标志设在出线套管下方（或构架上）。电缆配出线的标志设在户外电缆头下方。

每基杆塔和变压器台应有名称和编号标志，标志设在巡视易见一侧，同一条线路标志应设在一侧。

导线的三相用黄、绿、红三色标志，下列杆塔应设有相色标志：

（1）每条线的出口杆塔；

（2）分支杆；

（3）转角杆。

配电站（包括箱式）和变压器应有警告牌。

第五节　农村低压电力技术规程

一、低压电力网

自配电变压器低压侧或直配发电机母线，经由监测、控制、保护、计量等电器至各用户受电设备的380V及以下供用电系统组成低压电力网。

农村公用配电变压器应按“小容量、密布点、短半径”的原则进行建设与改造，应选用节能型低损耗变压器。其安装位置应靠近负荷中心，避开易爆、易燃、污秽严重及地势低洼地带，高压进线、低压出线方便，便于施工、运行维护。

低压电力网的布局应与农村发展规划相结合，一般采用放射形供电，供电半径一般不大于500m，对电压有特殊要求的用户，供电电压的偏差值由供用电双方在合同中确定。

农村低压电力网一般采用TT系统，城镇内电力用户采用TN－C系统，对安全有特殊要求的可采用IT系统。同一低压电力网中不能采用两种保护接地方式。

变压器低压侧装设电能计量装置。变压器低压侧进线和出线应装设有明显断开点的开关，并应装设自动断路器或熔断器。

二、配电装置

1. 配电箱

配电变压器低压侧的配电箱防触电保护类别应为Ⅰ类或Ⅱ类。配电箱的进出引线，应采用具有绝缘护套的绝缘电线或电缆，穿越箱壳时加套管保护。

（1）Ⅰ类电器：该类电器的防触电保护不仅依靠基本绝缘，而且还需要一个附加的安全预防措施。其方法是将电器外露可导电部分与已安装在固定线路中的保护接地导体连接起来。

（2）Ⅱ类电器：该类电器的防触电方面不仅依靠基本绝缘，而且还有附加绝缘。在基本绝缘损害之后，依靠附加绝缘起保护作用。其方法是采用双重绝缘或加强绝缘结构，不需要接保护线或依赖安装条件的措施。

2. 配电室

配电室进出引线可架空明敷或暗敷；配电室进出引线的导体截面应按允许载流量选择。配电室内应留有维护通道。

3. 配电屏及母线

配电屏宜采用符合我国有关国家标准规定的产品，并应有生产许可证和产品合格证。产品出厂时应附一次系统图、仪表接线图、控制回路二次接线图及相对应的端子编号图，电器元件应注明生产厂家、型号规格。各电器、仪表、端子排等均应标明编号、名称、路别（或用途）及操作位置。

配电屏内二次回路的配线应采用电压不低于 500V，电流回路截面不小于 $2.5mm^2$，其他回路不小于 $1.5mm^2$ 的铜芯绝缘导线。

母线应按 U 相为黄色，V 相为绿色，W 相为红色，中性线为淡蓝色，保护中性线为黄和绿双色规定涂漆。

4. 控制与保护

配电室（箱）进、出线的控制电器和保护电器的额定电压、频率应与系统电压、频率相符，并应满足使用环境的要求。

三、剩余电流保护

剩余电流动作保护是防止因低压电网剩余电流造成故障危害的有效技术措施，低压电网剩余电流保护一般采用剩余电流总保护（中级保护）和末级保护的多级保护方式。

采用 TT 系统方式运行的，应装设剩余电流总保护和剩余电流末级保护。对于供电范围较大或有重要用户的农村低压电网可增设剩余电流中级保护。

四、架空电力线路

同一供电区导线的排列相序应统一，通常采用水平排列，中性线或保护中性线不应高于相线，如线路附近有建筑物，中性线或保护中性线宜靠近建筑物侧。

架空绝缘电线线路挡距一般为 30m～40m，最大不应超过 50m。铝绞线、钢芯铝绞线线路档距在集镇和村庄时为 40m～50m，在田间时为 40m～60m。低压线路与高压线路同杆架设时，横担间的垂直距离直线杆不应小于 1.2m；分支和转角杆不应小于 1.0m。

架空导线应采用与线路额定电压相适应的绝缘子固定，其规格根据导线截面大小选定。线路横担及其铁附件均应热镀锌或采用其他先进的防腐措施。

五、地埋电力线路

地埋线的型号选择，北方宜采用耐寒护套或聚乙烯护套型；南方采用普通护套型，严禁用无护套的普通塑料绝缘电线代替。地埋线应敷设在冰土层以下，其深度不宜小于 0.8m。

地埋线穿越铁路、公路时，应加钢管套保护，管的内径不应小于地埋线外径的 1.5 倍，管内不得有接头，保护管距公路路面、铁轨路基面，不应小于 1.0m。

地埋线路的分支、接户、终端及引出地面的接线处，应装设地面接线箱，其位置应选择在便于维护管理、不易碰撞的地方。

地埋线回填土前应核对相序，做好路径、接头与地下设施交叉的标志和保护。

六、低压电力电缆

农村低压电力电缆一般采用聚氯乙烯绝缘电缆或交联聚乙烯绝缘电缆。在有可能遭受损伤的场所，应采用有外护层的铠装电缆，在有可能发生位移的土壤中（沼泽地、流沙、回填土等）敷设电缆时，应采用钢丝铠装电缆。

电缆截面的选择，一般按电缆长期允许载流量和允许电压损耗确定，并考虑环境温度变化、土壤热阻率等影响，以满足最大工作电流作用下的缆芯温度不超过按电缆使用寿命确定的允许值。

敷设电缆时，应防止电缆扭伤和过分弯曲。电缆弯曲半径与电缆外径比值：聚氯乙烯护套多芯电力电缆不应小于 10 倍；交联聚乙烯护套多芯电力电缆不应小于 15 倍。电缆在支架上敷设时，水平敷设和垂直敷设支架间距离不应大于 0.8m 和 1.5m。

三相四线制系统中，不应采用三芯电缆另加单芯电缆作零线，严禁利用电缆外皮作零线。

七、接户与进户装置

用户计量装置在室内时，从低压电力线路到用户室外第一支持物的一段线路为接户线；从用户室外第一支持物至用户室内计量装置的一段线路为进户线。用户计量装置在室外时，从低压电力线路到用户室外计量装置的一段线路为接户线：从用户室外计量箱出线端至用户室内第一支持物或配电装置的一段线路为进户线。

接户线的相线和中性线或保护中性线应从同一基电杆引下，其档距不应大于25m，超过25m时，应加装接户杆，但接户线的总长度（包括沿墙敷设部分）不宜超过50m。当接户线与低压线为铜线与铝线连接时，需采取加装铜铝过渡接头的措施。接户线和室外进户线应采用耐气候型绝缘电线，电线截面按允许载流量选择。

农户生活用电应实行一户一表计量，其电能表箱宜安装于户外。电能表箱底部距地面高度宜为1.8m～2.0m，电能表箱应满足坚固、防雨、防锈蚀的要求，应有便于抄表和用电检查的观察窗。计量表后应装设有明显断开点的控制电器、过流保护装置。每户应装设末级剩余电流动作保护器。

八、无功补偿

低压电力网中的电感性无功负荷应用电力电容器予以就地充分补偿，一般在最大负荷月的月平均功率因数应满足：农村公用配电变压器不低于0.85；100kVA以上的电力用户不低于0.9。

1. 低压电力网中的无功补偿原则

（1）固定安装年运行时间在1500h以上，且功率大于4.0kW的异步电动机，应实行就地补偿，与电动机同步投切。

（2）车间、工厂安装的异步电动机，如就地补偿有困难时可在动力配电室集中补偿。

（3）异步电动机群的集中补偿应采取防止功率因数角超前和产生自励过电压的措施。

2. 补偿容量

（1）单台电动机的补偿容量，应根据电动机的运行工况确定。

机械负荷惯性小的（切断电源后，电动机转速缓慢下降的），补偿容量可按0.9倍电动机空载无功功率配置

$$Q_{com}=0.9\sqrt{3}U_nI_0$$

式中：

Q_{com}——电动机所需补偿容量，kvar；

U_n——电动机额定电压，kV；

I_0——电动机空载电流，A。

电动机的空载电流，可由厂家提供，如没有时，可参照下式确定。

$$I_0=2I_N(1-\cos\varphi)$$

式中：

I_0——电动机空载电流，A；

I_N——电动机额定电流，A；

$\cos\varphi$——电动机额定负荷时功率因数。

机械负荷惯性较大时（切断电源后，电动机转速迅速下降的），补偿容量见下式

$$Q_{com}=(1.3\sim1.5)Q_0$$

式中：

Q_{com}——电动机所需补偿容量，kvar；

Q_0——电动机空载无功功率，kvar。

（2）车间、工厂集中补偿容量 Q_{com}，可按下式确定。

$$Q_{com}=P_{av}\ (\tan\varphi_1-\tan\varphi_2)$$

式中：

P_{av}——用户最高负荷月平均有功功率，kW；

$\tan\varphi_1$——补偿前功率因数角的正切值；

$\tan\varphi_2$——补偿到规定的功率因数角正切值。

3. 电容器（组）的安装

电容器（组）的连接电线应用软导线，截面应根据允许的载流量选取。电线的载流量：单台电容器为其额定电流的 1.5 倍，集中补偿为总电容电流的 1.3 倍。

室内安装的电容器（组），应有良好的通风条件，使电容器由于热损耗产生的热量，能以对流和辐射散发出来。室外安装的电容器（组）应尽量减小受阳光照射的面积。

电容器的额定电压与低压电力网的额定电压相同时，应将电容器的外壳和支架接地。当电容器的额定电压低于电力网的额定电压时，应将每相电容器的支架绝缘。

九、接地与防雷

1. 工作接地、保护接地和接保护中性线（零）

电力系统中电气设备因正常运行或排除事故的需要而将电路中某一点接地，称为工作接地。如 TT、TN－C 系统配电变压器低压侧中性点直接接地，电流互感器二次绕组（专供计量者除外）一端接地。

为保证人生和设备安全，电气装置正常运行时不带电的金属外壳、配电装置的构架和线路杆塔等与大地作可靠电气连接，称为保护接地。如在 TT 和 IT 系统中，除Ⅱ类和Ⅲ类电器外，所有受电设备（包括携带式和移动式电器）外露可导电部分，电力设备的传动装置、靠近带电部分的金属围栏、电力配线的金属管、配电盘的金属框架、金属配电箱以及配电变压器的外壳都应作保护接地。在Ⅱ系统中，装设的高压击穿熔断器应装设保护接地。在 TN－C 系统中，各出线回路的保护中性线，其首末端、分支点及接线处应装设保护接地。与高压线路同杆架设的 TN－C 系统中的保护中性线，在共敷段的首末端应装设保护接地。

在中性点直接接地系统中，将电气装置正常运行时不带电的金属外壳、配电装置的构架和线路杆塔与从接地中性点引出的中性线（零线）进行连接，称为保护接零。如在 TN－C系统中，除Ⅱ类和Ⅲ类电器外，所有受电设备（包括携带式、移动式和临时用电电器）的外露可导电部分用保护线接保护中性线。在 TN－C 系统中，电力设备的传动装置、配电盘的金属框架、金属配电箱，用保护线接保护中性线。

保护线应采用绝缘电线，其截面选择应能保证短路时热稳定的要求。在 TN－C系统中，保护中性线的接法应正确，即是从电源点保护中性线上分别连接中性线和保护线，其保护线与受电设备外露可导电部分相连，严禁与中性线串接。

2. 接地电阻及降低接地电阻的措施

配电变压器低压侧中性点的工作接地电阻，一般不应大于 4Ω，但当配电变压器容量不大于 100kVA 时，接地电阻可不大于 10Ω。

在 IT 系统中装设的高压击穿熔断器的保护接地电阻，不宜大于 4Ω。TN－C 系统中保护中性线的重复接地电阻，当变压器容量不大于 100kVA，且重复接地点不少于 3 处时，允许接地电阻不大于 30Ω。

在高土壤电阻率的地带，为能降低接地电阻，可采用延伸水平接地体，扩大接地网面积；在接地坑内填充长效化学降阻剂；如近旁有低土壤电阻率区，可引外接地等措施。

3. 防雷保护

在多雷区（年平均雷电日大于 40 日的地区）和易受雷击地段的配电变压器低压侧各出线回路的首端，直接与架空电力线路相连的排灌站、车间和重要用户的接户线，架空线路与电缆或地埋线路的连接处，应装设低压避雷器。

在多雷区和易受雷击地段的接户线，在人员密集的教室、影剧院、礼堂等公共场所的接户线和电动机的引接线处应将绝缘子铁脚接地。

低压避雷器的接地电阻不宜大于 10Ω。绝缘子铁脚的接地电阻不宜大于 30Ω，但在 50m 内另有接地点时，铁脚可不接地。

十、临时用电

临时用电架空线路应采用耐气候型的绝缘电线，最小截面不小于 6mm²，电线对地距离不低于 3m，档距不超过 25m。电线固定在绝缘子上，线间距离不小于 200mm。

临时用电应装设配电箱，配电箱内应配装控制保护电器、剩余电流动作保护器和计量装置。配电箱外壳的防护等级应按周围环境确定，防触电类别可为Ⅰ类或Ⅱ类。如临时用电线路超过 50m 或有多处用电点时，应分别在电源处设置总配电箱，在用电点设置分配电箱，总、分配电箱内均应装设剩余电流动作保护器。配电箱对地高度宜为 1.3m～1.5m。

临时线路不应跨越铁路、公路和一、二级通信线路。

第六节　10kV 及以下架空配电线路设计技术规程

一、导线

（1）架空绝缘配电线路所采用的导线应符合 GB 12527、GB 14049 的规定。

（2）绝缘导线及悬挂绝缘导线的钢绞线的设计安全系数均不应小于 3。

（3）三相四线制低压绝缘配电线路的最小零线截面见表 2-6-1。单相制的零线截面，应与相线截面相同。

表 2-6-1

导线种类	相线截面	最小零线截面
铝或铝合金芯绝缘线	50 及以下	与相线截面相同
70	50	—
95 及以上	不小于相线截面的 50%	—
钢芯绝缘线	35 及以下	与相线截面相同
50	35	—
70 及以上	不小于相线截面的 50%	—

（4）悬挂绝缘线的钢绞线的自重荷载应包括绝缘线、钢绞线、绝缘支架质量及 200kg 施工荷重。钢绞线的最小截面不应小于 50mm^2。

（5）不同金属、不同规格、不同绞向的导线及无承力线的集束线严禁在档距内连接。

（6）绝缘导线的弧垂应根据计算确定。导线架设后塑性伸长率对弧垂的影响，宜采用减少弧垂法补偿，弧垂减少的百分数为：

1）铝或铝合金芯绝缘线，20%；

2）铜芯绝缘线，7%～8%。

二、绝缘子、金具及绝缘部件

（1）绝缘配电线路绝缘子应符合 GB 1000 和 GB 1001 的规定

（2）低压绝缘配电线路采用的金具及绝缘部件，应符合 DL/T 464.1～5 的规定。

（3）绝缘子机械强度的使用安全系数，不应小于下列数值：

1）棒式绝缘子，2.5；

2）针式绝缘子，2.5；

3）悬式绝缘子，2.0；

4）蝶式绝缘子，2.5。

（4）绝缘子的组装方式应防止瓷裙积水。

（5）金具的使用安全系数不应小于 2.5。

三、导线排列

（1）分相架设的中压绝缘线三角排列、水平排列、垂直排列均可，中压绝缘线路可单回架设，宜可以多回路同杆架设。

（2）城市中、低压架空绝缘线路在同一地区同杆架设，应是同一区段电源。

（3）分相架设的低压绝缘线排列应统一，零线宜靠电杆或建筑物，并应有标志，同一回路的零线不宜高于相线。

（4）沿建筑物架设的低压绝缘线，支持点间的距离不宜大于 6m。

（5）中、低压架空绝缘线路的档距不宜大于 50m，中压耐张段的长度不宜大于 1km。

（6）中压架空绝缘配电线路的线间距离应不小于 0.4m，采用绝缘支架紧凑型架设不应小于 0.25m。

(7) 中压架空绝缘线路的过引线、引下线与邻相的过引线、引下线及低压线路的净空距离不应小于 0.2m。

四、电杆、拉线和基础

(1) 架空绝缘配电线路的杆塔分为直线杆型、耐张杆型和混合杆型 3 类。绝缘线路一般采用水泥杆，条件不允许时亦可采用铁塔和钢管塔。

(2) 配电线路的钢筋混凝土杆，应尽量采用定型产品，电杆构造的要求应符合有关国家标准的规定。钢筋混凝土杆的强度计算，应采用安全系数计算方法。普通钢筋混凝土杆的强度设计安全系数不应小于 1.7；预应力混凝土杆的强度设计安全系数不应小于 1.8。

(3) 转角杆的横担，应根据受力情况确定。一般情况下，15°以下转角杆，可采用单横担；15°～45°转角杆，宜采用双横担；45°以上转角杆，宜采用十字横担。

(4) 配电线路的金属横担及金属附件应热镀锌。

(5) 拉线应采用镀锌钢绞线，其强度设计安全系数应不小于 2，最小规格不小于 35mm^2。

(6) 跨越电车行车线的水平拉线，对路面中心的垂直距离，不应小于 9m。

(7) 电杆基础应结合当地的运行经验、材料来源、地质情况等条件进行设计。钢筋混凝土基础的强度设计安全系数不应小于 1.7，预制基础的混凝土标号不宜低于 200 号。

五、变压器台和开关设备

(1) 配电变压器台应设在负荷中心或重要负荷附近，且便于更换和检修设备的地方，其配电变压器容量应考虑负荷的发展、运行的经济性等。柱上式变压器台宜安装 315kVA 及以下变压器。315kVA 以上的变压器宜采用室内布置或与其他高低压元件组成箱式变电站布置。

(2) 柱上配电变压器台的底部距地面高度不应低于 2.5m。安装变压器后，配电变压器台的平面坡度不大于 1/100。

(3) 熔断器、避雷器、变压器的接线柱与绝缘导线的连接部位，宜进行绝缘密封。

(4) 在配电线路上装设电容器时，应按有关行业标准的规定执行。

六、防雷和接地

（1）中压绝缘线路，在居民区的钢筋混凝土电杆宜接地，铁杆应接地，接地电阻均不应超过30Ω。

（2）带承力线的架空绝缘配电线路其承力线应接地，其接地电阻不应大于30Ω。

（3）配电变压器应装设防雷装置，该防雷装置应尽量靠近变压器，其接地线应与变压器二次侧中性点及变压器的金属外壳相连接。多雷区，宜在变压器二次侧装设避雷器。

（4）三相四线供电的低压绝缘线在引入用户处，应将零线重复接地。

（5）容量为100kVA以上的变压器，其接地装置的接地电阻不应大于4Ω，该台区的低压网络的每个重复接地的电阻不应大于10Ω。容量为100kVA及以下的变压器，其接地装置的接地电阻不应大于10Ω，该台区的低压网络的每个重复接地的电阻不应大于30Ω。

（6）接地体的埋设深度不应小于0.6m，接地体不应与地下燃气管、送水管接触。

七、接户线

（1）低压绝缘接户线与建筑物有关部分的距离，不应小于下列数值：

1）与接户线下方窗户的垂直距离，0.3m；

2）与接户线上方阳台或窗户的垂直距离，0.8m；

3）与阳台或窗户的水平距离，0.75m；

4）与墙壁、构架的距离，0.05m。

（2）低压绝缘接户线与弱电线路的交叉距离，不应小于下列数值：

1）低压接户线在弱电线路的上方，0.6m；

2）低压接户线在弱电线路的下方，0.3m。

（3）自电杆上引下的低压接户线，应使用悬挂线夹或低压蝶式绝缘子。

（4）不同金属、不同规格、不同绞向的接户线，严禁在档距内连接。

（5）接户线与主干、分支绝缘线如为铜铝连接，应有可靠的铜铝过渡措施。

八、对地距离及交叉跨越

（1）绝缘导线对地面、建筑物、树木、铁路、道路、河流、管道、索道及各种架空线路的距离，应根据最高气温情况或最大垂直比载求得的最大弧垂和最大风速情况求得的最大风偏计算。计算上述距离，不应考虑由于电流、太阳辐射以及覆冰不均匀等引起的弧垂增大，但应计及导线架线后塑性伸长的影响和设计施工的误差。

（2）绝缘配电线路应尽量不跨越建筑物，如需跨越，导线与建筑物的垂直距离在最大计算。弧垂情况下，不应小于下列数据：1）中压，2.5m；2）低压，2.0m。线路边线与永久建筑物之间的距离在最大风偏的情况下，不应小于下列数值：1）中压，0.75m（人不宜接近时可为0.4m）；2）低压，0.2m。导线与树木（考虑自然生长高度）之间的垂直距离，不小于3m。绝缘配电线路与特殊管道交叉，应避开管道的检查井或检查孔，同时，交叉处管道上所有部件应接地。

第七节　电缆线路施工及验收规范

由于电缆工业的发展，新的施工工艺及施工方法不断采用，施工环境也各不相同。因此，对电缆施工工序、施工方法应遵守各种安全技术规程。掌握国家标准GB 50168—2006《电气装置安装工程　电缆线路施工及验收规范》。

一、运输与保管

因各地、各部门运输工具、道路及施工经验不同，不强调用同一种运输方法。但不论用何种方法运输，均以“不应使电缆及电缆盘受到损伤”为目的。电缆本体、附件及有关材料的存放、保管，应符合下列要求：

（1）为方便电缆的使用，存放时应按电压等级、规格等分类存放，盘间留有通道以便人员或运输工具通过。为保证电缆在存放时的质量，存放场所应地基坚实且易于排水，电缆盘应完好而不腐烂。

（2）电缆终端瓷套，无论存放于室内、室外，都易受外部机械损伤而使瓷件遭受破损，严重的致使报废，因此要求所有瓷件在存放时，尤其是大型瓷套，都应有防机械损伤的措施（放于原包装箱内或用泡沫塑料、草袋、木料等围遮包牢）。

（3）电缆终端和接头在出厂时，对其某些部件、材料都采用防潮包装，如充油电缆终端头和接头浸于油中部件、环氧树脂部件等，一般用塑料袋密封包装；

电容饼、绕包的绝缘纸浸油用容器密封运输。因此它们到现场后，应检查其密封情况，并存放在干燥的室内保管，以防止贮运过程中密封破坏而受潮。

（4）防火涂料、包带、堵料等防火材料在施工经验尚不成熟时，其贮存保管一定要严格按厂家的产品技术性能要求（包装、温度、时间、环境等）保管、存放，否则会使材料失效、报废。

（5）电缆桥架暂时不能安装时，在保存场所一定要分类轻码轻放，不得摔打，以防变形和防腐层损坏，影响施工和桥架质量。在有腐蚀的环境，还应有防腐蚀的措施。一经发现有变形和防腐层损坏，应及时处理后再行存放。

二、电缆管的加工及敷设

目前使用的电缆管的种类有：钢管、铸铁管、硬质聚氯乙烯管、陶土管、混凝土管、石棉水泥管等。其中铸铁管、陶土管、混凝土管、石棉水泥管用作排管，有些供电部门也采用硬质聚氯乙烯管作为短距离的排管。

硬质聚氯乙烯管因质地较脆，在敷设时的温度不宜低于0℃，在使用过程中不受碰撞的情况下，可不受此限制。最高使用温度不应超过50℃～60℃。在易受机械碰撞的地方也不宜使用。

在敷设电缆管时应尽量减少弯头。在有些工程如发电厂厂房内，由于各种原因一根电缆管往往需要分几次来敷设，弯头增多造成穿设电缆困难；对于较大截面的电缆不允许有弯头。考虑到上述情况，所以“弯头不应超过3个，直角弯不应超过2个”，当实际施工中不能满足要求时，可采用内径较大的管子或在适当部位设置拉线盒，以和电缆的穿设。

硬质聚氯乙烯管的热膨胀系数约为0.08mm/(m·℃)，比钢管大5～7倍，如一根30m长的管子，当其温度改变40℃时，则其长度变化为：0.08×30×40=96mm。因此，沿建筑结构表面敷设时，要考虑温度变化引起的伸缩（当管路有弯曲部分时有一定的补偿作用）。

钢管的连接采用短管套接时，施工简单方便，采用管接头螺纹连接则较美观。无论采用哪一种方式均应保证牢固、密封。为了保证电缆管连接后的强度，要求短管和管接头的长度不小于电缆管外径的2.2倍。

金属电缆管直接对焊可能在接缝内部出现疤瘤，穿电缆时会损伤电缆，故不宜要求直接对焊。

硬质塑料管采用短管套接或插接时，在接触面上均需涂以胶合剂，以保证连接牢靠、密封良好。

为避免在电缆敷设后焊接地线时烧坏电缆，故要求先焊接地线。有丝扣的管接头处用跳线焊接是为了接地可靠。

三、电缆支架的配制与安装

电缆支架应牢固、整齐、美观。在现场批量制作普通角钢电缆支架时，可事先做出模具。许多地方电缆隧（沟）道内空气潮湿、积水，有时支架浸泡在水中，致使电缆支架腐蚀严重，强度降低。因此在制作普通钢制电缆支架时，应焊接牢固，并应作良好的防腐处理。

通型电缆支架的固定一般直接焊接在预埋铁件上。

四、电缆的敷设

在敷设前应把电缆所经过的通道进行一次检查，防止影响电缆施工。当施工现场的温度不能满足要求时，应采取适当的措施，避免损伤电缆，如采取加热法或躲开寒冷期敷设等。

1. 生产厂房内及隧道、沟道内电缆的敷设

电力电缆与控制电缆应分开敷设。因为在发电厂或其他大型企业中，由于机组容量和自动化程度的提高，电缆数量增多，控制电缆的抗干扰要求也日益严格，电力电缆与控制电缆敷设在一起，会产生对控制电缆的干扰，造成控制设备误动作。电力电缆发生火灾后波及控制电缆，使控制设备不能及时作出反应，事故进一步扩大，造成巨大损失，修复困难。

电缆在支架上的上下排列顺序，按电压等级的高低、电力电缆和控制电缆、强电和弱电电缆的顺序自上而下排列。但随着高电压和大截面电缆的增多，特别是城市供电系统中电缆外径一般均较大，当电缆从支架上引出或进入电气盘柜，有时弯曲困难，并难以满足电缆最小允许弯曲半径的要求时也允许将高压电缆放在下面。

考虑到电缆的散热和防火问题，位于锅炉看火孔和制粉系统防爆门前面的电缆，施工组织设计时应采取隔热保护措施。

考虑到电缆沟的积水问题，电缆沟应有良好的排水设施。

2. 管道内电缆的敷设

电缆保护管在垂直敷设时，其弯角应大于90°，避免因保护管下部弯曲段内积水使电缆冻坏。

室外垂直敷设的电缆保护管，经常受到雨水浸蚀。据反映，这部分电缆和钢

管腐蚀相当严重，电缆被锈在钢管里，拉都拉不出来。因此有的单位把保护管沿轴线割成两个半圆，或用 2mm～2.5mm 厚的铁板加工成两个半圆后用卡子固定，雨水顺着缝隙渗到外面使电缆不受影响，运行多年来，情况良好。这对于室外爬杆敷设的电缆，施工方便，电缆和管子均不易腐蚀。

为了确保电缆能顺利穿管并不损伤电缆护层，在电缆敷设前疏通管路并清除杂物是必要的。疏通时可用直径不小于 0.85 倍管孔直径、长度约 600mm 的钢管来回疏通，再用与管孔等直径的钢丝刷清除管内杂物。

3. 直埋电缆的敷设

在电缆线路通过的地段，有时不可避免地存在机械性损伤、化学作用、地下电流、振动、热影响、腐殖物质、虫鼠等有损电缆的因素，只要采取一些相应措施，如穿管、铺砂、筑槽等处理方法，或采用适当的电缆，可使电缆免于损坏。

电缆穿越农田时，由于深翻土地、挖排水沟和拖拉机耕地等原因，有可能损伤电缆。因此敷设在农田中的电缆埋设深度不应小于 1m。

东北地区的冻土层厚达 2m～3m，要求埋在冻土层以下有困难。施工时在电缆上下各铺以 100mm 厚的河砂；还有用混凝土或砖块在沟底砌一浅槽，电缆放于槽内，槽内填充河砂，上面再盖以混凝土板或砖块。这样可防止电缆在运行中受到损坏。电缆表面距地面的最小距离为 0.7m。

混凝土保护板对防止机械损伤效果较好，有条件者应首先采用。

在直埋电缆回填土前，应进行中间检查验收，如电缆上下是否铺砂或软土、盖板是否齐全等，以保证电缆敷设质量。

4. 水底电缆的敷设

水底电缆应按跨越长度订货。大长度水底电缆，当超出制造厂的制造能力时，由制造厂制作软接头。

水底电缆的敷设，要求平放在河床上，因为电缆悬离河床，长期受水流冲刷会磨损电缆。在码头港湾等经常停船处，船只抛锚和航道疏通都可能损坏电缆，为确保电缆安全运行，必须采取可靠的保护措施，有条件时尽可能深埋敷设。

水底电缆敷设要特别注意防止电缆打扭和打圈损伤电缆造成事故。敷设船的放线架保持适当的退扭高度是为消除电缆放出时因旋转而产生的剩余应力，避免电缆入水时打扭或打圈。

5. 桥梁上电缆的敷设

敷设于木桥上的电缆穿在铁管中，一方面加强电缆的机械保护，另一方面避免因电缆绝缘击穿，短路故障电弧损坏木桥或引起火灾。

对钢结构或钢筋混凝土结构的桥梁，放在人行道下或穿在耐火材料的管内，确保电缆和桥梁的安全。

敷设在桥梁上的电缆，应采取防振措施，防止电缆长期受振动，造成电缆护层疲劳龟裂、加速老化。

五、电缆终端和接头的制作

1. 电缆终端和接头的种类

电缆终端和接头的种类和型式较多，结构、材料不同，要求的操作技术也各有特点。

橡塑绝缘电缆常用的终端和接头型式有自粘带绕包型、热缩型、预制型、模塑型、弹性树脂浇注型等。

油浸纸绝缘电缆常用的终端和接头型式有壳体灌注型、环氧树脂型。

选择绝缘材料用于制作电缆终端和接头时，橡塑绝缘电缆的材料应选用弹性较大的材料，确保附加绝缘与电缆本体绝缘有良好接触，如自粘性橡胶带、热收缩制品和硅橡胶、乙丙橡胶制品等；油纸电缆终端和接头的材料常用的有黑玻璃丝带、聚氯乙烯带、聚四氟乙烯带、环氧浇铸剂等。

2. 制作要求

由于电缆及其附件种类繁多，具体施工方法和措施应遵循工艺导则。6kV 及以上电缆在屏蔽或金属护套端部电场集中，场强较高，必须采取有效措施减缓电场集中。常用方法有胀铅，制作应力锥，施加应力带、应力管等措施。

制作塑料绝缘电缆终端和接头必须除去部分半导电屏蔽层。

为了确保制作充油电缆终端和接头的施工质量，包绕附加绝缘时应保持一定油量不间断地从绝缘内部渗出，避免潮气侵入和减少包绕时的外来污染，因此不应完全关闭压力油箱。

三芯电力电缆接头两侧电缆的金属屏蔽层和铠装层不得中断，避免非正常运行时产生感应电而发生放电的危险。

六、工程交接验收

在电缆线路工程验收时，应检查电缆本体、附件及其有关辅助设施质量。电缆规格一般按设计订货，但因供货不足或其他原因不能满足要求时，现场也有“以大代小”或用其他型式代替，此时一定要以设计的修改通知作为依据，否则不能验收。

充油电缆油系统是保证施工质量的关键，要求供油管路不应渗漏。其渗漏检测靠油压表计指示，因此油压表一定要完好并经校验合格。报警压力指示值要符合要求，压力接点动作可靠，报警系统宜经模拟试验符合设计。

为保证电缆线路的安全运行，要求其辅助设施，如电缆沟盖板齐全，沟道内无杂物障碍、积水，照明线路及灯具齐全完好，通风机运转良好、风道通畅。

防火措施包括阻燃电缆的选型，防火包带、涂料的类型、绕包及部位应符合设计及施工工艺要求。

第三章　电工基础

第一节　直流电路

一、欧姆定律

欧姆定律是反映电压、电流、电阻三者之间关系的基本定律。

在电阻一定的电路中，通过电阻的电流与施加于电阻上的电压成正比。也可以说成电路中的电流与电压成正比，而与电阻成反比。其数学表达式为

$$I = \frac{U}{R}$$

式中：

I ——电流，A；

U ——电压，V；

R ——电阻，Ω；

上述公式也可以写成

$$U = IR，\quad R = \frac{U}{I}$$

例 1：有一电热器的电阻为 44Ω，使用时的电流是 5A，试求电压的供电电压。

解：$U = IR = 5 \times 44 = 220\text{V}$

例 2：已知一电阻两端所加电压为 220V，测得电路中的电流为 0.5A，求该电阻为多少欧姆？

解：$R = \frac{U}{I} = \frac{220}{0.5} = 440\Omega$

二、串、并联电路

1. 串联电路

将几个电阻的首尾依次连接起来，中间没有分支，各电阻流过同一电流，这些电阻的连接叫做串联，如图 3－1－1 所示。

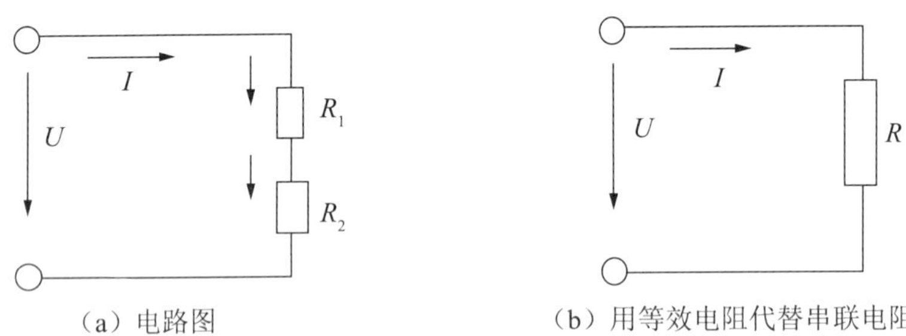

（a）电路图　　（b）用等效电阻代替串联电阻

图 3－1－1　串联电路图

串联电路的特点：

（1）流过各电阻的电流相同；

（2）电路总电压等于各电阻上的电压降之和，即 $U=U_1+U_2$；

（3）电路总电阻（等效电阻）等于各电阻阻值之和，即 $R=R_1+R_2$；

各电阻上的电压与该电阻的阻值成正比；

（4）电路中消耗的功率等于各电阻上消耗的功率之和，即 $P=P_1+P_2$；

各电阻上消耗的功率与该电阻的阻值成正比。

2. 并联电路

将几个电阻的头和尾分别接在一起，使之在电路中承受同一电压，这些电阻的连接叫做并联，如图 3－1－2 所示。

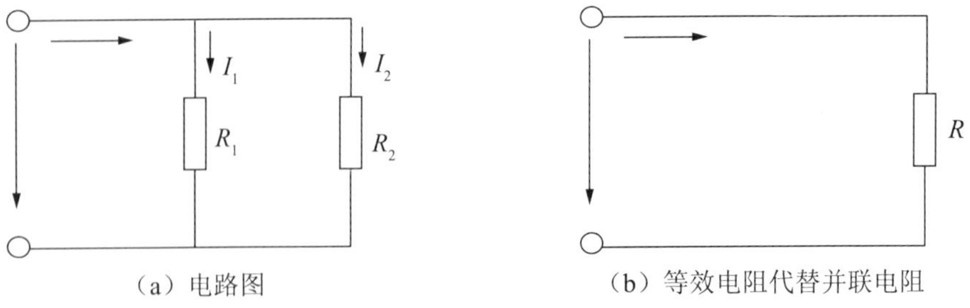

（a）电路图　　（b）等效电阻代替并联电阻

图 3－1－2　并联电路图

并联电路的特点：

(1) 电路中各电阻上所承受的电压相同；

(2) 电路中的总电流等于各电阻中电流之和，即 $I=I_1+I_2$；

(3) 电路中的总电阻（等效电阻）的倒数等于各电阻的倒数之和，即 $\frac{1}{R}=\frac{1}{R_1}+\frac{1}{R_2}$。

3. 混联电路

电路中既有相互串联的电阻，又有相互并联的电阻，叫做混联电路。分析混联电路时，应先合并串联或并联部分，逐步对电路进行等值简化，求出总的等效电阻，然后根据欧姆定律，由总电阻、总电压（或总电流），求出电路中的总电流（或总电压），最后再逐步推算各部分的电压和电流。

三、电功率和电能

1. 电功率

单位时间内产生或消耗的电能，叫做电功率（简称功率）。它表明了电能与非电能相互转换速率的大小。负荷接受的电功率等于负荷两端的电压与通过负荷的电流的乘积，常用 P 表示。

$$P=UI$$

式中：

P ——电功率，W；

U ——负荷端电压，V；

I ——负荷电流，A。

同理，电源产生的电功率等于电动势与电流的乘积。

2. 电能

电流在一段时间内所做的功叫做电能。电能的大小不仅与电功率的大小有关，还与做功的时间长短有关。其表达式为

$$W=Pt$$

式中：

P ——电功率，W；

t ——时间，h；

W ——电能，Wh（瓦·时）或 kWh（千瓦·时）。

例 3：已知一个额定电压为 220V 的灯泡接在 220V 电源上，通过灯泡的电流为 0.454A，问 5h 内该灯泡所消耗的电能为多少？

解：灯泡的功率　$P=UI=220\times0.454\approx100\text{W}=0.1\text{kW}$

5h 内灯泡消耗的电能　$W=Pt=0.1\times5=0.5\text{kWh}$

3. 电的热效应

电流通过电阻时要发热，其发热量同电流的平方、回路中的电阻及通过电流的时间成正比，即

$$Q=I^2Rt(\text{J})=0.24I^2Rt\ (\text{cal})$$

上式表明了电能转换为热能的关系，称为焦耳一楞次定律。

1J（焦耳）等于 0.24cal（卡）。

【思考与练习】

1. 某一铝导线，长度 $L=100\text{m}$，截面积 $S=4\text{mm}^2$，求此导线的电阻 R 是多少？（20℃时的铝电阻率为 $\rho=2.83\times10^{-8}\Omega\cdot\text{m}$）

2. 试述并联的特点是什么？串联电路的特点是什么？

3. 有一台直流发电机，在某一工作状态下测得该机端电压 $U=230\text{V}$，内阻 $R_0=0.2\Omega$，输出电流 $I=5\text{A}$，求发电机的负载电阻、电动势、输出功率？

第二节　电磁基本知识

一、通电导体周围的磁场

准备：通电导体、指南针、通电螺管线圈，演示通电直导线、通电螺管线圈内的磁场。

通电的导体周围有磁场，这个磁场也可用磁力线来描述。当电流方向改变时，磁场的方向也改变。其关系可用直导线右手定则来确定，如图 3-2-1 所示。

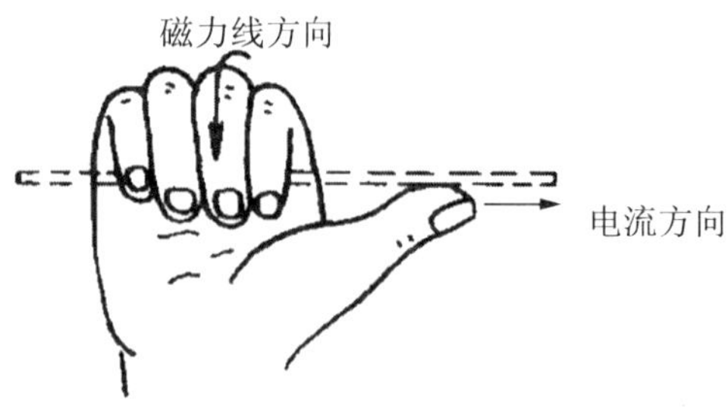

图 3-2-1　右手定则

将右手拇指伸直表示电流的方向，卷曲的四指所指的方向就是磁力线的方向。

为了同时表示出电流的方向和导体周围磁力线的方向，通常用“○”表示导线的截面，用“⊗”和“⊙”两种符号分别表示与纸面垂直导线中的电流流入和流出的方向，如图 3－2－2 所示。

当已知电流方向时，由直导线右手定则很容易就能判断出通电导线周围磁场的方向，如图 3－2－1 所示。

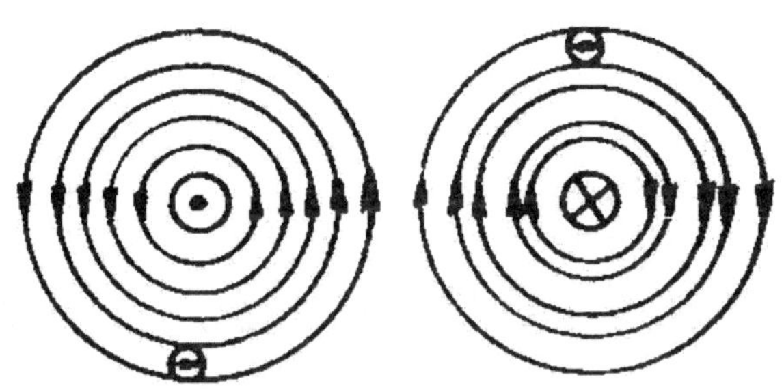

图 3－2－2　通电导线中电流方向与周围磁场方向

如果把单根导线卷成螺管线圈，再通上电流，那么螺管线圈的磁场如图 3－2－3所示。磁通方向和线圈中电流的方向也可用线圈的右手定则来确定，如图3－2－4所示。

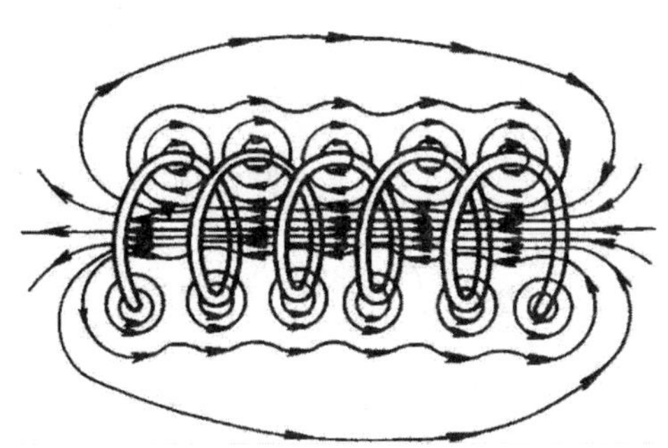

图 3－2－3　螺管线圈的磁场

用线圈右手定则判断磁场方向的方法，使卷曲四指的方向与线圈中电流的方向相同，那么伸直的拇指即表示线圈内磁力线的方向。

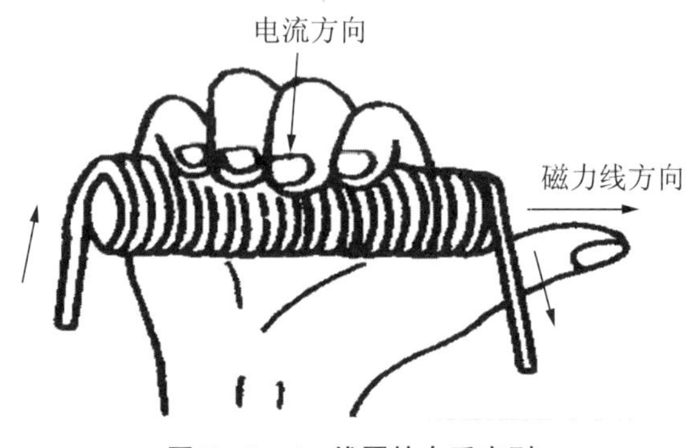

图 3-2-4　线圈的右手定则

二、电磁力

1. 磁场对通电导线的作用力

准备通电直导体，均匀磁场，演示通电导体受力。

通电导体在磁场中会受到力的作用，称为电磁力。图 3-2-5 中（a）是载流导线产生的磁场，（b）是两磁极的均匀磁场，（c）是两磁场的合成，（d）示出了导线受力方向。由于合成磁场在导线上、下两侧强弱不等，迫使导线向磁场弱的一侧运动。

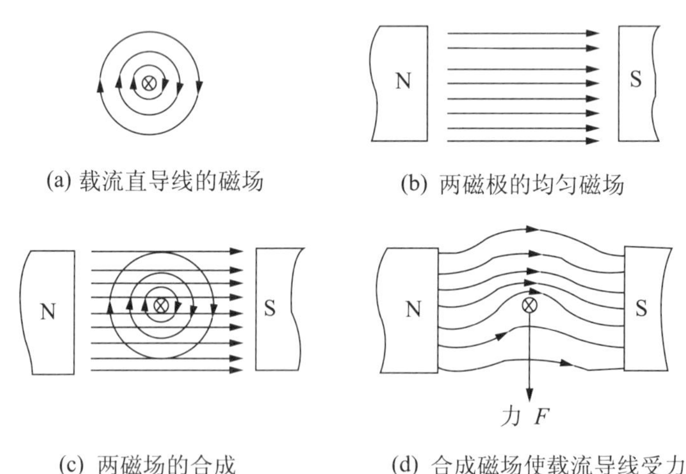

(a) 载流直导线的磁场　(b) 两磁极的均匀磁场

(c) 两磁场的合成　(d) 合成磁场使载流导线受力

图 3-2-5　载流导体在磁场中受力

2. 作用力的方向

通电导体在磁场中受力的方向，与导体中的电流方向及磁场方向的关系可用电动机左手定则来确定，如图 3－2－6 所示。平伸左手，四指并拢并与大拇指垂直，使磁力线垂直通过掌心，四指指向导体中电流的方向，则大拇指所指的方向就是通电导线所受电磁力的方向。电动机就是根据这一原理制成的，故又称为“电动机左手定则”。

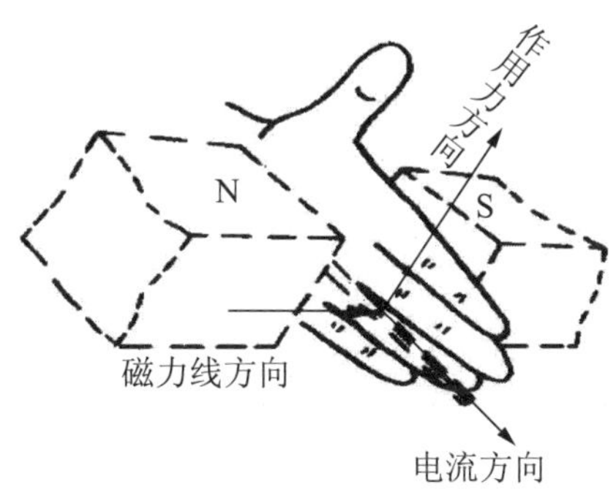

图 3－2－6　电动机左手定则

三、电磁感应

1. 导线切割磁力线产生感应电动势

当导线和磁场发生相对运动时，若导线切割了磁力线，在导线中就将产生电动势，这叫做电磁感应现象。由电磁感应产生的电动势叫感应电动势，用 e 表示。由感应电动势产生的电流叫感应电流。

感应电动势的方向可用发电机右手定则来确定，如图 3－2－7 所示。

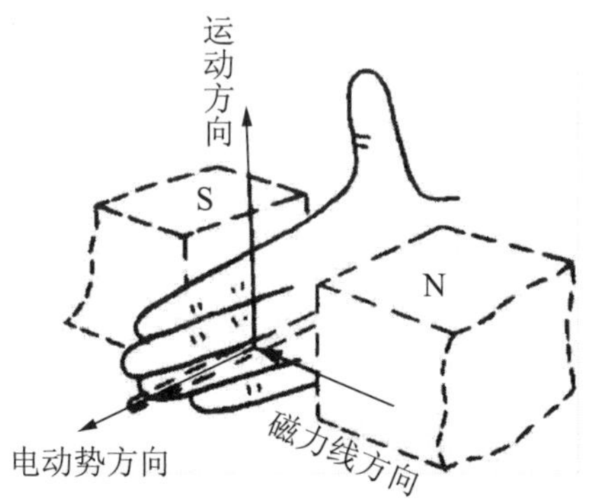

图 3－2－7　发电机右手定则

平伸右手，四指并拢并与大拇指垂直，使磁力线垂直穿过掌心，大拇指指向导线运动的方向，则四指的指向就是感应电动势的方向。发电机就是依据这一原理制成的，故这个判断方法又称为“发电机右手定则”。

感应电动势的大小同磁场强弱、导体运动的速度、导体在磁场中的长度有关。当导体沿着与磁力线垂直方向运动时，所产生的感应电动势为

$$e=BLv$$

式中：

e——导体中的感应电动势，V；

B——磁通密度，T；

L——导体在磁场中的有效长度，m；

v——导体的运动速度，m/s。

2. 线圈中的感应电动势

准备1个螺管线圈、条形磁铁、双向检流计，演示线圈中的感应电动势、感应电流。

当与线圈回路交链的磁通发生变化时，线圈回路会产生感应电动势及感应电流。线圈中感应电动势的方向有这样的规律：由它所产生的感应电流总是反抗原有磁通的变化，也就是说，当磁通增加时，感应电流产生的磁通与原磁通方向相反；当磁通减少时，感应电流产生的磁通与原磁通方向相同。这就是判断感应电动势方向的楞次定律。

感应电动势的大小与线圈中磁通的变化率成正比，即

$$e=-N\frac{\Delta\Phi}{\Delta t}$$

式中：

e——感应电动势，V；

N——线圈匝数；

$\Delta\Phi$——磁通变化量，Wb；

Δt——磁通变化 $\Delta\Phi$ 所需时间，s。

式中负号是由感应电动势所产生的感应电流具有反抗原有磁通变化的规律决定的。

3. 自感电动势和电感

当通过线圈的电流产生变化时，线圈电流产生的磁通也跟着变化。这个变化的磁通反过来又会在线圈中产生感应电动势。这种由于线圈本身电流的变化而在本线圈内产生的感应电动势叫自感电动势，用 e_L 表示。

根据楞次定律，自感电动势的方向也和感应电动势一样，总是反抗线圈中原有磁通的变化，即线圈中电流增加时，自感电动势的方向与线圈电流的方向相反，如图 3-2-8（a）所示；当电流减少时，自感电动势的方向与线圈的电流方向相同，如图 3-2-8（b）所示。

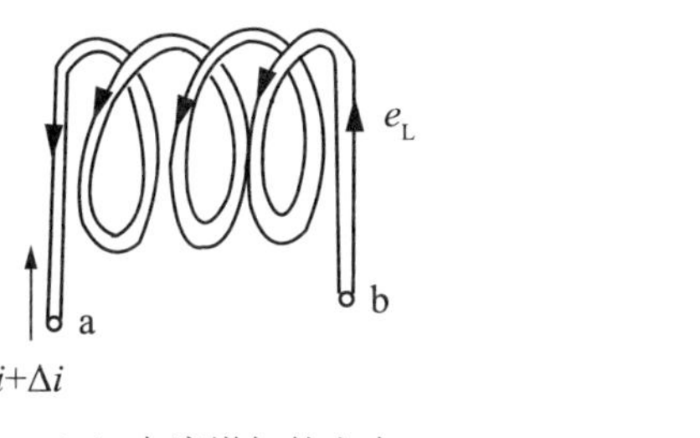

（a）电流增加的方向　　（b）电流减少的方向

图 3-2-8　自感电动势方向

自感电动势表达式与感应电动势一样，即

$$e_L = -N\frac{\Delta\Phi}{\Delta t}$$

通常把线圈匝数 N 和穿过线圈的磁通 Φ 的乘积叫做磁链，用 ψ 表示，即 $\psi = N\Phi$。因磁链的变化量 $\Delta\psi = N\Delta\Phi$，所以自感电动势的表达式可改写为

$$e_L = -\frac{\Delta\psi}{\Delta t}$$

通过线圈的自感磁链与通过线圈的电流 I 的比值，叫做线圈的自感，即

$$L = \frac{\psi}{I}$$

电感的单位是 H（亨利），较小的电感单位有 mH（毫亨）或 μH（微亨）。

当电感参数为常数时，自感电动势 e_L 也可表达为

$$e_L = -L\frac{\Delta i}{\Delta t}$$

式中，$\frac{\Delta i}{\Delta t}$ 表示电流的变化率。由此可见，e_L 的大小与线圈中电流的变化率成正比。式中负号是自感电动势的方向具有反抗线圈中电流变化的规律决定的。

【思考与练习】

1. 运动导体切割磁力线而产生最大电动势时，导体与磁力线间的夹角应为多少度？

2. 涡流是一种什么现象？

3. 一个线圈电流变化而在另一线圈产生电磁感应的现象，叫做自感现象，简称自感。请问这句话是否正确，为什么？

第三节　单相交流电路

一、正弦交流电的基本知识

1. 交流电

所谓交流电，是指大小和方向都随时间作周期性变化的电流（或电动势、电压）。

我们日常生活或生产中用的交流电是随时间按正弦规律交变的，所以叫做正弦交流电，简称交流电。

注意：交流电的大小和方向都在变化，如果只有大小变化，而方向没有变化的不是交流电，而是直流电。例如：电池供电的电流、电压随时间的增加，电流逐渐减小，电压逐渐降低。

2. 正弦交流电动势的产生

图 3－3－1 是一台交流发电机工作原理示意图。

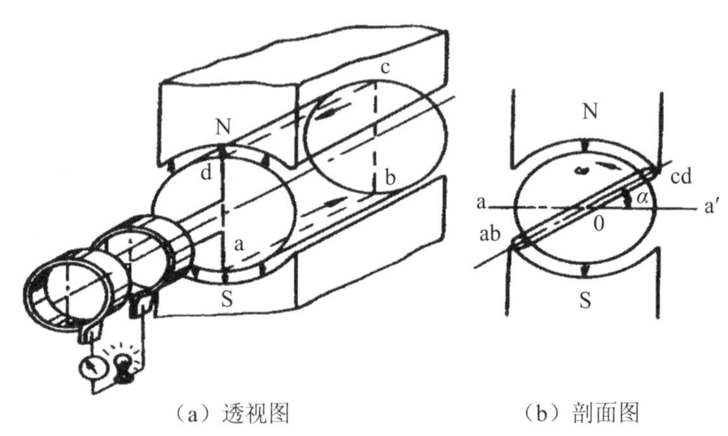

（a）透视图　（b）剖面图

图 3－3－1　交流发电机原理示意图

一对固定于机壳上的磁极，磁极间有一个可以自由转动的电枢，电枢上绕着绕组，绕组两端分别接在两个彼此绝缘的铜环上，铜环上装有电刷，通过铜环和电刷使绕组和外电路的负荷连接。当磁场中的绕组被原动机带动转动时，绕组中产生了感应电动势。该电动势产生的电流通过灯泡和检流计构成了闭合电路，使外电路中的灯泡发光，检流计的指针摆动。

由前述导线切割磁力线产生感应电动势的原理可知，当 L 和 v 一定时，感应电动势的大小取决于 B 的大小。为了得到随时间按正弦规律变化的交流电动势，在制造发电机时将磁极做成一定的形状，使磁通密度沿着电枢表面垂直方向按正弦规律分布，即

$$B=B_{\mathrm{m}}\sin\alpha$$

式中：

B_{m} ——磁通密度的最大值，T；

α ——绕组的一边与转轴 O 所组成的平面与中性面（两磁极间的分界面）间的夹角。所以，感应电动势也是空间角 α 的正弦函数，即

$$e=E_{\mathrm{m}}\sin\alpha$$

式中：

E_{m} ——感应电动势的最大值，V。

当绕组单位时间内旋转的角度（又称角速度）为 ω 时，空间角 $\alpha=\omega t$ ，则感应电动势 e 随时间变化的规律可写成

$$e=E_{\mathrm{m}}\sin\omega t$$

式中：

ωt ——电动势在时间为 t 时的角度，称为电动势的相位角。

3. 周期与频率

正弦交流电随时间按正弦规律由正到负、由负到正周而复始地变化。变化一周所需要的时间叫做周期，单位为 s，符号用 T 表示，如图 3－3－2 所示。以电角度表示的一个周期为 2π 弧度，即

$$\omega T=2\pi \text{ 或 } T=\frac{2\pi}{\omega}$$

每秒正弦量交变的次数叫做频率，单位为 Hz（赫兹），用 f 表示。我国电网采用的是频率是 50Hz。

周期和频率互为倒数，即

$$f=\frac{1}{T} \text{ 或 } T=\frac{1}{f}$$

因为一个周期（360°）等于 2π 弧度，若将频率的单位 Hz 化为 rad/s（弧度每秒），即为角频率 ω，因此

$$\omega=\frac{2\pi}{T}=2\pi f$$

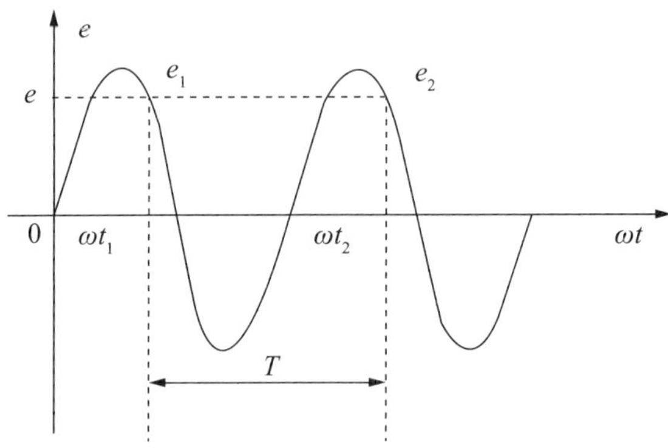

图 3-3-2　正弦交流电的周期

例：频率为 50Hz 的交流电，问它的周期和角频率各是多少？

解：$T=\frac{1}{f}=\frac{1}{50}=0.02\text{s}$

$\omega=2\pi f=2\times3.14\times50=314\text{rad/s}$

4. 瞬时值与最大值

瞬时值：交流电任一时刻的数值称为瞬时值。用英文小写字母表示。如电流用 i，电压用 u，电动势用 e 等。

最大值：正弦交流电瞬时值中的最大值。用有下标 m 的英文大写字母表示。如交流电流、电压、电动势的最大值分别用 I_m、U_m、E_m 表示。对于给定的正弦交流电的最大值是常数，在一个周期内出现两次，即正最大值和负最大值。

5. 有效值

交流电的瞬时值是随时间变化的，用瞬时值来反应交流电在电路中产生的效果很不方便。同时，用最大值也不能确切地反映出交流电的小。工程中常用有效值。

$$I^2RT=R\int_0^T i^2\,\mathrm{d}t$$

$$I=\sqrt{\frac{1}{T}\int_0^T i^2\,\mathrm{d}t}$$

若交流电流的瞬时值方程为 $i=I_m\sin\omega t$ ，则可推导出 $I=\frac{I_m}{\sqrt{2}}=0.707I_m$

正弦交流电流的有效值等于最大值的$\frac{1}{\sqrt{2}}$倍。

如果一个交变电流通过一个电阻，在一周期的时间内所产生的热量和某一直流电流通过同一电阻，在相等的时间内所产生的热量相等，则此直流值就定义为该交流电的有效值。

即交变电流的有效值等于与它热效应相当的直流值。

交流电的有效值用英文大写字母表示，如用U、I、E 分别表示电压、电流电动势的有效值。

正弦交流电的有效值等于最大值的 $1/\sqrt{2}$ 即 0.707 倍，或者说正弦交流电的最大值等于有效值的$\sqrt{2}$，即近似为 1.414 倍。

有效值与最大值的关系分析如下：

当交变电流 I 通过电阻R 时，根据焦耳一楞次定律在 dQ 时间内产生的热量为：$dQ=i^2R\,dt$

在一周期的时间内所产生的热量为

$$Q=\int_0^T i^2R\,dt=R\int_0^T i^2\,dt$$

直流电流 I 通过电阻R 时，在时间 T 内产生的热量为：$Q=I^2RT$

根据有效值的定义

$$U=\frac{U_m}{\sqrt{2}}=0.707U_m$$

同理可得
$$E=\frac{E_m}{\sqrt{2}}=0.707E_m$$

在工程计算与实际应用中，电流、电压和电动势的数值通常指有效值。

例：用伏特表测得电源电压为 220V，问这个电压的最大值为多少？

解：$U_m=\sqrt{2}U=\sqrt{2}\times 220\approx 311\text{V}$

6. 相位、初相位和相位差

(1) 相位、初相位

在交流发电机中，当电枢绕组平面的起始位置与中性面 a—a′重合时，感应电动势瞬时值的表达式为

$$e=E_m\sin\alpha=E_m\sin\omega t$$

如果电枢绕组平面在与中性面夹角为 φ 时作起始位置（即 $t=0$ 时，$\alpha=\varphi$），如图 3-3-3 为 $\alpha=\omega t+\varphi$，则绕组中感应电动势的瞬时值应为

$$e = E_m \sin(\omega t + \varphi)$$

式中：

$\omega t + \varphi$——相位角或相位。

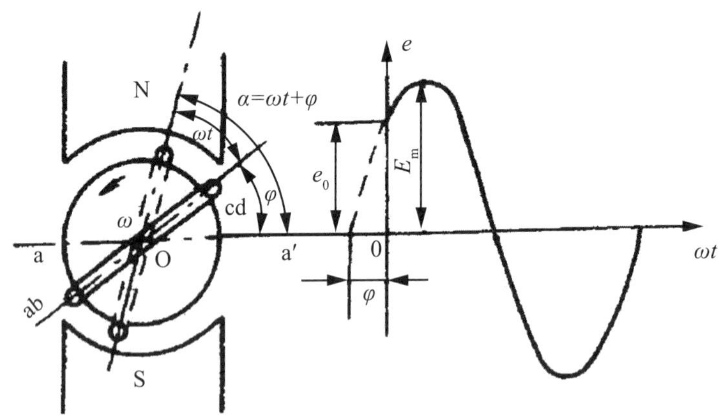

图 3-3-3　相位的正负值

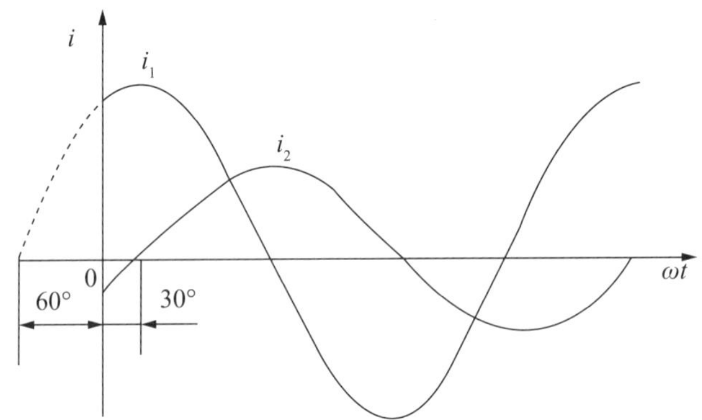

图 3-3-4　电动势的相位和初相位

相位是随时间变化的，它决定了正弦电动势瞬时值的大小和方向。$t=0$ 时的相位角 φ，叫初相位角或初相位。在波形图上，初相位 φ 是正弦曲线正向过零点与坐标原点之间的角度。如正向过零点在纵轴左侧时，初相位是正值；在右侧时，初相位是负值。如图 3-3-4 中电流 i_1 的初相位为$+60°$，电流 i_2 的初相位为$-30°$，它们的瞬时值表达式分别为

$$i_1 = I_m \sin(\omega t + 60°)$$

$$i_2 = I_m \sin(\omega t - 30°)$$

(2) 相位差

两个完全相同的电枢绕组，它们在电枢上的空间位置如图 3-3-5 所示的感应电动势分别为

$$e_1 = E_m \sin(\omega t + \varphi_1)$$
$$e_2 = E_m \sin(\omega t + \varphi_2)$$

这两个电动势的最大值和角频率相同，只是相位不同。两个同频率的正弦量在相位上的差别叫做相位差，即

$$(\omega t + \varphi_1) - (\omega t + \varphi_2) = \varphi_1 - \varphi_2 = \varphi$$

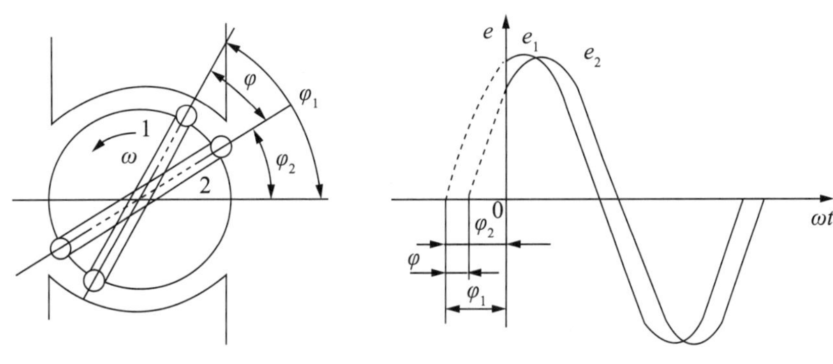

(a) 两绕组的空间位置　　(b) 电动势波形图

图 3-3-5　相位差

由图 3-3-5 (b) 看出，由于 e_1 和 e_2 存在相位差，所以在同一时刻它们的瞬时值不相等，且 e_1 总比 e_2 先到达最大值，就是说 e_1 在相位上超前 e_2 为 φ 角，或者说 e_2 较 e_1 滞后 φ 角。

在图 3-3-4 中，i_1 和 i_2 间的相位差为

$$\varphi_1 - \varphi_2 = 60° - (-30°) = 90°$$

就是说 i_1 超前 i_2 90°，或者说 i_2 滞后 i_1 90°。

如果两个同频率的正弦量的相位差为零，这两个正弦量为同相位；如果相位差为 180°，则这两个正弦量为反相位。

二、正弦交流电的相量表示法

1. 相量

向量用于表示交流电时称为相量，在相应字母符号上方加“·”表示，如

$\dot{I}_m$、$\dot{I}$、$\dot{U}_m$、$\dot{U}$等。正弦电流瞬时值 $i = I_m\sin(\omega t + \varphi)$ 的相量表示法，如图 3-3-6 所示。

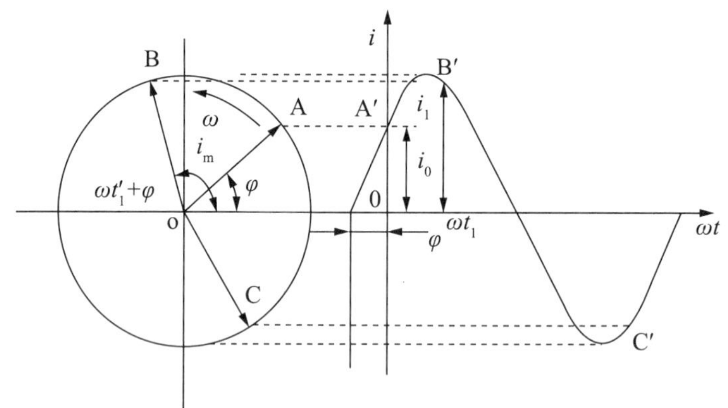

图 3-3-6　用相量表示正弦量

在图 3-3-6 中 $\dot{I}_m$ 的长短代表正弦电流的最大值，$\dot{I}_m$ 与横轴正方向的夹角表示 i 的初相位 φ，$\dot{I}_m$ 以角速度 ω（角速度是单位时间内变化的角度。相量旋转的角速度应为正弦量的角频率 ω）逆时针方向旋转，对应于每一个瞬时相量 $\dot{I}$ 的位置在纵轴上的投影，正好等于该时刻 i 的瞬时值。将 $\dot{I}_m$ 随时间旋转在纵轴上的投影按时间变量描成曲线，正好是一条正弦波曲线。

2. 相量图

将几个相互关联的同频率正弦量分别用相应的相量表示，并组合在同一坐标系中的图叫相量图。画相量图时要先画出其中任意一个相量，一般先画出初相位为零的相量，这个相量称为参考相量。参考相量通常与横轴重合，其他相量可由它们之间的相位关系逐个确定。在实际工程问题进行分析计算时，通常使用有效值计量，因此在用相量表示正弦量时，各相量的长度均取它们的有效值。

3. 相量的加、减运算

相量相加可用平行四边形法则进行。相量相减时，将要减去的相量取其方向后再与被减相量相加即可。

相量相加的和、相量相减的差及和、差的初相位均可从相量图中测量出数值，再乘以作图的比例，就可得到实际值。相量和、差及它们的初相位角也可用计算法求出。

三、交流电路中的电阻、电感、电容元件

1. 电阻交流电路

实际应用的白炽灯、电烙铁、电阻器等可看成电阻元件。在电阻元件构成的交流电路中，电流和电压的频率相同，相位相同，完全符合欧姆定律，即

$$\frac{u}{i}=\frac{U_{\mathrm{m}}}{I_{\mathrm{m}}}=\frac{U}{I}=R$$

电阻电路的相量图和波形图，如图 3－3－7 所示。

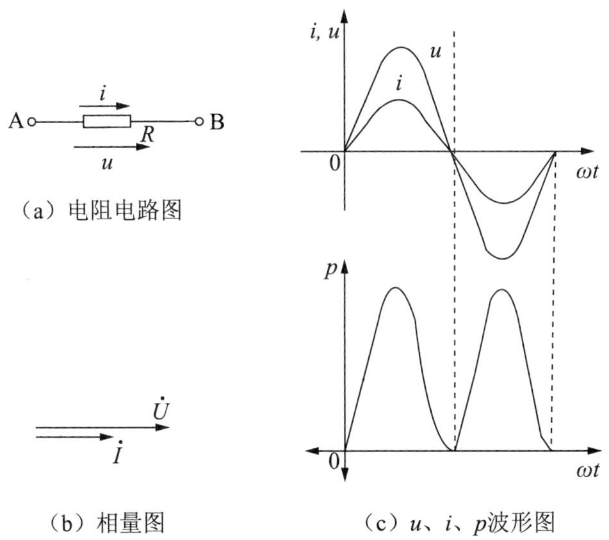

图 3－3－7 电阻电路的相量图和波形图

任何瞬间电阻上所消耗的功率等于通过电阻的电流与加在电阻两端电压的瞬时值的乘积，即 $p=ui$ 。

从图 3－3－7（c）看出，任一瞬间的功率数值都是正值，说明电阻电路中总是从电源吸取能量，也就是说电阻是一种耗能元件。

在日常生活中，计量用的平均功率（又叫有功功率），是指一个周期内瞬时功率的平均值。电阻元件的平均功率等于流过电阻的电流、两端施加的电压的有效值的乘积，即

$$P=UI=I^2R=\frac{U^2}{R}$$

2. 电感交流电路

实际应用中的荧光灯镇流器线圈、接触器的线圈、继电器的线圈、电动机的绕组等，若忽略它们的导线电阻，都可看成是电感元件。图 3-3-8 所示为纯电感电路及其相量图、波形图。

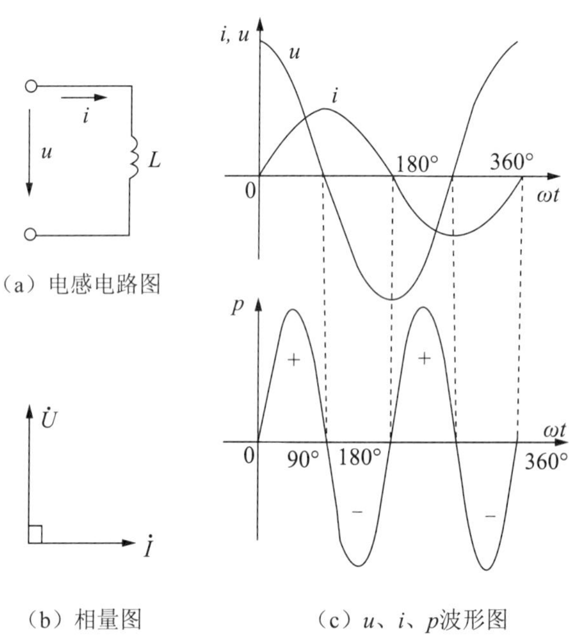

（b）相量图　　（c）u、i、p波形图

图 3-3-8　电感电路的相量图、波形图

在电感交流电路中，电压和电流的有效值或最大值之比叫做电感电抗，简称感抗，用 X_L 表示，即 $\dfrac{U}{I}=\dfrac{U_{\mathrm{m}}}{I_{\mathrm{m}}}=X_L$

感抗 X_L 和电阻 R 相似，在交流电路中都起阻碍电流通过的作用。X_L 的大小与电感 L 和频率 f 的乘积成正比，即

$$X_L=\omega L=2\pi fL$$

式中：

L——绕组（线圈）的电感，H；

f——电源电压的频率，Hz；

ω——电源电压的角频率，rad/s；

X_L——感抗，Ω。

从图 3-3-8（c）中看出，电压和电流的频率相同，电压的相位超前于电流

90°，用瞬时值表示为

$$i = I_{m}\sin\omega t$$

$$u = U_{m}\sin(\omega t + 90^{\circ}) = I_{m}X_{L}\sin(\omega t + 90^{\circ})$$

从图 3-3-8（c）中的功率波形图看出，瞬时功率是一个两倍于电压（或电流）频率的正弦曲线，且曲线的正、负半周完全对称。正值表示从电源吸取能量，负值表示向电源放出能量，从而得知电感元件从电源吸取的平均功率为零，即电感没有消耗能量，只是在电源和电感线圈之间有周期性的能量互换。因此，电感是一种储能元件。在电源和电感线圈之间互相转换功率的规模（瞬时功率的最大值）叫做感性无功功率，用 Q_L 表示为

$$Q_{L} = UI = I^{2}X_{L} = \frac{U^{2}}{X_{L}}$$

为了与有功功率区别，无功功率的单位是 var（乏）。

例：有一线圈，电感 L 为 10mH，电阻可忽略不计，将它接在电压 $U=311\sin\omega t$（V），频率为 50Hz 的电源上。试求线圈的感抗、电路中通过的电流、电路中的无功功率，并写出电流瞬时值的表达式。

解：线圈的感抗：$X_{L} = 2\pi fL = 2\times 3.14\times 50\times 0.01 = 3.14\Omega$

通过线圈的电流：$I = \dfrac{U}{X_{L}} = \dfrac{311/\sqrt{2}}{3.14} = 70\text{A}$

无功功率：$Q_{L} = UI = \dfrac{311}{\sqrt{2}}\times 70 \approx 15400\text{var}$

电流瞬时值的表达式：$i = \sqrt{2}\times 70\sin(\omega t - 90^{\circ}) = 99\sin(\omega t - 90^{\circ})$

3. 电容交流电路

任何两块靠近的金属导体（又称极板），中间用不导电的绝缘介质隔开，就形成了电容器。

把电容器接在电源上，电容器中就储存了电荷。其两个极板总是分别带有电量相等的正、负电荷。表示电容器储存电荷电量能力的物理量，称为电容器的电容量（简称电容），用符号 C 表示。C 值越大，表明电容器所储存的电量越多。用公式表示为

$$C = \frac{Q}{U}$$

式中：

Q ——极板上的带电量，C；

U ——两个极板之间的电压，V；

C——电容，F（法拉）。

法拉这个单位太大了，一般用微法（μF）或皮法（pF）做电容的单位。

$1\mu\text{F}=10^{-6}\text{F}$；$1\ \text{pF}-10^{-6}\mu\text{F}=10^{-12}\text{F}$

电容交流电路中电压和电流的有效值（或最大值）之比等于电容电抗，简称容抗，用 X_C 表示。

$$\frac{U}{I}=\frac{U_{\mathrm{m}}}{I_{\mathrm{m}}}=X_C$$

容抗在电路中也起阻碍电流的作用。X_C 的大小与电容 C 和频率 f 的乘积成反比，即

$$X_C=\frac{1}{\omega C}=\frac{1}{2\pi fC}$$

式中：

C——电容元件的电容，F；

f——电源交流电压的频率，Hz；

ω——电源交流电压的角频率，rad/s；

X_C——容抗，Ω。

电容元件中的电流与电压的频率相同，但电流的相位超前于电压 90°，如图 3-3-9 所示。

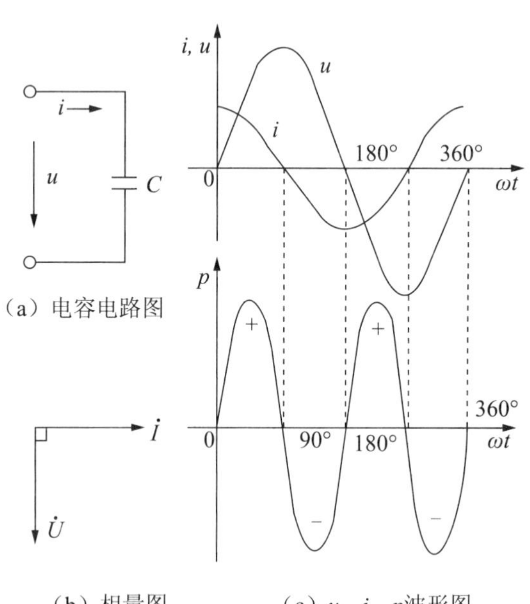

（a）电容电路图

（b）相量图　　（c）u、i、p波形图

图 3-3-9　电容电路的相量图和波形图

电容电路中电压电流的瞬时值为

$$u = U_{m}\sin\omega t = I_{m}X_{C}\sin\omega t$$

$$i = I_{m}\sin(\omega t + 90^{\circ})$$

从图 3-3-9（c）看出，在电容电路中，其瞬时功率的频率也是两倍于电压（或电流）的频率，在一个周期内的平均值也等于零。说明电容电路中也不消耗能量，在电源和电容器间只有周期性的能量交换。它也是一个储能元件。这种互相转换功率的规模（最大值）叫做电容性无功功率，用 Q_{C} 表示

$$Q_{C} = UI = I^{2}X_{C} = \frac{U^{2}}{X_{C}}$$

Q_{C} 的单位也是 var（乏）。

例：一只 1μF 的电容器两端加上正弦电压 $u = 220\sqrt{2}\sin(314t - 30^{\circ})$ V，求通过电容器中电流的有效值，并写出电流的瞬时值表达式。

解：电容器的容抗：$X_{C} = \frac{1}{\omega C} = \frac{1}{314 \times 1 \times 10^{-6}} = 3184.71\Omega$

通过电容器电流的有效值：$I = \frac{U}{X_{C}} = \frac{220}{3184.71} = 0.069\text{A}$

电流的初相位 $\varphi = 90^{\circ} - 30^{\circ} = 60^{\circ}$，则电流的瞬时值表达式：

$$i = 0.069 \times \sqrt{2}\sin(\omega t + 60^{\circ})\ \text{A}$$

4. 电阻与电感串联的交流电路

电气设备的实际电路几乎都不是单一的电阻、电感或电容电路。最常见的是电阻与电感串联的电路，如电动机、变压器等。

在电阻、电感串联电路中，各元件上的电压和总电压的关系，如图 3-3-10 所示。

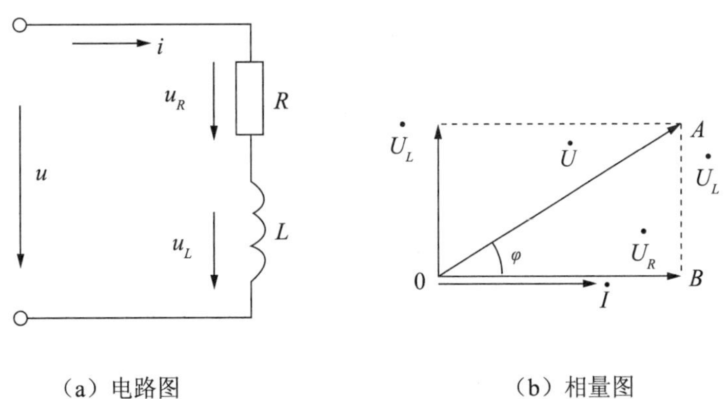

（a）电路图　　（b）相量图

图 3-3-10　电阻和电感串联电路

在电压 u 的作用下，通过 R、L 的电流为 i，i 与 R 上的压降 u_R 同相位，i 比 L 上的压降 u_L 落后 90°。画相量图时，以电流 $\dot{I}$ 为参考相量，再画出电阻上的电压 $\dot{U}_R$ 相量和电感上的电压 $\dot{U}_L$ 相量，总电压 $\dot{U}$ 等于 $\dot{U}_R$ 和 $\dot{U}_L$ 的相量和。从图 3－3－10（b）看出，总电压 $\dot{U}$ 与 $\dot{U}_R$ 、$\dot{U}_L$ 构成了一个直角三角形，称为电压三角形。其斜边为总电压 $\dot{U}$ ，两直角边分别为 $\dot{U}_R$ 、$\dot{U}_L$ ，根据勾股定律可得

$$U=\sqrt{U_R^2+U_L^2}$$

或

$$U=\sqrt{(IR)^2+(IX_L)^2}=I\sqrt{R^2+X_L^2}$$

式中：$\sqrt{R^2+X_L^2}$ 为交流电路的阻抗，用 Z 表示；阻抗的单位也是欧姆（Ω）。

由上式看出，Z、R、X_L 之间也是一个直角三角形，叫做阻抗三角形，如图 3－3－11（a）所示。

从图 3－3－10（b）看出，总电压和电流之间的相位差为 φ ，即总电压和电流之间的相位差由负荷电阻和感抗的大小决定。

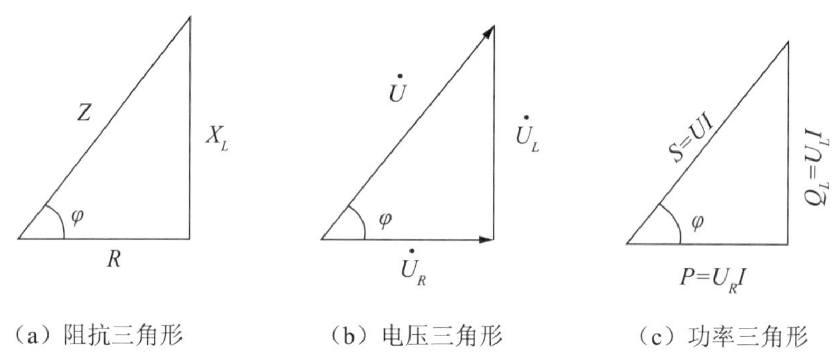

（a）阻抗三角形　（b）电压三角形　（c）功率三角形

图 3－3－11　阻抗、电压、功率三角形

在电阻、电感串联电路中，电阻上消耗的有功功率为 $P=U_RI$

由电压三角形可知：$U_R=U\cos\varphi$

所以：$P=UI\cos\varphi$

式中 $\cos\varphi$ 叫做电路的功率因数，可由阻抗三角形求得，其数值与负荷的阻抗参数有关。

在电阻、电感串联电路中的无功功率为 $Q=U_LI$

由电压三角形可知：$U_L=U\sin\varphi$

所以：$Q=UI\sin\varphi$

无功功率并不是无用的功率，由它所建立的交变磁场，在电能的输送、电能转换的过程中具有极为重要的作用。因为很多电气设备（如常见的变压器、电动机等）都是靠磁场来传送和转换能量的。若没有无功功率，变压器就不能变换电压，也无法传送能量；没有无功功率，电动机就不能转动。因此，发电机除了发出一定的有功功率供给动力、生活等负荷外，还必须同时发出一定的无功功率供给电感负荷，以建立交变磁场。这样不仅可以满足供、用电设备运行的需要，对发电机、电网的稳定运行也是有利的。

电路中电压与电流的有效值的乘积叫做视在功率，用 S 表示，$S=UI$ 。视在功率的单位为伏安（VA）或千伏安（kVA）。一般变压器的容量是用视在功率表示的。

由视在功率 S、有功功率 P、无功功率 Q 组成的三角形，称为功率三角形，如图 3－3－11（c）所示。视在功率为 $S=\sqrt{P^2+Q^2}$

例：有一个电阻 $R=6\Omega$，电抗 $L=25.5\text{mH}$ 的线圈，串接于$U=220\text{V}$、50Hz 的电源上，试求线圈的感抗 X_L、阻抗 Z、电流 I、电阻压降 U_R、电感压降 U_L、功率因数 $\cos\varphi$ 、有功功率 P、无功功率 Q 和视在功率 S。

解：

$$X_L=2\pi fL=2\times3.14\times50\times0.0255=8\Omega$$

$$Z=\sqrt{R^2+X_L^2}=\sqrt{6^2+8^2}=10\Omega$$

$$I=\frac{U}{Z}=\frac{220}{10}=10\text{A}$$

$$U_R=IR=22\times6=132\text{V}$$

$$U_L=IX_L=22\times8=176\text{V}$$

$$\cos\varphi=\frac{R}{Z}=\frac{6}{10}=0.6$$

$$P=I^2R=22^2\times6=2904(\text{W})=2.904\text{kW}$$

$$Q=I^2X_L=22^2\times8=3872(\text{var})=3.872\text{kvar}$$

$$S=UI=220\times22=4840(\text{VA})=4.48\text{kVA}$$

四、功率因数 cosφ

在功率三角形中，有功功率和视在功率的比值等于功率因数，即

$$\cos\varphi=\frac{P}{S}$$

因为发电机、变压器等电气设备的容量用视在功率表示时，等于额定电压和额定电流的乘积，即 $S=UI$。在正常运行时，电流、电压应不超过其额定值，从而发电机、变压器所输出的有功功率则与负荷的功率因数有关，即

$$P=UI\cos\varphi=S\cos\varphi$$

当 S 恒定时，若 $\cos\varphi$ 过低，则电源设备所输出的有功功率就要减少，使设备的容量不能得到充分利用。例如有一台 $S=50\text{kVA}$ 的变压器，当 $\cos\varphi=1$ 时，输出的有功功率 $P=50\times1=50\text{kW}$；当 $\cos\varphi=0.8$ 时；$P=50\times0.8=40\text{kW}$；当 $\cos\varphi=0.6$ 时；$P=50\times0.6=30\ \text{kW}$。$\cos\varphi$ 越低，输出的有功功率越少。

当负荷所需要的有功功率恒定时，$\cos\varphi$ 越低，线路上输送的无功功率就要越多，从而使线路上的电流增大，造成线路的电压降和功率损耗增大。线路压降增大，使负荷端的电压太低，导致灯光变暗和电动机的转速下降，严重时还会烧毁电动机。线路功率损耗增大，造成电能的浪费，所以一定要注意适当提高负荷的功率因数。

【思考与练习】

1. 有一线圈与一块交、直流两用电流表串联，在电路两端分别加 $U=100\text{V}$ 的交、直流电压时，电流表指示分别为 $I_1=20\text{A}$ 和 $I_2=25\text{A}$，求该线圈的电阻、电抗。

2. 有一纯电感电路，已知电感 $L=100\text{mH}$，接在 $u=220\sqrt{2}\sin\omega t\,\text{V}$，$f=50\text{Hz}$的电源上。试求电感线圈的电抗、电流有效值、电流瞬时表达式、电感的有功功率和无功功率。

3. 在上题中，将频率提高为 500Hz，其他条件不变，请重新计算要求的量。

第四节　三相交流电路

一、三相交流电动势

1. 三相交流电动势的产生

三相交流电动势是由三相交流发电机产生的，图 3－4－1 所示为三相交流发电机工作原理示意图。

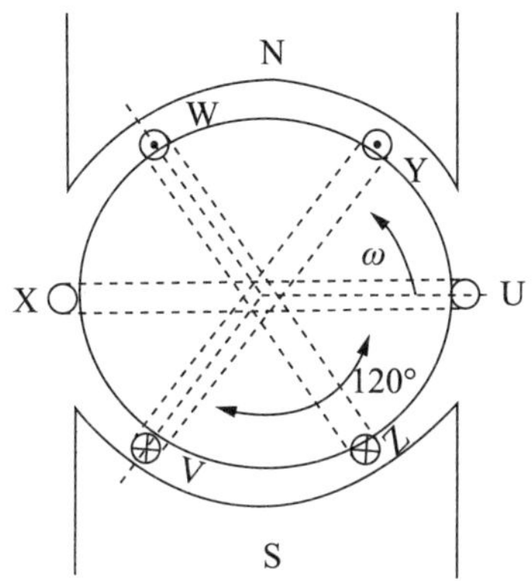

图 3-4-1 三相交流发电机工作原理示意图

三相交流发电机的构成与前述的单相交流发电机相比较，只不过是在磁场中的电枢上放置了 3 个在空间彼此相差 120°、结构完全相同的绕组，一个绕组为一相。3 个绕组的首端分别用 U、V、W 表示；末端分别用 X、Y、Z 表示。当电枢在外力作用下按逆时针方向旋转时，图 3-4-1 中 UX 绕组从水平位置开始切割磁力线，它的初相位为零，则 UX 绕组中产生感应电动势的瞬时值为

$$e_U = E_{Um} \sin\omega t$$

VY 绕组比 UX 绕组在空间上后移 120°，绕组中产生的感应电动势的瞬时值为

$$e_V = E_{Vm} \sin(\omega t - 120°)$$

WZ 绕组比 UX 绕组在空间上后移 240°或者说前移 120°，绕组中感应电动势的瞬时值为

$$e_W = E_{Wm} \sin(\omega t - 240°) \text{ 或 } e_W = E_{Wm} \sin(\omega t + 120°)$$

由于三个绕组结构相同，所以在三个绕组中感应电动势的最大值相等，即

$$E_{Um} = E_{Vm} = E_{Wm} = E_m$$

三个绕组以同一角速度在磁场中等速旋转，所以三个感应电动势的角频率相同。

三个绕组在空间上互差 120°，所以三个感应电动势的相位互差 120°。

这样，三个最大值相等、角频率相同、相位互差 120°的电动势，叫做对称三相电动势。其相量图和波形图，如图 3-4-2 所示。

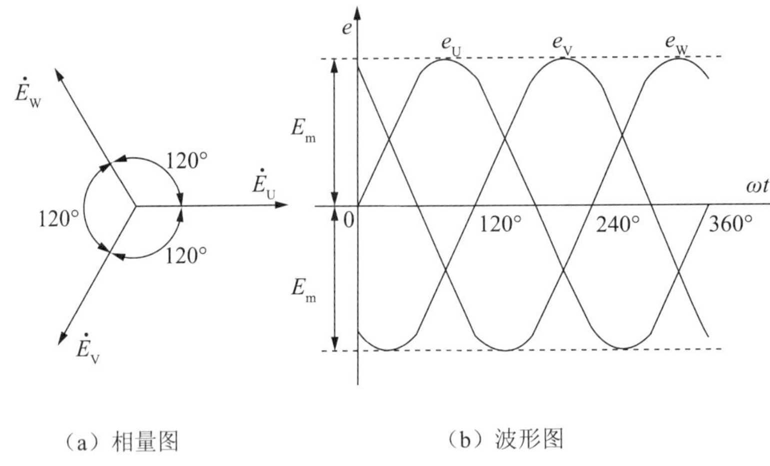

（a）相量图　　（b）波形图

图 3-4-2　对称三相电动势的相量图和波形图

对称三相电动势的相量和等于零，即 $\dot{E}_U+\dot{E}_V+\dot{E}_W=0$；

任一瞬间的代数和亦为零，即 $e_U+e_V+e_W=0$。

2. 相序

在实际应用中常说到相序这个名词。所谓相序是指三相交流电相位的顺序，它是三相电动势到达最大值的先后次序，习惯上用 U—V—W 表示。在确定相序时，可以先把任何一相定为 U 相，另外两相中比 U 相落后 120°的就是 V 相（滞后相），比 U 相超前 120°的就是 W 相（超前相），这种相序排列叫做正相序。通常在电源母线上用黄、绿、红 3 种颜色分别表示 U、V、W 三相。

二、电源绕组的连接

1. 电源绕组连接的两种方式

三相交流发电机的三个绕组并不是分别单独向外送电的，而是按照一定的方式，连接成一个整体向负荷供电。绕组的连接方式有两种，即星形连接和三角形连接。星形连接的形状Y像英文字母的 Y，因此星形连接也叫 Y 连接。三角形连接的形状△像希腊字母的 Δ，英文发音是 Delta（德耳塔），因此三角形连接也叫 D 连接。

2. 电源绕组的星形连接

所谓星形连接，就是将电源三相绕组的末端连接在一起，成为一个公共点，叫做中性点，英语称为 Neutral - Point，因此用字母 N 表示中性点。从中性点引出的导线叫做中性线，也用字母 N 表示。从每相绕组的首端引出的导线，叫做相线，用 L 表示，依其相序分别用 U、V、W 表示电源三相，用 L_1、L_2、L_3 表示导线三相，如图 3－4－3 所示。

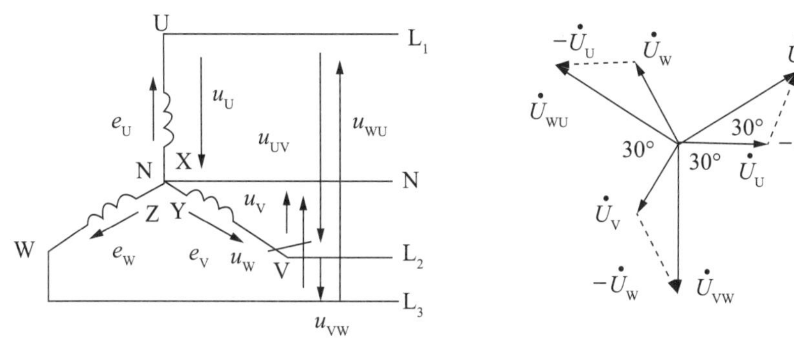

（a）电路图　　（b）相电压与线电压的相量图

图 3－4－3　三相电源绕组的星形连接

图 3－4－3 中的各相电动势基本相等。所以三个相电压也是对称的，且三个相电压的有效值大小相等。两相线之间的电压，或两绕组首端与首端之间的电压，叫做线电压，如 u_{UV}、u_{VW}、u_{WU}。经分析和实测得知，当电源电压对称且接成星形时，线电压等于相电压的$\sqrt{3}$倍，各线电压超前相应相电压 30°，u_{UV}超前 u_U30°，u_{VW}超前 u_V30°，u_{WU}超前 u_W30°。三个线电压之间的相位差也都是 120°。因此，三个线电压也是对称的。电源星形连接时，相电压和线电压的相量图如图 3－4－3（b）所示。

配电变压器的低压侧三相绕组一般采用星形连接，低压侧的相电压是 220V，线电压是 380V。用三相三线制（三根相线）三相四线制（三根相线和一根中性线）向负荷供电。380V 电压可给三相电动机供电，220V 电压可给电灯等单相负载供电。

3. 电源绕组的三角形连接

所谓三角形连接，是将电源三相绕组中一相绕组的末端与另一相绕组的首端依次连接成闭合回路，例如 X 接 V，Y 接 W，Z 接 U，连接成一个闭合的三角形，再从三个连接点引出三根导线，用三相三线制电路给负荷供电，如图 3－4－4 所示。

三角形连接时的相电压等于线电压。

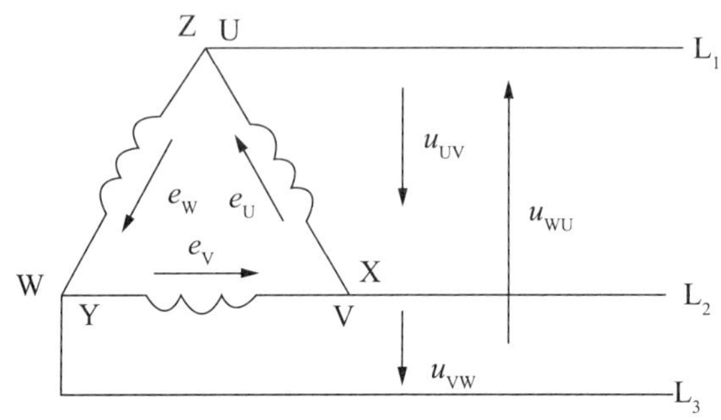

图 3-4-4　三相电源绕组的三角形连接

三、三相负荷的连接方法

负荷有三相负荷（如三相电动机等）和单相负荷（如电灯、电风扇、电视机、洗衣机、收录机等）两大类。三相负荷采用也是采用星形或三角形连接，连接的方法与电源相同。星形连接时，将各相负荷的首端分别接在电源的相线上，末端连接在一起。三角形连接时，将各相负荷跨接在电源的两根相线之间。究竟采用哪种接法，要根据负荷的额定电压和电源电压来确定，如图 3-4-5 所示。

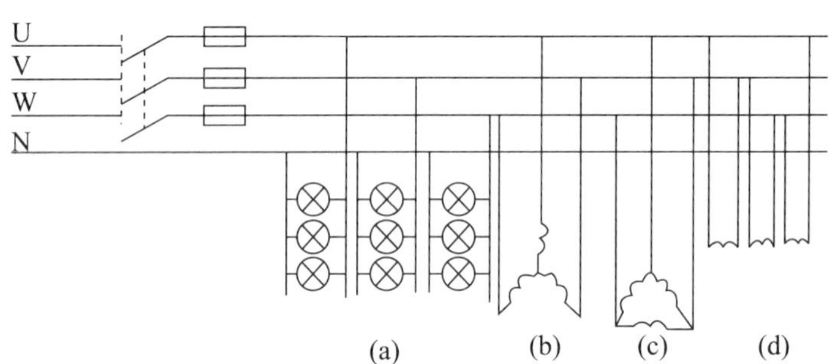

（a）单相负荷的星形连接方式　　（b）三相负荷的星形连接方式
（c）三相负荷的三角形连接方式　　（d）单相负荷的三角形连接方式

图 3-4-5　负荷的连接方式

如果负荷的额定电压等于电源的相电压，三相负荷应接成星形，如图 3-4-5（b）所示；如果负荷的额定电压等于电源线电压，三相负荷应接成三角形，如图 3-4-5（c）所示；对于单相负荷，可按负荷的额定电压等于电源相电压或线电压的原则，接在电源相电压或线电压上，如图3-4-5（a）、（d）所示。为了使三相电源电压对称，单相负荷应尽量均匀地分接在三相电源上，使电源的三相负荷尽可能平衡。

四、电源、负荷都是星形连接的三相电路

1. 三相四线制电路

三相四线制电路如图 3－4－6 所示，Z_U、Z_V、Z_W 分别为各相负荷的阻抗。各相负荷承受的电压称为负荷的相电压。流过各相负荷的电流称为负荷的相电流。流过中性线的电流称为中性线电流。它们的正方向如图 3－4－6 所示。

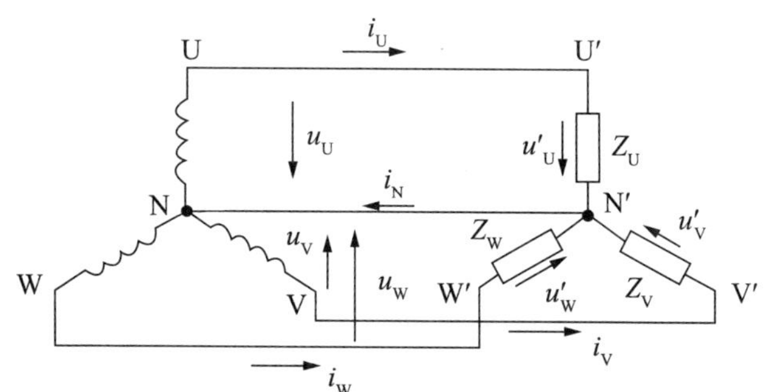

图 3－4－6 三相四线制电路

相电流的计算分别为

$$I_U=\frac{U'_U}{Z_U},\ I_V=\frac{U'_V}{Z_V},\ I_W=\frac{U'_W}{Z_W}$$

各相负荷的相电压与相电流之间的相位差可按下式计算

$$\tan\varphi_U=\frac{X_U}{R_U},\ \tan\varphi_V=\frac{X_V}{R_V},\ \tan\varphi_W=\frac{X_W}{R_W}$$

例： 有三个单相负荷 $R_U=5\Omega$，$R_V=10\Omega$，$R_W=20\Omega$，接于三相四线制电路中，电源三相对称相电压 $U_{Ph}=220V$，试求各相电流和中性线电流。

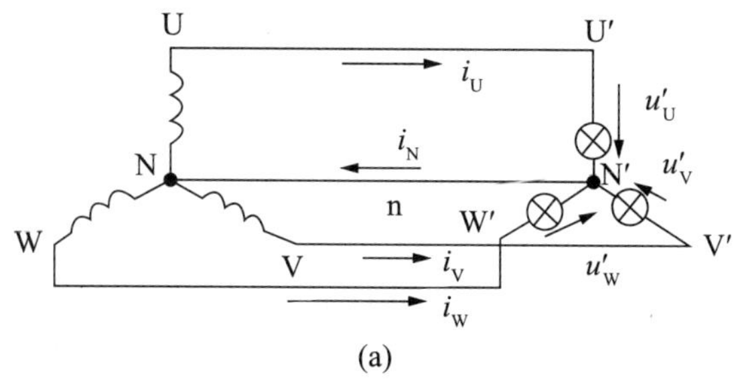

(a)

图 3－4－7

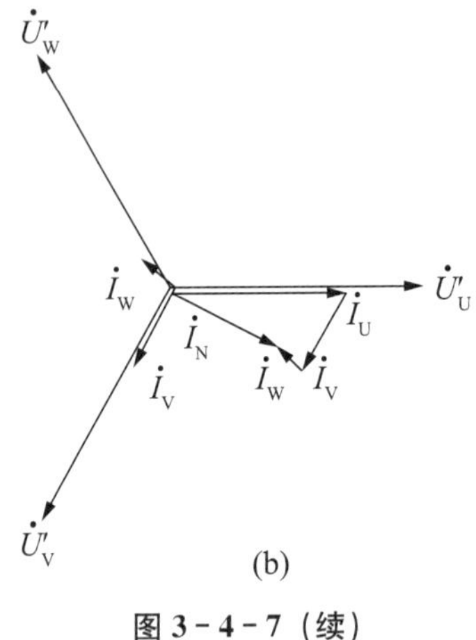

图 3-4-7（续）

解：画出电路图，如图 3-4-7（a）所示。

各相电流

$$I_U=\frac{U'_U}{R_U}=\frac{220}{5}=44A$$

$$I_V=\frac{U'_V}{R_V}=\frac{220}{10}=22A$$

$$I_W=\frac{U'_W}{R_W}=\frac{220}{20}=11A$$

中性线电流为三相电流之相量和，即

$$\dot{I}_N=\dot{I}_U+\dot{I}_V+\dot{I}_W$$

采用画出相量图的方法求出中性线电流。首先按比例画出三相相电压，然后画出各相电流，采用平行四边形法则，画出中性线电流，量取长度，乘以比例即为中性线电流值。

$$I_N=29A$$

2. 三相三线制电路

若三相负荷的 $X_U=X_V=X_W=X$，$R_U=R_V=R_W=R$，则称为三相对称负荷。如将三相对称负荷接于三相四线制电路中，三相负荷上的电压及电流都是对称的，相位互差 120°。三相电流的相量和为零。因此，可将中性线去掉，并不影响电路的运行、分析和计算。图 3-4-8 所示的三相三线制电路，适用于给三相对称负荷（如三相电动机等）供电，在工/农业生产中应用极广。

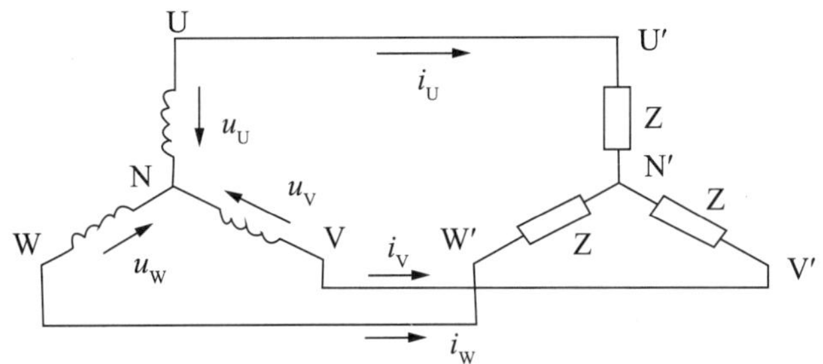

图 3-4-8 三相三线制电路

由于三相三线制电路三相电流对称，所以电路的计算可简化单相电路计算。应用 $\frac{U}{Z}$ 及 $\cos\varphi = \frac{R}{Z}$ 先算出一相的电流及相位，然后根据三相对称关系即可得知其他两相的电流及相位。

例：有一星形连接的三相对称负荷，接于三相三线制电路中，每相电阻 $R = 6\Omega$，电感电抗 $X_L = 8\Omega$，电源线电压为 380V，求各相负荷电流的有效值，并写出各相电流顺时针表达式，画出电压、电流相量图。

解：由于该电路是对称的三相三线制电路，所以相电压

$$U_U = U_{Ph} = \frac{380}{\sqrt{3}} = 220\text{V}$$

各相电流有效值为

$$I_U = I_{Ph} = \frac{U_U}{Z} = \frac{220}{\sqrt{R^2 + X_L^2}} = \frac{220}{\sqrt{6^2 + 8^2}} = 22\text{A}$$

$$I_U = I_V = I_W = 22\text{A}$$

各相电流和电压之间的相位差为

$$\tan\varphi = \frac{X}{R}，\varphi_U = \arctan\frac{X}{R} = \arctan\frac{8}{6} = 53°8'$$

$$\varphi_U = \varphi_V = \varphi_W = 53°8'$$

设以 U 相电压为参考正弦量，则各相电流顺时针为

$$i_U = \sqrt{2} \times 22\sin(\omega t - 53.13°)$$

$$i_V = \sqrt{2} \times 22\sin(\omega t - 173.13°)$$

$$i_W = \sqrt{2} \times 22\sin(\omega t + 66.87°)$$

电流、电压相量图，如图 3-4-9 所示。

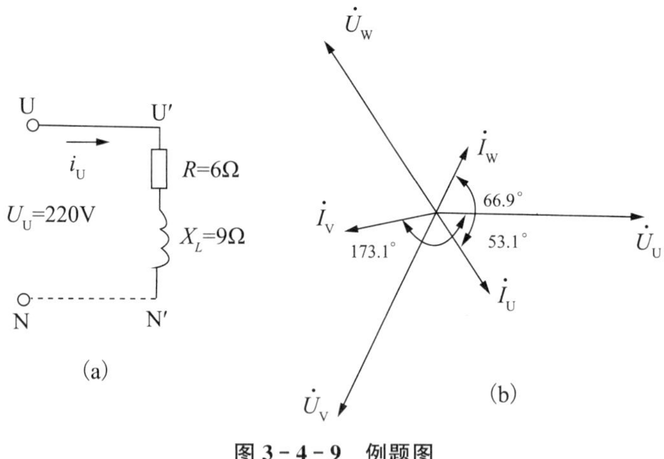

图 3-4-9 例题图

五、电源星形连接、负荷三角形连接的对称三相电路

这种三相电路在实际工程中采用，每相负荷承受的电压为电源线电压，如图 3-4-10 所示。

由于三相对称负载接于三相对称电压上，因而三相电流也是对称的因此，只需计算一相即可。如计算 $U'V'$ 相电流，即

$$I_{UV}=\frac{U_{UV}}{Z},\ \tan\varphi_{UV}=\frac{X}{R}$$

其余两相电流可按对称关系直接写出。

线电流和相电流的关系，如图 3-4-10（b）所示。三个负荷相电压组成一个正三角形，三个负荷相电流分别落后于三个相应的负荷相电压一个 φ 角，线电流为相邻两个负载相电流之差，线电流比相应相电流落后 30°，线电流的有效值是相电流有效值的$\sqrt{3}$倍。

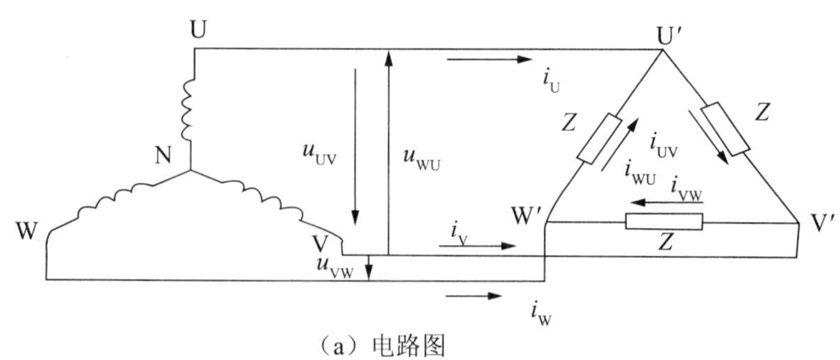

（a）电路图

图 3-4-10 电源星形连接、负荷三角形连接的对称三相电路

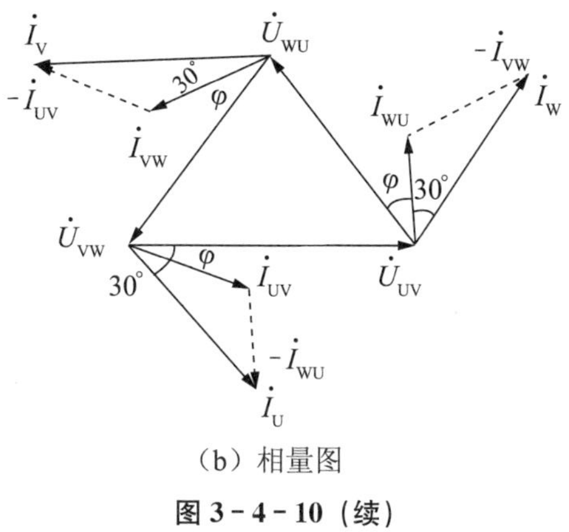

（b）相量图

图 3-4-10（续）

六、三相电路的功率

三相负荷接于三相电源上，无论负荷接成星形还是三角形，每相负荷的有功功率、无功功率、视在功率都和单相电路功率的计算方法一样。现以 U 相为例

$$P_U = U_U I_U \cos\varphi_U$$

$$Q_U = U_U I_U \sin\varphi_U$$

$$S_U = U_U I_U$$

三相负荷的总有功功率、总无功功率等于各相负荷相应功率的和，视在功率可用功率三角形关系求得，即

$$P = P_U + P_V + P_W = \sqrt{3} U_l I_l \cos\varphi_{ph}$$

$$Q = Q_U + Q_V + Q_W = \sqrt{3} U_l I_l \sin\varphi_{ph}$$

$$S = \sqrt{P^2 + Q^2} = \sqrt{3} U_l I_l$$

【思考练习】

1. 三相负载接成三角形，已知线电压有效值为 380V，每相负载的阻抗为 38Ω。求：（1）相电压的有效值；（2）相电流的有效值；（3）线电流的有效值；（4）负载视在功率、有功功率、无功功率。

2. 一台三绕组为△接三相电动机的功率 $P=2.4$kW，把它接到线电压 $U=380$V 的三相电源上，用钳形电流表测得线电流 $I_l=6.1$A，求此电动机的功率因数、每相绕组的电阻、电感值。

3. 有一个三相负载，每相的等效电阻 $R=30\Omega$，等效电抗 $X_L=25\Omega$。接线为星形，当把它接到线电压 U=380V 的三相电源时，求负载消耗的电流、功率因数、有功功率和无功功率。

第五节　配电网知识

一、配电网的组成

电能是一种应用广泛的能源，其生产（发电厂）、输送（输配电线路）、分配（变配电所）和消费（电力用户）的各个环节有机地构成了一个系统。它包括：

（1）动力系统。由发电厂的动力部分（如火力发电的锅炉、汽轮机，水力发电的水轮机和水库，核力发电的核反应堆和汽轮机等）以及发电、输电、变电、配电、用电组成的整体。

（2）电力系统。由发电、输电、变电、配电和用电组成的整体，它是动力系统的一部分。

（3）电力网。电力系统中输送、变换和分配电能的部分，它包括升、降压变压器和各种电压等级的输配电线路，它是电力系统的一部分。电力网按其电力系统的作用不同分为输电网和配电网。

1）输电网。以高电压（220kV、330kV）、超高电压（500kV、750kV、1000kV）输电线路将发电厂、变电所连接起来的输电网络，是电力网中的主干网络。

2）配电网。从输电网接受电能分配到配电变电所后，再向用户供电的网络。配电网按电压等级的不同又分为高压配电网（110kV、35kV）、中压配电网（20kV、10kV、6kV、3kV）和低压配电网（220V/380V）。这些不同电压等级的配电网之间通过变压器连接成一个整体配电系统。当系统中任何一个元件因检修或故障停运时，其所供负荷既可由同级电网中的其他元件供电，又可由上一级或下一级电网供电。对配电网的基本要求主要是供电的连续可靠性、合格的电能质量和运行的经济性等要求。

二、配电网的分类和特点

1. 配电网的分类

配电网按电压等级的不同，可又分为高压配电网（110kV、35kV）、中压配电网（20kV、10kV、6kV、3kV）和低压配电网（220V/380V）；按供电地域特点不同或服务对象不同，可分为城市配电网和农村配电网；按配电线路的不同，可分为架空配电网、电缆配电网以及架空电缆混合配电网。

（1）高压配电网，指由高压配电线路和相应等级的配电变电所组成的向用户提供电能的配电网。其功能是从上一级电源接受电能后，可以直接向高压用户供电，也可以通过变压器为下一级中压配电网提供电源。高压配电网分为 110kV、63kV、35kV 三个电压等级，城市配电网一般采用 110kV 作为高压配电电压。高压配电网具有容量大、负荷重、负荷节点少、供电可靠性要求高等特点。

（2）中压配电网，指由中压配电线路和配电变电所组成的向用户提供电能的配电网。其功能是从输电网或高压配电网接受电能，向中压用户供电，或向用户用电小区负荷中心的配电变电所供电，再经过降压后向下一级低压配电网提供电源。中压配电网具有供电面广、容量大、配电点多等特点。我国中压配电网采用 10kV 为标准额定电压。

（3）低压配电网，指由低压配电线路及其附属电气设备组成的向用户提供电能的配电网。其功能是以中压配电网的低压配电变压器为电源，将电能通过低压配电线路直接送给用户。低压配电网的供电距离较近，低压电源点较多，一台中压配电变压器就可作为一个低压配电网的电源，两个电源点之间的距离通常不超过几百米。低压配电线路供电容量不大，但分布面广，除一些集中用电的用户外，大量是供给城乡居民生活用电及分散的街道照明用电等。低压配电网主要采用的三相四线制、单相和三相混合系统。我国规定采用单相 220V、三相 380V 的低压额定电压。

2. 配电网的特点

（1）供电线路长，分布面积广。

（2）发展速度快，用户对供电质量要求高。

（3）对经济发展较好地区配电网设计标准较高，供电的可靠性要求较高。

（4）农网负荷季节性强。

（5）配电网接线较复杂，必须保证调度上的灵活性、运行上的供电连续性和经济性。

（6）随着配电网自动化水平的提高，要求供电管理水平越来越高。

三、配电网结构形式

配电网结构形式是指配电网中各主要电气元件的电气连接形式，基本上分为放射式和环网式两大类。环网式结构又可分为多回线式、环式和网络式等。

1. 放射式配电网

放射式配电网是指一路配电线路自配电变电所引出，按照负荷的分布情况，呈放射式延伸出去，线路没有其他可连接的电源，所有用电点的电能只能通过单一的路径供给。放射式配电网的优点是设施简单，运行维护方便，设备费用低，适用于低负荷密度地区和一般的照明、动力负荷供电。缺点是供电可靠性低，为了弥补配电设施有故障就会造成大量用户停电。这一缺点，部分用户可以视其对供电可靠性要求的不同，从邻近配电网取得适当容量的备用电源。在中压和低压的放射式配电网中，通常还装设分段断路器将线路分成适当的区段，而且在适当的分段处与相邻线路之间装设联络断路器，使得放射式配电线路发生故障时的停电区段缩小，或将部分非故障区段切换到相邻线路，以保证继续供电。这种放射式结构在城市的中、低压配电网中使用较多。

2. 多回路式配电网

多回配电线路（一般是平行敷设的）自配电所引出接到受电端，正常时各条配电线路并列运行，平均分担全部负荷，当一条配电线路有故障时，可自动将其切断隔离，其余的配电线路有足够容量承担全部负荷。多回线式配电网至少有两回配电线路，但一般为 3 或 4 路或更多回路。多回线式配电网比放射式配电网可靠性高，一回配电线路故障时，不会造成用户停电，有需要时还可达到在第二回配电线路故障时不使用户停电的要求。电缆配电网故障测寻和故障修复时间较长，故常采用这种多回线的结构。多回线式配电网的主要缺点是继电保护配置比放射式配电网的要复杂。

3. 环式配电网

配电变电所引出的配电线路连接成环形，每个用电点自环上不同部位接出。简单的环式配电网是两回配电线路自同一（或不同）配电变电所的母线引出，利用联络断路器（或分段断路器）连接成环每个用电点自环上 T 形或 n 形支接。当环路上某区段发生故障时，利用分段断路器切换隔离后，其他区段上的负荷可继续供电，这是环式配电网的特点。将联络断路器经常断开，只有当某区段发生故障或停电作业时才倒换为闭合的运行方式，称为常开环路方式；而将联络断路器经常闭合的运行方式称为常闭环路方式。闭环运行增加装置的复杂性，但可改善配电网内电流分布，减少电压降和功率损耗。

四、配电网的发展趋势

配电网的发展趋势主要表现在以下几个方面：

1. 简化电压等级

尽量减少降压层次，有利于配电网的管理和经济运行。我们国家降压层次常用的有 220/110/35/10kV、220/110/10kV、220/63/10kV 三种，显然第三种比第一种经济，而第二种比第三种经济，随着负荷的发展，10kV 的容量逐渐饱和，供电半径越来越小，220/110/20kV 将是更好的电压层次。

2. 减小线路走廊和占地

随着城市的建设，配电网的占地矛盾日益突出，采用窄基铁塔、钢管塔、多回路线路可有效减小线路走廊，将配电装置向半地下和地下及小型成套发展。电缆隧道和公用事业管道共用将进一步推广。

3. 配电线路绝缘化

采用绝缘架空线路可有效解决树线矛盾，减少事故率、触电伤亡和短路事故，同时架设空间可大大缩小，减少线路损耗。但架空绝缘导线也有许多缺点，比如雷击易断线，强度较低，检修挂接地线困难，缺乏运行经验等，这在以后的发展中将逐渐得到改善。

4. 节能型金具

在线路通过电流的情况下，不产生或只有非常少的电能损耗（相对于老的金具而言）的金具称为节能型金具。节能型金具并不只是在材料上以铝合金代替铸铁，而是从结构上完全改变，结构上轻巧，通用性强，表面不易氧化，使电的连接可靠度大大提高。

5. 配电网自动化

所谓配电网自动化是指利用现代电子、计算机、通信及网络技术，将配电网在线数据和离线数据、配电网数据和用户数据、电网结构和地理图形进行信息集成，构成完整的自动化系统，实现配电网及其设备正常运行及事故状态下的监测、保护、控制、用电和配电管理的现代化。配电自动化可提高供电可靠性，改善用户服务质量，降损节能，提高设备利用率。

第四章　仪表测量

第一节　万用表的使用

一、万用表的使用的注意事项

（1）在使用万用表之前，应先进行“机械调零”，使万用表指针指与零刻度线重合。

（2）在使用万用表过程中，不能用手去接触表笔的金属部分 ，这样一方面可以保证测量的准确，另一方面也可以保证人身安全。

（3）在测量某参数时，不能在测量的同时换档，尤其是在测量高电压或大电流时 ，更应注意。否则，会使万用表毁坏。如需换档，应先断开表笔，换档后再去测量。

（4）万用表在使用时，必须水平放置，以免造成误差。同时，还要注意到避免外界磁场对万用表的影响。

（5）万用表使用完毕，应将转换开关置于交流电压的最大档。如果长期不使用 ，还应将万用表内部的电池取出来，以免电池腐蚀表内其他器件。

二、万用表测量电阻

（1）选择合适的倍率。在万用表测量电阻时，应选适当的倍率，使指针指示在中值附近。最好不使用刻度左边三分之一的部分，这部分刻度密集很差。

（2）使用前要调零。

（3）不能带电测量。

（4）被测电阻不能有并联支路。

（5）测量晶体管、电解电容等有极性元件的等效电阻时，必须注意两支笔的极性。

(6) 用万用表不同倍率的欧姆档测量非线性元件的等效电阻时，测出电阻值是不相同的。这是由于各档位的中值电阻和满度电流各不相同所造成的，机械表中，一般倍率越小，测出的阻值越小。

三、万用表测量直流电流

(1) 进行机械调零。

(2) 选择合适的量程档位。

(3) 使用万用表电流档测量电流时，应将万用表串联在被子测电路中，因为只有串联才能使流过电流表的电流与被测支路电流相同 。测量时，应断开被测支路 ，将万用表红、黑表笔串接在被断开的两点之间。特别应注意电流表不能并联接在被子测电路中 ，这样做是很危险的，极易使万用表烧毁。

(4) 注意被测电量极性。

(5) 正确使用刻度和读数。

(6) 当选取用直流电流的 2.5a 档时，万用表红表笔应插在 2.5a 测量插孔内，量程开关可以置于直流电流档的任意量程上。

(7) 如果被子测的直流电流大于 2.5a，则可将 2.5a 档扩展为 5a 档 。方法很简单，使用者可以在“2.5a”插孔和黑表笔插孔之间接入一支 0.24Ω 的电阻 ，这样该档位就变成了 5a 电流档了。接入的 0.24Ω 电阻应选取用 2W 以上的线绕电阻，如果功率太小会使之烧毁。

第二节　钳形电流表的原理与使用

钳形电流表是电机运行和维修工作中最常用的测量仪表之一。特别是自该表增加了测量交、直流电压和直流电阻以及电源频率等功能后，其用途则更为广泛。

一、简介

钳形电流表简称钳形表。其工作部分主要由一只电磁式电流表和穿心式电流互感器组成。穿心式电流互感器铁心制成活动开口，且成钳形，故名钳形电流表。它是一种不需断开电路就可直接测电路交流电流的携带式仪表，在电气检修中使用非常方便，应用相当广泛。

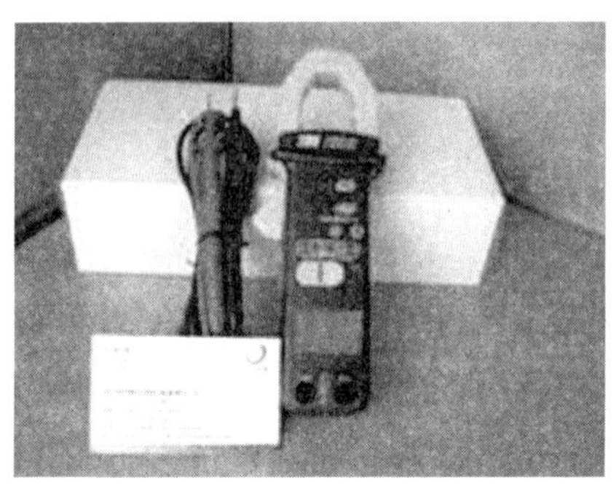

图 4-2-1　钳形电流表实物图

钳形表可以通过转换开关的拨档，改换不同的量程。但拨档时不允许带电进行操作。钳形表一般准确度不高，通常为 2.5 级～5 级。为了使用方便，表内还有不同量程的转换开关供测不同等级电流以及测量电压的功能。

钳形表最初是用来测量交流电流的，但是现在万用表有的功能它也都有，可以测量交直流电压、电流，电容容量，二极管，三极管，电阻，温度，频率等。

二、结构及原理

钳形表实质上是由一只电流互感器、钳形扳手和一只整流式磁电系有反作用力仪表所组成。

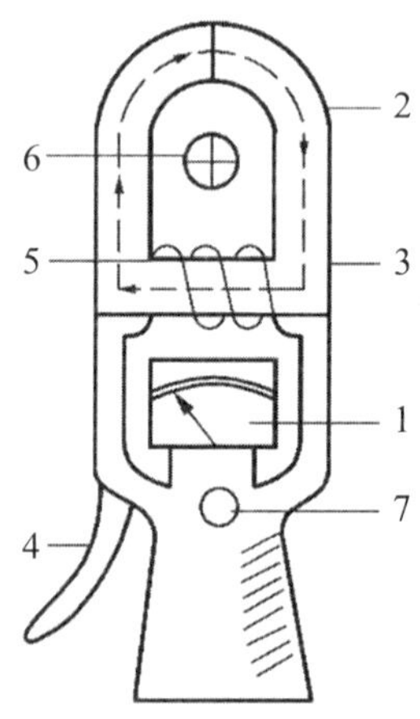

1—电流表；2—电流互感器；3—铁芯；4—手柄；
5—二次绕组；6—被测导线；7—量程开关

图 4-2-2　交流钳形电流表结构示意图

钳型表的工作原理和变压器一样。初级线圈就是穿过钳型铁芯的导线，相当于 1 匝的变压器的一次线圈，这是一个升压变压器。二次线圈和测量用的电流表构成二次回路。当导线有交流电流通过时，就是这一匝线圈产生了交变磁场，在二次回路中产生了感应电流，电流的大小和一次电流的比例，相当于一次和二次线圈的匝数的反比。钳型电流表用于测量大电流，如果电流不够大，可以将一次导线在通过钳型表增加圈数，同时将测得的电流数除以圈数。

钳形电流表的穿心式电流互感器的副边绕组缠绕在铁心上且与交流电流表相连，它的原边绕组即为穿过互感器中心的被测导线。旋钮实际上是一个量程选择开关，扳手的作用是开合穿心式互感器铁心的可动部分，以便使其钳入被测导线。

测量电流时，按动扳手，打开钳口，将被测载流导线置于穿心式电流互感器的中间，当被测导线中有交变电流通过时，交流电流的磁通在互感器副边绕组中感应出电流，该电流通过电磁式电流表的线圈，使指针发生偏转，在表盘标度尺上指出被测电流值。

三、钳形电流表的规格

钳形表有模拟指针式和数字式两种。标准型的检测范围：交流，直流均在 20A 到 200A 或 400A 左右，也有可以检测到 2000A 大电流的产品；另有可检测数毫安微小电流的漏电检测产品以及可检测变压器电源，开关转换电源等正弦波以外的非正弦波的真有效值（TRUERMS）的产品。

四、使用方法

（1）测量前要机械调零。

（2）选择合适的量程，先选大，后选小量程或看铭牌值估算。

（3）当使用最小量程测量，其读数还不明显时，可将被测导线绕几匝，匝数要以钳口中央的匝数为准，则读数=指示值×量程 / 满偏×匝数。

（4）测量完毕，要将转换开关放在最大量程处。

（5）测量时，应使被测导线处在钳口的中央，并使钳口闭合紧密，以减少误差。

五、注意事项

（1）被测线路的电压要低于钳表的额定电压。

（2）测高压线路电流时，要戴绝缘手套，穿绝缘鞋，站在绝缘垫上。

（3）钳口要闭合紧密不能带电换量程。

第三节　绝缘电阻表的选择与使用

一、用途

绝缘电阻表俗称兆欧表，又称摇表，是用来测量大阻值电阻和绝缘电阻的专用仪器，其外形如图 4-3-1 所示。

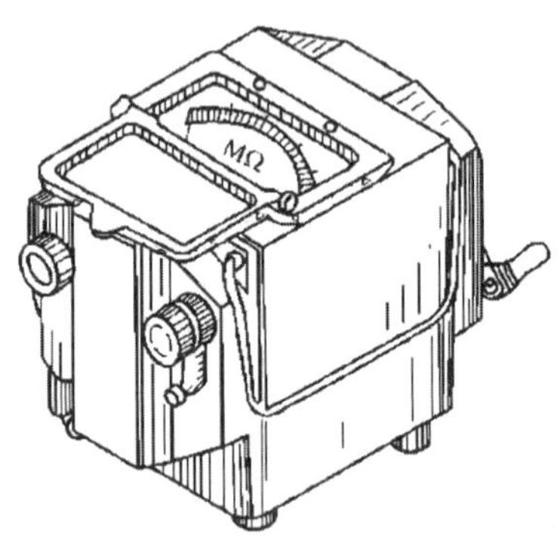

图 4-3-1　绝缘电阻表

二、基本原理和结构

绝缘电阻表由一个手摇发电机和一个磁电式比率表两大部分构成，手摇发电机提供高电压测量电源，电压范围为 500V～5000V，磁电式比率表是测量两个电流比值的仪表，由电磁力产生反作用力矩来测量电器设备的绝缘电阻值。根据绝缘电阻表测量结果，可以简单地鉴别电气设备绝缘的好坏。常用的绝缘电阻表额定电压为 500V、1000V、2500V 等几种。它的标度尺单位是兆欧（MΩ）。

绝缘电阻表有三个接线端子：（1）标有“线路”或“L”的端子（也称相线），接于被测设备的导体上；（2）标有“地”或“E”的端子，接于被测设备的外壳或接地；（3）标有“屏蔽”或“G”的端子，接于测量时需要屏蔽的电极。

三、具体操作步骤

1. 绝缘电阻表的选择

要根据所测量的电气设备选用绝缘电阻表的最高电压和测量范围。测量额定电压在500V以下的设备时，宜选用500V～1000V的绝缘电阻表；测量额定电压在500V以上的设备时，应选用1000V～2500V的绝缘电阻表。

2. 绝缘电阻表使用方法

（1）使用前要进行外观检查并做开路、短路试验。检查方法是，先使"L""E"两接线端开路，将绝缘电阻表放在适当的水平位置，摇动手柄至发电机额定转速（一般为120r/min）后，指针应指在"∞"位置上。如不能达到"∞"，说明测试用引线绝缘不良或绝缘电阻表本身受潮。应用干燥清洁的软布，擦拭"L"端与"E"端子间的绝缘，必要时将绝缘电阻表放在绝缘垫上，若还达不到"∞"值，则应更换测试引线。然后再将"L"、"E"两端子短路，轻摇发电机，指针应指在"0"位置上。如指针不指零，说明测试引线未接好或绝缘电阻表有问题。(电子式绝缘电阻表可不做短路试验)

（2）绝缘电阻表的测试引线应选用绝缘良好的多股软线，"L""E"两端子引线应独立并分开，避免缠绕在一起，以提高测试结果的准确性。

（3）在摇测绝缘时，应使绝缘电阻表保持额定转速，一般为120r/min～150r/min。测试开始时先将"E"端子引线与被测设备外壳与地相连接，待转动摇柄至额定转速后再将"L"端子引线与被测设备的测试极相碰接，待指针稳定后（一般为1min），读取并记录电阻值。在整个测试过程中摇柄转速应保持匀速，避免忽快忽慢。测试结束后，应先将"L"端子引线与被测设备的测试极断开，再停止摇柄转动。这样做主要是防止被测设备的电容对绝缘电阻表反充电而损坏表针。

3. 绝缘电阻表测量绝缘电阻的接线和操作方法

（1）测量导线的对地绝缘电阻如图4－3－2所示，"E"接线端可靠接地，"L"接线端与被测线路相连。

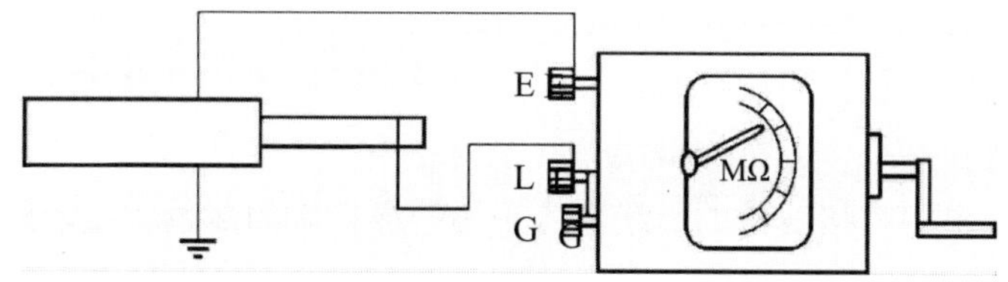

图4－3－2　测量导线的对地绝缘电阻示意图

（2）测量电动机的绝缘电阻时，将绝缘电阻表的“E”接线端接机壳，“L”接线端接电动机的绕组，如图 4-3-3 所示，然后进行摇测。

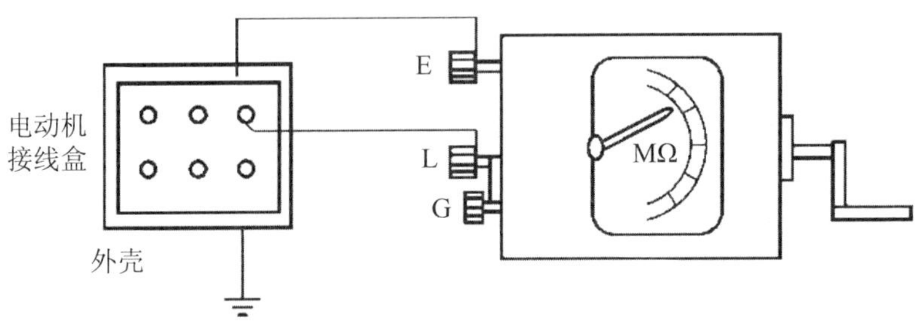

图 4-3-3　测量电动机导线对外壳、对地的绝缘电阻示意图

（3）测量电缆的线芯和外壳的对地绝缘电阻时，除将外壳接“E”接线端，线芯接“L”接线端外，中间的屏蔽层还需和“G”接线端相接，如图 4-3-4 所示。

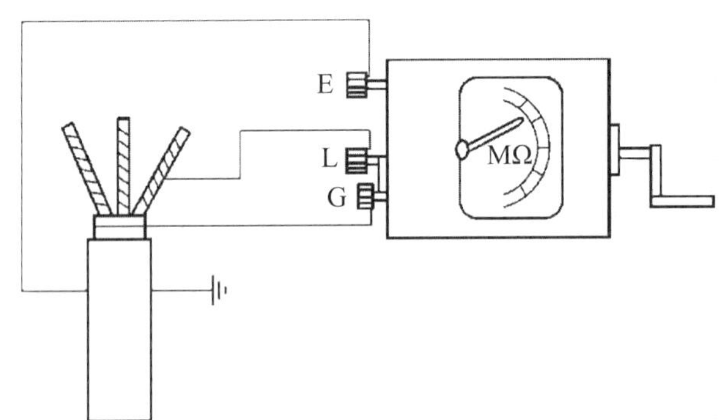

图 4-3-4　测量电缆的线芯和外壳的对地绝缘电阻示意图

测量时，转动手柄要平稳，应保持 120r/min 的转速。电气设备的绝缘电阻随着测量时间的长短而有所不同，通常以 1min 后的指针指示为准，测量中如果发现指针指零，应停止转动手柄，以防表内线圈过热而烧坏。在绝缘电阻表停止转动和被测设备放电以后，才可拆除测量连线。

（4）绝缘电阻表记录读数时，应同时记录当时的环境温度和湿度，便于比较不同时期的测量结果，分析测量误差的原因。

（5）绝缘电阻表接线柱的引线，应采用绝缘良好的多股软线，同时各软线不能绞在一起。

四、注意事项

（1）绝缘电阻表的发电机电压等级应与被测物的耐压水平相适应，以避免被测物的绝缘击穿。

（2）禁止摇测带电设备，当摇测双回路架空线路或母线时，若一路带电，不得测量另一路的绝缘电阻，以防高压的感应电危害人身和仪表的安全。

（3）严禁在有人工作的线路上进行测量工作，以免危害人身安全。雷电时禁止用绝缘电阻表在停电的高压线路上测量绝缘电阻。

（4）在绝缘电阻表没有停止转动或被测设备没有放电之前，切勿用手去触及被测设备或绝缘电阻表的接线柱。

（5）使用绝缘电阻表摇测设备绝缘时，应由两人进行。

（6）摇测用的导线应使用绝缘线，两根引线不能绞在一起，其端部应有绝缘套。

（7）在带电设备附近测量绝缘电阻时，测量人员和绝缘电阻表的位置必须选择适当，保持与带电体的安全距离，以免绝缘电阻表引线或引线支持物触碰带电部分。移动引线时，必须注意监护，防止工作人员触电。

（8）摇测电容器、电力电缆、大容量变压器、电机等设备时，绝缘电阻表必须在额定转速状态下，方可将测量笔接触或离开被测设备，以免因电容放电而损坏仪表。

（9）测量电器设备绝缘时，必须先断电，经放电后才能测量。

五、日常维护事项

要妥善保管绝缘电阻表，定期检验，不合格不得再使用。

第五章　职业道德

第一节　国家电网公司员工职业道德规范

一、爱国守法

（1）热爱祖国。了解中华民族悠久历史，继承优良传统文化，懂得国旗、国徽的内涵，会唱国歌；牢固树立中华民族自尊、自信、自强的精神和祖国利益至上的意识；艰苦奋斗，奋发图强，为把中国建设成为富强、民主、文明的社会主义国家作贡献。

（2）奉公守法。学习宪法和国家基本法律，遵守国家法律法规，依法行使权利和履行义务；不参加非法组织和非法活动，不搞封建迷信，自觉抵制黄、赌、毒的侵害，敢于同违法行为和邪恶势力作斗争，维护社会和企业的稳定。

（3）依法经营。熟悉社会主义市场经济基本法律法规，认真执行电力法律法规和相关法律政策，严格遵守电力市场秩序，依法办电，依法治企，自觉维护国家利益和正常的经济秩序，维护企业自身和用户的合法权益。

二、诚实守信

（1）诚信做人。以诚实守信为基本准则，说老实话，办老实事，做老实人，表里如一；对自己，加强修养，完善人格，扬善惩恶，光明磊落；对工作，求真务实，恪守职责，坚持真理，修正错误，以诚实的劳动创造财富、获取报酬。

（2）办事公道。按原则和政策办事，对外办理业务坚持公开、公平、公正的原则，秉公办事，一视同仁，不徇私情；处理事务实事求是，言行一致，客观公正。

（3）信守承诺。在社会经济交往和工作关系中，守信用、讲信誉、重信义，认真履行合同、契约和社会服务承诺；珍重合作关系，不任意违约，不制假售假，做到互帮、互让、互惠、互利。

三、敬业爱岗

（1）热爱本职。了解电力发展史和现状，明确电网公司在社会发展中肩负的责任，树立强烈的事业心和责任感；立足本职，不断进取，做到干一行、爱一行、专一行，为企业改革发展稳定勇挑重担，乐于奉献。

（2）钻研业务。努力学习政治、业务和科学文化知识，熟练掌握本职业务和工作技能，不断学习新知识，掌握新技术，努力提高思想道德素质、专业技术素质和实际工作能力，做本专业的行家能手。

（3）追求卓越。有强烈的市场意识、竞争意识和创新意识，认真履行岗位职责，勤奋工作、勇于创新、精益求精，高标准、高质量地完成自己承担的各项任务，努力创造一流成果和突出业绩。

四、遵章守纪

（1）服从大局。牢固树立“全网一盘棋”思想，听从上级指挥，做到令行禁止，雷厉风行，局部服从全局，个人服从整体；坚决贯彻“安全第一、预防为主”的方针，严格执行电网调度指令，自觉维护电网正常、稳定的运营秩序。

（2）严守规章。严格遵守企业的各项规章制度，认真执行工作标准、岗位规范和作业规程；遵守劳动纪律，不发生违章违纪行为，杜绝违章指挥和违章操作。

（3）保守秘密。严格遵守保密法规和保密纪律，不泄露国家秘密和企业商业秘密，妥善保管涉密文件和资料，不传播、不复制机密信息和文件，不携带机密资料出入公共场所，自觉维护国家安全和企业利益。

五、团结协作

（1）紧密配合。大力弘扬集体主义精神和团队精神，正确处理开展竞争与团结协作的关系；上下班次互相负责，上下工序互相把关，单位部门之间紧密配合，不各自为政，不推诿扯皮，不搞内耗，齐心协力干好工作。

（2）同心同德。上下级互相尊重，领导支持下级工作，维护职工民主权利，关心群众疾苦，自觉接受群众监督；下级服从上级管理，对工作勇于负责，创造性地完成领导交办的任务，维护企业整体利益和形象。

（3）团结友善。同事间和睦相处，互相帮助，相互支持，善待他人；一切以工作为重，求同存异，不计较个人恩怨得失，做到处事宽容、大度，善于理解和谅解别人，努力营造心情舒畅、温暖和谐的工作氛围。

六、优质服务

（1）恪守宗旨。坚持“人民电业为人民”的服务宗旨，坚持“客户至上、服务第一”的价值观念，忠实履行电网企业承担的义务和责任，满腔热情地为社会、为客户和发电企业服务，做到让政府放心、客户满意。

（2）真挚服务。坚持“优质、方便、规范、真诚”的服务方针，认真执行供电规范化服务标准和文明服务行为规范，自觉接受社会监督，虚心听取客户意见，做到服务态度端正、服务行为规范、服务纪律严明、服务语言文明。

（3）讲求质量。牢固树立以质量求生存、求发展的思想，做到办理业务认真，抢修事故及时，执行政策严格，不断提高服务质量和服务技术水平，保证客户用上安全、优质、可靠、经济的电能。

七、文明礼貌

（1）仪容端庄。仪容自然大方、端庄，修饰文雅；衣着整洁、协调，工作岗位穿职业装，岗位标识佩戴规范；举止稳健，言行得体，态度谦和，精神饱满。

（2）文明待人。与他人交往中，以礼相待，与人为善，亲切诚恳，宽宏大度；发生矛盾互谅互让，参加活动守时守约，交谈时和颜悦色，出行时互相礼让；待人礼貌热情，使用文明用语和普通话，不讲脏话。

（3）家庭和睦。增强家庭伦理观念，自觉履行赡养老人、孝敬父母的义务，自觉承担抚养、教育子女的责任：夫妻之间平等相待、互敬互爱，实行计划生育；家庭生活精打细算，勤俭持家；邻里之间相互帮助，和睦相处。

八、关爱社会

（1）倡导文明。提倡健康文明的生活方式，积极参加创建文明行业、文明单位、文明城市、文明村镇、文明社区等活动；自觉遵守社会公约、条例、守则等有关规定，带头移风易俗，做文明公民，树行业新风。

（2）助人为乐。增强社会责任感、正义感，热心公益事业，关心帮助他人，踊跃参与社会扶贫济困活动，致力于建立相互友爱的人际关系；见义勇为，敢于挺身而出与违法犯罪行为作斗争，勇于制止损害公共利益和公共秩序的不良行为。

（3）保护环境。增强环境保护意识，自觉遵守环保法规，善待自然，绿化、净化、美化生活环境，讲究公共卫生，爱护花草树木、人文景观，努力节约资源。

第二节 国家电网公司调度交易服务“十项措施”

1. 规范《并网调度协议》和《购售电合同》的签订与执行工作，坚持公开、公平、公正调度交易，依法维护电网运行秩序，为并网发电企业提供良好的运营环境。

2. 按规定、按时向政府有关部门报送调度交易信息；按规定、按时向发电企业和社会公众披露调度交易信息。

3. 规范服务行为，公开服务流程，健全服务机制，进一步推进调度交易优质服务窗口建设。

4. 严格执行政府有关部门制定的发电量调控目标，合理安排发电量进度，公平调用发电机组辅助服务。

5. 健全完善问询答复制度，对发电企业提出的问询能够当场答复的，应当场予以答复；不能当场答复的，应当自接到问询之日起 6 个工作日内予以答复；如需延长答复期限的，应告知发电企业，延长答复的期限最长不超过 12 个工作日。

6. 充分尊重市场主体意愿，严格遵守政策规则，公开透明组织各类电力交易，按时准确完成电量结算。

7. 认真贯彻执行国家法律法规，严格落实小火电关停计划，做好清洁能源优先消纳工作，提高调度交易精益化水平，促进电力系统节能减排。

8. 健全完善电网企业与发电企业、电网企业与用电客户沟通协调机制，定期召开联席会，加强技术服务，及时协调解决重大技术问题，保障电力可靠有序供应。

9. 认真执行国家有关规定和调度规程，优化新机并网服务流程，为发电企业提供高效优质的新机并网及转商运服务。

10. 严格执行《国家电网公司电力调度机构工作人员“五不准”规定》和《国家电网公司电力交易机构服务准则》，聘请“三公”调度交易监督员，省级及以上调度交易设立投诉电话，公布投诉电子邮箱。

第三节 国家电网公司员工服务行为“十个不准”和“十项承诺”

一、国家电网公司员工服务“十个不准”

1. 不准违规停电、无故拖延送电。
2. 不准违反政府部门批准的收费项目和标准向客户收费。
3. 不准为客户指定设计、施工、供货单位。
4. 不准违反业务办理告知要求，造成客户重复往返。
5. 不准违反首问负责制，推诿、搪塞、怠慢客户。
6. 不准对外泄露客户个人信息及商业秘密。
7. 不准工作时间饮酒及酒后上岗。
8. 不准营业窗口擅自离岗或做与工作无关的事。
9. 不准接受客户吃请和收受客户礼品、礼金、有价证券等。
10. 不准利用岗位与工作之便谋取不正当利益。

二、国家电网公司供电服务“十项承诺”

1. 城市地区：供电可靠率不低于99.90%，居民客户端电压合格率96%；农村地区：供电可靠率和居民客户端电压合格率，经国家电网公司核定后，由各省（自治区、直辖市）电力公司公布承诺指标。

2. 提供24h电力故障报修服务，供电抢修人员到达现场的时间一般不超过：城区范围45min；农村地区90min；特殊边远地区2h。

3. 供电设施计划检修停电，提前7天向社会公告。对欠电费客户依法采取停电措施，提前7天送达停电通知书，费用结清后24h内恢复供电。

4. 严格执行价格主管部门制定的电价和收费政策，及时在供电营业场所和网站公开电价、收费标准和服务程序。

5. 供电方案答复期限：居民客户不超过3个工作日，低压电力客户不超过7个工作日，高压单电源客户不超过15个工作日，高压双电源客户不超过30个工作日。

6. 装表接电期限：受电工程检验合格并办结相关手续后，居民客户3个工作日内送电，非居民客户 5 个工作日内送电。

7. 受理客户计费电能表校验申请后，5 个工作日内出具检测结果。客户提出抄表数据异常后，7 个工作日内核实并答复。

8. 当电力供应不足，不能保证连续供电时，严格按照政府批准的有序用电方案实施错避峰、停限电。

9. 供电服务热线“95598”24h 受理业务咨询、信息查询、服务投诉和电力故障报修。

10. 受理客户投诉后，1 个工作日内联系客户，7 个工作日内答复处理意见。

第四节　廉政教育

基层供电所是供电企业服务于广大客户的基本单元，供电所党风廉政建设的好坏关系到供电企业的发展前景，关系到千家万户的用电问题；加强其党风廉政建设即是党的建设的重要组成部分，也是科学发展观在基层党建工作中的具体体现。加强供电所党风廉政建设、增强党员领导干部和供电服务人员的廉洁自律意识，尤其具有紧迫性和重要意义。

一、当前供电所党风廉政建设的现状

（1）员工存在认识上的误区。谈到党风廉政建设和反腐败工作，就会想到那是领导们的事，特别是针对掌握权力的一把手而言的，只有这些人才有可能搞腐败。基层供电所是最基层，谈腐败是危言耸听，在思想上产生厌烦情绪，认为纪检监察是只打苍蝇不打老虎，在行动上对开展基层供电所纪检监察不配合。

（2）制约机制跟不上。在基层供电所层面上，制度建设不够完善，工作流程不够规范，有的即使制订了制度，执行力也差，缺乏有效的约束力，导致有的制度形同虚设。

（3）供电所所长缺乏民主意识，家长制作风严重。供电所所长在当地任职工作时间长，人员关系复杂。由于监督机制跟不上，个别供电所所长是独断专行，利用职权为亲朋好友谋利益，从中接受对方的直接或间接的好处。

（4）员工思想观念的多元化和现实化。社会生活的丰富多彩和不断改革开放的新形势，使员工接受新生事物的能力不断增强、程度不断加快，思想变得越来越现实，关注自身利益使他们感到尤为迫切，趋利避害的人生态度表现明显。对

自己有好处的、有利的，自然就心甘情愿地接受，对己不利或者关系不大的，就持抵制、排斥或者敬而远之的态度。

二、供电所党风廉政建设的关键

供电所党风廉政建设应抓住的关键环节主要是关键的人、关键的岗位和关键的流程：

（1）抓好所长、三专责、班组长的选拔任用。用对人是关键，所长是供电所的龙头，廉政的执行情况直接影响到整个供电所的廉洁情况，要选拔自我廉洁自律要求高的人到所长的位置上。三专责和班组长是供电所的中流砥柱，他们的廉洁自律情况直接影响到一个专业口的廉洁，是供电所中不可忽视的关键人。

（2）抓好重要工作执行中的关键岗位。随着农网建设投入不断加大，要求供电所实施或验收的农网项目逐年增加，这些工程中的物资统一由上级公司配送。落实到供电所，就要求预决算编制人员、施工现场管理人员、物资管理员、现场验收人员对农网建设进行高要求的精细化管理，他们的廉洁自律情况也是需要重点关注的对象。

（3）抓好供电服务中的两个关键流程。营销服务流程能否规范执行直接决定了供电服务工作的质量，所以营业窗口的工作人员从受理到执行各项营销服务的流程中是否廉洁，直接影响到供电形象。各供电所的抢修施工队伍，为客户的抢修施工过程是否急用户之所急，廉腐的形象直接关系到供电人的形象，所以必须规范抢修施工流程。

三、进一步加强供电所党风廉政建设

1. 加强供电所日常廉政教育，形成廉洁文化氛围

抓好员工职业道德教育，引导广大员工树立正确的价值观，以实际行动践行“干事、干净”的廉洁文化理念。对重点岗位人员进行预防职务犯罪、遵守廉洁从业规定的教育。进一步改进党风廉政教育的方式方法，运用以案说法增强感性认识。每月开展党支部廉政教育；每季度供电所集中观看警示教育片；每年所长、三专责、班组长对全所员工进行述职述廉。

以个别谈心、座谈、制度学习和形势宣传等方式，切实做好员工思想工作，把信访矛盾解决在基层。支部通过谈心活动、走访活动，切实了解一线员工的实际问题（人员多、思想复杂、服务对象复杂、专业化管理进程中出现的新问题），同时加强宣贯制度管理、执行力管理，推进供电所专业化、标准化的明确要求，

切实把责任落实到位，把压力传递到位，把动力激发到位，为全面完成年度工作目标任务筑牢思想基础。对疑难信访更要重视宣传解释工作，如员工的遗留问题，把可能出现误解的政策宣传到位，解释到位才能减少重复信访。

充分利用公司内部刊物、网络等宣传媒体及员工文化活动场所、广告宣传橱窗等各种文化设施，建立廉洁文化宣传教育阵地。针对不同岗位人员的思想、工作实际，组织开展层次分明、针对性强的反腐倡廉教育活动。邀请反腐败专业人员给员工进行警示教育和预防职务犯罪讲座，同时开展廉洁警句征集活动，撰写学廉心得，评选勤廉先进个人等，让廉政之风吹进供电所的每个角落，使广大员工在潜移默化中接受教育，受到熏陶，使廉洁理念入脑入心。

2. 加强供电所廉政制度建设，形成廉洁行为规范

进一步完善供电所党风廉政制度，建立健全所务公开、固定资产、财务、物资、车辆、招待费、工程预算、质量管理、营销稽查、违窃电处理、私接工程、岗位禁令、教育培训等制度。开展供电所集中排查整治活动，针对发现的新危险点不断充实和完善廉政制度体系。

加强内部管理制度建设。供电所全体员工工作时间内实行“四统一”管理，即：统一上班、统一工作、统一中午就餐、统一下班。杜绝员工上下班迟到早退、干私活、中午饮酒等现象。

加强内部考核制度执行。每月对供电所全体员工廉政、行风工作进行检查考核。其内容包括：执行抢修任务情况、临时用电办理、电费回收情况、有无发生吃、拿、卡、要行为、有无违反电价、电费回收政策行为。

3. 加强人事制度监督，形成立体化监督

严格选拔和任用供电所负责人，坚持供电所负责人考评、考核制度、异地交流制度和责任追究制度，加强供电所负责人的离任审计和年度经营审计制度。进一步完善选聘办法，确保公开、公平、公正，按照民主推荐、测评考核、资格审查、组织考察、领导面试五个环节，形成综合评定，确定聘用人选。

在抓好各级干部“一岗双责”的同时，重点加强供电所所长的廉政责任分工。坚持供电所党支部集体领导与个人分工相结合制度，凡重大事项决策、必须经集体讨论作出决定，避免出现供电所长权力过于集中现象。对供电所长廉政责任进行“定责”“明责”；通过检查供电所党支部建设情况，检查所长廉政责任的“履责”“尽责”情况；通过定期的供电所长会议，对所长廉政责任情况进行“问责”。进而抓好员工的思想动态、工作态度和行业作风的建设，增强他们党风廉政的责任感和紧迫感，不断加大督促、检查、考核的力度，严肃追究违纪违规案

件，切实把党风廉政建设责任制落到实处。

加强供电所内部考核监督。明确供电所所长、书记为内部考核的第一责任人。深入各班组，掌握全所员工工作的真实情况，务求实效。到农村、企业、用户和每个台区了解员工服务抢修是否及时，有无乱收费现象以及便民服务等情况，并公布供电所投诉和监督电话，发现问题及时整改，并按二次考核的规定严格考核。对弄虚作假或不按文件制度办理的要视情进行考核，并作为年终考核评比的重要依据，情节严重的依据相关条款追究当事人的责任。

供电所党风廉政建设是一项长期工作，必须坚持持续改进。紧紧围绕工作中出现的细节问题，通过全员参与、齐抓共管，促使建设向目标化、日常化、制度化发展，使供电所党风廉政建设更加贴近电力企业的特点和实际。供电所只有加强党风廉政建设，在单位形成“以廉为荣、以廉为美、以廉为善、以廉为乐”的良好工作氛围，才能促进供电所和员工的共同健康发展。为地方经济社会的“进位赶超”做出供电人应有的贡献！

第五节　优质服务工作的意义与任务

一、优质服务工作的意义

(1) 有利于服务宗旨的落实。在供电所开展优质服务，就是围绕“优质、方便、规范、真诚”的供电服务方针，真诚对待客户，恪守承诺，为客户所想，急客户所急，向客户提供优质、高效的服务，及时、快速为客户解除用电之难，使政府放心，客户高兴。切实把“人民电业为人民”的服务宗旨落到实处。

(2) 有利于电力市场的开拓。面对日益激烈的市场竞争，谁能赢得客户，谁就占领了市场，谁就能拥有发展企业的主动权。在电力企业开展优质服务，就是要通过讲奉献，讲诚信，服务到位，维护客户与供电企业的共同利益，赢得客户信赖，增强企业的市场份额，从而开拓市场，促进发展。

(3) 有利于企业形象的树立。供电所的职工，直接面对广大的电力客户，其日常的言行和工作行为都代表着企业的形象。通过开展优质服务，要求供电所的员工发扬团队精神，维护企业的整体形象，相互配合，团结协作，规范各种办事程序，提高办事效率。同时，教育广大员工，文明礼貌，严格遵守企业的各项规章制度，用良好的职业道德标准来规范约束自己的行为。从而展示出企业良好的社会形象。

（4）有利于规范电力员工的言行。提倡优质服务，就是要讲职业道德，讲文明礼貌，做到仪表仪容美观大方，经常使用文明用语。要求广大职工遵章守纪，廉洁自律，着装统一、整洁，服务热情、真诚、快捷、周到，遇事不能推诿，说话不能粗俗。通过这些举措，不仅有利于企业文化的培育与提升，而且还有利于规范员工的言行，提高员工的整体素质。

（5）有利于企业效益的提升。在开展优质服务活动中，正确认识和处理服务与效益的关系。有的人误认为开展优质服务要加大投入，增加成本。其实不然，只要我们严格履行服务承诺，快速排除电网故障，减少停电时间，从而达到增供扩销的目的。

（6）有利于和谐社会建设。电力工业是国民经济的重要基础产业，是生产、生活的必需品，经济发展的源动力，对于社会的稳定起着非常重要的作用。电力的发展与人们的生活息息相关，电力行业具有怎样的服务水平，是与社会文明程度息息相关的。如果能够提供给人们更好的电力服务就能在电力企业与客户之间建立一种更加融洽的关系。在社会主义现代化建设的今天，我们要想不断的推进社会主义和谐社会建设，电力企业必然要做出相应的努力，为此国家电网公司提出了“四个服务”，即服务党和国家的工作大局，服务电力客户，服务发电企业，服务经济社会发展。电力企业生存发展需要优质服务。电能服务是消费与生产同时进行的。电力企业能够为市场及广大人民提供其所需的电能传输服务，同时还要努力开发新产品，开拓新业务，从而让市场及广大人民群众享受更高质量的服务。现在电力企业处在不断的改革创新之中，要使其不断的面向市场，深化改革，强化服务，牢固树立“以发展为主线，优质服务为宗旨”的管理理念，创造更加优质的服务，培育最佳的企业形象，努力开拓市场，谋求发展。必须认识到管理能力的提高，技术水平的改善，经营机制的转变等，都是与服务息息相关的，强化服务，有利于市场竞争的同时，还能更好地促进本企业的发展。

由此可见，优质服务在电力企业的发展中发挥着不可替代的作用，能够更好地保障电力企业良好的市场前景，是打造电力品牌的根本途径。国家电网公司牢固树立以科学发展、和谐发展、安全发展为主线，优质服务为宗旨的管理理念，提出了实施“塑文化、强队伍、铸品质”供电服务提升工程，充分表明开展供电优质服务进入了一个新的时期。新时期决定了新任务，新任务就有新要求。因此，搞好供电所的优质服务意义极其深远。

二、优质服务工作的任务

（1）向客户提供优质可靠的电源保证。作为供电公司的首要任务是供好电。对供电所来说，最主要的任务就要让客户有电用，并且用好电。因此，优质服务的首要任务就是要想方设法为客户提供优质可靠的电源保证。

（2）为客户提供用电业务咨询。供电公司通过“95598”供电服务电话，为客户提供信息查询、事故抢修、服务投诉、业务受理等多项服务。在供电所的营业窗口，应设兼职的引导员，为客户提供用电业务与有关方面的政策咨询。

（3）随时为用电客户排忧解难。供电所在开展优质服务过程中，要建立健全事故抢修与值班制度，主动为各类客户服务。并坚持24h值班制，方便客户，随时为用电客户排忧解难。

（4）及时办理客户的投诉与举报事件。在供电所建立健全监督机制，聘请社会监督员；建立供电所客户座谈会和走访客户制度；对客户的来信、来访与投诉举报，供电所要做好登记，按规定认真进行调查、处理，在规定期限内给予回复。

（5）快速排除电网故障。供电所要加强对设备的维护，一旦出现事故与故障，必须限时赶到现场，以最快的速度恢复供电。

（6）为政府与企业当好参谋。在开展优质服务活动过程中，要主动向当地政府汇报服务工作，沟通情况，提出建议，当好用电方面的参谋；同时，与企业之间建立良好的关系，坚持“公开、公平、公正”的原则，定期披露用电信息，使企业组织好避峰填谷，搞好合理用电。

为了做好优质服务工作，供电所应建立相关的工作制度，规范工作行为和服务行为，并配备必要交通、通信工具，随时提供应急服务，不断提高服务质量。

第六节　员工行为规范和工作标准

一、基本道德和技能规范

（1）严格遵守国家法律、法规，诚实守信、恪守承诺。爱岗敬业，乐于奉献，廉洁自律，秉公办事。

（2）真心实意为客户着想，尽量满足客户的合理要求。对客户的咨询、投诉等不推诿，不拒绝，不搪塞，及时、耐心、准确地给予解答。

（3）遵守国家的保密原则，尊重客户的保密要求，不对外泄露客户的保密资料。

（4）工作期间精神饱满，注意力集中。使用规范化文明用语，提倡使用普通话。

（5）熟知本岗位的业务知识和相关技能，岗位操作规范、熟练，具有合格的专业技术水平。

二、现场服务内容

（1）客户侧计费电能表电量抄见。

（2）故障抢修。

（3）客户侧停电、复电。

（4）客户侧用电情况的巡查。

（5）客户侧用电报装工程的设施安装、验收、接电前检查及设备接电。

（6）客户侧计费电能表现场安装、校验。

三、现场服务纪律

（1）对客户的受电工程不指定设计单位，不指定施工队伍，不指定设备材料采购。

（2）到客户现场服务前，有必要且有条件的，应与客户预约时间，讲明工作内容和工作地点，请客户予以配合。

（3）进入客户现场时，应主动出示工作证件，并进行自我介绍。进入居民室内时，应先按门铃或轻轻敲门，主动出示工作证件，征得同意后，穿上鞋套，方可入内。

（4）到客户现场工作时，应遵守客户内部有关规章制度，尊重客户的风俗习惯。

（5）到客户现场工作时，应携带必备的工具和材料。工具、材料应摆放有序，严禁乱堆乱放。如需借用客户物品，应征得客户同意，用完后先清洁再轻轻放回原处，并向客户致谢。

（6）如在工作中损坏了客户原有设施，应先向客户致歉，并尽量恢复原状或等价赔偿。

（7）在公共场所施工，应有安全措施，悬挂施工单位标志、安全标志，并配有礼貌用语。在道路两旁施工时，应在恰当位置摆放醒目的告示牌。

(8) 现场工作结束后，应立即清扫，不能留有废料和污迹，做到设备、场地清洁。同时应向客户交代有关注意事项，并主动征求客户意见。电力电缆沟道等作业完成后，应立即盖好所有盖板，确保行人、车辆通行。

(9) 原则上不在客户处住宿、就餐，如因特殊情况确需在客户处住宿、就餐的，应按价付费。

四、装表、接电及现场检查服务规范

(1) 供电企业在新装、换装及现场校验后应对电能计量装置加封，并请客户在工作凭证上签章。如居民客户不在家，应以其他方式通知其电表底数。拆回的电能计量装置应在表库至少存放 1 个月，以便客户提出异议时进行复核。

(2) 对客户受电工程的中间检查和竣工检验，应以有关的法律法规、技术规范、技术标准、施工设计为依据，不得提出不合理要求。对检查或检验不合格的，应向客户耐心说明，并留下书面整改意见。客户改正后予以再次检验，直至合格。

(3) 用电检查人员依法到客户用电现场执行用电检查任务时，必须按照《用电检查管理办法》的规定，主动向被检查客户出示《用电检查证》，并按“用电检查工作单”确定的项目和内容进行检查。

(4) 用电检查人员不得在检查现场替代客户进行电工作业。

(5) 供电企业应按规程规定的周期检验或检定、轮换计费电能表，并对电能计量装置进行不定期检查。发现计量装置失常时，应及时查明原因并按规定处理。

(6) 发现因客户责任引起的电能计量装置损坏，应礼貌地与客户分析损坏原因，由客户确认，并在工作单上签字。

(7) 客户对计费电能表的准确性提出异议，并要求进行校验的，经有资质的电能计量技术检定机构检定，在允许误差范围内的，校验费由客户承担；超出允许误差范围的，校验费由供电企业承担，并按规定向客户退补相应电量的电费。

五、停、复电服务规范

(1) 因故对客户实施停电时，应严格按照《供电营业规则》规定的程序办理。

(2) 引起停电的原因消除后应及时恢复供电，不能及时恢复供电的，应向客户说明原因。

第七节 国家电网公司员工奖惩规定

第一章 总 则

第一条 为大力弘扬社会主义核心价值观和“努力超越、追求卓越”的企业精神，规范员工管理，加强队伍建设，激发广大员工的工作积极性和创造性，促进企业和谐健康发展，依据《中华人民共和国劳动法》和《中华人民共和国劳动合同法》等国家有关法律法规，结合国家电网公司（以下简称“公司”）实际，制定本规定。

第二条 公司员工应严格遵守国家法律法规和公司各项规章制度，维护社会公德，恪守职业道德，忠诚企业、爱岗敬业、履职尽责，保质保量完成工作任务。

第三条 员工奖惩遵循“依法合规、奖惩分明、公平公正”的原则。奖励坚持精神奖励和物质奖励相结合，惩处坚持惩罚和教育相结合。

第四条 本规定适用于公司总部（分部）及公司所属全资和控股企业（以下简称“各级单位”）依法直接建立劳动关系的员工。

第二章 职责分工

第五条 公司成立员工奖惩工作领导小组，公司主要负责人任组长，分管负责人任副组长，成员由国网办公厅、安质部、国际部、法律部、人事部、人资部、政工部、监察局（纪检组）、工会等有关部门主要负责人组成，负责审定员工奖惩管理制度、决定员工奖惩重大事项等。

公司员工奖惩工作办公室设在国网人资部，归口管理公司系统员工奖惩工作，负责拟订公司奖惩管理制度、执行公司奖惩决定等。

第六条 公司职能部门按照专业分工和专业管理需要，负责制定本专业奖惩制度，提出本专业相关奖惩建议。

第七条 公司各级单位成立员工奖惩工作领导小组和办公室，负责执行公司奖惩管理制度，制定员工奖惩实施细则，开展本单位员工奖惩管理。

第三章 奖 励

第八条 员工有下列表现之一的，可给予奖励：

（一）在企业安全生产、电网建设、优质服务、经营管理等方面做出突出贡献的；

（二）在管理、技术、生产等方面取得重大创新成果或者显著成绩的；

（三）在技能竞赛、劳动竞赛、知识竞赛中成绩优异的；

（四）保护公共财产，防止事故或者事故、灾害抢险有功，使国家和企业免受重大损失的；

（五）忠于职守、甘于奉献、廉洁奉公，事迹突出的；

（六）制止、预防违规违纪行为，对维护正常生产秩序和工作秩序有突出贡献的；

（七）见义勇为、制止不法行为、维护社会和谐稳定等方面，事迹突出的；

（八）其他应给予奖励的。

第九条 对员工的奖励包括通报表扬、表彰并授予荣誉称号和物质奖励。

（一）通报表扬以精神奖励为主，一般不进行物质奖励。

（二）公司表彰的荣誉称号包括劳动模范、先进工作者、技术能手、青年五四奖章、青年岗位能手、优秀班组长、专业（专项）工作先进个人等。

（三）受到表彰的员工，可给予一定的物质奖励。公司表彰的荣誉称号对应的物质奖励标准根据社会经济发展情况适时进行调整。

第十条 国家及地方政府有关部门授予的各类荣誉称号，按照“谁授予、谁奖励”的原则，公司一般不再进行物质奖励，确需进行奖励的，经各级单位员工奖惩工作领导小组批准后，参照公司同类别表彰奖励标准执行。员工在一年内获得两次及以上相同类别表彰的，按就高原则进行物质奖励，不重复奖励。

第十一条 各级单位表彰一般按下列程序开展：

（一）公布表彰评选的范围、数量、条件和评审程序。

（二）员工所在单位（部门）推荐或推选。

（三）奖项归口管理部门组织评审，提出表彰建议名单。

（四）员工奖惩工作办公室审核表彰建议名单。

（五）员工奖惩工作领导小组或党组（委）会（总经理办公会）审议批准。

（六）下发表彰文件，并在一定范围内公布。

第四章 惩 处

第十二条 员工有以下行为的，予以惩处：

（一）违反劳动纪律：经常迟到、早退，旷工，消极怠工，没有完成生产任务或工作任务的；无正当理由不服从工作安排、指挥，或者无理取闹、聚众闹事、打架斗殴，影响生产秩序、工作秩序的。

（二）违反工作纪律：玩忽职守，违反技术操作规程和安全操作规程，或者违章指挥，造成安全、质量等责任事故的；滥用职权，在生产、营销、基建、财务、金融、物资、人事等工作中，严重失职或过失给企业造成经济损失和不良影响的；泄露公司商业秘密、技术秘密等，给公司造成经济损失和商誉损失的。

（三）违反廉洁从业规定：贪污受贿的；以权谋私的；挥霍浪费，损公肥私的。

（四）损害企业形象、影响队伍稳定：通过网络、短信或其他媒介传播、散布谣言，发布不实信息，损害企业形象的；诽谤、诬陷他人的；违规信访，捏造事实向有关部门、单位恶意投诉举报，围堵冲击公共场所、办公场所和生产场所，扰乱国家、社会和企业正常秩序的；组织、参与非法组织和非法活动的；违反社会主义道德，妨害社会公共秩序的。

（五）违反国家法律法规的。

（六）国家有关机关责令惩处的。

（七）犯有其他违规违纪行为的。

员工违规违纪行为涉嫌违法犯罪的，移交司法机关处理。

第十三条 对员工的惩处主要包括纪律处分、经济处罚和组织处理三种方式，三种惩处方式可单独运用，也可同时运用。

（一）纪律处分：包括警告、记过、记大过、降级（降职）、撤职、留用察看、解除劳动合同。

1. 警告：处分期 6 个月。

2. 记过：处分期 12 个月。

3. 记大过：处分期 18 个月。

4. 降级（降职）：降低受惩处人岗位层级或职务级别。

5. 撤职：撤销受惩处人所担任的职务。

6. 留用察看：处分期一至二年，处分期内，按当地最低工资标准（扣除保险后）发放工资，再次发生违规违纪行为的，解除劳动合同。

7. 解除劳动合同：用人单位解除与受惩处人签订的劳动合同。

（二）经济处罚：扣减薪金或赔偿经济损失。

（三）组织处理：包括通报批评、调整岗位、待岗、诫勉谈话、停职（检查)、责令辞职等。

第十四条 员工发生违规违纪行为的，视情节轻重予以适当的纪律处分。员工受到纪律处分的，同时进行适当的经济处罚，并根据需要进行组织处理。

（一）同一违规违纪行为适用两项及以上纪律处分的，按最重处分标准执行。

（二）同一事件中涉及多项违规违纪行为的，按不低于所适用的最重惩处标准处理。

第十五条 警告、记过、记大过、留用察看处分期内，降级（降职）、撤职处分后一年内，受惩处人不得提职、晋岗，不得提高薪酬和其他待遇，不得给予各类奖励。

第十六条 经考核不胜任工作的，可予以离岗培训、调整岗位、待岗处理，经离岗培训或调整岗位仍不能胜任工作的，解除劳动合同。员工待岗期间原则上按当地最低工资标准（扣除保险后）发放工资。

第十七条 各级单位对员工进行惩处的程序：

（一）相关职能部门根据职责分工提出惩处建议，并提交员工奖惩工作办公室审核。

（二）员工奖惩工作办公室就惩处建议征求工会意见后，提交员工奖惩工作领导小组或党组（委）会（总经理办公会）审定。

（三）员工奖惩工作办公室执行惩处决定，依法履行送达程序、出具相关证明，并将处理结果和相关材料抄送相关部门。

第十八条 员工对惩处决定有异议的，可按照《劳动法》相关规定，向单位劳动争议调解委员会等调解组织申请调解；调解不成的，可向劳动争议仲裁委员会申请仲裁；对仲裁裁决不服的，除法律另有规定的外，可以向人民法院提起诉讼。

第十九条 员工受到纪律处分和经济处罚，单位应书面通知本人，并记入本人档案。

第二十条 员工为中国共产党党员的，发生违规违纪行为，除执行本规定外，由所在党组织按照《中国共产党章程》和《中国共产党纪律处分条例》的相关规定处理。

第五章 附 则

第二十一条 公司各省（自治区、直辖市）电力公司、各直属单位依照本规定和法定程序制定实施细则，并报公司员工奖惩工作办公室备核。

第二十二条 公司代管单位、集体企业可参照本规定制定本单位员工奖惩办法，经本单位职工代表大会或职工大会审议通过，并报主管单位员工奖惩工作办公室备案，公告后实施。

第二十三条 公司各专项奖惩办法应依据本规定制定。

第二十四条 本规定由国网人资部负责解释并监督执行。

第二十五条 本规定自 2013 年 9 月 1 日起施行。

第八节 国家电网公司供电服务奖惩规定

第一章 总 则

第一条 为进一步强化服务意识，规范员工服务行为，依据《国家电网公司员工奖惩规定》等有关规章制度，结合国家电网公司（以下简称“公司”）供电服务工作实际，制定本规定。

第二条 本规定所称供电服务，是指遵循行业标准或按照合同约定，提供合格的电能产品和规范的服务，实现客户用电需求的过程。

第三条 供电服务奖惩坚持管专业必须管服务、奖惩并举和专业管理与分级负责相结合的原则。

第四条 本规定适用于公司总部（分部）及公司所属各级单位供电服务管理工作。

第二章 职责分工

第五条 公司和各级单位成立供电服务奖惩工作小组，在本单位员工奖惩领导小组的领导下开展工作。日常管理工作由本单位营销部牵头负责。

第六条 公司供电服务奖惩工作小组成员由国网办公厅、发展部、安质部、运检部、营销部、信通部、外联部、法律部、人事部、人资部、监察局、工会、国调中心、交易中心等有关部门负责人组成。

第七条 公司供电服务奖惩工作小组负责制定公司供电服务奖惩管理制度；组织开展供电服务表彰奖励工作；组织相关部门开展特别重大、重大供电服务质量事件调查等工作；向公司员工奖惩工作领导小组提交奖惩建议。

第八条 各级单位供电服务奖惩工作小组负责配合公司供电服务奖惩工作小

组开展工作；执行公司供电服务奖惩管理制度；开展本单位表彰奖励工作；组织开展较大、一般供电服务质量事件调查工作；开展供电服务质量事件认定、信息报送工作，并提出惩处建议；开展本单位供电服务过错管理。

第九条 公司各相关部门按照职责分工，负责提出本专业表彰奖励建议；参加供电服务质量事件调查并提出惩处建议。

第三章 奖 励

第十条 公司、各省电力公司、国网客服中心每两年组织开展一次供电服务评选表彰奖励活动，表彰奖励在供电服务中做出突出贡献的先进单位和先进个人。表彰奖励评选程序执行《国家电网公司表彰奖励工作管理办法》。

第十一条 表彰奖励包括授予荣誉称号和物质奖励。

（一）供电服务先进单位授予“供电服务明星单位”荣誉称号；供电服务先进个人授予“十佳服务之星”“优秀服务之星”“服务之星”荣誉称号。

（二）对受到表彰的先进单位，原则上不进行物质奖励，只颁发奖牌、奖状或锦旗等。

（三）对受到表彰的先进个人，奖励执行《国家电网公司表彰奖励工作管理办法》。

第十二条 表彰奖励重点向服务责任大、风险高、业绩突出的单位、部门及供电服务一线人员倾斜，供电服务一线人员表彰奖励名额所占比例一般不少于75%。

第十三条 供电服务纳入各级单位全员绩效考核，并按照责任大小、贡献高低等因素，在绩效考核中给予加分奖励，兑现绩效奖金。

第四章 惩 处

第十四条 对发生供电服务质量事件和供电服务过错的责任单位、部门、班组、责任人予以惩处。（明细见附件1）

第十五条 供电服务责任人为中国共产党党员，发生违规违纪行为，除执行本规定外，由所在党组织按照党内有关规定处理。

第十六条 供电服务过程中发现涉嫌违法犯罪情节的，将移交司法机关处理。

第一节 供电服务质量事件

第十七条 本规定所称供电服务质量事件，是指供电服务过程中，未遵守有关规定、规范及技术、服务标准，给客户、企业造成重大损失，损害公司品牌形象，造成不良影响的事件。

第十八条 供电服务质量事件根据危害程度和影响范围分为四级：特别重大、重大、较大和一般供电服务质量事件。

（一）特别重大供电服务质量事件

1. 国家部委有关部门（单位）查实属供电部门主观责任，并被国家部委有关部门（单位）行政处罚的供电服务质量事件。

2. 中央或全国性新闻媒体、主要门户网站等曝光属供电部门主观责任并产生重大负面影响的供电服务质量事件。

3. 给客户或企业造成50万元及以上直接经济损失。

4. 公司认定的其他特别重大供电服务质量事件。

（二）重大供电服务质量事件

1. 省级政府有关部门（单位）查实属供电部门主观责任，并被省级政府有关部门（单位）行政处罚的供电服务质量事件。

2. 省级新闻媒体等曝光属供电部门主观责任并产生重大负面影响的供电服务质量事件。

3. 给客户或企业造成20万元及以上50万元以下直接经济损失。

4. 公司认定的其他重大供电服务质量事件。

（三）较大供电服务质量事件

1. 地市级政府有关部门（单位）查实属供电部门主观责任，并被地市级政府有关部门（单位）行政处罚的供电服务质量事件。

2. 省会城市、副省级城市媒体等曝光属供电部门主观责任并产生较大负面影响的供电服务质量事件。

3. 给客户或企业造成10万元及以上20万元以下直接经济损失。

4. 公司认定的其他较大供电服务质量事件。

（四）一般供电服务质量事件

1. 县级政府有关部门（单位）查实属供电部门主观责任，并被县级政府有关部门（单位）行政处罚的供电服务质量事件。

2. 地市级新闻媒体等曝光属供电部门主观责任并产生一定负面影响的供电服务质量事件。

3. 给客户或企业造成5万元及以上10万元以下直接经济损失。

4. 公司认定的其他一般供电服务质量事件。

第十九条 发生供电服务质量事件，对企业负责人考核参照《国家电网公司企业负责人年度业绩考核管理办法》标准。

第二十条 发生供电服务质量事件，对各级单位责任人予以纪律处分、经济处罚和组织处理，三种惩处方式可以单独运用，也可以同时运用。

（一）发生特别重大供电服务质量事件，对责任人按以下规定处理：

1. 对责任单位上级单位主要领导、有关分管领导予以警告至记过处分；予以通报批评或调整岗位处理。

2. 对责任单位上级有关部门负责人予以警告至记大过处分；予以通报批评、调整岗位或待岗处理。

3. 对责任单位主要负责人、有关分管负责人予以警告至降级（降职）处分；予以诫勉谈话、通报批评、调整岗位或待岗处理。

4. 对部门、班组级负责人予以警告至留用察看处分；予以通报批评、调整岗位、待岗或停职（检查）处理。

5. 对主要责任人予以记大过至解除劳动合同处分；予以待岗、停职（检查）或责令辞职处理。

6. 对次要责任人予以警告至留用察看处分；予以通报批评、调整岗位、待岗或停职（检查）处理。

7. 对上述责任人予以5000～30000元的经济处罚。

（二）发生重大供电服务质量事件，对责任人按以下规定处理：

1. 对责任单位上级单位主要领导、有关分管领导予以警告处分；予以通报批评处理。

2. 对责任单位上级有关部门负责人予以警告至记过处分；予以通报批评或调整岗位处理。

3. 对责任单位主要负责人、有关分管负责人予以警告至记大过处分；予以通报批评、调整岗位或待岗处理。

4. 对部门、班组级负责人予以警告至撤职处分；予以通报批评、调整岗位、待岗或停职（检查）处理。

5. 对主要责任人予以记过至留用察看处分；予以调整岗位、待岗、停职（检查）或责令辞职处理。

6. 对次要责任人予以警告至撤职处分；予以通报批评、调整岗位、待岗或停职（检查）处理。

7. 对上述责任人予以3000～20000元的经济处罚。

（三）发生较大供电服务质量事件，对责任人按以下规定处理：

1. 对责任单位上级有关部门负责人予以通报批评。

2. 对责任单位主要负责人、有关分管负责人予以警告至记过处分；予以通报批评或调整岗位处理。

3. 对部门、班组级负责人予以警告至记大过处分；予以通报批评、调整岗位或待岗处理。

4. 对主要责任人予警告至撤职处分；予以调整岗位、待岗或停职（检查）处理。

5. 对次要责任人予以警告至记大过处分；予以通报批评、调整岗位或待岗处理。

6. 对上述责任人予以 2000～10000 元的经济处罚。

（四）发生一般供电服务质量事件，对责任人按以下规定处理：

1. 对责任单位上级有关部门负责人予以通报批评。

2. 对责任单位主要负责人、有关分管负责人予以警告处分；予以通报批评处理。

3. 对部门、班组级负责人予以警告至记过处分；予以通报批评或调整岗位处理。

4. 对主要责任人予以警告至降级（降职）处分；予以通报批评、调整岗位或待岗处理。

5. 对次要责任人予以警告至记过处分；予以通报批评或调整岗位处理。

6. 对上述责任人予以 1000～5000 元的经济处罚。

第二十一条 各级单位供电服务奖惩工作小组应及时上报供电服务质量事件发生的时间、地点、范围、对用电客户的影响和已经采取的措施等信息，并于 4 小时内报送至公司供电服务奖惩工作小组。

第二十二条 特别重大、重大供电服务质量事件由公司供电服务奖惩工作小组认定，并提出惩处建议；较大、一般供电服务质量事件由省公司级单位供电服务奖惩工作小组认定，并提出惩处建议。

公司和省公司级单位供电服务奖惩工作小组提出惩处建议后，报同级别员工奖惩工作领导小组审定，由员工奖惩工作办公室执行。

公司供电服务奖惩工作小组对省公司级单位认定结果存在异议的，可根据实际重新认定。

第二十三条 对供电服务质量事件隐瞒不报、善后处置不当，造成事件升级的责任单位和相关人员，按照本规定相关条款上限从重惩处，对导致事件升级的单位（部门）主要负责人按事件主要责任人予以惩处。

第二十四条 因电网、设备事故（事件）引发停电的非供电服务质量事件，按照《国家电网公司安全事故调查规程》和《国家电网公司质量事件调查处理暂行办法》进行事故等级认定，并依据《国家电网公司安全工作奖惩规定》予以惩处。

第二节 供电服务过错

第二十五条 本规定所称供电服务过错，是指经查实因员工未履行岗位职责或履职不当，造成客户利益受损或不良感知，但未构成供电服务质量事件的供电服务行为。

第二十六条 供电服务过错根据问题性质和影响程度分为三类：一类过错、二类过错和三类过错。

（一）一类过错

情节严重，长期存在，给客户造成 1 万元及以上 5 万元以下直接经济损失，或给企业形象造成较大影响的供电服务过错。

（二）二类过错

情节较重，频繁发生，给客户造成 1 万元以下直接经济损失，或在一定范围内给企业形象造成不良影响的供电服务过错。

（三）三类过错

情节较轻，偶尔发生，未造成不良影响的供电服务过错。

第二十七条 发生供电服务过错，惩处可采取经济处罚或者组织处理。

（一）发生一类过错，对责任人按以下规定处理：

1. 对责任单位上级有关部门负责人予以通报批评。
2. 对责任单位主要负责人、有关分管负责人予以通报批评。
3. 对部门、班组级负责人予以通报批评、调整岗位或待岗。
4. 对主要责任人予以通报批评、调整岗位或待岗。
5. 对次要责任人予以通报批评或调整岗位。
6. 对上述责任人予以 500～3000 元经济处罚。

（二）发生二类过错，对责任人按以下规定处理：

1. 对主要责任人予以通报批评、调整岗位或待岗。
2. 对次要责任人予以通报批评或调整岗位。
3. 对上述责任人予以 100～2000 元经济处罚。

（三）发生三类过错，对责任人按以下规定处理：

1. 对主要责任人予以通报批评或调整岗位。

2. 对次要责任人予以通报批评。

3. 对上述责任人予以1000元以下经济处罚。

第二十八条 同一供电服务过程中涉及多项供电服务过错的，按所适用的最高供电服务过错等级标准惩处。

第五章 附 则

第二十九条 本规定由公司供电服务奖惩工作小组负责解释。

第三十条 本规定自2014年10月1日起施行。

附件：1. 供电服务质量事件及供电服务过错明细

2. 供电服务质量事件及供电服务过错惩处对照表

附件 1

供电服务质量事件及供电服务过错明细

序号	一级目录	二级目录	三级目录	供电服务质量事件及供电服务过错
1	服务类	服务行为	服务态度	未落实“首问负责制”，推诿、搪塞、怠慢客户等。
2				威胁、辱骂客户，甚至产生肢体冲突等。
3			服务规范	未按规定统一着装，仪容仪表不规范。
4				欠缺本岗位应具备的业务知识和相关技能，业务处理不当，造成不良影响。
5				未履行“一次性告知”义务，导致客户无谓往返。
6				现场服务未主动出示有效证件，未经客户允许擅自进入客户区域。
7				泄露客户个人信息或商业秘密。
8				自立收费项目和未按标准向客户收费，违规收取装表接电、业扩报装、农网改造、故障抢修等费用。
9				供电服务质量事件、舆情隐患等应急处置不当。
10			服务作风	迟到早退、擅自离岗、酒后上岗，工作时间从事与工作无关的活动等违规行为。
11				利用岗位与工作之便谋取不正当利益或进行吃、拿、卡、要等违规行为。
12		服务渠道	供电营业厅	营业厅环境卫生脏、乱、差。
13				未在营业厅公示电价、收费标准、服务程序等信息。
14				未公示营业时间，或未按公示的营业时间营业。
15				未按规定提供相关服务。
16				自助交费终端、POS机、网络系统等设施设备维护不到位、故障告知不及时。
17				拒绝客户现金交费、违规设置交费限额。
18				客户交费后未按规定向客户提供有效交费凭证。

（续表）

序号	一级目录	二级目录	三级目录	供电服务质量事件及供电服务过错
19	服务类	服务渠道	95598供电服务热线	未按规定提供有关内容服务。
20				未按规定时限与客户联系或处理工单。
21				未及时准确填写、派发工单导致服务纠纷。
22				未按规定核实处理投诉、举报等诉求，弄虚作假、刻意隐瞒违规服务行为。
23				知识库供电服务信息维护不及时、不准确。
24				网络通信系统维护不到位，造成95598供电服务中断等。
25				刻意屏蔽、旁路95598供电服务热线。
26			信息系统	因维护不到位，造成营销业务系统业务功能中断。
27				因维护不到位，造成95598核心业务系统中断。
28				因维护不到位，造成95598互动网站中断。
29	营业用电类	用电检查	例行检查	用电检查员巡视检查不到位，客户用电安全隐患等检查、告知不到位。
30				违规处理窃电、违约用电，追补电费、违约电费收取不规范。
31			高危及重要客户管理	未按要求对高危及重要客户进行认定报备，用电安全隐患“服务、通知、督导、报告”不到位。
32			专线客户停电协商	专线计划停电，未与专线客户协商，或未按协商结果执行。
33		业扩报装	报装受理	因供电能力不足造成报装受限，在供电能力恢复后未及时通知相关客户。
34			报装时限	供电方案答复、设计审核、中间检查、竣工检验、装表接电等未按规定时限办理。
35			环节处理	对受理的业扩项目，未按要求书面答复客户。
36				答复供电方案时，未明确告知客户涉及的业务费用情况。
37				供电方案内容不合理且违反公司规定。
38				中间检查、竣工检验不到位，造成客户延迟送电等问题。
39				未及时进行信息归档，造成未能正常抄表，客户未能正常交费。
40			“三指定”行为	直接、间接或变相为客户指定设计、施工、供货单位。

（续表）

序号	一级目录	二级目录	三级目录	供电服务质量事件及供电服务过错
41	营业用电类	电价电费	抄表质量	未按例日抄表，变更抄表时间未及时告知客户。
42				未抄、错抄、估抄、漏抄等抄表差错。
43				私自请人代替抄表工作。
44			电费核算	客户电价执行错误。
45				应收、退补等电费金额差错。
46				未及时、准确核算电费。
47			账单服务及收费	未按规定及时、有效告知客户电费信息，影响客户交费。
48				对代收网点拒绝收费、加收手续费等行为监督管理不到位。
49				对账、销账不及时、不准确，造成服务纠纷。
50			欠费停复电	未按规定程序对欠费客户实施停电。
51				欠费停错电。
52				客户结清欠费后未按规定及时复电。
53		电能计量	计量装置新装与改造	电能表轮换或改造，未按要求提前公示换表事项和具体时间。
54				装、拆电能表，未与客户确认起（止）示数。
55				计量装置接线错误，造成串户，或影响计量准确性。
56				计量装置运维不到位，未及时制定整改措施，导致用电安全问题。
57			检验检测	拒绝受理客户电能表校验申请，或受理后超时限出具检测结果。
58				未按规定开展高压客户电能计量装置现场周期检验。
59				未按规定对智能电能表进行全检验收工作。

（续表）

序号	一级目录	二级目录	三级目录	供电服务质量事件及供电服务过错
60	供电能力类	停送电	停送电信息	未按要求报送计划停电、临时停电及其他影响 95598 对客户答复的停送电信息。
61				计划停电、临时停电未按规定公告、通知重要客户 。
62			停送电操作	未按公告的停电计划实施停电，变更停电计划未履行手续，提前或延迟停送电。
63				未严格执行政府批复的有序用电方案，或未及时向社会公告限电序位表。
64				无故或未按规定对客户实施中止供电操作。
65		故障抢修	抢修质量	未按规定时限到达故障抢修现场。因特殊情况不能按时到达现场，未及时和客户沟通。
66				无故拒绝修复供电企业产权范围内的故障。
67				故障未修复或抢修不彻底。
68		供电质量	电压质量	产权分界点电压值未在合格范围，影响客户正常用电，且发现后未及时治理。
69			谐波	各级公用电网电压（相电压）总谐波畸变率超出允许范畴，影响客户正常用电，且发现后未及时治理。
70			供电频率	供电频率超标或长期未得到改善、处理不彻底，影响企业生产等问题。
71			频繁停电	供电可靠性未达到规定要求，且未制定有效的整改措施。
72		供电设施	电网建设	输配电设施安全隐患，且发现后未得到有效解决。
73				供电能力不能满足客户需求，未按规定要求落实整改。
74				野蛮施工扰民，未及时清理现场或未恢复路面等善后工作。
75			环境污染	输配电设备运行噪音超标，影响客户正常生活，且发现后未制定有效整改措施。
76		家电损坏赔偿	处理时限	居民客户家用电器损坏处理超时限。
77			处理规范	供电企业责任导致客户家电损坏，未按规定处理。

附件 2

供电服务质量事件及供电服务过错惩处对照表

事件和过错分类 / 责任人员	供电服务质量事件				供电服务过错		
	特别重大供电服务质量事件	重大供电服务质量事件	较大供电服务质量事件	一般供电服务质量事件	一类过错	二类过错	三类过错
责任单位上级主要领导、有关分管领导	警告至记过；通报批评或调整岗位	警告；通报批评	—	—	—	—	—
责任单位上级有关部门负责人	警告至记大过；通报批评、调整岗位或待岗	警告至记过；通报批评或调整岗位	通报批评	通报批评	通报批评	—	—
责任单位主要负责人、有关分管负责人	警告至降级（降职）；诫勉谈话、通报批评、调整岗位或待岗	警告至记大过；通报批评调整岗位或待岗	警告至记过；通报批评或调整岗位	警告；通报批评	通报批评	—	—
部门、班组级负责人	警告至留用察看；通报批评、调整岗位、待岗或停职（检查）	警告至撤职；通报批评、调整岗位、待岗或停职（检查）	警告至记大过；通报批评、调整岗位或待岗	警告至记过；通报批评或调整岗位	通报批评、调整岗位或待岗	—	—
主要责任人	记大过至解除劳动合同；待岗、停职（检查）或责令辞职	记过至留用察看；调整岗位、待岗、停职（检查）或责令辞职	警告至撤职；调整岗位、待岗或停职（检查）	警告至降级（降职）；通报批评、调整岗位或待岗	通报批评、调整岗位或待岗	通报批评、调整岗位或待岗	通报批评或调整岗位
次要责任人	警告至留用察看；通报批评、调整岗位、待岗或停职（检查）	警告至撤职；通报批评、调整岗位、待岗或停职（检查）	警告至记大过；通报批评、调整岗位或待岗	警告至记过；通报批评或调整岗位	通报批评或调整岗位	通报批评或调整岗位	通报批评
经济处罚（元）	5000～30000	3000～20000	2000～10000	1000～5000	500～3000	100～2000	1000 以下

第二篇

专业部分

第六章　安全用电

第一节　安全用电常识

一、一般规定

用户办理各类用电业务时，应向当地供电企业申请，办理相关手续，签订供用电合同，明确供用电双方产权分界点和各自安全责任、义务。严禁用户违章违规用电。相关手续应符合中华人民共和国国务院令〔1996〕196号《电力供应与使用条例》规定要求。

农村用户应安装漏电保护器。未按要求安装使用的，供电企业有权依法中止供电。漏电保护器应符合GB/Z 6829标准规定。农村低压供用电设施的设计、选型、质量、安装和运行维护应符合中华人民共和国国务院令〔1996〕196号《电力供应与使用条例》、GB/T 13869标准规定。

用户新装、变更供电方案、相关图纸等应经供电企业审核。安装工程结束后，供电企业组织现场检验，检验不合格的，供电企业不得供电。用户应采取有效措施消除用电设施存在的安全隐患。对存在可能威胁人身、设备及公共安全的严重安全隐患拒不治理的，供电企业依法停止对该用户供电。用户未经许可不得擅自将小型分布式电源（风力发电、光伏发电、小型发电机等）接入供电企业电网。

禁止利用大地作为工作中性线。禁止采用“一相一地”方式用电。严禁带电移动、维修水泵和农用电动机械等。严禁私设电击网防盗和捕鼠、狩猎、捕鱼等。严禁攀登、跨越电力设施的保护围墙或遮栏，严禁攀爬电力线路杆塔、变压器和配电箱等电力设施。雷雨天气下严禁靠近线路铁塔、电杆、拉线、避雷针等易遭雷击的电力设施行走或避雷，防止感应电击。

二、家庭生活安全用电

家庭用电的导线、开关、插座等元器件的选择和安装应符合中华人民共和国国务院令〔1996〕196号《电力供应与使用条例》、DL/T 499规定要求。用户应安装合格的户用和末级漏电保护器，不得擅自解除、退出运行。低压控制开关应串接在电源的相线上。擦拭、更换灯头和开关时，应断开电源后进行。在未断开电源的情况下，不能用湿手更换灯泡（管）；更换灯泡（管）时，人应站在干燥的木凳等绝缘物上。灯座的螺纹口应接至电源的中性线。

固定使用的用电产品，应在断电状态下移动，并防止任何降低其安全性能的损坏。

家用电器（具）出现冒烟、起火或爆炸等异常情况，应先断开电源，再采取相应措施防止引起火灾。电动、电热等电器使用过程中若遇突然停电，而此时离开使用电器的现场，应断开相应的电源，防止突然来电引发火灾或人身伤害。用电器具的外壳、手柄开关、机械防护有破损、失灵等有碍安全使用情况时，应及时修理，未经修复不得使用。长期放置不用的用电器具在重新使用前，应经过必要的检修和安全性能测试。新购置家用潜水泵应经绝缘测试合格，且加装漏电保护器后，方能使用。按照《中华人民共和国安全生产法》《中华人民共和国电力法》的有关规定，应教育和监督儿童安全用电。教育监督儿童不要随意触摸、插拔插头、插座，不要玩弄电气设备。在托儿所、幼儿园等儿童活动场所，采用安全型电源插座安装高度不得低于1.7m，不采用安全型插座时，安装高度应不低于1.8m。

通信、有线电视等弱电线路与电力线路不得同孔入户或同管线敷设。农村自建房的内线敷设应采用耐气候型绝缘电线，电线截面按允许载流量选择，符合DL/T 499规定。雷雨天气时，不应打开电视机等使用天线的家用电器，并将电源插头拔出，防止雷击伤人或损坏电器。

三、农业生产安全用电

农业生产用电严禁私拉乱接。严禁使用挂钩线、地爬线和绝缘不合格的导线用电。盖屋建房、排水灌溉、脱粒打稻等需在公用线路搭接电源的临时用电，应向当地供电企业办理临时用电申请。临时用电表箱内应安装合格的漏电保护器。供电前应向用户交待临时用电安全注意事项，使用结束后及时拆除。临时用电期间，用户应设专人看管临时用电设施。

农业生产中使用移动式抽水泵、农村家庭生活用潜水泵，以及养殖、制茶、大棚种植等，需要使用电动机械的，因工作环境相对潮湿、高温、易污染，用户应遵循下列规定：必须安装单台设备专用的漏电保护器（末级保护）；每次使用前，要检查漏电保护器是否处于完好状态；使用的导线、开关等电器应确保满足载流量要求，绝缘和外观完好。当导线长度不满足要求需增加连接线时，接头处应用绝缘橡胶带、黑胶布缠包牢靠；电动机的电缆接线连接要固定可靠，要防止使用过程中拉扯电缆或被重物碾轧；电动机露天使用时应采取防雨、防潮措施，并有专人看守；电动机械使用中发现有异常声响和异味、温度过高或冒烟时，应及时断开电源；长期停用的电器应妥善保管，新购置或长期停用的电器、农用电动机械使用前，应检查其绝缘、运转情况，所选择的熔丝（体）规格应能对短路和过负荷起到有效保护作用；潜水泵在使用过程中，在其附近水面禁止游泳、放牧及洗涮，以防漏电而发生意外。

四、农村其他场所的安全用电

在浴场（室）、蒸气房、游泳池等潮湿的公共场所，应有特殊的用电安全措施，保证在任何情况下人体不触及用电设施的带电部分，并在用电设施发生漏电、过载、短路或人员触电时能自动迅速切断电源。医疗场所的电气装置应符合GB 16894.24 的规定。在可燃、助燃、易燃（爆）物体的储存、生产、使用等场所或区域内使用的用电器具，其阻燃或防爆等级要求应符合特殊场所的标准规定。用户发现有线广播喇叭发出异常声响时，不得擅自处理，应由专业人员查明原因，再进行处理，以防触电。

五、电力设施保护及电力设施周围活动的安全规定

（1）不得向电力线路设施射击；不得向导线抛掷物品；不得在架空电力线路导线两侧各 300m 的区域内放风筝。

（2）不得擅自在导线上接用电器设备；不得擅自攀登杆塔或在杆塔上架设电力线、通信线、广播线，安装广播喇叭。

（3）不得利用杆塔、拉线作起重牵引地锚；不得在杆塔、拉线上拴牲畜、悬挂物体、攀附农作物。

（4）必须跨房的低压电力线与房顶的垂直和水平距离，应满足表 6－1－1 的要求。不准在有电力线路的屋顶上进行施工作业或游戏玩耍。

表 6-1-1　裸导线、架空绝缘电线对地面、建筑物、树木间的最小垂直、水平距离的要求

导线类别	对地面、水面、建筑物及树木间的最小垂直、水平距离/m	
裸导线	集镇、村庄（垂直）：	6
	田间（垂直）：	5
	交通困难的地区（垂直）：	4
	步行可达到的山坡（垂直）：	3
	步行不能达到的山坡、峭壁和岩石（垂直）：	1
	通航河流的常年高水位（垂直）：	6
	通航河流最高航行水位的最高船桅顶（垂直）：	1
	不能通航的河湖冰面（垂直）：	5
	不能通航的河湖最高洪水位（垂直）：	3
	建筑物（垂直）：	2.5
	建筑物（水平）：	1
	树木（垂直和水平）：	1.25
架空绝缘电线	集镇、村庄居住区（垂直）：	6
	非居住区（垂直）：	5
	不能通航的河湖冰面（垂直）：	5
	不能通航的河湖最高洪水位（垂直）：	3
	建筑物（垂直）：	2
	建筑物（水平）：	0.25
	街道行道树（垂直）：	0.2
	街道行道树（水平）：	0.5

六、自备电源、保安电源等安全要求

用户自备电源、不得并网电源的安装和使用，应符合中华人民共和国国务院令〔1996〕196 号《电力供应与使用条例》的规定和要求。凡有自备电源或备用

电源的用户，在投入运行前要向当地供电企业提出申请并签订安全协议，应装设在电网停电时能有效防止向电网反送电的安全装置（如联锁、闭锁装置等）。禁止用户自备电源与公用电网共用中性线。需并网运行的农村小型分布式电源（风力发电、光伏发电、小型发电机等），应与供电企业依法签订并网协议后方可并网运行。

七、电气火灾预防及灭火

应按国家和行业有关规程的要求装配熔断器、断路器（开关）及保护装置，确保其动作正确可靠。不得随意增大熔体的规格，不得以铜、铁、铝丝等其他金属导体代替熔体。导线连接应可靠，导线与插座、接线柱的连接应正确可靠，接触良好，不得使用老化、破损、劣质的电线、电器。对于潮湿、腐蚀、高温、污秽等不同场所，应选用相应的设备和安装方式。用电负荷不得超过导线的允许载流量，不能在电力线路上盲目增加用电设备。

电气设备的安装位置及家用电器的放置，应避开热源、阳光直射、腐蚀性介质及容易被人或小动物损坏的场所。使用电热器具或长期使用的电器，应与易燃、易爆危险物品保持足够的安全距离。无自动控制的电热器具，人离开时必须断开电源。经常检查设备的运行情况并定期保养。当发现导线有过热或异味时，必须立即断开电源进行处理。发生电气火灾时，要先断开电源再行灭火。严禁用水扑救电气火灾。

八、防止触电事故及触电抢救

发现电力线断落时，不要靠近。如人体已经进入距离导线的落地点 8m 以内时，应及时将双脚并立，按导线落地点相反方向并脚跳离，并找人看守现场，立即通知供电企业处理。

有爆炸危险场所、严重腐蚀场所、高温场所的安全检查应按 GB/T 13869 的要求及有关规定执行。

用电设备采用特低安全电压供电时，特低电压要由隔离变压器提供。禁止直接使用自耦变压器、分压器、半导体整流装置作为电源；安全隔离变压器不允许放在金属容器内使用，不应与热体接触，也不要放在潮湿的地方。

人体直接或间接触电后，应在确保安全的前提下，迅速、正确地切断电源，使触电者脱离触电电源，并按照紧急救护法的要求，在现场对触电者进行急救。同时，应立即与医疗机构联系救治。

第二节　农网工程现场安全监督

一、一般规定

(1) 项目建设单位要将现场施工安全管理作为安全督查的重点，重点检查落实保证安全的组织措施、技术措施的情况。坚决杜绝不办票、不交底、不监护、不停电、不验电、不挂接地线等行为。要督促、指导施工人员正确使用安全帽、安全带等个人安全防护用品及安全工器具。

(2) 施工单位应根据现场情况编制施工“三措一案”(三措：组织措施、安全措施、技术措施；一案：施工方案)，建立作业现场分级勘察制度。“三措一案”必须经设备运行管理单位审查合格后方可执行，现场勘察记录应随工作票一同存档。

(3) 发包工程施工涉及运行设备时，工作票应实行“双签发”。可根据作业现场需要，使用工作任务单等。对作业现场进行安全检查时，发现有违章行为等，应立即制止并纠正，必要时可责令施工单位停工整顿。

(4) 应认真落实“防触电、防高坠、防倒断杆”的安全防护措施。要抓好“勘察、工作许可、安全技术交底、监护、工作终结”等关键环节的安全管控，务必使作业人员做到“工作任务清楚、工作程序清楚、工作危险点清楚、现场安全防范措施清楚”。

二、保证安全组织措施要求

(一) 现场勘察制度

1. 工作要点

应明确工作内容、停电范围、保留带电部位、停电设备范围等，应查看交叉跨越、同杆架设、邻近带电线路、做好多联络复杂环境的停电安全措施、反送电等作业环境情况及作业条件等。勘察时应认真、仔细。要对照勘察记录，制定对应安全措施并落实到工作票中。

重点防范触电、高处坠落、误登带电杆塔等危险。下列情况，设备主人单位和施工单位工作票签发人或工作负责人应到现场组织勘察，检修联络用的断路器(开关)、隔离开关(闸刀)应在两侧验电。

主要危险点：

（1）带电作业且配电系统非单一电源；

（2）保留带电部位、邻近带电线路或交叉跨越距离等情况不清楚；

（3）现场施工环境、设备接线方式不清楚，设备识别标识不清晰或缺失；

（4）有可能造成误登电杆、误入带电间隔，停电线路为同杆架设的多回路线路；

（5）外单位队伍承包工程；

（6）存在反送电可能。

2. 邻近带电线路、交叉跨越线路以及同杆架设线路的勘察工作要求

必须查明工作线路（设备）和邻近带电线路（设备）、交叉跨越、同杆架设的线路的双重称号以及色别、相邻杆塔起止杆号等。

重点防范误碰带电设备、误登带电杆塔等行为。需配合停电时，必须停电作业，严禁强令冒险作业。

3. 与配合停电设备运行单位的联系

应事先书面申请，明确停送电联系人、联系方式、停电线路名称及操作程序等。重点是要对配合停电线路进行验电、挂工作接地线，配合停电的同杆塔架设线路装设接地线要求与检修线路相同。

4. 加强双电源管理，防止反送电

应查明作业线路是否有双电源用户，是否存在反送电特别是低压反送电可能性。重点是在作业地段所有可能来电方向线路的高低压侧挂接地线。同时要加强对双电源的管理，特别要熟悉辖区内的联络线路和低压分布电源，如光伏、沼气发电，防止发生触电事故。

5. 检查杆根、基础、拉线牢固情况

（1）电杆埋深是否符合要求、回填土是否夯实；杆身是否存在超过规定的纵向、横向裂纹；检查电杆周围基础是否存在掏挖、塌方、滑坡等情况。掏挖时禁止由下部掏挖土层。

（2）老旧拉线埋深是否符合要求；拉线是否严重锈蚀；对埋设于水田等易受腐蚀地段的拉棒应进行开挖检查；拉线、拉棒等拉线组件的强度是否满足要求。

（二）工作票制度

（1）工作票签发人必须认真分析现场查勘记录，结合作业任务，确定工作区域、停电范围及制定对应的安全措施，根据工作需要安排充足的施工力量。

（2）施工单位办理的工作票应由设备运行管理单位签发，必要时实行施工单

位与运行单位“双签发”。

(3) 工作负责人、工作许可人可根据作业现场实际情况，补充安全措施。对工作票上所列的安全措施、停电范围存在疑问时，应向工作票签发人核实，确有错误的，应立即停止工作，重新办理工作票，布置安全措施。

(4) 对不涉及运行设备的新建农配网工程，要制定相应补充规定，如采用执行施工作业安全措施票等，对其安全管理要求与工作票等同。严禁农配网工程无票作业。

(三) 工作许可制度

(1) 电话许可必须坚持复诵核对制度，并书面记录清楚。现场许可必须逐项交代、确认现场安全措施正确、完备后，双方签字确认，并详细记录许可时间。要求配（农）网停电作业工作许可应采取现场许可方式。现场许可方式只有一种，即当面许可。

当面许可：工作许可人和工作负责人应在工作票上记录许可时间，并分别签名。

电话许可：工作许可人和工作负责人应在工作票上记录许可时间和双方姓名，复诵核对无误。

(2) 工作许可人必须确保工作线路可能来电的各方面（含用户）都拉闸停电，验电挂好接地线后，方能发出许可命令。

(四) 现场安全技术交底

(1) 工作许可后，正式开工前，工作负责人必须向全体工作人员进行安全技术交底，主要内容应包括：

1) 工作任务；

2) 停电范围；

3) 作业现场保留的带电部位、线路；

4) 工作接地线悬挂位置及数量、作业现场已布置的其他安全措施；

5) 作业计划起止时间；

6) 工作人员分工及专责监护人安排情况；

7) 工作程序；

8) 工作地段邻近、平行、交叉跨越的高电压等级电力线路运行状态及位置，使用个人保安线的要求；

9) 容易误登的电杆或误入的带电间隔情况以及采取的相应防范措施；

10) 作业现场是否存在反送电可能及采取的防范措施；

11）作业中应注意的技术要点；

12）补充安全措施布置情况。

（2）交底完后，全体工作人员应签字确认。

（五）工作监护制度

（1）工作负责人、专责监护人应始终在工作现场，对工作班人员进行认真监护，及时纠正不安全行为，不得擅离职守。

（2）以下情况必须使用工作任务单并指派专责监护人：

1）工作地点分散，工作负责人不能在作业现场同时监护多班组作业，工作安全风险较大。

2）工作地点存在同杆架设线路、交叉跨越线路、邻近带电线路。

3）工作地点附近有同类型设备，易造成误登杆塔、误入间隔。

4）工作地点有需要配合停电的设备。

5）工作地点存在需要单独增设的安全措施。

6）有较多雇佣民工或临时工参加工作。

7）工作地点跨越河流、沟渠、房屋、公路等。

8）工作负责人根据现场情况认为有必要时。

9）专责监护人不得兼做其他工作。专责监护人临时离开时，应通知被监护人员停止工作或离开工作现场，待专责监护人回来后方可恢复工作。专责监护人需长时间离开工作现场时，应由工作负责人变更专责监护人，履行变更手续，并告知全体被监护人员。

（六）工作终结制度

完工后，工作负责人应确认设备上无遗留工具、材料等物品，查明全部工作人员确已离开工作现场，方可下令拆除接地线，办理工作终结和恢复送电手续。

三、保证安全的技术措施要求

（1）停电时必须断开所有可能送电至工作设备各侧的开关、刀闸、熔断器，并加挂工作接地线。停电设备各端应有明显断开点，必要时派人看守。

（2）为防止低压反送电，应拉开配变高低压侧开关（熔断器），并摘下熔管。可直接在地面操作的开关（刀闸）的操作机构上加锁，并悬挂“禁止合闸，有人工作!”或“禁止合闸，线路有人工作!”等标示牌。

（3）验电时应使用合格、相应电压等级的接触式验电器。

（4）对开关柜、环网柜验电时，应先认真查看设备一次系统接线图，验电过程中要严格遵守验电工作程序，防止发生触电或验电位置错误。

特别要注意对可能存在低压反送电和感应电压伤人等情况的设备验电，确认其无电压。

(5) 装拆接地线必须按照规定程序进行，装拆接地线应有人监护，禁止反程序操作。所有可能送电至工作设备的线路高低压各侧均应可靠接地，不能遗漏。

工作地线的装设位置应合理，应以确保作业现场安全、防止触电如反送电、突然来电等为核心。

(6) 个人保安线应严格按规定使用，禁止用个人保安线代替接地线使用。工作结束时，工作人员应拆除个人保安线。

(7) 装设遮拦（围栏）应能够明确划分工作区域、带电区域和非工作区域，并悬挂标识牌。工作区域涉及跨越公路、集镇等人口密集区等时，安全围栏应醒目、充足，必要时指派专人看守，防止无关人员误入工作现场。

(8) 在一经合闸即可送电到作业现场的刀闸、开关等设备处，应悬挂醒目的安全标示牌，必要时指派专人看守。在配电双电源用户接入点和有反送电可能的高低压电源侧，应悬挂“禁止合闸，线路有人工作!”等安全标示牌。

四、现场安全管理

1. 作业前检查要点

(1) 现场安全措施是否执行到位，是否存在遗漏、缺失、损坏及移动等情况。重点检查接地线布置、防反送电、防倒断杆、防高处坠落等安全措施。

(2) 作业区域电杆（设备）双重称号以及色标、起止杆号及相邻杆塔号是否与工作票所列内容一致。

(3) 电杆、配电设备本体及附属设施是否存在缺陷，如电杆纵（横）向裂纹超标、横担及金具腐（锈）蚀、拉线断股、拉线基础松动、电杆倾斜超标等。

(4) 杆根、基础、拉线是否牢固；是否需要增设临时拉绳等安全措施。

(5) 老旧线路设备存在的危险点、周围环境和电气连接状况等。

(6) 施工机具、安全工器具、施工机械的安全性能。

2. 立杆、撤杆工作

(1) 主要危险点：

1) 高处坠落；

2) 触电；

3) 倒断杆；

4）机具砸碰。

（2）主要安全措施：

1）起吊时，应设专人指挥，分工明确，信号统一、动作协调。要划定作业区域，设置遮拦（围栏）或围带，严禁无关人员进入施工现场。

2）控制好电杆重心和电杆起立角度。控制、牵引等拉绳的控制应由有经验的人员操作、指挥，必要时可采取增加临时拉绳等措施。

3）起吊作业的施工机械自身安全措施必须到位，防止因重心偏移、支撑不牢靠、操作不规范等原因而发生倾翻。起重吊钩必须有防脱扣闭锁。

4）邻近带电的高压设备立（撤）杆作业时，生产技术人员应在现场指导，必要时制定“三措”一案，并采用有效措施，确保作业过程中人体、施工机具、牵引绳、拉绳等无触及带电设备可能。导线、拉线、施工机具应可靠接地。

3. 杆塔上作业

（1）主要危险点：

1）高处坠落；

2）触电；

3）物体打击。

（2）主要安全措施：

1）登杆前应仔细检查杆根、基础、拉线等，工作前应再次确认作业范围无触电危险，如不能确定，则需重新验电。

2）登杆前应认真核对、确认杆塔双重称号。杆上工作应正确使用安全带（带后备保护绳），禁止杆上移位或上杆过程中不使用安全带。严禁安全带低挂高用。

3）攀登老旧电杆前，应重点检查杆身是否牢固、埋深是否满足要求、电杆拉线是否牢靠。杆上作业前还应检查横担、金具等是否严重锈蚀。

4）新立杆塔在杆根基础未完全牢固前禁止攀登。

5）在经泥石流冲刷、内涝洪水浸泡、大风吹刮、强降雨冲刷后的线路上作业时，工作前应对线路、配电设施进行仔细检查，必要时在采取增加临时拉绳（或支好架杆）、培土加固等措施后，在专人监护下登杆作业，严禁不采取可靠措施盲目作业。

6）登杆前须认真检查登高器具（登高板、脚扣）是否牢固、可靠。严禁借助绳索、拉线上下杆塔。冰冻天气作业应增加相应防滑、防冻、保暖等措施。

7）在可能有感应电的杆塔上作业时，在人体接触导线前应挂接个人保安线，作业结束人体脱离导线后方可拆除。

8）杆上有人时禁止调整或拆除拉线。

9）禁止用突然剪断导地线的方式松线。不得随意拆除受力构件。杆上作业、移位时必须手扶牢固构件，禁止失去保护绳进行作业或换位。

4. 搭、拆头工作

（1）主要危险点：

1）触电；

2）高处坠落；

3）误登电杆；

4）高空坠物；

5）导线脱落。

（2）主要安全措施：

1）防触电、防高处坠落、防倒断杆、防误登电杆、防高处坠物等安全措施同前相应条款。

2）首先必须验电确认无电。为防止突然来电，在工作地点可能来电各侧均应装设接地线。

3）禁止作业人员擅自扩大工作范围、增加工作内容或变更安全措施。

5. 调整弧垂工作

（1）主要危险点：

1）触电；

2）高处坠落；

3）高空坠物；

4）误登电杆。

（2）主要安全措施：

1）防触电、防高处坠落、防倒断杆、防误登电杆、防高处坠物等措施同前相应条款。

2）应做好防止导线抽跑、掉落的措施，涉及跨越河流、公路、铁路、人口密集区的线路时，要做好对应安全措施，必要时专人看守。应提前联系主管部门，协调做好相应安全措施。

3）调整弧垂工作应综合考虑风偏、强对流天气、季节（高温、严寒）、公路、铁路路（轨）面高度、房屋高度等因素。

6. 装、拆拉线工作

（1）主要危险点：

1）触电；

2）高处坠落；

3）高空坠物；

4）倒断杆；

5）误登电杆。

（2）主要安全措施：

1）防触电、防高处坠落、防倒断杆、防误登电杆、防高空坠物等安全措施同前相应条款。

2）杆上有人时，禁止装、拆、调整拉线。

3）老旧线路拆除拉线时，必要时增加临时拉线等安全措施，防止倒断杆。

4）转角杆、耐张杆、终端杆及跨越高速公路、铁路、河流等线路电杆的拉线装拆工作，应增设临时拉线，防止倒断杆。

5）对于水田、圩区、山区（大档距）电杆拉线装拆工作必须综合考虑地形地貌、受力平衡、设施状况等因素，必要时进行补强，防止倒断杆。

7.放（紧、撤）线工作

（1）主要危险点：

1）触电；

2）高处坠落；

3）高空坠物；

4）导线抽甩；

5）倒断杆。

（2）主要安全措施：

1）防触电、防高处坠落、防倒断杆、防误登杆塔、防高空坠物等安全措施同前相应条款。

2）放（紧、撤）线应专人指挥、统一信号、畅通信息、步调协调，并加强监护。

3）交叉跨越、邻近电力线路时，要提前勘察现场，做好相应安全措施。

4）跨越河流、高速公路、铁路时，应提前联系相关主管部门，协调做好相应安全措施，必要时可采取封航、封路、搭设跨越架、专人在交通道口看守、设置明显的警示标志等安全措施。

5）遇有障碍物挂住时，应先松动导线，沿线巡查，待查明原因并处理后方可重新开工，不能生拉硬拽。

6）人员应站在牵引绳、导线外侧，不能站在导地线线圈内或牵引绳、架空线等下方，防止跑线伤人。

7）放（紧、撤）线前应检查杆根、桩锚、拉线、基础。必要时应增加临时拉绳、桩锚，防止倒断杆。

8）禁止采用突然剪断导线的方法松线。

9）放（紧、撤）线作业，在关键地点、部位应增设专责监护人，工作负责人、专责监护人不得擅自离开现场。

8. 坑洞开挖工作

（1）主要危险点：

1）地下设施、管线外破；

2）塌方；

3）煤气、沼气中毒；

4）误坠坑洞；

5）地埋线、地下电缆外破触电。

（2）主要安全措施：

1）施工前，应与地下管线、电缆等地下设施主管单位沟通，根据作业区域地下设施埋设走向图，掌握其分布情况，确定开挖位置。特别是涉及天然气（煤气、自来水、地埋电线电缆）管道等地下设施时，应请其主管单位现场指挥、协调。

2）要及时清理坑口土石块，土质松软处，应加设挡板、撑木等，防止塌方。圩区、水田等地段应采取相应防塌措施。

3）已开挖的沟（坑）应设盖板或可靠遮拦，挂警告标牌，夜间设置警示照明灯，并设专人看守。

4）在下水道、煤气（天然气）管线、潮湿地、垃圾堆或腐质物等附近从事挖沟（坑）时，应在地面上设监护人。挖深超过 2m 时，应采取戴防毒面具、带救生绳、向坑中送风等安全措施。监护人应密切注意沟（坑）内的工作人员状况，防止人员气体中毒。

9. 起重与运输工作

（1）主要危险点：

1）起重设备倾倒、损坏；

2）电杆等超长设备挂碰；

3）装卸过程砸碰；

4）误碰带电线路。

（2）主要安全措施：

1）起吊物品不得超过起重机械额定载荷。吊件重量达到额定载荷的95%时，要由起重专业技术人员在现场指挥。

2）起吊前，工作负责人应全面检查吊绳、吊钩、支腿等，确认起重机械支平停稳。起吊时，应设专人指挥，明确分工，统一信号，发现异常应立即停止，查明原因处理后方可继续起吊。

3）吊件全部离地后应暂停起吊，同时检查吊车自身稳定、重物捆绑、钢丝绳受力等情况。上述检查确认完好后方可继续起吊。

4）起吊物应绑牢，吊钩悬挂点应与吊物重心在同一垂线上，吊钩钢丝绳应垂直，严禁偏拉斜吊。落钩时应防止吊物局部着地引起吊绳偏斜。吊物未固定好严禁松钩。

5）在起吊过程中，受力钢丝绳的周围、上下方、内角侧和起吊物的下面，严禁有人逗留和通过。吊运重物不得跨越人员头顶，吊臂旋转半径以内严禁站人。

6）起吊成堆物件时，应采取防止滚动或翻倒的措施。钢筋混凝土电杆应分层起吊，每次吊起前，剩余电杆应用木楔掩牢，防止散堆伤人。

7）吊件不得长时间悬空停留；短时间停留时，操作人员、指挥人员不得离开工作岗位。

8）吊车在带电设备下方或附近吊装时，须办理安全施工作业票，并有专业技术人员在场指导。吊车操作人员应与起吊指挥人员保持持续通讯。吊车应接地，严禁起重臂跨越带电线路进行作业，起重臂及吊件的任何部位（在最大偏斜时）与带电体的最小距离不得小于最小安全距离。拉绳应使用绝缘绳。

9）人力搬运时，道路应平坦畅通。山区机械牵引作业，牵引线路两侧5m以内不得有人。

10. 线路倒闸操作

（1）主要危险点：

1）误登杆塔；

2）误操作；

3）触电；

4）高处坠落；

5）高空坠物；

6）倒断杆。

（2）主要安全措施：

1）作业前应认真核对线路双重称号、杆号、位置，查明交叉跨越、邻近带电线路、同类型杆塔、易误登杆塔等设施情况。

2）登杆作业前，必须检查杆跟、基础、拉线、杆体等安全状况，登杆过程必须使用安全带。杆上作业应使用工具袋和传递绳，防止高空落物伤人。攀登老旧电杆作业时，应采取增加临时拉绳等安全措施，防止倒断杆。

3）操作前必须认真核对、复诵确认拟操作设备，防止误操作。在专人监护下逐步逐项操作，严禁跳项或无票、无监护操作。

11. 安装、更换配变工作

（1）主要危险点：

1）触电；

2）高处坠落；

3）物体打击；

4）吊运过程砸碰。

（2）主要安全措施：

1）拆除旧变压器时，应断开所有可能送电至原变压器各侧的断路器（隔离开关），应有明显断开点，验明确无电压后可靠接地，并悬挂标识牌。

2）在作业区域外围设置遮拦或围带并悬挂“止步，高压危险!”“从此进出!”“在此工作!”等标识牌。在人口密集区、交通道口作业，应增设专人看守，防止无关人员进入作业区域。作业前，应检查变台杆基、杆跟、拉线是否良好，防止倒断杆。

3）吊运设备过程中应做好防范措施，起吊时，应设专人指挥。防止吊臂、吊绳、吊物等与周围带电线路安全距离不足。起吊时应轻起慢放、平稳移动，防止剧烈摆动，必要时应增加临时拉绳。

4）使用链条葫芦吊运变压器前，应检查钢构件等承力部件是否可靠、牢固，变压器与台架固定是否牢固、水平。

5）台架上作业应使用安全带，传递工具、材料等物件应使用绳索，禁止上下抛掷。

6）安装调试完工后，应检查清理现场。严格遵守工作终结和恢复送电制度，按照操作流程进行恢复送电，严禁擅自盲目操作。

12. 安装或更换JP柜、配电屏（以下简称屏柜）工作

（1）主要危险点：

1）触电；

2）高处坠落；

3）高空坠物；

4）移动屏柜时挤碰。

（2）主要安全措施：

1）防触电、防高处坠落、防倒断杆、防误登电杆、防高处坠物等安全措施同前相应条款。

2）拆除前，首先应断开连接至屏柜的所有电气接线，应有明显断开点，经验明确无电压后可靠接地并悬挂标示牌。

3）屏柜金属外壳应接地良好。

4）搬运屏柜时应统一指挥、步调一致。起立、就位过程中，应做好防止侧滑、挤压、砸碰等措施。

5）完工后应认真检查、清理作业现场，检查接线情况。接引、恢复送电工作应严格按照操作流程进行，严禁擅自盲目送电。

13. 配电屏、台区低压出线检修工作

（1）主要危险点：

1）触电；

2）低压短路；

3）高处坠落。

（2）主要安全措施：

1）防触电、防高处坠落、防倒断杆、防误登电杆、防高空坠物等安全措施同前相应条款。

2）作业前应认真核对设备编号、名称、位置，防止误登带电杆塔。

3）正确使用个人工器具，并做好相应安全措施，如用绝缘胶带缠绕螺丝刀等工具金属裸露部位，防止低压短路。

4）已拉开的开关、刀闸等操作把手应可靠闭锁，并悬挂“禁止合闸，（线路）有人工作!”等标示牌。必要时设专人看守。

第七章　配电线路、设备基础知识

第一节　配电线路的基本知识

一、配电线路的基本结构

（一）配电线路的分类

按照原能源部与建设部联合颁布的《城市电力网规划设计导则》规定，配电网电压分别为：

（1）高压配电电压：35kV～110kV。

（2）中压配电电压：（6、20）10kV。

（3）低压配电电压：380V/220V。

配电线路是以分配电能为工作目的的电力线路。其中：

（1）高压配电线路，主要用于区域内的电能分配，其线路主要在35kV、110kV变电站间进行电能的分配传送。

（2）中压配电线路，主要用于小区域内的电能分配，其线路主要在35kV变电站与10kV变台、箱式变压器间进行电能的分配传送。

（3）低压配电线路，主要用于直接对用电设备的电能分配，其线路主要实现10kV变台、箱式变压器与低压用户用电设备的连接，从而达到完成电能分配的目的。

（二）架空配电线路的基本要求

1. 电网的额定电压

能使电力设备正常工作的电压叫额定电压。各种电力设备，在额定电压下运行，其技术性能和经济效果最好。

电力线路的正常工作电压，应该与线路直接相连的电力设备额定电压相等。但由于线路中有电压降或电压损耗存在，所以线路末端电压比首端要低，沿线各点电压也就不相等。而电力设备的生产必须是标准化的，不可能随线路压降而变。为使设备端电压与电网额定电压尽可能接近，取 $U_N=(U_1+U_2)/2$ 为电网的额定电压。其中 U_1、U_2 分别为电网首末端电压。

国家规定的电网额定电压为：1000kV、750kV、500kV、220kV、110kV、63kV、35kV、10kV（其中 63kV 是东北电网中压系统额定电压）。此外还规定电力网的电压损失不得大于 10%，因此线路的首端电压应比电网额定电压高 5%，末端受电变电所端电压比电网额定电压低 5%。

2. 对配电线路的要求

（1）保证供电可靠性。对用户提供可靠的电力、实行不间断供电，这是衡量现代电力系统和现代化电网的第一质量指标。为提高电力系统的供电可靠率，必须采取以下措施：

1）采用优质、运行安全、性能稳定，在使用期不检修或少检修的电气设备。

2）采用具有多次重合功能的重合器和线路分段器，以缩小停电面积和减小停电时间。

3）改革现行的管理制度和管理方法，其中包括检修制度、清扫制度、登检制度和试验制度等，同时还要加强可靠性统计和可靠性管理。

（2）保证良好的电能质量。所谓电能质量是指电压、频率、波形变化率的各项指标。

1）电压变化率。电压变化率是衡量电网对负荷吞吐能力的一项指标。当系统的负荷变化时，过大的电压变化，将会导致运行在系统中的电气设备偏离其额定电压很大，使其运行特性劣化，导致损耗增加。我国规定的允许电压偏移标准为：

——35kV 及以上用户为±5%；

——10kV 及以下用户和低压电力用户为±7%；

——低压照明用户为+7%～－10%。

2）频率变化。频率是电力系统运行稳定性的质量指标，过大的频率变化，将会导致系统稳定性下降，甚至会造成系统的瓦解。同时，频率降低时，会引起电动机转速降低，乃至引起其拖动的生产机械的效率下降。我国电力系统的频率标准是 50Hz，其偏差值，对 300 万 kW 及以上的系统不得超过±0.2Hz；300 万 kW 以下的系统不得超过±0.5Hz。

3）波形的变化。近代电力系统中引入了大量的整流负荷，诸如电弧炉、电解炉、晶闸管控制的电动机等。这些设备形成了各种高次谐波源，向系统输送大量的高次谐波。高次谐波不但会使电源电压的正弦波发生畸变，而且还会导致计量仪表产生较大的误差，使计量不准确，发生大量丢失电量的现象。因此，相关规程中要求系统中任一高次谐波的瞬时值不得超过同相基波电压瞬时值的5%。

除此之外，还要求配电线路的运行必须经济，在保证对负荷正常供电的前提下，线路的运行成本最低。

二、配电线路的基本组成及各元件的作用

架空配电线路主要由基础（卡盘、底盘、拉盘）、架空地线、导线、电杆、横担、拉线、绝缘子和线路金具等元件组成。

（一）导线

1. 低压架空配电线路导线

（1）导线的主要作用及基本要求。导线是架空线路的主要元件之一，配电线路中的导线担负着向用户分配传送电能的作用。因此，要求导线应具备良好的导电性能以保证有效的传导电流，另外还要保证导线能够承受自身的重量和经受风雨、冰、雪等外力的作用，同时还应具有抵御周围空气所含化学杂质侵蚀的性能。所以用于低压架空电力线路的导线要有足够的机械强度，较高的导电率和抗腐蚀能力，并且应尽可能质轻、价廉。

（2）导线-材料的基本物理特性。导线常用的材料一般是铜、铝、钢和铝合金等。这些材料的物理特性见表7-1-1。

表7-1-1　导线材料的物理特性

材料	20℃时的电阻率 $\Omega \cdot mm^2/m$	密度 g/cm^3	抗拉强度 N/mm^2	抗化学腐蚀能力及其他
铜	0.0182	8.9	390	表面易形成氧化膜，抗腐蚀能力强
铝	0.029	2.7	160	表面氧化膜可防继续氧化，但易受酸碱腐蚀
钢	0.103	7.85	1200	在空气中易锈蚀，须镀锌
铝合金	0.0339	2.7	300	抗化学腐蚀性能好，受振动时易损坏

由表7-1-1可见，这些材料中，铜是比较理想的导线材料，它导电性能好，机械强度高，耐腐蚀性能强。当能量损耗、电压损耗相同时，铜导线截面比

其他金属导线截面都小，并且又有良好的机械强度和抗腐蚀性能。但由于铜的质量大，价格较贵，产量较少，而其他工业需求量大，所以架空电力线路的导线多采用铝线或钢芯铝绞线，一般都不采用铜线。

（3）导线的型号。架空线路导线的型号是用导线材料、结构和载流截面积三部分表示的。导线的材料和结构用汉语拼音字母表示。如：T——铜，L——铝，G——钢，J——多股绞线，TJ——铜绞线，LJ——铝绞线，GJ——钢绞线，HLJ——铝合金绞线，LGJ——钢芯铝绞线。

2. 导线在电杆上的排列方式

（1）导线的排列方式。高压架空配电线路一般采用三角形排列或水平排列，大多采用三角形排列；低压架空线路一般采用水平排列；多回路导线可采用三角形排列、水平排列或垂直排列。

（2）三相导线排列的次序。三相导线排列的次序为：面向负荷侧从左至右，高压配电线路为A、B、C相，低压配电线路为A、N、B、C相。当电压等级不同的电力线路进行同杆架设时，通常要求将电压较高的线路架设在上层，电压较低的架设在下层，并尽可能使三相导线的位置对称。分相敷设的低压绝缘线宜采用水平排列或垂直排列。

3. 线路档距及导线间的距离

根据DL/T 499—2001《农村低压电力技术规程》的规定，结合农村低压配电线路的特点，线路所经区域及导线所用材料的不同，对线路档距和导线间距的要求也不同。

（1）线路档距。农村低压架空配电线路档距的大小，可参照表7-1-2所规定的数值进行设置。农村架空绝缘线路的档距不宜大于50m，其中10kV架空绝缘线路的耐张段长度不宜大于1km。

表7-1-2　农村低压架空配电线路的档距

导线类型	档距/m			
铝绞线、钢芯铝绞线	集镇和村庄	40～50	田间	40～60
架空绝缘电线	一般	30～40	最大	不应超过50

一般架空配电线路的档距可参照表7-1-3。为确保导线的受力平衡，应力求导线弛度一致，弛度误差不得超过设计值的5%或+10%，一般档距导线弛度相差不应超过50mm。

表 7-1-3 架空配电线路的档距

线路电压等级	线路所经地区/m	
	城 区	郊 区
高 压（1kV～10kV）	40～50	60～100
低 压（1kV 以下）	40～50	40～60

（2）导线间距。

1）导线水平线间距离。低压架空配电线路导线的线间距离，在无设计规定的条件下，通常是根据运行经验按线路的档距大小来确定。在一般情况下导线间的水平距离应不小于表 7-1-4 中所列数值。

表 7-1-4 低压架空配电线路不同档距时最小线间距离

档距/m	40 及以下		50		60	70
导线类型	铝绞线	绝缘线	铝绞线	绝缘线	铝绞线	
线间距离/m	0.4	0.3	0.4	0.35	0.5	

根据 DL/T 499—2001 的规定，农村低压架空配电线路导线间的水平距离应不小于表 7-1-5 规定的要求。

表 7-1-5 农村低压架空配电线路导线的最小水平距离　　单位：米

导线类型	导线的水平间距离			
	档距 40m 及以下	档距 40m～50m	档距 50m～60m	靠近电杆处
铝绞线或钢芯铝绞线	0.4	0.4	0.45	不应小于 0.5
架空绝缘电线	0.3	0.35	—	0.4

10kV 绝缘配电线路的线间距离应不小于 0.4m，采用绝缘支架紧凑型架设不应小于 0.25m。

2）导线的垂直及导线与其他构件的净空距离。当低压线路与高压线路同杆架设时，横担间的垂直距离：直线杆不应小于 1.2m；分支和转角杆不应小于 1.0m。沿建筑物架设的低压绝缘线，支持点间的距离不宜大于 6m。

导线过引线、引下线对电杆构件、拉线、电杆间的净空距离：1kV～10kV 不应小于 0.2m，1kV 以下不应小于 0.05m。

每相导线过引线、引下线对邻相导体、过引线、引下线的净空距离的大小：1kV～10kV 不应小于 0.3m，1kV 以下不应小于 0.15m。

同杆架设的中、低压绝缘线路横担之间的最小垂直距离和导线支承点间的最小水平距离见表 7－1－6。

表 7－1－6 同杆架设的绝缘线路横担之间的最小垂直距离和导线支承点间的最小水平距离

单位：米

类　别	中压与中压	中压与低压	低压与低压
水平距离	0.5	—	0.3
垂直距离	0.5	1.0	0.3

（二）电杆

电杆是架空配电线路中的基本设备之一，电杆在架空配电线路中用于支持横担、导线、绝缘子等元件，使导线对地面和其他交叉跨越物保持足够的安全距离的主要构件。

按所用材质的不同，用于低压架空配电线路的电杆有木杆、水泥杆和金属杆 3 种。自完成农网改造以后，农村低压架空线路多采用的是钢筋混凝土电杆（简称水泥电杆）。钢筋混凝土电杆，有使用寿命长、维护工作量小等优点，使用较为广泛。

1. 钢筋混凝土电杆的基本结构

目前，在配电线路中广泛使用的钢筋混凝土电杆，一般是环形断面、空心圆柱式，采用离心法浇注而成。结构如图7－1－1所示。

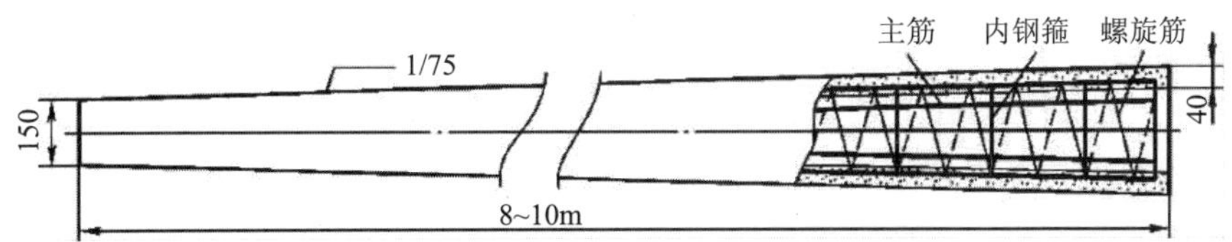

图 7－1－1 钢筋混凝土电杆结构示意图

钢筋混凝土电杆通常有等径杆和拔梢杆两种。其中，农村低压架空线路较多地采用梢径为 150mm，拔梢度为 1/75 的水泥电杆。这种电杆的壁厚 40mm，钢筋保护层的最小厚度应不小于 10mm，混凝土标号不得低于 C40（混凝土强度为 $40N/mm^2$）。

2. 电杆的种类

电杆按其在线路中的用途可分为直线杆、耐张杆、转角杆、分支杆、终端杆和跨越杆等。

（1）直线杆，又称中间杆或过线杆。用在线路的直线部分，主要承受导线重量及线路覆冰的重量和侧面风力，故杆顶结构较简单，一般不装拉线。

（2）耐张杆，为限制倒杆或断线的事故范围，需把线路的直线部分划分为若干耐张段，在耐张段的两侧安装耐张杆。耐张杆除承受导线重量和侧面风力外，还要承受邻档导线拉力差所引起的沿线路方面的拉力。为平衡此拉力，通常在其前后方各装一根拉线。

（3）转角杆，用在线路改变方向的地方。转角杆的结构随线路转角不同而不同：转角在15°以内时，可仍用原横担承担转角合力；转角在15°～30°时，可用两根横担，在转角合力的反方向装一根拉线；转角在30°～45°时，除用双横担外，两侧导线应用跳线连接，在导线拉力反方向各装一根拉线；转角在45°～90°时，用两对横担构成双层，两侧导线用跳线连接，同时在导线拉力反方向各装一根拉线。

（4）分支杆，设在分支线路连接处，在分支杆上应装拉线，用来平衡分支线拉力。分支杆结构可分为丁字分支和十字分支两种：丁字分支是在横担下方增设一层双横担，以耐张方式引出分支线；十字分支是在原横担下方设两根互成90°的横担，然后引出分支线。

（5）终端杆，设在线路的起点和终点处，承受导线的单方向拉力，为平衡此拉力，需在导线的反方向装拉线。

3. 电杆荷载

电杆在运行中要承受导线、金具、风力所产生的拉力、压力、弯力、剪力的作用，这些作用力称为电杆的荷载。一般情况下电杆的荷载主要分为下列几种：

（1）垂直荷载，由导线、绝缘子、金具、覆冰以及检修人员和工具及电杆的重量等垂直荷重在电杆竖直方向所引起的荷载。

（2）水平荷载，主要是由导线、电杆所受风压以及转角等在电杆水平横向所引起的荷载。

（3）顺线路方向的荷载。顺线路方向的荷载包括断线时所受张力，正常运行时所受到的不平衡张力，斜向风力、顺线路方向的风力等。

（三）横担

横担的作用是支持绝缘子、导线等设备，并使导线间保持一定电气安全距离，从而保证线路安全运行。配电线路常用的横担有角铁横担、瓷横担和木横担三种，目前农村低压配电线路的横担多采用热镀锌角铁横担及陶瓷横担，如图7-1-2所示。

1. 镀锌角铁横担

钢筋混凝土电杆一般多采用镀锌角铁制成的横担，其规格应根据线路电压等级和导线截面的具体规格通过计算确定而定，但农村低压配电线路中所用角铁横担的规格不应小于以下数值。

（1）直线杆：一根 L50mm×50mm×5mm；

（2）承力杆：两根 L50mm×50mm×5mm。

镀锌角铁横担如图 7－1－2（a）所示。

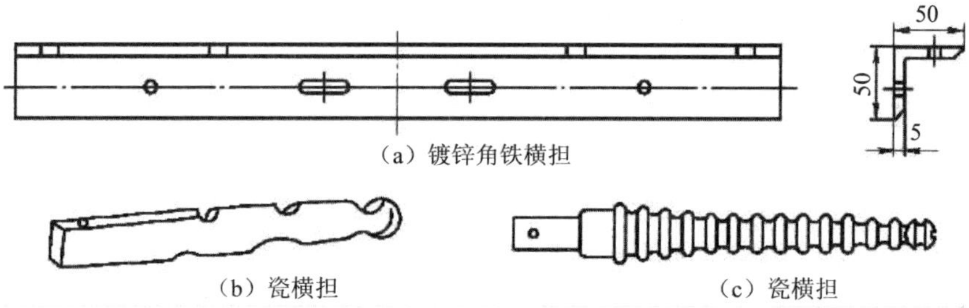

（a）镀锌角铁横担

（b）瓷横担　　（c）瓷横担

图 7－1－2　低压架空电力线路常用横担

2. 瓷横担

如图 7－1－2（b）、（c）所示，瓷横担具有良好的电气绝缘性能，可以同时起到横担及绝缘子的作用。瓷横担造价较低，耐雷水平较高，自然清洁效果好，事故率也低，可减少线路维护工作，在污秽地区使用，比针式绝缘子可靠。当线路发生断线时，瓷横担可以自动偏转，避免事故扩大；同时，瓷横担比较轻，便于施工、检修和带电作业。

3. 横担的支撑方式及要求

中、低压配电线路横担的支撑方式与导线的排列方式有关，常见的低压配电线路横担支撑方式如图 7－1－3 所示。

（1）水平排列横担。在农村低压三相四线制及单相架空配电线路的横担通常采用水平排列方式，其中有单横担、双横担、多回路及分支线路的多层横担等，如图 7－1－3（a）所示。

单横担通常安装在电杆线路编号的大号（受电）侧；分支杆、转角杆及终端杆应装于拉线侧；30°及以下的转角担应与角平分线方向一致。

另外，15°以下的转角杆采用单横担；15°～45°的转角杆采用双横担；45°以上的转角杆采用十字横担。

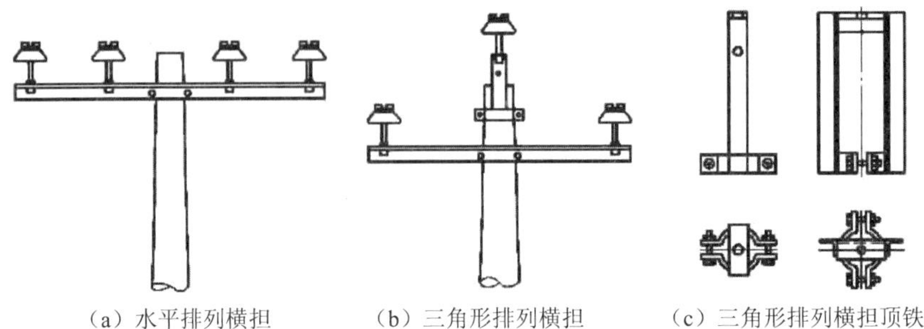

（a）水平排列横担　（b）三角形排列横担　（c）三角形排列横担顶铁

图 7-1-3　低压架空电力线路常用横担排列方式示意图

按规定，水平排列横担的安装应平整，端部上、下和左、右斜扭不得大于 20mm。

低压配电线路采用水平排列时，横担与水泥杆顶部的距离为 200mm。同杆架设的双回路或多回路，横担间的垂直距离不应小于表 7-1-7 所列数值。

表 7-1-7　同杆架设线路横担间的最小垂直距离　单位：米

导线排列方式	直线杆	分支或转角杆
高压线与高压线	0.80	0.45（距上横担）
		0.60（距下横担）
高压线与低压线	1.20	1.00
低压线与低压线	0.60	0.30

（2）三角形排列方式。图 7-1-3（b）所示为三角形排列的横担安装方式，主要用于三相三线制架空电力线路。采用三角形排列时，电杆头部应安装头铁。头铁的结构根据电压等级、电杆位置的要求有所不同。图7-1-3（c）所示为两种较为典型的横担顶铁。

（四）绝缘子

绝缘子是架空电力线路的主要元件之一，通常用于保持导线与杆塔间的绝缘。用于电力线路中的绝缘子通常有陶瓷绝缘子、玻璃钢绝缘子和合成绝缘子等。中、低压配电线路中所用绝缘子主要是陶瓷绝缘子和合成绝缘子。

陶瓷绝缘子简称绝缘子，习惯叫瓷瓶，内部结构如图 7-1-4 所示。其中瓷体主要用于元件的绝缘，水泥在瓷体与钢件间起连接黏合作用，钢脚和钢帽用于与其他构件的连接。

（1）针式绝缘子又叫直瓶或立瓶，如图 7-1-4（a）所示，用于直线杆。导线则用金属线绑扎在绝缘子顶部的槽中使之固定。

(2) 蝶式绝缘子，又叫茶台，如图 7-1-4 (b) 所示，它主要用在低压配电线路直线或耐张横担上固定绝缘导线。

(3) 悬式绝缘子通常是由多片串联成绝缘子串，用于低压线路的耐张杆或10kV 及以上线路的直线杆上，对导线起绝缘保护作用。其结构如图7-1-4 (c) 所示。

(4) 拉线绝缘子，如图 7-1-4 (d) 所示。安装拉线绝缘子的目的是为防止拉线在穿越或接近导线时，万一拉线发生带电造成人身触电事故而采取的绝缘措施。拉线绝缘子应安装在最低导线以下，且当拉线断开后距地面不应小于 2.5m，且必须装设与线路等级相同的拉线绝缘子。

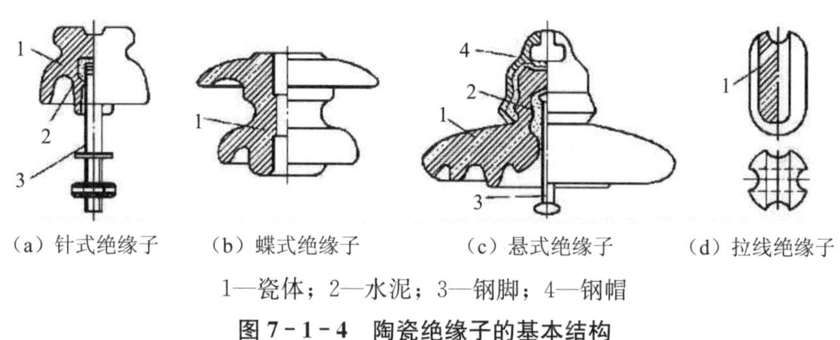

(a) 针式绝缘子　(b) 蝶式绝缘子　(c) 悬式绝缘子　(d) 拉线绝缘子

1—瓷体；2—水泥；3—钢脚；4—钢帽

图 7-1-4　陶瓷绝缘子的基本结构

(五) 金具

在架空配电线路中，用于电杆、横担、拉线及导线、绝缘子间的连接与固定的金属附件被称之为电力线路中的金具。

配电线路中的金具通常有导线固定金具、横担固定金具、拉线金具、连接金具、接续金具。

1. 导线固定金具

导线固定金具主要包括悬垂线夹和耐张线夹两部分。

(1) 悬垂线夹。悬垂线夹用于将导线固定在绝缘子串上，并通过悬垂绝缘子与电杆的横担相连接。同时，悬垂线夹还具有对架空导线的保护功能。其基本结构如图 7-1-5 (a) 所示。

(2) 耐张线夹。耐张线夹是将导线固定在非直线电杆的耐张绝缘子上，常用的有倒装式螺栓式耐张线夹，如图 7-1-5 (b) 所示。

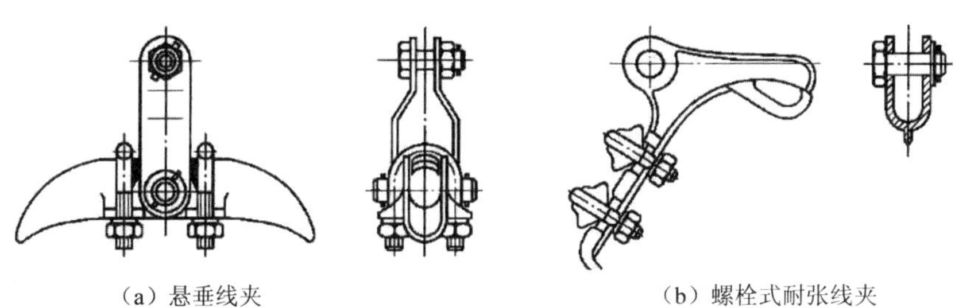

（a）悬垂线夹　　（b）螺栓式耐张线夹

图 7-1-5　悬垂线夹和耐张线夹结构图

2. 横担固定金具

横担固定金具主要用于电杆上导线横担的支撑固定，通常由角钢、扁钢等制作而成，经镀锌防腐处理。

低压配电线路中常用的横担金具有横担抱箍、垫铁、撑铁、U 形螺钉等。

3. 拉线金具

用于拉线支撑、调整、固定、连接的金属构件俗称拉线金具。

4. 连接金具

配电线路中的连接金具主要有下列几种。

（1）球头挂环。球头挂环是用来连接球形绝缘子上端铁帽（碗头）的。根据使用条件的不同，可分为用于圆形连接的 Q 形球头挂环，如图 7-1-6（a）所示，以及专用于螺栓平面接触的 QP 形球头挂环，如图 7-1-6（b）所示。

（2）碗头挂板。碗头挂板是用来连接球形绝缘子下端钢脚（球头）的，根据使用条件的不同，有单联碗头和双联碗头两种形式，如图 7-1-6（c）和图 7-1-6（d）所示。

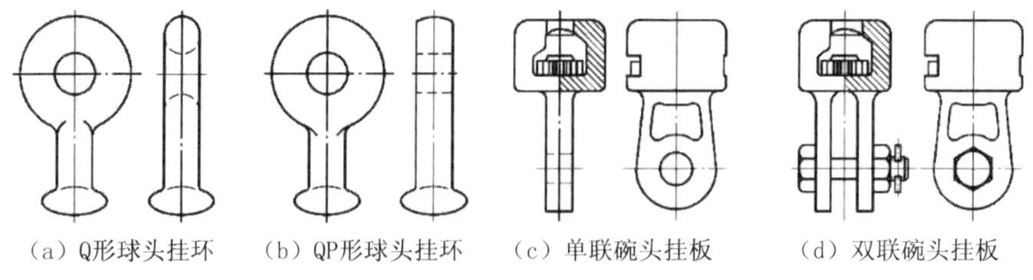

（a）Q形球头挂环　（b）QP形球头挂环　（c）单联碗头挂板　（d）双联碗头挂板

图 7-1-6　球头挂环和碗头挂板结构示意图

（3）直角挂板。直角挂板是一种转向金具，可按使用要求去改变绝缘子串的连接方向。常用螺栓式直角挂板的形状如图 7-1-7（a）、（b）所示。

（4）平行挂板。平行挂板用于单板与单板及单板与双板的连接，也可用于连接槽形悬式绝缘子。平行挂板有三腿式和四腿式两种，形状如图 7-1-7（c）、（d）所示。

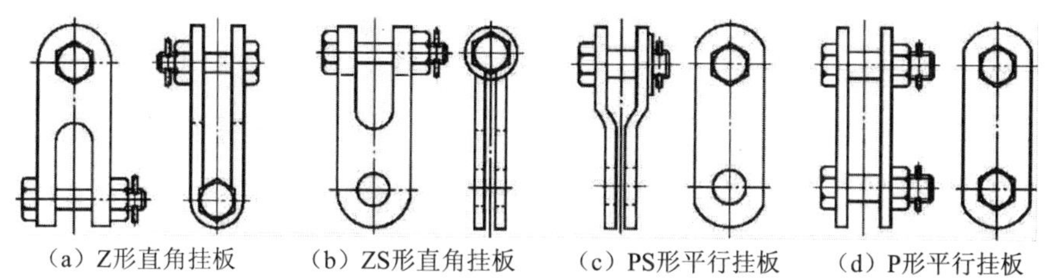

（a）Z形直角挂板　（b）ZS形直角挂板　（c）PS形平行挂板　（d）P形平行挂板

图 7-1-7　直角挂板和平行挂板的基本结构

（5）直角挂环。直角挂环是专门用来连接悬式 X-1-4.5C 或 C-1-5 槽形绝缘子的，其形状如图 7-1-8（a）所示。

（6）U 形挂环。U 形挂环是一种最通用的金具，它可以单独使用，也可以几个一起组装起来使用，形状如图 7-1-8（b）所示。

5. 接续金具

接续金具主要用于架空线路的导线、非直线杆塔跳线的接续及导线补修等。常用的接续金具如下：

（1）钳压管。中、低压配电线路中使用较多的钳压管，包括供中小截面的铝绞线及钢芯铝绞线用的两种。形状如图 7-1-9 所示。

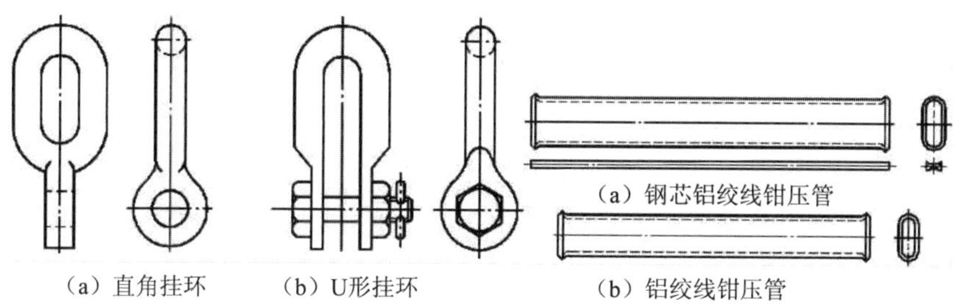

（a）直角挂环　（b）U形挂环

图 7-1-8　直角挂环和 U 形挂环的基本结构

（a）钢芯铝绞线钳压管

（b）铝绞线钳压管

图 7-1-9　导线接续管的基本结构

（2）并沟线夹。并沟线夹适用于在不承受拉力的部位接续，如在耐张杆塔的弓子线处连接导线用，如图 7-1-10 所示。

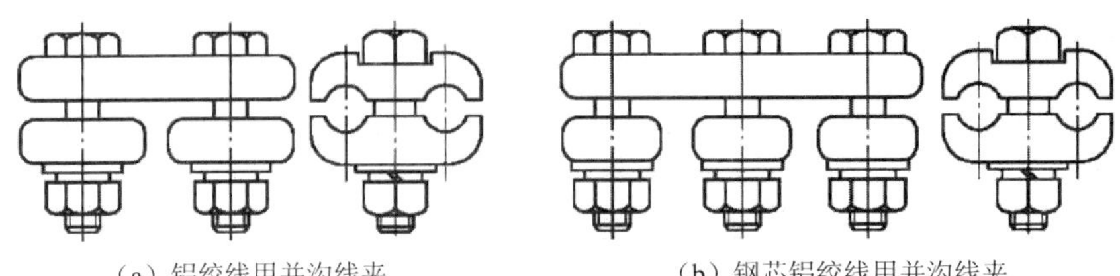

（a）铝绞线用并沟线夹　　（b）钢芯铝绞线用并沟线夹

图 7-1-10　配电线路常用并沟线夹的基本结构

第二节　配电设备基础知识

一、配电变压器

（一）配电变压器工作原理

用于配电系统将中压配电电压的功率变换成低压配电电压的功率，以供各种低压电气设备用电的电力变压器，叫配电变压器。配电变压器容量较小，一般在2500kVA及以下，一次电压也较低，都在110kV及以下，本章所指配电变压器均为10kV电压等级。配电变压器可安装在电杆上、平台上、配电所内、箱式变压器内。

配电变压器是根据电磁感应原理工作的电气设备。变压器工作原理如图7-2-1所示。

图7-2-1中，在一个闭合的铁芯上，绕有两个匝数分别为 N_1 和 N_2、相互绝缘的绕组，其中接入电源的绕组（N1）叫一次绕组，输出电能的绕组（N2）叫二次绕组。当交流电源电压 U_1 加到一次绕组后，就有交流电流 I_1 通过绕组N1，铁芯中产生与电源频率相同的交变磁通 Φ，由于一、二次绕组均绕在同一铁芯上，因此交变磁通 Φ 同时交链一、二次绕组。根据电磁感应定律，在两个绕组两端分别产生频率相同的感应电动势 E_1 和 E_2。如果此时二次绕组与负荷 Z 接通，便有电流 I_2 流入负载，并在负载端产生电压 U_2，从而输出电能。

一次绕组与二次绕组匝数之比叫变压器的变比，用 K 表示，即 $K=N_1/N_2$。忽略漏阻抗压降和励磁电流时，一、二次电流、电压与变比的关系为 $K=N_1/N_2=U_1/U_2=I_2/I_1$。

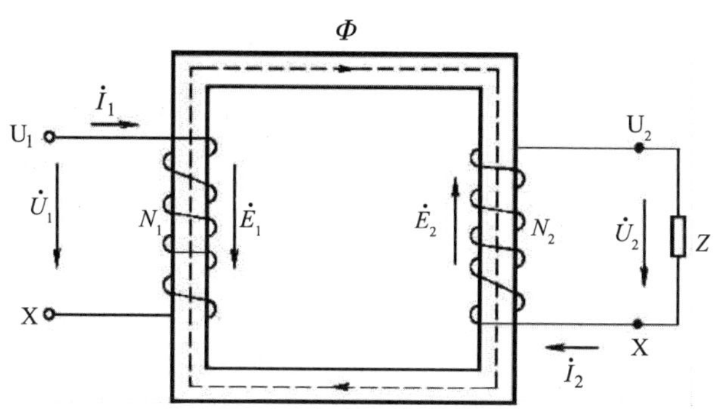

图 7－2－1　变压器工作原理

（二）配电变压器基本构

构成配电变压器的基本部件是铁芯和绕组。套管和分接开关也是配电变压器的主要元件。另外，不同的绝缘介质、不同的冷却介质有相应的不同结构。

1. 铁芯

铁芯是变压器的基本部件之一，既是变压器的主磁路，又是变压器器身的机械骨架。

（1）铁芯结构型式分为芯式和壳式两种：绕组被铁芯包围的结构型式称为壳式铁芯，铁芯被绕组包围的结构型式称为芯式铁芯。

（2）铁芯的材质对变压器的噪声和损耗、励磁电流有很大影响。为减少铁芯产生的变压器噪声和损耗及励磁电流，目前主要采用厚度 0.23mm～0.35mm 冷轧取向硅钢片，近年又开始采用厚度仅为 0.02mm～0.06mm 薄带状非晶合金材料。

（3）铁芯的装配一般有叠积和卷绕两种工艺。传统铁芯采用叠积工艺制成，近年出现了卷绕铁芯制作工艺，用卷铁芯制成的变压器具有空载损耗小（可降低 20%～30%）、噪声低、节省硅钢片（约减少 30%）等优点。铁芯通常采用一点接地，以消除因不接地而在铁芯或其他金属构件上产生的悬浮电位，避免造成铁芯对地放电。

2. 绕组

绕组是变压器的基本部件之一，是构成变压器电路的部件。

（1）变压器绕组分为层式和饼式两种形式。层式绕组有圆筒式和箔式两种。饼式绕组有连续式、纠结式、内屏蔽式、螺旋式、交错式等。配电变压器主要采用圆筒式、箔式、连续式、螺旋式绕组。

(2) 变压器绕组一般由导电率较高的铜导线和铜箔绕制而成。导线有圆导线、扁导线；铜箔一般厚为0.1mm～2.5mm。

(3) 芯式变压器采用同芯式绕组。一般低压绕组靠近铁芯，高压绕组套在外面。高、低压绕组之间，低压绕组与铁芯柱之间留有一定的绝缘间隙和油道（散热通道），并用绝缘纸筒隔开。

3. 套管

套管是变压器的主要部件之一，用于将变压器内部绕组的高、低压引线与电力系统或用电设备进行电气连接，并保证引线对地绝缘。

配电变压器低压套管主要采用复合瓷绝缘式，高压套管主要采用单体瓷绝缘式。复合绝缘套管如图7-2-2（a）所示，套管上部接线头有杆式和板式两种，下部接线头有一件软接线片、两件软接线片和板式三种；单体瓷绝缘式套管分为导电杆式（BD）和穿缆式（BDL）两种，穿缆式套管如图7-2-2（b）所示。

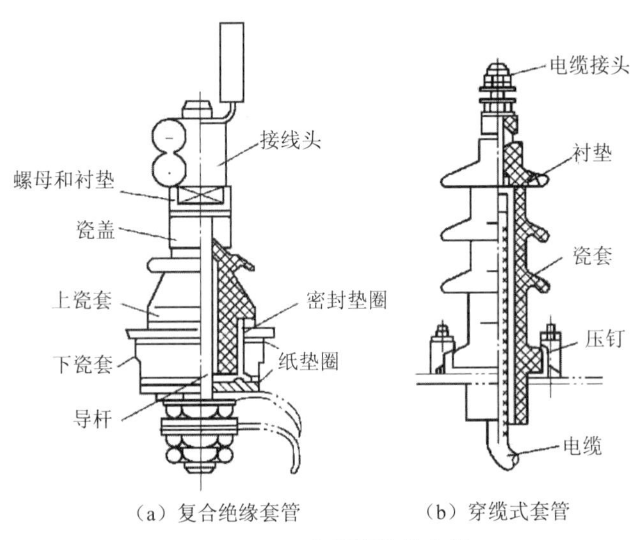

（a）复合绝缘套管　（b）穿缆式套管

图7-2-2　变压器绝缘套管

套管在油箱上排列的顺序，一般从高压侧看，由左向右，三相变压器为：高压U1—V1—W1、低压N—U2—V2—W2；单相变压器为：高压U1，低压U2。

4. 调压装置

调压装置是变压器主要元件之一，是控制变压器输出电压在指定范围内变动的调节组件，又称分接开关。工作原理是通过改变一次与二次绕组的匝数比来改变变压器的电压变比，从而达到调压的目的。调压装置分为无励磁调压装置和有载调压装置两种。

（1）无励磁调压装置。无励磁调压装置也叫无励磁分接开关，俗称无载分接开关，是在变压器不带电条件下切换绕组中线圈抽头以实现调压的装置。

例如，WSPⅢ250/10—3×3 表示 10kV、250A、分接头数 3、分接位置数 3、三相盘形中性点调压无励磁分接开关。

配电变压器主要采用以下几种无励磁调压开关。

三相中性点调压无励磁分接开关，主要型号有 WSPLL，俗称九头分接开关，直接固定在变压器箱盖上，采用手动操作，动触头片相距 120°，同时与定触头闭合，形成中性点。其外形及接线图如图 7－2－3 所示。

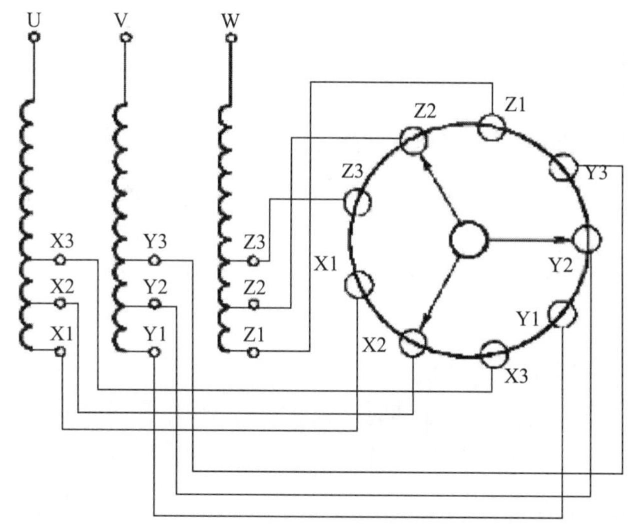

图 7－2－3　WSP 分接开关与三相绕组接线图

（2）有载调压装置。有载调压装置也叫有载分接开关，是在变压器不中断运行的带电状态下进行调压的装置。工作原理是通过由电抗器或电阻构成的过渡电路限流，把负荷电流由一个分接头切换到另一个分接头上去，从而实现有载调压。目前主要采用电阻型有载分接开关。有载分接开关电路由过渡电路、选择电路和调压电路三部分组成，如图 7－2－4 所示。

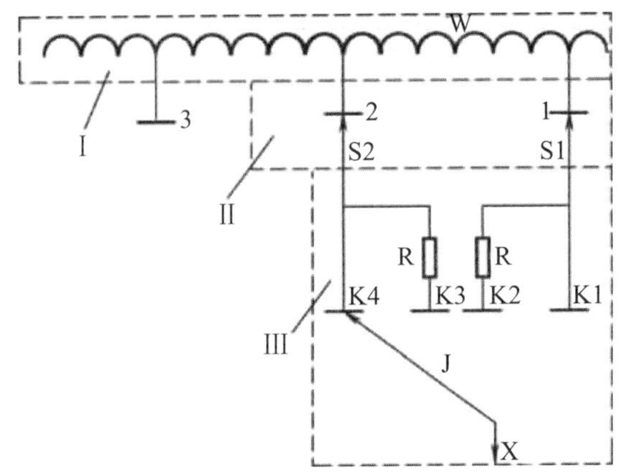

Ⅰ—有调压电路；Ⅱ—选择电路；Ⅲ—过渡电路；W—调压绕组；1、2、3—定触头；S1、S2—动触头；K1～K4—定触头；J—动触头；S—电流引出端；R—过渡电阻器

图 7-2-4　有载分接开关电路

(三) 配电变压器铭牌及其技术参数

配电变压器在规定的使用环境和运行条件下，主要技术数据标注在变压器铭牌中，并将铭牌固定在明显可见的位置上。其主要技术数据包括相数、额定频率、额定容量、额定电压、额定电流、阻抗电压、负载损耗、空载电流、空载损耗和联结组别等。

(1) 相数：变压器分为单相、三相两种。

(2) 额定频率：指变压器设计时所规定的运行频率，用 f_N 表示，单位为赫兹（Hz）。我国规定额定频率为 50Hz。

(3) 额定容量：指变压器额定（额定电压、额定电流、额定使用条件）工作状态下的输出功率，用视在功率表示。符号为 S_N 表示，单位为千伏安（kVA）或伏安（VA）。

$$单相变压器\ S_N=U_N I_N$$

$$三相变压器\ S_N=\sqrt{3}\,U_N I_N$$

(4) 额定电压：指单相或三相变压器出线端子之间，指定施加的（或空载时感应出的）电压值，用 U_N 表示，单位为千伏（kV）或伏（V）。指定施加的电压为一次额定电压，用 U_{N1} 表示，空载时感应出的电压为二次额定电压，用 U_{N2} 表示。

$$单相变压器\ U_N=S_N/I_N$$

$$三相变压器\ U_N=S_N/(\sqrt{3}\ I_N)$$

(5) 变比：指变压器高压侧额定电压与低压侧额定电压之比，即 U_{N1}/U_{N2}。

(6) 额定电流：指在额定容量和允许温升条件下，流过变压器一、二次绕组出线端子的电流，用 I_N 表示，单位千安 (kA) 或安培 (A)。流过变压器一次绕组出线端子的电流，用 I_{N1} 表示，流过变压器二次绕组出线端子的电流，用 I_{N2} 表示。

$$单相变压器\ I_N=S_N/U_N$$

$$三相变压器\ I_N=S_N/(\sqrt{3}U_N)$$

(7) 负载损耗：也叫短路损耗、铜损，是指当带分接的绕组接在其主分接位置上并接入额定频率的电压，另一侧绕组的出线端子短路，流过绕组出线端子的电流为额定电流时，变压器所消耗的有功功率，用 P_K 表示，单位为瓦 (W) 或千瓦 (kW)。负载损耗的大小取决于绕组的材质等，运行中的负载损耗大小随负荷的变化而变化。

(8) 空载电流：指变压器空载运行时的电流，即当以额定频率的额定电压施加于一侧绕组的端子上，另一侧绕组开路时，流过进线端子的电流，符号为 I_0。通常用空载电流占额定电流的百分数表示，即 $I_0/I_N\times100\%$。变压器容量越大，其值越小。

(9) 空载损耗：也叫铁损，指当以额定频率的额定电压施加于一侧绕组的端子上，另一侧绕组出线开路时，变压器所吸取的有功功率，用 P_0 表示，单位为瓦 (W) 或千瓦 (kW)。空载损耗主要为铁芯中磁滞损耗和涡流损耗，其值大小与铁芯材质、制作工艺密切相关，一般认为一台变压器的空载损耗不会随负荷大小的变化而变化。

(10) 联结组别：具体内容在下面介绍。

(11) 冷却方式：指绕组及油箱内外的冷却介质和循环方式。

(12) 温升：指所考虑部位的温度与外部冷却介质温度之差。对于空气冷却变压器是指所考虑部位的温度与冷却空气温度之差。

(四) 配电变压器联结组别

(1) 单相变压器高、低压绕组中同时产生感应电动势，在任何瞬间，两绕组中同时具有相同电动势极性的端子，称为同极性端（或同名端）。也就是当一次绕组的某一端的瞬时电位为正时，二次绕组也同时有一个电位为正的对应端子，这两个对应端子就称为同极性端。同理，一次、二次绕组余下另两个端子也称为同极性端。通常两绕组采取同极性标志端，接线组标号为 Iin，如图 7-2-5 所示。由于需求及变压器容量不同，铁芯采用壳式或芯式，绕组采用一组线圈或两组线圈，采用两组线圈时多采取并联连接。

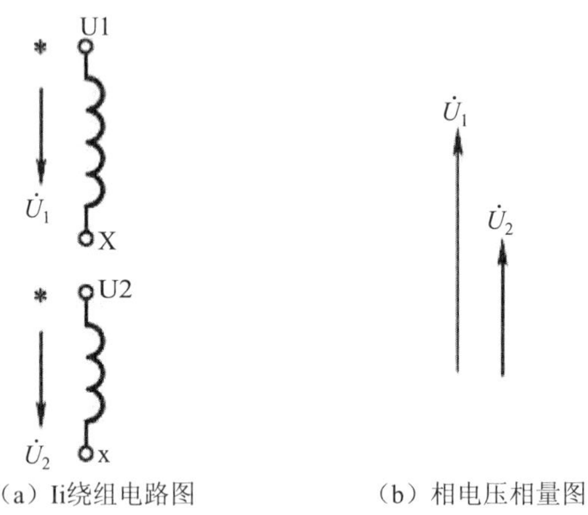

（a）Ii绕组电路图　　（b）相电压相量图

图 7-2-5　单相变压器 Iin 接线组

（2）三相变压器绕组连接方式主要有星形、三角形两种。联结组别也称联结组标号，通常联结组标号用时钟表示法表示。把变压器高压侧的线电压相量作为时钟的长针（分针），并固定在 0 点钟的位置上，把低压侧相对应的线电压相量作为时钟的短针（时针），短针指在几点钟的位置上，就以此钟点数作为连接组标号。常用三相配电变压器的连接组标号有 Yyn0，Dyn11 两种。

1）星形接线，用Y表示接线，是将三相绕组的末端（或首端）连接在一起形成中性点，另外 3 个线端为引出端线，低压侧有中性线引出时用 n 表示，Yyn0 联结组别如图 7-2-6 所示。

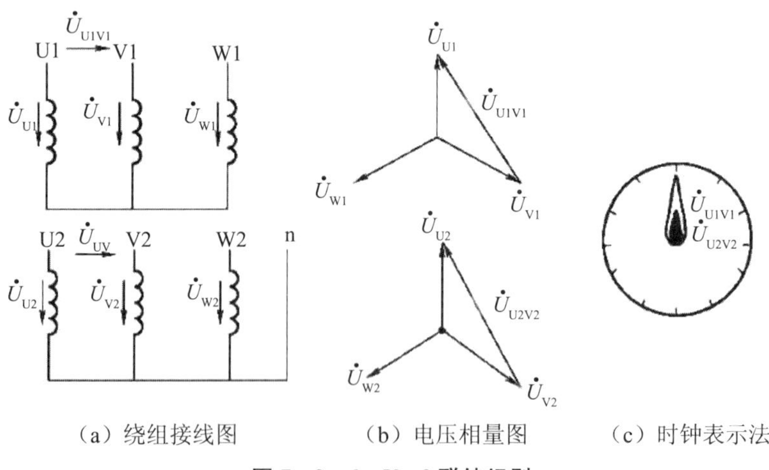

（a）绕组接线图　　（b）电压相量图　　（c）时钟表示法

图 7-2-6　Yyn0 联结组别

2）三角形接线，用△表示，是将一相绕组首端与另一相绕组的末端连接在一起，在连接处引出端线。通常在绕组接线图中，由一个绕组的首端向另一个绕组的末端巡行时，采用连接线的走向自左向右，即左行△接线，Dyn11 联结组别如图 7-2-7 所示。

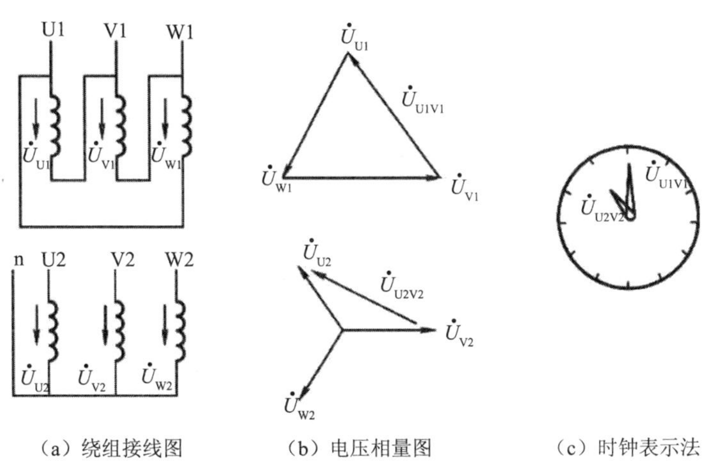

（a）绕组接线图　（b）电压相量图　（c）时钟表示法

图 7-2-7　Dyn11 联结组别

二、互感器

（一）互感器概述

互感器是一种特殊变压器，其原理接线图如图 7-2-8 所示。

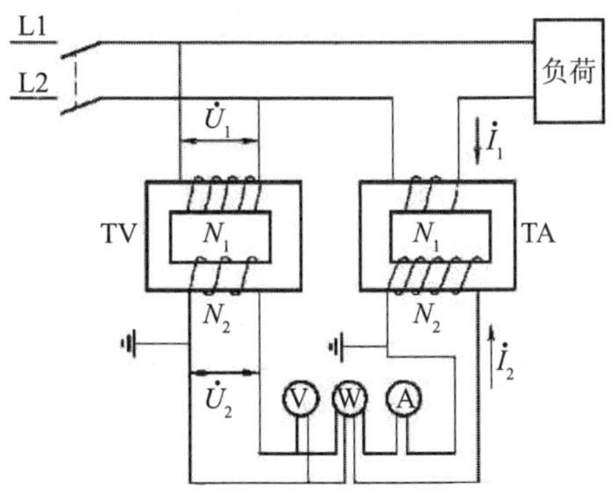

图 7-2-8　互感器原理接线图

电压互感器 TV 的一次绕组并联接在被测的一次电路中，将高电压变成低电压，二次绕组与测量仪表或继电器的电压线圈并联。二次侧的额定电压为 100V 或 $100/\sqrt{3}$ V。

电流互感器 TA 的一次绕组串联于被测的一次电路中，将大电流变成小电流，二次绕组与测量仪表或继电器的电流线圈串联。二次侧的额定电流为 5A 或 1A。

互感器的作用有以下几个方面：

(1) 使测量仪表和继电器实现标准化和小型化。

(2) 使二次设备和工作人员与高电压隔离，且互感器二次侧均接地，从而保证了人身和设备的安全。

(3) 所有二次设备可采用低电压、小电流的控制电缆连接，使屏内布线简单，安装方便。

(4) 一次侧电路发生短路时，能够保护测量仪表和继电器的电流线圈免受大电流的损害。

(二) 电流互感器

1. 电流互感器的工作原理与特性

(1) 电流互感器的工作原理。电流互感器是专门用作变换电流的特殊变压器，其工作原理与普通变压器相似，是按电磁感应原理工作的。

电流互感器的一次绕组串联在一次电路内，二次绕组与测量仪表或继电器的电流线圈串联。

电流互感器的一次、二次额定电流之比，称为电流互感器的额定变流比，用 K_i 表示

$$K_i = \frac{I_{N1}}{I_{N2}} \approx \frac{N_2}{N_1} = K_N$$

式中：

I_{N1}、I_{N2}——电流互感器的一次、二次额定电流；

N_1、N_2——一次、二次绕组匝数；

K_N——匝数比。

电流互感器二次侧仪表测得的二次电流 I_2 乘以电流互感器的额定变流比 K_i 这一常数，即为一次电流 I_1。这就是应用电流互感器测量电流的原理。

(2) 电流互感器的特性。

1) 电流互感器的一次绕组串接于一次电路中，且匝数 N_1 较少，通常仅一

匝或几匝，阻抗小，故其一次电流完全由被测电路的负荷电流决定，而不受二次电流影响。

2）电流互感器二次绕组所接的仪表或继电器电流线圈的阻抗很小，因此正常情况下，电流互感器是在近似于短路的状态下运行。

3）电流互感器运行时，绝对不允许二次绕组开路。二次绕组开路时将产生很高的尖顶波电动势，数值可达几千伏（见图 7-2-9），危及人身和设备的安全。同时，由于磁感应强度剧增，将使铁芯损耗增大，严重发热，损坏绕组绝缘。因此，运行中的电流互感器二次侧是绝对不允许开路的。

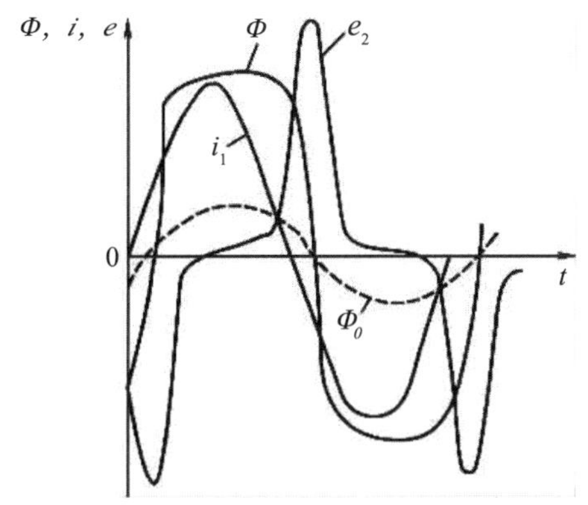

图 7-2-9　电流互感器二次侧开路时磁通和电动势波形

同理，电流互感器二次侧也不允许装设熔断器。在运行中，如果需要拆除测量仪表或继电器时，应先在断开处将电流互感器二次绕组短接，再拆下仪表或继电器。

2. 电流互感器准确度等级和容量

（1）电流互感器的准确度等级。在不同的用途和工作条件下，对电流互感器误差的要求也不同，因此应规定不同的误差标准，即根据测量误差的大小划分为不同的准确度级。准确度级是指在规定的二次负荷变化范围内，一次电流为额定值时的最大容许电流误差。我国电流互感器准确度级和误差限值见表 7-2-1。

表 7-2-1　电流互感器的准确度级和误差限值

准确度级	一次电流为额定电流的百分数（%）	误差限值		二次负荷变化范围
		电流误差（±%）	相位差（±′）	
0.2	5 20 100～120	0.75 0.35 0.2	30 15 10	(0.25～1) S_{N2}
0.5	5 20 100～120	1.5 0.75 0.5	90 45 30	
1	5 20 100～200	3 1.5 1	180 90 60	
3 5	50～120 50～120	3 5	无规定	(0.5～1) S_{N2}

(2) 电流互感器的额定容量。电流互感器的额定容量 S_{N2} 是指电流互感器在二次额定电流 I_{N2} 和二次侧额定负载阻抗 Z_{N2} 下运行时，二次绕组的输出容量，即

$$S_{N2}=I_{N2}^{2}Z_{N2}$$

由于电流互感器的二次侧额定电流 I_{N2} 为标准值（5A 或 1A），为了方便计算，额定容量可用二次侧额定负载阻抗代替。

由于电流互感器的误差与二次侧负荷阻抗有关，故同一台电流互感器使用在不同的准确度级时，有不同的额定容量。例如，某电流互感器的二次额定负荷，当其在 0.5 级下工作时为 0.4，在 1 级下工作时为 0.6。此即说明：该电流互感器当二次侧负荷在 0.4 以内时，其准确度级为 0.5 级；二次负荷在 0.4～0.6 时，其准确度级为 1 级；二次负荷大于 0.6 时，其准确度级就要降到 3 级或以下。所以，互感器的额定容量是与其准确度级相联系的，它是为达到一定的准确度级而要求的一种保证容量。

3. 电流互感器的接线

图 7-2-10 所示为最常用的电工测量仪表接入电流互感器的两种方式，对于继电器及自动装置的电流线圈也有类似的连接方式。

图 7-2-10（a）所示的接线方式，适用于三相对称负荷，测量一相电流。图 7-2-10（b）所示的接线为完全星形接线，可测量三相负荷电流，监视各相

负荷的不对称情况。小电流接地系统的线路测量及保护回路多采用这种接线。由于三相电流 $\dot{I}_{U}+\dot{I}_{V}+\dot{I}_{W}=0$，则 $\dot{I}_{V}=(\dot{I}_{U}+\dot{I}_{W})$，通过公共导线上电流表的电流，等于 U、W 两相电流的相量和，即 $\dot{I}_{V}$。

电流互感器的二次绕组应有一接地点，以免一、二次之间的绝缘击穿使二次侧也带上高电压，危及人身和设备的安全。

电流互感器的一、二次绕组的端子上必须标明极性。通常一次端子用 L1、L2 表示，二次端子用 K1、K2 表示，在互感器的同极性端标出符号“ * ”，如图 7－2－10（a）所示，L1 与 K1，L2 与 K2 彼此同极性。当一次电流从 L1 流向 L2 时，二次侧的电流从 K1 经负荷流回 K2。

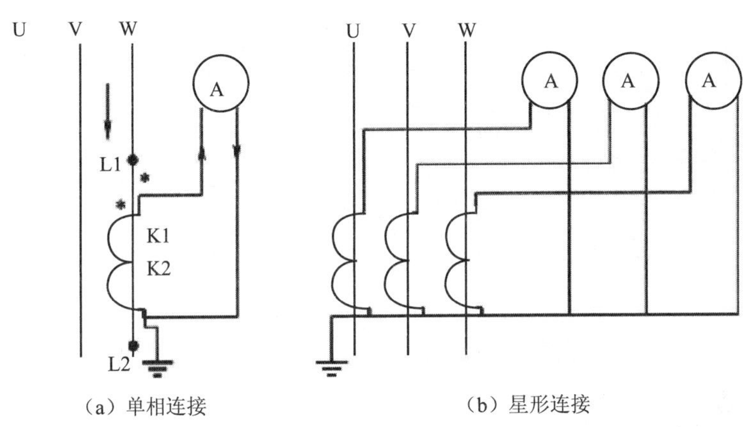

（a）单相连接　　（b）星形连接

图 7－2－10　电流互感器与测量仪表的连接方式

4. 电流互感器的类型

电流互感器的种类很多，大致可分为以下几种类型：

（1）按安装地点可分为户内式和户外式。额定电压在 20kV 及以下的多制成户内式，35kV 及以上多制成户外式。

（2）按安装方式可分为穿墙式、母线式、套管式和支持式。穿墙式装在墙壁或金属结构的孔中，可代替穿墙套管；母线式利用母线作为一次绕组，安装时将母线穿入电流互感器瓷套的内腔；套管式是套装在 35kV 及以上变压器或多油断路器油箱内的套管上；支持式是安装在平面或支柱上。

（3）按绝缘可分为干式、浇注式和油浸式。干式是经过绝缘漆浸渍烘干处理，适用于低压户内；浇注式是用环氧树脂等作绝缘浇注成型，适用于 35kV 及以下各电压等级；油浸式多用于户外。

(4) 按一次绕组的匝数可分为单匝式和多匝式。单匝式电流互感器，当被测电流很小时，一次磁通势 I_1N_1 较小，故测量的准确度很低。通常当一次侧被测电流超过 600A～1000A 时，才使用单匝式电流互感器。

5. 电流互感器运行注意事项

(1) 电流互感器的准确度与其二次侧所接负荷的大小有关。一定的准确度，对应一定的二次侧额定容量。实际负荷超过规定的额定容量时，准确度将降低。

(2) 电流互感器的二次侧有一端必须保护接地。

(3) 电流互感器在连接时，要注意其一、二次绕组接线端子上的极性不能接错。

(4) 电流互感器的二次侧在工作时绝不能开路。

(5) 巡视电流互感器时应注意检查：瓷质部分是否清洁，有无破损和放电现象；注油电流互感器的油面是否正常，有无漏油、渗油现象；接头是否过热；二次回路有无冒火现象；以及有无异味及异常声响。

(三) 电压互感器

按照工作原理，电压互感器可分为电磁式和电容分压式两种。目前电力系统广泛应用的电压互感器，电压等级为 220kV 及以下时多为电磁式，220kV 及以上时多为电容分压式。

下面的讨论以电磁式电压互感器为主。

1. 电压互感器的工作原理与特性

(1) 电压互感器的工作原理。电压互感器的一次绕组并联于电网中，二次绕组向并联的测量仪表和继电器的电压线圈供电。电压互感器的工作原理与电力变压器相同，构造原理、接线图也相似。其主要区别在于电压互感器的容量很小，最大不过数百伏安，并且在大多数情况下，它的负荷是恒定的。

电压互感器一、二次绕组的额定电压之比称为电压互感器的额定变压比，用 K_u 表示

$$K_u = \frac{U_{N1}}{U_{N2}} \approx \frac{N_1}{N_2} = K_N$$

式中：

U_{N1}——一次绕组额定电压，等于电网额定电压；

U_{N2}——二次绕组额定电压，已统一为 100V（或 $100/\sqrt{3}$ V）；

N_1、N_2——一、二次绕组匝数；

K_N——匝数比。

由上可以看出，电压互感器的额定变压比 K_u 已标准化。

（2）电压互感器的特性。

1）电压互感器一次电压即电网电压，不受二次侧负荷的影响，并且在大多数情况下，其负荷是恒定的。

2）电压互感器二次侧所接测量仪表和继电器的电压线圈的阻抗很大，通过的电流很小。因此电压互感器正常工作时接近于空载状态，二次电压接近于二次电动势，并随一次电压的变动而变动。所以，通过测量二次侧电压 U_2 可以反映一次侧电压 U_1 的值。

3）电压互感器在运行中，二次侧不能短路。这是因为正常工作时，电压互感器二次侧有 100V（或 $100/\sqrt{3}$ V）电压，短路后在二次侧电路中会产生很大的短路电流，使电压互感器烧毁。为此，在电压互感器的一次侧和二次侧均应装设熔断器，用于过载及短路保护。

2. 电压互感器的接线方式及特点

电压互感器有单相和三相两种。单相的可制成任何电压等级，而三相的一般只制成 20kV 及以下的电压等级。

在三相电力系统中，通常需要测量的电压有线电压、相对地电压和发生单相接地故障时的零序电压。图 7－2－11 给出了几种常见的电压互感器接线，可以测量上述电压值。

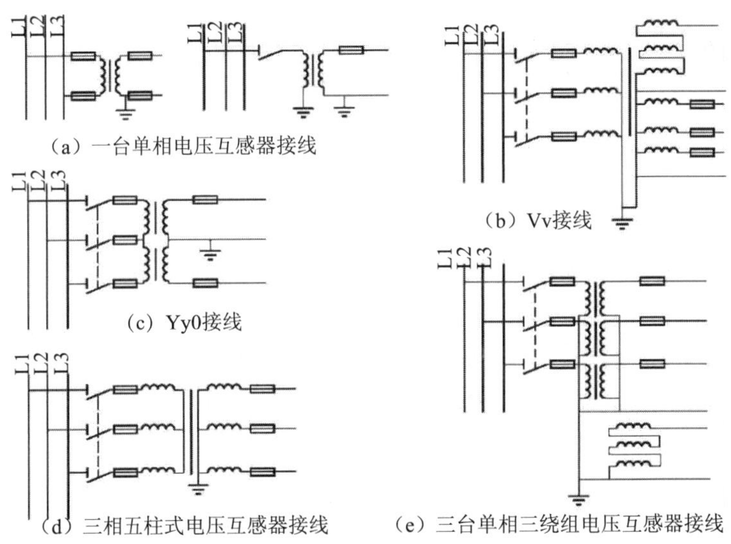

图 7－2－11　电压互感器的接线方式

图 7-2-11（a）所示为一台单相电压互感器的接线，可测量某一相间电压（35kV 及以下的中性点非直接接地电网）或相对地电压（110kV 及以上中性点直接接地电网）。

图 7-2-11（b）所示为两台单相电压互感器接成 Vv 接线，广泛用于 20kV 及以下中性点不接地或经消弧线圈接地的电网中测量线电压，不能测相电压。

图 7-2-11（c）所示为一台三相三柱式电压互感器接成 Yyn 接线，只能用来测量线电压，不许用来测量相对地电压。

图 7-2-11（d）所示为一台三相五柱式电压互感器接成的 YNynd 形接线，其一次绕组、基本二次绕组接成星形，且中性点均接地，辅助二次绕组接成开口三角形。该种接线方式可用来测量线电压和相电压，还可用作绝缘监察，故广泛用于小接地电流电网中。如该图所示，当系统发生单相接地时，三相五柱式电压互感器内出现的零序磁通可以通过两边的辅助铁芯柱构成回路。辅助铁芯柱的磁阻小，零序励磁电流也小，因而不会出现烧毁电压互感器的情况。三相五柱式电压互感器原理如图 7-2-12 所示。

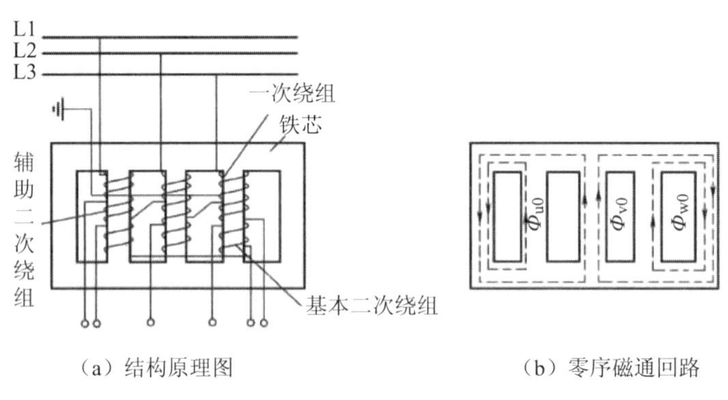

（a）结构原理图　　（b）零序磁通回路

图 7-2-12　三相五柱式电压互感器原理图

图 7-2-11（e）所示为三台单相三绕组电压互感器接线方式，广泛应用于 35kV 及以上电网中，可测量线电压、相对地电压和零序电压。这种接线方式在发生单相接地时，各相零序磁通以各自的电压互感器铁芯构成回路，因此对电压互感器无影响。该种接线方式的辅助二次绕组接成开口三角形，对于 35kV～60kV 中性点非直接接地电网，其相电压为 $100/\sqrt{3}$ V，对中性点直接接地电网，其相电压为 100V。

在 380V 的装置中，电压互感器一般只经过熔断器接入电网。在高压电网中，电压互感器经过隔离开关和熔断器与电网连接。一次侧熔断器的作用是当电压互感器及其引出线上短路时，自动熔断切除故障，但不能作为二次侧过负荷保护。因为熔断器熔件的截面是根据机械强度选择的，其额定电流比电压互感器的额定电流大很多倍，二次侧过负荷时可能不熔断。所以，电压互感器二次侧应装设低压熔断器，以此来保护电压互感器的二次侧过负荷或短路。

3. 电压互感器的类型

电压互感器可分为以下几种类型：

（1）按安装地点可分为户内式和户外式。35kV 及以下多制成户内式，35kV 以上则制成户外式。

（2）按相数可分为单相式和三相式。只有 20kV 以下才制成三相式。

（3）按每相绕组数可分为双绕组、三绕组和四绕组式。双绕组式每相有一个一次绕组，一个二次绕组。三绕组式每相有一个一次绕组，一个基本二次绕组和一个辅助二次绕组，基本二次绕组供测量、保护、自动装置用，辅助二次绕组常接成开口三角形，供接地保护用。四绕组式比三绕组式多一个基本二次绕组，把测量与保护和自动装置分开，其他绕组作用与三绕组式相同。

（4）按绝缘可分为干式、浇柱式和油浸式。干式电压互感器用于电压较低的户内装置中；浇注式电压互感器适用于 3kV～35kV 户内配电装置；油浸式电压互感器多用于 10kV 以上电压互感器。

（5）按工作原理可分为电磁式电压互感器和电容分压式电压互感器。

三、隔离开关

在电力网络中，为了安全生产运行，需要将带电运行的电气设备停电检修或与处于备用的电气设备隔离开来，二者之间必须有明显可见的、足够大的断开点。隔离开关正是在电路中设置的这种断开点，以确保运行和检修的安全。

（一）隔离开关的用途

隔离开关又称为刀闸，是高压开关设备的一种。因为它没有灭弧装置，所以不能用来直接接通、切断负荷电流和短路电流。但运行的经验证明，隔离开关可以用来开闭电压互感器、避雷器、母线和直接与母线相连设备的电容电流，开闭阻抗很低的并联电路的转移电流。亦可以开闭励磁电流不超过 2A 的变压器空载电流和电容电流不超过 5A 的电容电流（生产厂有规定时按说明书执行）。其主要用途是保证电路中检修部分与带电体之间的隔离以及用隔离开关进行电路的切换工作或关合空载电路。

（二）隔离开关的种类

隔离开关可根据装设地点、电压等级、极数和构造进行分类，主要有以下几种。

（1）按装设地点可分为户内式和户外式。

（2）按极数可分为单极和三极。

（3）按绝缘支柱数目可分为单柱式、双柱式、三柱式。

（4）按隔离开关的动作方式可分为闸刀式、旋转式、插入式。

（5）按有无接地开关可分为有接地隔离开关和无接地隔离开关。

（6）按所配操动机构可分为手动式、电动式、气动式、液压式。

隔离开关的类型用图 7－2－13 所述方法表示：

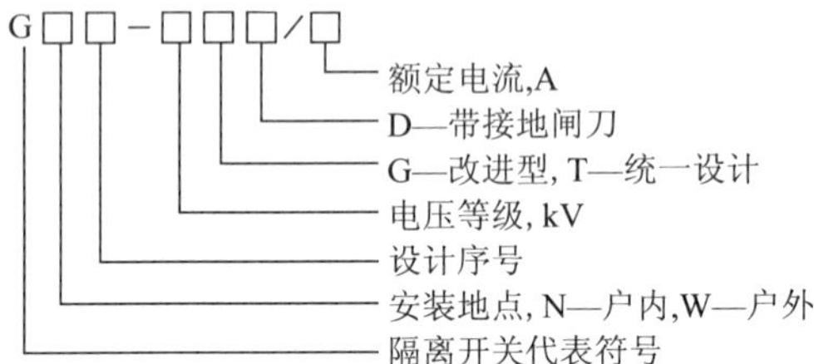

图 7－2－13　隔离开关的类型表示方法

（三）隔离开关的结构组成

隔离开关主要由下述几个部分组成。

（1）支持底座。该部分的作用是起支持和固定作用，其将导电部分、绝缘子、传动机构、操动机构等固定为一体，并使其固定在基础上。

（2）导电部分。包括触头、闸刀、接线座。该部分的作用是传导电路中的电流。

（3）绝缘子。包括支持绝缘子、操作绝缘子。其作用是绝缘带电部分和接地部分。

（4）传动机构。它的作用是接受操动机构的力矩，并通过拐臂、连杆、轴齿或是操作绝缘子，将运动传动给触头，以完成隔离开关的分、合闸动作。

（5）操动机构。与断路器操动机构一样，通过手动、电动、气动、液压向隔离开关的动作提供能源。

（四）GN19－10 系列户内高压隔离开关的结构与原理

GN19－10 系列户内高压隔离开关是三相交流 50Hz 的高压电器，适用于的

10kV 等级作为网络在有压无载的情况下，分断与关合电路之用。主要技术参数见表 7-2-2。

表 7-2-2　GN19 系列隔离开关的主要技术参数

产品型号	额定电压/kV	额定电流/A	4s 额定短时耐受电流/kA	额定峰值耐受电流/kA
GN19-10（10C）/400-12.5	10	400	12.5	31.5
GN19-10（10C）/630-20	10	630	20	50
GN19-10（10C）/1000-31.5	10	1000	31.5	80
GN19-10（10C）/1250-40	10	1250	40	100

GN19-10 系列户内高压隔离开关是三相共底架结构。GN19-10 系列户内高压隔离开关为普通平装型，其外形如图 7-2-14 所示，GN19-10C 系列户内高压隔离开关为普通穿墙型，其外形如图 7-2-15 所示。

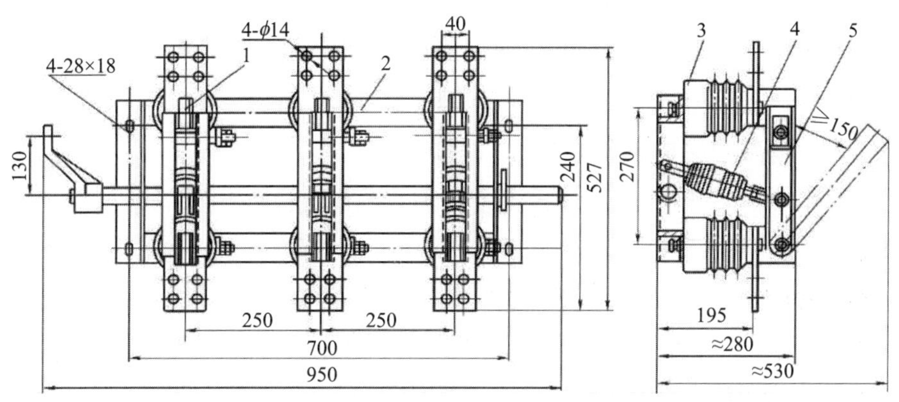

1—静触头；2—基座；3—支柱绝缘子；4—拉杆绝缘子；5—动触头

图 7-2-14　GN19-10 系列户内高压隔离开关

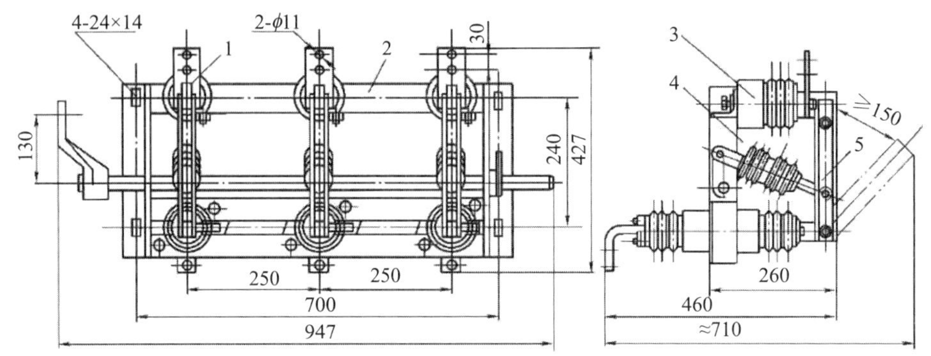

1—静触头；2—基座；3—支柱绝缘子；4—拉杆绝缘子；5—动触头

图 7-2-15　GN19-10C 系列户内高压隔离开关

高压隔离开关主要由静触头、基座、支柱绝缘子、拉杆绝缘子和动触头组成，隔离开关的每相导电部分通过两个支柱绝缘子固定在基座上，三相平行安装。导电部分由动触头和静触头组成，每相动触头为两片槽形铜片，它不仅增大了动触头的散热面积，对降低温度有利，而且提高了动触头的机械强度，使隔离开关的动稳定性提高。隔离开关动、静触头的接触压力是靠两端接触弹簧维持的，每相动触头中间均连有拉杆绝缘子，拉杆绝缘子与安装在基座上的转轴相连，转动转轴，拉杆绝缘子操动动触头完成分、合闸。转轴两端伸出基座，其任何一端均可与所配用的手动操动机构相连。

GN19-10/1000 型高压隔离开关及 GN19-10/1250 型高压隔离开关在动、静触头接触处装有两件磁锁压板，当很大的短路电流通过时，磁锁压板相互间产生的吸引电磁力增加了动、静触头的接触压力，从而增大了触头的动热稳定性。

（五）隔离开关的操作要求

（1）操作隔离开关时，应先检查相应回路的断路器确实在断开位置，以防止带负荷拉、合隔离开关。

（2）线路停、送电时，必须按顺序拉、合隔离开关。停电操作时，必须先拉断路器，后拉线路侧隔离开关，再拉母线侧隔离开关。送电操作顺序与停电顺序相反。这是因为发生误操作时，按上述顺序可缩小事故范围，避免人为使事故扩大到母线。

（3）隔离开关操作时，应有值班人员在现场逐相检查其分、合闸位置，同期情况，触头接触深度等项目，确保隔离开关动作正确、位置正确。

（4）隔离开关一般应在主控室进行操作。当远控电气操作失灵时，可在现场就地进行手动或电动操作，但必须征得站长或技术负责人的许可，并在有现场监督的情况下才能进行。

（5）隔离开关、接地刀闸和断路器之间安装有防止误操作的电气、电磁和机构闭锁装置。倒闸操作时，一定要按顺序进行。如果闭锁装置失灵或隔离开关和接地刀闸不能正常操作时，必须严格按闭锁的要求条件检查相应的断路器、隔离开关位置状态，只有核对无误后，才能解除闭锁进行操作。

（六）隔离开关的运行维护

1. 隔离开关运行项目

隔离开关应与配电装置同时进行正常巡视，进行巡视的项目如下：

（1）检查隔离开关接触部分的温度是否过热。

（2）检查绝缘子有无破损、裂纹及放电痕迹，绝缘子在胶合处有无脱落迹象。

（3）检查10kV架空线路用单相隔离开关刀片锁紧装置是否完好。

2. 隔离开关维护项目

（1）清扫瓷件表面的尘土，检查瓷件表面是否掉釉、破损，有无裂纹和闪络痕迹，绝缘子的铁、瓷结合部位是否牢固。若破损严重，应进行更换。

（2）用汽油擦净刀片、触点或触指上的油污，检查接触表面是否清洁，有无机械损伤、氧化和过热痕迹及扭曲、变形等形象。

（3）检查触电或刀片上的附件是否齐全，有无损坏。

（4）检查连接隔离开关和母线、断路器的引线是否牢固，有无过热现象。

（5）检查软连接部件有无折损、断股等现象。

（6）检查并清扫操动机构和转动部分，并加入适量的润滑油脂。

（7）检查传动部分与带电部分的距离是否符合要求；定位器和制动装置是否牢固，动作是否正确。

（8）检查隔离开关的底座是否良好，接地是否可靠。

四、高压熔断器

（一）熔断器的用途

10kV跌落式熔断器一般安装在柱上配电变压器高压侧，用以保护10kV架空配电线路不受配电变压器故障影响。也有农村、山区的长线路在变电站继电保护达不到的线路末段或线路分支处安装跌落式熔断器进行保护的。

安装在农村、山区长线路上的跌落式熔断器可采用负荷熔断器（带消弧栅型)，如 RW10－10F 型熔断器，如图 7－2－16 所示，上端装有灭弧室和弧触头，具备带电操作分合闸的能力，能达到分合 10kV 线路 100A，开断短路电流 11.55kA。

（二）熔断器的结构

跌落式熔断器一般由绝缘子、上下接触导电系统和熔管等构成。安装熔丝、熔管时，用熔丝将熔管上的弹簧支架绷紧，将熔管推上，熔管在上静触头的压力下处于合闸位置。跌落式熔断器应有良好的机械稳定性，一般的跌落式熔断器应能承受 200 次连续合分操作，负荷熔断器应能承受 300 次连续合分操作。

目前常用的跌落式熔断器型号有 RW10－10F 型（可选择带或不带消弧栅型）、RW11－10 型（见图 7－2－17）。两种型号各有其特点，前者构造主要利用圈簧的弹力压紧触头，而后者主要利用片簧的弹力压紧触头。两种型号跌落式熔断器的熔管及上下接触导电系统结构尺寸略有不同，为保证事故处理时熔管、熔丝的互换性，减少事故处理备件数量，一个维护区域宜固定使用一种型号跌落式熔断器。这两种型号跌落式熔断器主要技术参数见表 7－2－3。

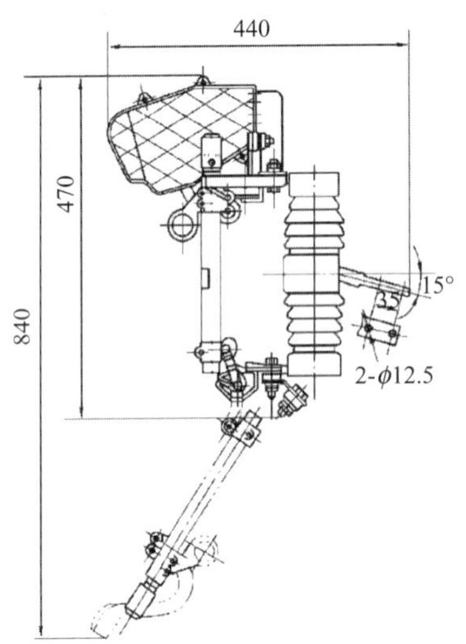

图 7－2－16　10kV 跌落式熔断器（RW10－10F 型）

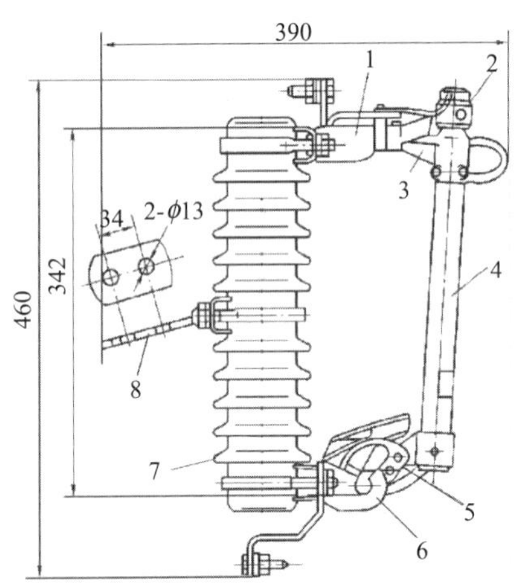

1—上静触头；2—释压帽；3—上动触头；4—熔管；5—上动触头；6—下支座；7—绝缘子；8—安装板

图 7－2－17　10kV 跌落式熔断器（RW11－10 型）

表 7-2-3 RW10-10F 型、RW11-10 型跌落式熔断器主要技术参数

<table>
<tr><th colspan="2">项 目</th><th>数 值</th></tr>
<tr><td colspan="2">额定电压/kV</td><td>12</td></tr>
<tr><td colspan="2">额定电流/A</td><td>100、200</td></tr>
<tr><td colspan="2">额定短路开断电流/kA</td><td>6.3、12.5（带灭弧栅型）</td></tr>
<tr><td colspan="2">雷电冲击耐压（相对地）/kV</td><td>75</td></tr>
<tr><td colspan="2">雷电冲击耐压（断口）/kV</td><td>85</td></tr>
<tr><td rowspan="3">工频耐压（1min）/kV</td><td>相对地干试</td><td>42</td></tr>
<tr><td>断口干试</td><td>48</td></tr>
<tr><td>相对地湿试</td><td>34</td></tr>
<tr><td colspan="2">泄漏比距/（cm/kV）</td><td>普通型：2.5 防污型：3.3</td></tr>
</table>

为使带电作业更换跌落式熔断器便利，RW10-10F 型跌落式熔断器在设计上引线接线端子采用固定螺母、螺栓可旋转带紧压线板的结构。

（三）熔断器的动作原理

当过电流使熔丝熔断时，断口在熔管内产生电弧，熔管内衬的消弧管产气材料在电弧作用下产生高压力喷射气体，吹灭电弧。随后，弹簧支架迅速将熔丝从熔管内弹出，同时熔管在上、下弹性触头的推力和熔管自身重量的作用下迅速跌落，形成明显的隔离空间。

在熔管的上端还有一个释放压力帽，放置有一低熔点熔片。当开断大电流时，上端帽的薄熔片熔化形成双端排气；当开断小电流时，上端帽的薄熔片不动作，形成单端排气。

（四）熔丝规格与时间——电流特性

与 10kV 跌落式熔断器配套使用的熔丝有 T 型和 K 型两种规格，熔丝的外形尺寸如图 7-2-18 所示。熔体材料一般采用 Cu-Zn-Sn（铜锌锡）合金。T 型熔丝的熔化速率较高，$S_R=10\sim13$，而 K 型熔丝的熔化速率较低，$S_R=6\sim8$（S_R 的定义为熔体在 0.1s 时的电流 $I_{0.1s}$与在 300s 时的电流 I_{300s}的比值，即 $S_R=I_{0.1s}/I_{300s}$）。熔丝应能承受的静拉力不小于 50N，当熔丝采用低熔点合金时，在热态受力情况下，应有防止伸长的措施（例如并联细钢丝）。

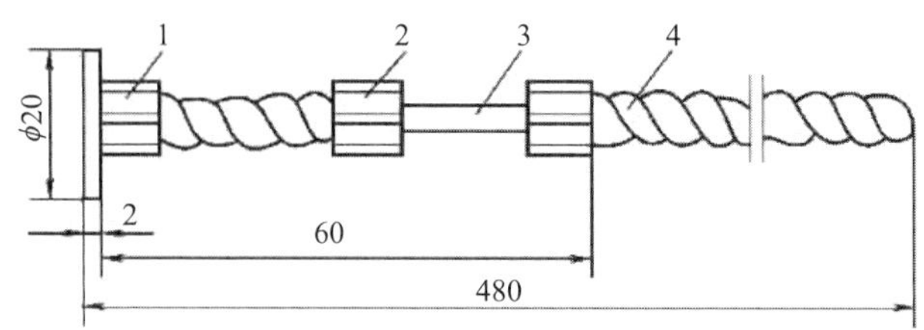

1—纽扣帽；2—铜夹子；3—熔体；4—铜辫子线

图 7-2-18 喷射式跌落式熔断器的熔丝外形尺寸

（五）熔断器的使用要求

（1）熔管一般采用内置消弧管（铜纸管）的环氧玻璃布管制成。熔断器应配置专用的纽扣式熔丝，熔管上端应封闭，以防止进雨水而使熔管内衬的钢纸管受潮失效。有的跌落式熔断器（如 RW11-10 型跌落式熔断器）为保证可靠熄灭过载电流电弧，在熔丝上还套有小直径的辅助熄弧钢纸管，以保证对过负荷小电流（如开断 15A）也能可靠灭弧。

（2）当跌落式熔断器的隔离断口与熔管上下导电触头尺寸不配套时，反复操作推合熔管有可能对腰部瓷绝缘体造成损伤裂纹或断裂。跌落式熔断器安装支架可采用外箍式或胶装式，采用胶装式应选配好胶装混凝土等材料。

（3）当熔管或熔丝配置不合适或安装不牢固时，有可能发生单相掉管，对无缺相保护的电动机可能造成影响。如果掉管时负荷电流过大，还有可能造成拉弧引发相间短路故障。

五、避雷器

避雷器是连接在电力线路和大地之间，使雷云向大地放电，从而保护电气设备的器具。当雷电过电压或操作过电压来到时，使其急速向大地放电。当电压降到发电机、变压器或线路的正常电压时，则停止放电，以防止正常电流向大地流通。

（一）金属氧化物避雷器

金属氧化物避雷器（又称氧化锌避雷器）一般可分为无间隙和有串联间隙两类。由于无间隙氧化锌避雷器使用越来越广泛，并且取得了很好的运行效果，而有串联间隙的氧化锌避雷器未发挥出氧化锌避雷器的优异性能，其结构又类似于阀型避雷器，故在此主要介绍无间隙氧化锌避雷器。

1. 结构

10kV 无间隙硅橡胶外套氧化锌避雷器结构如图 7-2-19 所示。电阻片采用氧化锌为基体，掺入少量其他氧化物，在 1100℃～1350℃高温下焙烧结成阀饼，若干阀饼叠装成柱，两端安装金属端子，然后用绝缘带滚胶缠绕制成芯棒。该工艺有利于避免芯棒内存空气，引发局部放电，造成避雷器损坏。芯棒干燥后，对其外部进行机加工整形，涂覆偶联剂放置真空浇注机内，热压浇注硅橡胶外壳成型。棒芯也有采用将阀饼叠装进绝缘筒后，热压浇注硅橡胶外壳成型的。

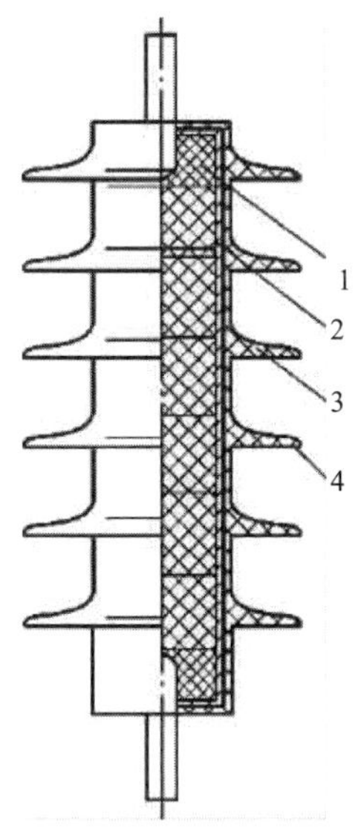

1—金属电极；2—氧化锌电阻片；3—环氧玻璃纤维包封层；4—硅橡胶外套

图 7-2-19　10kV 无间隙硅橡胶外套氧化锌避雷器

氧化锌避雷器阀片具有优异的非线性电压—电流特性，高电压导通，而低电压不导通，不需要串联间隙，可避免传统避雷器因火花间隙放电特性变化而带来的缺点。氧化锌避雷器具有保护特性好、吸收过电压能量大、结构简单等特点。

氧化锌避雷器在冲击过电压下动作后，没有工频续流通过，故不存在灭弧问题，保护水平只由氧化锌阀片的残压决定，避免了间隙放电特性变化的影响；另一方面，由于没有串联间隙的绝缘隔离，氧化锌阀片不仅要承受雷电过电压、操作过电压，还要承受工频过电压和持续运行正常相电压（含发生线路单相接地故障时、健全相电压异常升高），在这些电压作用下，氧化锌阀片的特性将会劣化。此外，由于在小电流区域内，氧化锌阀片的电阻温度系数为负值，运行中吸收过电压能量后，所引起的温升可能会导致避雷器热稳定的破坏。氧化锌避雷器的这些特点，使得它与传统的阀型有间隙的碳化硅避雷器相比，电气性能、技术参数和试验方法有所不同，在使用中需加以注意。其主要技术参数见表 7-2-4。

表 7-2-4　无间隙金属氧化物避雷器技术参数

产品型号	避雷器额定电压	避雷器持续运行电压	系统标称电压	避雷器标称放电电流	直流1mA参考电压（不小于）	残压（不大于）			通流容量		外绝缘水平		0.75 U_{1mA} 漏电流（不大于）	爬电比距	局部放电量（小于）
						陡波冲击电流1/10，5kA（1.5kA）	雷电冲击电流8/20，5kA（1.5kA）	操作冲击电流30/60，0.25kA（0.1kA）	4/10s的大电流	2ms方波	雷电冲击耐受电压1.2/50ms	工频耐受电压1min			
	（有效值，kV）			（kA）	（kV）	（峰值，kV）			（kA）	（A）	（kV）	湿/干（kV）	（A）	（mm/kV）	（pC）
HY5WS2-12/35.8	12	9.6	10	5	18	41.2	35.8	30.6	65	100	75	30/42	50	35	10
HY5WS2-17/50	17	13.6	10	5	25	57.5	50	42.5	65	100	75	30/42	50	32	10
HY1.5WS2-0.3/1.3	0.3	0.26	0.22	1.5	0.6	1.49	1.3	1.1	10	100		2.0/3.0	25	250	10
HY1.5WS2-0.5/2.6	0.50	0.45	0.38	1.5	1.2	2.98	2.6	2.2	10	100		2.5/4.0	25	156	10

注：1. H—复合绝缘外套；Y—金属氧化物；5（1.5）—标称放电电流（kA）；W—无间隙结构；S—配电型；
□/□—分子为避雷器额定电压，分母为标称放电电流下残压（kV）。
2. 本表数值部分摘自 GB 11032—2000《交流无间隙金属氧化物避雷器》。

2. 主要电气参数

(1) 额定电压。无间隙氧化锌避雷器的额定电压为系统施加到其两端子间的最大允许工频电压有效值，它不等于系统的标称电压。如10kV电网中性点不接地或经消弧线圈接地的系统所采用的无间隙氧化锌避雷器的额定电压为17kV。

(2) 持续运行电压。无间隙氧化锌避雷器的持续运行电压为允许持久地施加在氧化锌避雷器端子间的工频电压有效值。

(3) 冲击电流残压。包括陡波冲击电流残压、雷击冲击电流残压和操作冲击电流残压。

(4) 直流1mA参考电压是避雷器在通过直流1mA时测出的避雷器上的电压。

3. 应用

在安装无间隙氧化锌避雷器时，应考虑系统中性点的接地方式，以及与被保护设备的配合。长期放置后安装或带电安装，应先进行直流1mA参考电压试验或进行绝缘电阻的测量，对10kV避雷器用2500V绝缘电阻表测量，绝缘电阻不低于1000MΩ，合格后方可安装。

4. 金属氧化物避雷器的试验项目、周期和要求

金属氧化物避雷器的试验项目、周期和要求见表7-2-5。

表7-2-5 金属氧化物避雷器试验项目周期和要求

序号	项 目	周 期	要 求	说 明
1	绝缘电阻	(1) 发电厂、变电所避雷器每年雷雨季节前；(2) 必要时	(1) 35kV以上，不低于2500MΩ；(2) 35kV及以下，不低于1000MΩ	采用2500V及以上绝缘电阻表
2	直流1mA电压(U_{1mA})及$0.75U_{1mA}$下的泄漏电流	(1) 发电厂、变电所避雷器每年雷雨季前；(2) 必要时	(1) 不得低于GB 11032—2000规定值；(2) U_{1mA}实测值与初始值或制造厂规定值比较，变化不应大于±5%；(3) $0.75U_{1mA}$下的泄漏电流不应大于50μA	(1) 要记录试验时的环境温度和相对湿度；(2) 测量电流的导线应使用屏蔽线；(3) 初始值系指交接试验或投产试验时的测量值

表 7-2-5（续）

序号	项　目	周　期	要　求	说　明
3	运行电压下的交流泄漏电流	（1）新投运的110kV及以上者投运3个月后测量1次；以后每半年1次；运行1年后，每年雷雨季节前1次；（2）必要时	测量运行电压下的全电流、阻性电流或功率损耗，测量值与初始值比较，有明显变化时应加强监测，当阻性电流增加1倍时，应停电检查	应记录测量时的环境温度、相对湿度和运行电压。测量宜在瓷套表面干燥时进行。应注意相间干扰的影响
4	工频参考电流下的工频参考电压	必要时	应符合GB 11032—2000或制造厂规定	（1）测量环境温度20±15℃；（2）测量应每节单独进行，整相避雷器有一节不合格，应更换该节避雷器（或整相更换），使该相避雷器为合格
5	底座绝缘电阻	（1）发电厂、变电所避雷器每年雷雨季前；（2）必要时	自行规定	采用2500V及以上绝缘电阻表
6	检查放电计数器动作情况	（1）发电厂、变电所避雷器每年雷雨季前；（2）必要时	测试3～5次，均应正常动作，测试后计数器指示应调到“0”	

（二）阀型避雷器

1. 结构

阀型避雷器主要由瓷套、火花间隙和阀型电阻片组成，其外形结构如图7-2-20所示，阀型避雷器的优点是运行经验成熟，缺点是密封不严，易受潮失效，甚至引发爆炸。

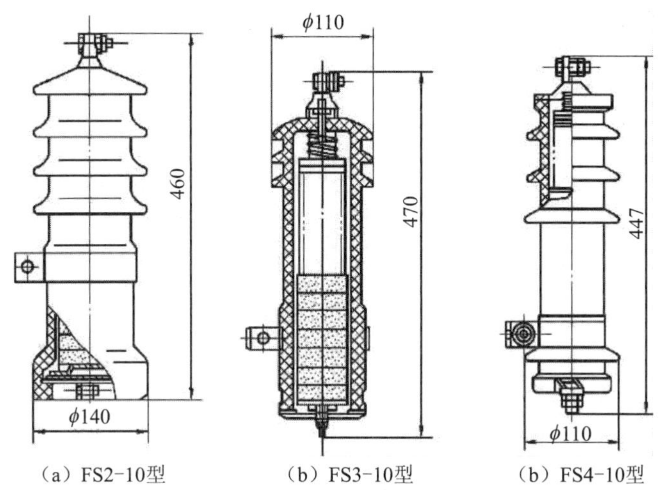

（a）FS2-10型　（b）FS3-10型　（b）FS4-10型

图 7-2-20　10kV 阀型避雷器外形结构图

2. 工作原理

在正常情况下，火花间隙有足够的绝缘强度，不会被正常工作电压击穿，如图 7-2-21 所示；当有雷电过电压时，火花间隙就被击穿放电。雷电压作用在阀型电阻上，电阻值会变得很小，把雷电流汇入大地。之后，作用在阀型电阻上的电压为正常的工作电压时，电阻值变得很大，限制工频电流通过，因此线路又恢复了正常对地绝缘。

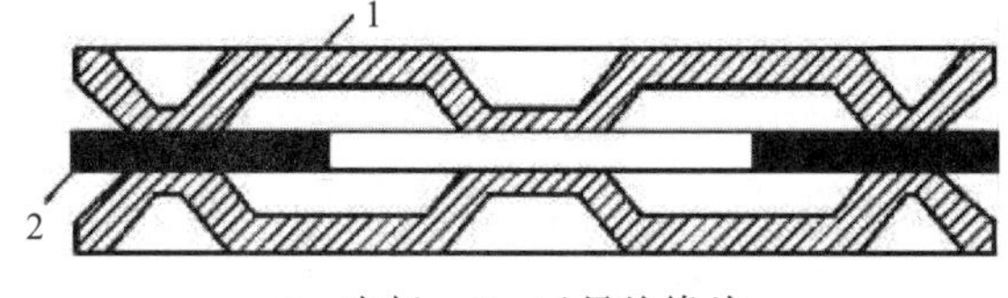

1—电极；2—云母绝缘片

图 7-2-21　阀型避雷器的单位火花间隙

3. 主要电气参数

（1）避雷器额定电压。避雷器能够可靠地工作并能完成预期动作的负荷试验的最大允许工频电压，称为避雷器的额定电压。

（2）工频放电电压。这是与火花间隙的结构、工艺水平有关的参数，其具有一定的分散性、一般取工频放电电压平均值的±（7%～10%），规定为其上限。

（3）冲击放电电压和冲击电流残压，是供绝缘配合计算用的重要数据。选取标准冲击放电电压和标称放电电流残压中的一个最大者作为避雷器的保护水平。

保护水平与避雷器额定电压（峰值）之比称为保护比，它是避雷器保护特性的一个指标，其值越低，保护性能越优越。

第三节　配电线路常用设备及选择

配电线路的设备除线路自身以外，其他常用设备主要包括：配电变压器、避雷器、断路器、隔离开关、熔断器等。本节将根据上述常用设备在配电线路中的作用，重点介绍这些设备在配电线路中的工作特点及基本选择要求。

一、配电变压器

配电变压器是配电线路中一种可靠实现电压变换的静止电器。它是通过电磁感应原理，将具备一定交变频率的电压变换成同频率的另一种电压的电能传输装置；配电变压器是配电系统中不可缺少的电气设备。

随着现代科学的发展，无论是城网还是农网配电系统，对配电系统中配电变压器的要求，除满足基本技术性能外，还要求有较高的安全可靠性。针对现代化配电系统的特点，变压器还需要满足环境保护、经济运行、节约能源、防灾害等方面的要求。

（一）常用配电变压器的特点

1. S9 与 S11 系列浸油配电变压器

S9 系列 10kV 的电力变压器是我国目前生产的低损耗产品，主要是增加铁芯截面积以降低磁通密度，高低压绕组均使用铜导线，并加大导线截面，降低绕组电流密度，从而降低了空载损耗和负载损耗。其损耗值与传统的 S7 系列配电变压器对比，空载损耗可降低 10%，负载损耗平均降低 25%，节能效果较为显著，是目前农村电网中使用较多的产品。

S11 系列配电变压器是在 S9 系列配电变压器的基础上，为进一步降低空载损耗，选用超薄型硅钢片，具有绕制工艺简单、重量轻、体积小、空载损耗比 S9 系列配电变压器降低 25%～30%、维护方便、运行费用低和节能效果明显等优点，比较适合我国农村电网的负荷特性和技术要求，因此农村电网建设和改造工程中应积极推广使用这一产品。

2. 密封型变压器

油浸变压器内的绝缘材料主要是变压器油，在实际运行中，由于油与空气的直接接触，使油逐渐氧化，油与空气中的水分接触后，使油的含水量增加，氧化后的油和油中水分的作用使油的酸值升高，使油有一定的腐蚀作用，油中的含水量增加，降低了油的纯度，由此可见，变压器油的劣化是造成内部绝缘损坏的主要因素，而油的劣化是由于变压器油与空气接触造成的。为此，密封型变压器采用全密封结构和先进的工艺从根本上隔绝了变压器油和空气的接触。其结构特点主要有：

(1) 全密封型变压器的铁芯和绕组与普通油浸式变压器相同，无储油柜，高度比同类产品低。

(2) 全密封型变压器的油箱，采用波纹式油箱，使油箱壁具有一定的弹性，以满足变压器运行中油的热胀冷缩的需要。

(3) 密封型变压器采用真空注油工艺，完全去除了变压器中的潮气，密封后变压器油不与空气接触，有效地防止氧气和水分侵入变压器而导致绝缘性能下降，因此不必定期进行油样试验。

(4) 被洪水浸泡后，无需修复可立即投入运行。

(5) 全密封型变压器在上桶盖装有压力释放阀。当变压器内部压力达到一定值时，压力释放阀动作，可排除油箱内的过压。内部压力经释放后，释放阀自动关闭。

(6) 全密封型变压器在正常运行方式下，可连续运行 25 年而不需要对变压器内部进行维修工作，提高了电网运行的安全性与可靠性。

3. 非晶态合金铁芯配电变压器

非晶态合金铁芯配电变压器俗称非晶合金变压器。非晶合金变压器的铁芯是采用非晶态合金的高磁导率软磁材料，制成非晶态合金铁芯，使其变压器的磁化性能得以改善。在非晶合金变压器寿命期内，其空载特性稳定、空载损耗低，且有较高的可靠性。非晶合金变压器是当前损耗最少的节能变压器，空载损耗可比同容量的 S9 系列配电变压器平均下降 75%左右。

由于非晶合金铁芯配电变压器比硅钢片铁芯配电变压器的空载损耗和空载电流降低很多，所以非晶态合金铁芯配电变压器适合用于峰谷差大的用电负荷，但非晶合金变压器的价格高于 S9 系列配电变压器。

另外，由于非晶态合金具有薄、硬、脆，对应力敏感等特性。所以，在运输、搬动、安装运行时必须采取措施，降低和减少对铁芯影响的应力，以保持其优越的空载特性。

4. 干式变压器

常见干式变压器主要有：环氧树脂干式变压器、气体绝缘干式变压器。

（1）环氧树脂干式变压器具有电气强度、机械强度高，防火阻燃、防尘等优点，被广泛应用于对消防有较高要求的场合，具有较好的过负荷运行能力。同时，环氧树脂浇注干式变压器电能损耗低、噪声低、结构简单、体积小、重量轻、安装简单、维护方便，可免去日常维护工作。

（2）气体绝缘变压器为在密封的箱壳内充以六氟化硫（SF_6）气体代替绝缘油，利用六氟化硫气体作为变压器的绝缘介质和冷却介质。气体绝缘变压器的工作部分（铁芯和绕组）与油浸变压器基本相同。它具有防火、防爆、无燃烧危险，绝缘性能好，防潮性能好，运行可靠性高，维修简单等优点。

非晶合金干式变压器具有空载损耗低、无油、阻燃自熄、耐潮、抗裂和免维修等优点。特别适合于易燃、易爆等防火要求高的场所安装使用。

（二）配电变压器的选择要求

（1）合理选择变压器容量。正确地选择变压器容量和考核现有变压器的运行状态是电网降损节能的重要措施之一。而变压器容量的选择和变压器的负荷状态、负荷性质、年损耗小时数、变压器价格、地区电价、负荷增长情况、变压器的过载能力等因素有直接的关系。特别是农村电网负荷的峰谷差大、功率因数低以及年损耗小时数小的特点，有些因素的影响则显得更为重要。

如果容量选择过大，不仅会使一次性投资增加，同时也使得变压器的空载损耗增加。如果选择容量太小，则有可能引起变压器超负荷运行，使得过载损耗增加，甚至有可能导致变压器过热而烧毁。为此，在进行农网配电变压器容量选择时，应按实际负荷及5～10年农村电力发展计划来选定，一般按变压器容量的45%～70%来选择。另外，考虑到农村有其自身的用电特点，受季节性、时间性强及用电负荷波动大的影响，有条件的村庄可采用母子配电变压器或调容配电变压器供电，以满足不同季节、不同时间的需求。

（2）满足经济运行节约能源的要求。变压器运行的经济性是指变压器的负载损耗与空载损耗相等时，变压器的功率损耗最小，运行效率最高。变压器运行的经济性，是合理选择变压器时要考虑的重要因素之一。对于1000kVA以下的变压器，制造厂设计时一般按负载系数在40%～60%范围内处于经济运行区，即半载状态时运行最经济，处于额定容量的30%以下的轻载或空载状态时经济性极差。而根据农用配电变压器的突出特点，负载率比较低，所以在条件许可的情况下，可采用调容量变压器，尽可能使变压器处在经济运行区，是降低变压器损耗的一种方法。

（3）配电变压器的结构要简洁，体积尽可能小，以方便安装施工及运行与维护。

(4) 满足环境保护的要求。根据现代化的电网设备应坚持科技进步、安全可靠和节约能源的原则，实现电网设备小型化、无油化、自动化、免维护或少维护及环境保护的要求。城镇居民区内的变压器在运行中产生的噪声，应符合 GB 3096—2008《声环境质量标准》的规定。为此，在某些特殊地区应选用优质铁芯材料并有自然冷却能力的变压器，确保变压器有合理运行方式，必要时要有隔音措施。

二、常用配电设备的选择

（一）选择的基本原则

1. 按正常工作条件选择

(1) 根据设备的使用环境条件选择。

1) 环境温度：户内为－5℃～40℃，户外下限对一般地区不低于－30℃，高寒地段为－40℃。

2) 海拔高度：海拔 1000m 以下为一般地区，高于 1000m 为高原地区。

3) 风速：不大于 35m/s。

4) 户内相对湿度：不大于 90％。

5) 地震烈度：不超过 8 度。

6) 无严重污秽、化学腐蚀及剧烈振动等。

(2) 按工作电压选择。电气设备的额定电压应不低于设备安装处电网的额定电压。另外，一般情况下，在额定电压满足工作条件时，最高工作电压也应满足要求。

(3) 按工作电流选择。配电设备的额定电流应不小于流过设备的计算电流。工作环境温度低于－1℃～40℃时，每降低 1℃可增加额定电流 0.5％，但最大负荷不得超过额定电流的 20％；当环境温度高于 40℃时，每增加 1℃，额定电流应减少 1.8％。

2. 按最大短路电流校验

(1) 热稳定校验。对于一般电气设备，要求其短路电流的热效应不大于设备的允许发热。

(2) 动稳定校验。要求通过设备的最大可能短路电流应不大于设备额定动稳定电流的峰值。

（二）常用配电设备的选择

1. 避雷器的选择要求

避雷器是配电系统中的一种主要保护电器，主要用于限制雷电过电压和系统内部操作过电压对系统设备可能造成的损伤，通常接于导线和大地之间，与被保护设备并联。当雷电过电压和操作过电压值达到规定的动作电压时，避雷器立即动作，释放过电压电荷，将过电压限制在一定水平，保护电气设备的绝缘，使电网能够正常供电。

常用配电系统中使用较为广泛的避雷器有金属氧化物避雷器和阀型避雷器两大类。避雷器在实际应用选择时，除保证电压等级符合使用场所的电压等级要求外，还应重点做好以下检查。

（1）外观检查。外观检查的主要内容包括：

1）避雷器及其均压环均不得倾斜。

2）避雷器瓷表面不应有破损与裂纹。

3）避雷器的密封胶合物未出现龟裂或脱落。

4）引出线桩头无松动、脱焊等现象。

5）摇动避雷器应无响声。

6）对装有放电记录器的避雷器，应检查其完整性。试验避雷器时，也应同时检查放电记录器的动作情况。

7）避雷器各节的组合及其导线与端子的连接，均不应对避雷器产生应力。

8）避雷器各处螺栓应紧固。

（2）由两个或两个以上元件组成的避雷器，各个元件应单独试验。

（3）具有并联电阻的避雷器，其电导电流值大于650mA或与前次比较有显著增加者，说明其内部已受潮。如电导电流显著下降，则说明并联电阻已经老化、接触不良或断裂，应予以更换或检修。

（4）测量有并联电阻的阀型避雷器的电导电流时，在高压整流回路中应加滤波电容器，其电容值一般为0.1F以上。在直流高压输出端加装电容器后，在正半波充电时储存电荷，补偿负半波放电时引起的电压幅值的衰减，使试验电压基本保持不变。

（5）无并联电阻的阀型避雷器工频放电升压速度：

1）能够准确读出所升电压值时，可以快速升压直到避雷器击穿为止，当所升电压超过额定电压后的时间要尽可能缩短。

2）当在低压侧测量高压侧所升电压值时，升压速度应控制在：①对10kV

及以下避雷器为 3kV/s～5kV/s；②对 20kV～35kV 避雷器为 15kV/s～20kV/s；③一般升压至避雷器放电 3.5s～7s 即可满足要求。

（6）在进行工频耐压试验时，为了避免避雷器放电时烧损火花间隙，应限制通过火花间隙的电流不大于 0.7A，放电后应在 0.5s 内切断试验电源，所以在被试品回路中应选择限流电阻，且在试验变压器低压侧装设过电流速断装置。

如放电后，在 0.5s 内不能切断试验电源，则所选择的保护电阻应保证避雷器放电以后流过的电流一般不大于 15mA～20mA。

（7）在直流高压回路中加并了滤波电容，电压测量仍应在高压侧进行。因电导电流在限流电阻上有压降，若采用低压读数，则由于误差往往达不到可容许的精确度，将直接影响到电导电流测量的准确性。

（8）阀型避雷器在进行工频放电电压试验时，应避开试验电源上电焊机的工作，以免波形畸变，影响测试值的准确性。

（9）避雷器的工频放电电压值与气温有关，所以应记录试验时的气温。规程规定的工频放电电压值是在标准大气条件下所测得的。如现场所测得的工频放电电压超过规定范围，应换算成标准大气条件下的工频放电电压值，以判断其是否在合格范围内。

（10）在进行现场检查与试验时，禁止用梯子搭靠在避雷器上进行登高，以防避雷器受旁侧压力引起断裂，也可避免人身事故。

2. 断路器选择的基本要求

断路器是电力系统中重要的控制和保护设备。在系统正常运行时，断路器可以可靠地接通和断开电路；故障状态下，断路器通过自身或与其他保护设备配合，迅速切断故障电流，并将故障电路断开，从而实现对电气设备的保护。

配电系统中的断路器包括高压和低压两大类，其中高压断路器主要用于 10kV 及以上的配电设备的控制和保护，高压断路器通常具备良好的灭弧能力；低压断路器主要用于 10kV 以下低压配电设备的控制和保护。

（1）高压断路器的选择。根据高压断路器的工作环境及系统运行的要求，选择高压断路器时，应重点注意以下几点：

1）根据安装处的环境条件选择断路器的类型。根据电厂等级的要求，电压在 6kV～110kV 的断路器，可选真空断路器、SF_6 断路器或少油断路器。

2）根据断路器的装设地点选择有户内型和户外型；考虑装设在户外的高压

断路器，其环境的污秽程度将直接影响断路器的工作可靠性，因此，在选择时应根据实际环境污秽和等级情况，合理选择断路器的安装类别，以保证断路器在户外工作环境中能够安全稳定地运行。

3）正确选择断路器的工作电压。断路器铭牌上所标注的线电压即为断路器的额定电压，断路器的额定电压表示它在运行中能长期承受的系统最高电压。为保证断路器能可靠稳定工作，断路器在运行中长期承受的电压不得超过其额定值。断路器的额定电压应等于或大于系统最高电压，见表7－3－1。

表7－3－1　断路器的额定电压

额定电压/kV	最高电压/kV	额定电压/kV	最高电压/kV
3	3.5	20（15）	23（17.5）
6	6.9	35	40.5
10	11.5	63	72.5

4）根据所在网络正确选择断路器的额定电流和短路开断、关合电流。高压断路器的额定电流是指高压断路器在正常运行时，断路器允许的最大工作电流，即可以持续运行的负荷电流。

高压断路器的开断短路电流是指额定短路电流中的交流分量有效值，高压断路器的短路关合电流是指额定短路电流中的最高峰值，是额定短路开断电流值的2.5倍。

高压断路器没有规定的持续过电流能力，在选定断路器的额定电流时应计及运行中可能出现的任何负荷电流，把它们当作长期作用对待。断路器开断、关合短路电流值应大于或等于所在网络短路电流的计算值。

5）断路器热稳定校验短路电流热效应不大于规定时间内的允许热效应。

6）动稳定校验的冲击短路电流应不大于断路器额定动稳定电流的峰值。

7）断路器的操动机构应与操作的断路器及其负荷等级相匹配。一般是室内选用电磁操动机构，室外选用弹簧操动机构为佳。

8）选用国家质量认证的产品，且必须附有各种例行试验说明书和安装使用说明书。

（2）低压断路器的选择。

低压断路器（也有称为自动开关）是一种不仅可以接通和分断正常负荷电流和过负荷电流，还可以接通和分断短路电流的开关电器。低压断路器在电路中除起控制作用外，还具有过负荷、短路、欠电压和剩余电流保护等保护功能。低压断路器可以手动直接操作和电动操作，也可以远方遥控操作。

低压断路器的选择：额定电流在600A以下，且短路电流不大时，可选用塑壳断路器；额定电流较大，短路电流亦较大时，应选用万能式断路器。一般选用原则如下：

1）断路器额定电流应不小于负载工作电流；

2）断路器额定电压应不小于电源和负载的额定电压；

3）断路器脱扣器额定电流应不小于负载工作电流；

4）断路器极限通断能力应不小于电路最大短路电流；

5）线路末端单相对地短路电流/断路器瞬时（或短路时）脱扣器整定电流应不小于1.25倍额定电流；

6）断路器欠电压脱扣器额定电压应与线路额定电压相等。

3. 隔离开关的选择

隔离开关也被称为刀闸，是发电厂和变电站电气系统中重要的开关电器，在配电系统中主要用于将高压配电装置中需要停电的部分与带电部分可靠地隔离，以保证检修工作的安全。隔离开关的触头全部敞露在空气中，使电路形成明显的断开点，便于线路检修和重构系统运行方式。

隔离开关选择时除不选择开断电流和关合电流外，其他选择要求与高压断路器的选择要求基本相一致。

隔离开关的形式按安装地点不同分为屋内式和屋外式；按绝缘支柱数目分为单柱式、双柱式和三柱式；按操作级数可分为三极联动、单极操作两种；按隔离开关的动作方式可分为闸刀式、旋转式、插入式。因此，选择隔离开关的类型时，应根据其使用场所和相应的电流、电压及最大短路冲击电流合理地选择其隔离开关的型号。

4. 高压熔断器的选择

高压熔断器是配电系统动力和照明线路的一种保护器件，当发生短路或过大电流故障时，能迅速切断电源，保护线路和电气设施的安全，但熔断器不能准确保护过负荷。

熔断器分为高压和低压两大类。用于3kV～35kV的为高压熔断器；用于交流220、380V和直流220、440V的为低压熔断器。高压熔断器又分为户内式和户外式两种，具体选择要求如下：

1）首先根据安装地点的工作环境和使用条件，选择采用户外式或户内式。

2）熔断器的额定电压一般不应小于安装处被保护设备的电网额定电压。

3）根据负载特性，熔断器的额定电流应大于或等于熔体的额定电流（一般熔体的额定电流可选为熔断器具的0.3倍～1.0倍）；熔断器熔体的额定电流可选为负荷电流的2倍左右。

4）对所选定的熔断器的开断电流进行校核，要求流过限流熔断器的可能最大短路电流应小于其最大开断电流。当电源在最小运行方式时，短路电流应大于其最小开断电流；而通过户外跌落式熔断器的最大短路电流应在熔断器开断电流的上限和下限之间。

5）熔断器的动稳定校验和热稳定校验，其结果应符合对熔断器和被保护设备动稳定和热稳定的有关规定的要求。

第四节　接地装置安装的基本知识

一、接地装置的安装施工

电力系统为了保证电气设备的可靠运行和人身安全，不论在发电、供电、配电都需要有符合规定的接地。接地装置的安装直接影响电气设备的运行安全和人身安全。

（一）接地体的形式及埋设

1. 接地体的形式

（1）根据电气设备的种类及土壤电阻率的不同，接地体的形式一般有以下几种。

1）放射形接地体：采用一至数条接地带敷设在接地槽中，一般应用在土壤电阻率较小的地区。

2）环状接地体：用扁钢围绕杆塔构成的环状接地体。

3）混合接地体：由扁钢和钢管组成的接地体。

（2）根据接地体的埋设方式，接地体有水平埋设接地体和垂直插入式接地体之分。

1）水平接地体：该接地体水平的埋入地中，其长度和根数按接地电阻的要求确定。接地体的选择优先采用圆钢，一般直径为8mm～10mm。扁钢截面为25mm×4mm～40mm×4mm。热带地区应选择较大截面，干旱地区，选择较小截面。

2）垂直接地体：该接地体是垂直打入地中，长度为 1.5m～3m。截面按机械强度考虑，角钢为 20mm×20mm×3mm～50mm×50mm×5mm，钢管直径为 20mm～50mm，圆钢直径为 10mm～12mm。

2. 接地体的埋设

进行接地体的埋设施工时，应根据接地装置的形式，并结合当地地形情况进行定位。在选择接地槽位置时，应尽量避开道路、地下管道及电缆等；进行地势的选择时，应避开接地体可能受到山水冲刷的地段，防止自然条件的侵害。

（1）水平敷设接地体的埋设。应保证接地槽的深度符合设计要求，一般为 0.5m～0.8m，可耕地应敷设在耕地深度以下，在使用机耕的农田中，接地体的埋深以不小于 0.8m 为宜；接地槽的开挖宽度以工作方便为原则，为了减少土方工程量，一般宽度为 0.3m～0.4m。

接地槽底面应平整，不应有石块或其他影响接地体与土壤紧密接触的杂物。

接地体应平直，无明显弯曲；放射型接地体间不允许交叉，两相邻接地体间的最小水平距离应不小于 5m。倾斜地形应沿等高线敷设。

（2）垂直接地体的埋设。采用垂直接地体时，应垂直打入，并与土壤保持良好接触。

钢管的规格及打入土壤中的深度应符合设计要求。打管时应采用打管器，将接地体垂直打入地中并应防止其晃动，以免增加接地电阻。

（二）接地体埋设的注意事项

（1）在挖水平接地槽过程中，如遇大块石等障碍物可绕道避开，必须符合下列两条规定：

1）接地装置为环形者，改变后仍保持环形；

2）接地装置为放射形者，改变后仍保持放射形。

（2）铁带敷设之前应予以矫正，在直线段上不应有明显的弯曲，而且要立着敷设。

（3）在山区及土壤电阻率大的地区，尽量少用管型接地装置，而采用表面埋入式的接地装置。

（4）接地装置的连接应可靠。连接前，应清除连接部位的铁锈及其附着物。

（5）接地沟的回填宜选取无石块及其他杂物的泥土，并应夯实。在回填后的沟面应设有防沉层，其高度宜为 100mm～300mm。

（三）接地引下线的基本安装要求

（1）接地引下线的规格、与接地体的连接方式应符合设计规定；

（2）接地引下线与接地体的连接，应便于解开测量接地电阻；

（3）杆塔的接地引下线应紧靠杆身，每隔一定距离与杆身固定一次；

（4）电气设备的接地引下线必须使用有效的金属连接（不允许以设备的外壳，电杆的构件等代替）。

二、接地装置的检查验收

接地体的埋设施工完成后，应按规定的要求进行接地装置的接地电阻测量。

（一）接地装置接地电阻的技术标准

根据 DL/T 499—2001 的要求，低压电气设备工作接地和保护接地的电阻（工频）在一年四季中均应符合规定的要求。具体要求如下：

（1）配电变压器低压侧中性点的工作接地电阻，一般不应大于 4Ω。当配电变压器容量不大于 100kVA 时，接地电阻可不大于 10Ω。

（2）非电能计量装置电流互感器的工作接地电阻，一般可不大于 10Ω。

（二）降低接地装置接地电阻的措施

在部分高土壤电阻率的地带，接地装置接地电阻达不到设计要求的情况下，为保证电气设备的运行安全，可采用如下措施达到降低接地装置接地电阻的目的。

（1）延伸水平接地体，扩大接地网面积；

（2）在接地坑内填充长效化学降阻剂，但不允许使用具有腐蚀性的盐类（如食盐）；

（3）如近旁有低土电阻率区，可引外接地，如：将接地体延伸到潮湿低洼处。

第五节　接户线、进户线安装

一、接户线安装的一般要求

一般情况下，接户线指架空配电线路与用户建筑物外第一支持点之间的一段线路，由用户室外进入用户室内的线路称进户线。

（一）接户线、进户线

根据 DL/T 499—2001《农村低压电力技术规程》对架空配电线路的有关规

定，接户线和进户线的划分规定如下：

（1）当用户计量装置在室内时，从电力线路到用户室外第一支持物的一段线路为接户线；从用户室外第一支持物至用户室内计量装置的一段线路为进户线。

（2）当用户计量装置在室外时，从电力线路到用户室外计量装置的一段线路为接户线；从用户室外计量装置出线端至用户室内第一支持物或配电装置的一段线路为进户线。

（3）高压接户线是指电压等级在1kV及以上高压配电线路由跌落式熔断器或柱上式开关引到建筑物的线路。

通常在导线截面较小时，高压接户线可采用悬式绝缘子和蝶式绝缘子串联的方式固定在房屋的支持点上；在导线截面较大时应采用悬式绝缘子和耐张线夹的方式固定在房屋的支持点上。高压进户线引入室内时，应使用穿墙套管。

（4）低压接户线是指从0.4kV及以下低压电力线路到用第一支持物的一段线路；低压接户线通常使用绝缘线进行连接；根据导线拉力大小，低压接户线直接选用针式或蝶式绝缘子的连接方式固定在房屋的支持点上。

（5）进户线的进户点位置应尽可能靠近供电线路且明显可见，便于施工维护，进户线所在房屋应坚固并不漏水。进户线应采用绝缘导线，其截面按允许载流量选择。

（二）接户线和进户线的基本要求

（1）低压接户线的相线和中性线或保护线应从同一基电杆引下，其档距不宜超过25m（高压为30m），超过25m时应加装接户杆。但接户线的总长度（包括沿墙敷设部分）不宜超过50m。沿墙敷设的接户线以及进户线两支持点间的距离，不应大于6m。

（2）接户线与低压线如系铜线与铝线连接，应采取加装铜铝过渡接头的方法进行连接。

（3）为保证农村低压用户的用电安全，接户线与进户线宜采用绝缘导线，外露部位应严格地按规定进行绝缘处理。

（4）接户线的进户端对地面的垂直距离不宜小于2.5m。

（5）接户线不应从1kV～10kV引下线间穿过，不应跨越铁路。

（6）农村低压接户线档距内不允许有接头。不同规格不同金属的导线不应在同一档距内使用。

（7）两个电源引入的接户线不宜同杆架设。

(8) 接户线与主杆绝缘线连接后应按规定进行绝缘密封处理。

(9) 接户线零线在进户处应有重复接地，接地必须可靠，接地电阻符合规定的要求。

(10) 低压绝缘接户线、进户线与通信线、广播线等弱电线路交叉时，其垂直距离不应小于以下数值。

1) 接户线、进户线在弱电线路的上方时，0.6m；

2) 接户线、进户线在弱电线路的下方时，0.3m。

如不能满足上述要求，应采取隔离措施。

(11) 进户线穿墙时，应套装硬质绝缘套管，电线在室外应做滴水弯，穿墙绝缘管应内高外低，露出墙壁部分的两端不应小于 10mm，滴水弯最低点距地面小于 2m 时进户线应加装绝缘护套。

(12) 进户线与弱电线路必须分开进户。

二、接户线及进户线的安装

(一) 安装准备工作

进行接户线安装前的准备工作内容主要有：选择路径、导线、制订施工方案和办理相应的工作手续等。

(1) 路径的选择。进行接户线的安装时，应选择合适的路线和进户点。按规定，同一个用电单位（用户）只应有一个进户点。进户点的位置应尽可能靠近供电线路且明显可见，便于施工维护；进户端支持物应牢固，进户线所在房屋应坚固并不漏水。

(2) 导线的选择。为确保农村用户用电的安全、可靠，农村低压接户线和室外导线应采用耐气候型的绝缘电线，其导线截面的选择应按用户实际负荷的需要，并结合导线的允许载流量进行选择，但所选出绝缘导线的最小截面不得小于表 7-5-1 所示的规定值。

表 7-5-1　低压接户线的最小截面

架设方式	档距/m	绝缘铜线/mm^2	绝缘铝线/mm^2
自电杆引下	10 及以下	2.5	6.0
	10～25	4.0	10.0
沿墙敷设	6 及以下	2.5	4.0

（3）接户线两端绝缘子和接户线支架的选用。按规定，接户线自电杆引下（下杆）端和用户端，应根据导线拉力大小选用针式或蝶式绝缘子，接户线两端均应绑扎在绝缘子上，其绝缘子和接户线支架按下列规定选用：

1）导线截面在 $16mm^2$ 及以下时，可采用针式绝缘子，支架宜采用不小于50mm×5mm 的扁钢或 40mm×40mm×4mm 的角钢，也可采用 50mm×50mm 的方木。

2）导线截面在 $16mm^2$ 以上时，应采用蝶式绝缘子，支架宜采用 50mm×50mm×5mm 的角钢或 60mm×60mm 的方木。

（二）接户线的架设

（1）接户线安装方式。接户线下杆到用户端的安装采用横担分相固定时，横担的安装应牢固且横担的长度应满足规定线间距离的要求。分相架设的低压绝缘接户线的线间最小距离应不少于表 7－5－2 规定的数值。沿墙敷设时，可用预埋件或膨胀螺栓及低压蝶式绝缘子，预埋件或膨胀螺栓的间距以不超过6m 为宜。

表 7－5－2　分相架设的低压绝缘接户线的线间最小距离

架设方式		档距/m	线间距离/mm
自电杆上引下		25 及以下	150
沿墙敷设	水平排列	4 及以下	100
	垂直排列	6 及以下	150

（2）接户线的固定要求。

1）在杆上应固定在绝缘子上，固定时接户线不得本身缠绕，应用直径不小于 2.5mm 的单股塑料铜线绑扎。绑扎方式与蝶式绝缘子终端绑扎法相同。

2）在用户墙上使用挂线钩、悬挂线夹、耐张线夹（有绝缘衬垫）和绝缘子固定。

3）挂线钩应固定牢固，可采用穿透墙的螺栓固定，内端应有垫铁。混凝土结构的墙壁可使用膨胀螺栓，禁止用木塞固定。

（3）接户线两端绝缘子的绑扎。根据接户线的安装规定，接户线不能在档距中间悬空连接，必须从低压配电线路电杆绝缘子上引接，接户线两端应设绝缘子固定，导线在两端绝缘子上的绑扎长度应符合表 7－5－3 的规定。当采用蝶式绝缘子安装时应防止瓷裙积水。

表 7-5-3　绝缘导线在绝缘子上的绑扎长度

导线截面/mm²	绑扎长度/mm	导线截面/mm²	绑扎长度/mm
10 及以下	≥50	25～50	≥120
16 及以下	≥80	70～120	≥200

（4）下杆线与低压绝缘导线间的连接应符合有关规定的要求且应做好绝缘、防水处理。绝缘线与绝缘子接触部分应用绝缘自黏胶带缠绕，缠绕长度应超出绑扎部位或与绝缘子接触部位两侧各 30mm。绝缘胶带在缠绕时，每圈应压叠带宽的 1/2。

（5）一般条件下，接户线的进户端对地面的垂直距离不宜小于 2.5m。

（三）进户线的安装

进户线的安装如图 7-5-1 所示。进户线通常用角钢支架加装绝缘子来支持接户线和进户线的安装。

（1）进户线应采用护套线或硬管布线，其长度一般不宜超过 6m，最长不得超过 10m。进户线应选用绝缘良好的导线。进户线的截面应满足导线的安全载流量，且应不小于用户用电最大负荷电流或电能表最大载流量。

（2）进户线穿墙时，应套上瓷管、钢管或塑料管，如图 7-5-2 所示。要注意穿钢管时各线不得分开穿管。

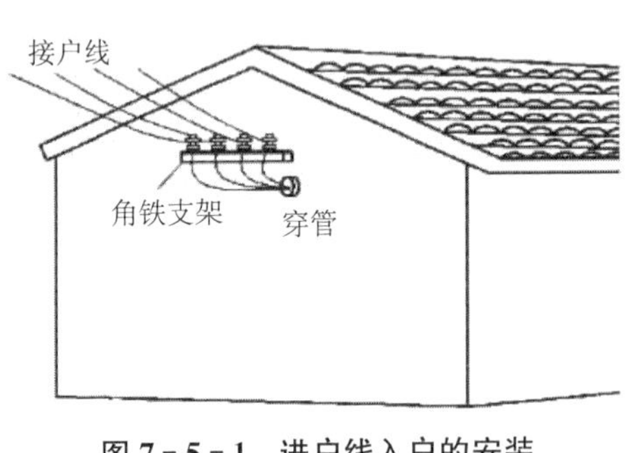

图 7-5-1　进户线入户的安装

（a）进户线进户　（b）接户线进户

图 7-5-2　进户线穿墙安装示意图

（3）进户线的安装应有足够的长度，户内一端一般接于总熔断器盒。户外一端与接户线连接后应保持 200mm 的弛度，户外进户线一般不应短于 800mm。

三、接户线及进户线的安装注意事项

（一）一般规定

（1）接户线、进户线安装应在停电条件下进行，全部安装工作完成，外观检查验收合格、清理工作现场结束后，应按规定进行合闸冲击试验，试验合格后办理相应的工作和用电手续后对用户供电。

（2）农村低压接户线不得跨越铁路或公路，并应尽量避免跨越房屋。在最大摆动时，不应有接触树木和其他建筑物的现象。

（3）为保证农村配低压电网的运行安全，接户线安装后，在导线最大弧垂时对公路、街道和人行道及周围其他物体的最小距离不应小于表 7－5－4 中规定的数值。

表 7－5－4　接户线对部分设施的最小距离

类别	最小距离/m	类别	最小距离/m
到通车公路路面道路的垂直距离	6.0	在窗户上方	0.3
通车困难的街道、人行道	3.5	在阳台或窗户下方	0.8
不通车的人行道胡同、小道	3.0	与窗户或阳台的水平距离	0.75
到房顶	2.5	与墙壁、构架的水平距离	0.05

（二）接户线安装的注意事项

当接户线档距超过规定要求或进户端低于 2.5m 及因其他安全需要时，需加装接户杆（也称下户杆）来支持接户线进户，如图 7－5－3 所示。

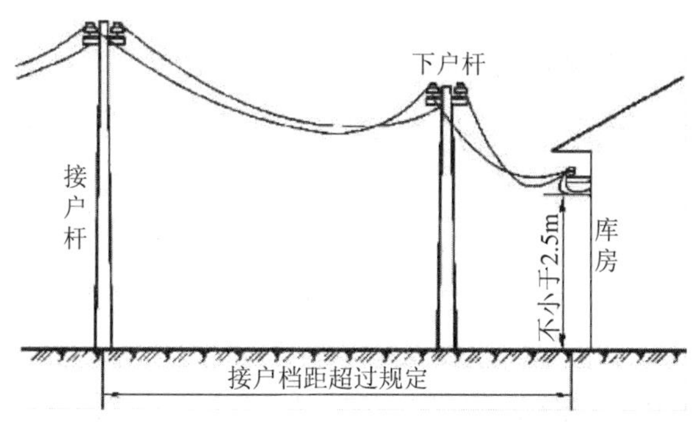

图 7－5－3　接户线通过进户杆进户的示意图

进户杆杆顶应安装镀锌铁横担，横担上安装低压ED形绝缘子，用来支持单相两线的，一般规定角钢规格不应小于40mm×40mm×5mm；用来支持三相四线的，一般角钢规格不应小于50mm×50mm×6mm。两绝缘子在角钢上的距离不应小于150mm。

（三）进户线安装的注意事项

（1）管口与接户线第一支持点的垂直距离宜在0.5m以内。

（2）金属管、塑料管在室外进线口应做防水弯头，弯头或管口应向下。

（3）穿墙硬管或PVC管的安装应内高外低，以免雨水灌入，硬管露出墙壁外部分不应小于30mm。

（4）用钢管穿墙时，同一交流回路的所有导线必须穿在同一根钢管内，且管的两端应套护圈。

（5）导线在穿管内严禁有接头。

（6）进户线与通信线、闭路线、IT线等应分开穿管进户。

第六节　低压电气设备及其选择

低压电器通常指工作在交流1200V、直流1500V及以下电路中的起控制、保护、调节、转换和通断作用的电器。低压电器广泛用于输配电系统和电力拖动系统中，在工农业生产、交通运输和国防工业中起着十分重要的作用。

一、低压电器分类

（一）按用途和控制对象不同分类

按用途和控制对象不同，可将低压电器分为配电电器和控制电器。

1. 用于低压配电系统的配电电器

用于低压配电系统的配电电器包括隔离开关、组合开关、空气断路器和熔断器等，主要用于低压配电系统及动力设备的接通与分断。

2. 用于电力拖动及自动控制系统的控制电器

用于电力拖动及自动控制系统的控制电器包括接触器、启动器和各种控制继电器等。对控制电器的主要技术要求是操作频率高、寿命长，有相应的转换能力。

（二）按动作方式不同分类

1. 自动切换电器

自动切换电器是依靠电器本身参数的变化或外来信号的作用，自动完成电路的接通或分断等操作，如接触器、继电器等。

2. 非自动切换电器

非自动切换电器依靠外力（如人力）直接操作来完成电路的接通、分断、启动、反转和停止等操作，如隔离开关、转换开关和按钮等。

二、低压电器型号表示方法

我国对各种低压电器产品型号编制方法如下（见图 7-6-1）：

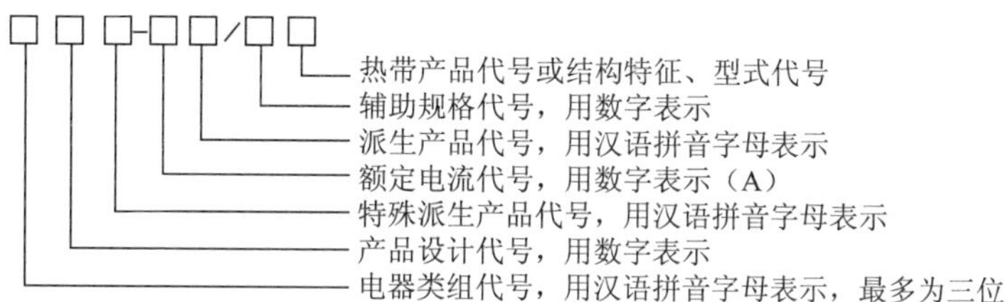

图 7-6-1　低压电器产品型号编制方法

三、常用低压电器

（一）低压隔离开关

低压隔离开关的主要用途是隔离电源，在电气设备维护检修需要切断电源时，使之与带电部分隔离，并保持足够的安全距离，保证检修人员的人身安全。

低压隔离开关可分为不带熔断器式和带熔断器式两大类。不带熔断器式隔离开关属于无载通断电器，只能接通或开断“可忽略的”电流，起隔离电源作用；带熔断器式隔离开关具有短路保护作用。

常见的低压隔离开关有：HD、HS 系列隔离开关，HR 系列熔断器式隔离开关，HG 系列熔断器式隔离器，HX 系列旋转式隔离开关熔断器组、抽屉式隔离开关，HH 系列封闭式开关熔断器组等。

1. HD、HS 系列隔离开关

HD、HS系列单投隔离开关适用于交流 50Hz 额定电压 380V、直流值 440V、额定电流 1500A 成套配电装置中，作为不频繁的手动接通和分断交、直流电路或作隔离开关用。其中：HD11、HS11 系列中央手柄式的单投和双投隔离开关如图 7－6－2 所示，正面手柄操作，主要作为隔离开关使用；HD12、HS12 系列侧面操作手柄式隔离开关，主要用于动力箱中；HD13、HS13 系列中央正面杠杆操动机构隔离开关主要用于正面操作、后面维修的开关柜中，操动机构装在正前方；HD14 系列侧方正面操作机械式隔离开关主要用于正面两侧操作、前面维修的开关柜中，操动机构可以在柜的两侧安装；装有灭弧室的隔离开关可以切断小负荷电流，其他系列隔离开关只作隔离开关使用。

图 7－6－2　HD11、HS11 系列中央手柄式的单投和双投隔离开关

2. HR 系列熔断器式隔离开关

HR 系列熔断器式隔离开关主要用于额定电压交流 380V（45Hz～62Hz），约定发热电流 630A 的具有高短路电流的配电电路和电动机电路中，正常情况下，电路的接通、分断由隔离开关完成；故障情况下，由熔断器分断电路。熔断器式隔离开关适用于工业企业配电网中不频繁操作的场所，作为电源开关、隔离开关、应急开关，并作为电路保护用，但一般不直接开闭单台电动机。如图 7－6－3 所示为 HR3 熔断器式隔离开关，如图 7－6－4 所示为 HR5 熔断器式隔离开关。

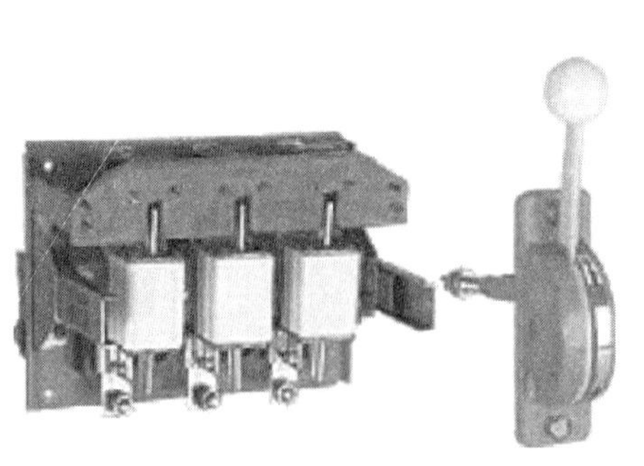

图 7－6－3　HR3 熔断器式隔离开关

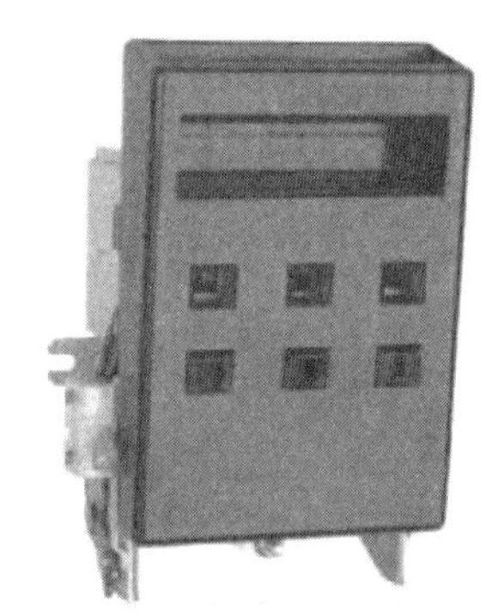

图 7－6－4　HR5 熔断器式隔离开关

HR系列熔断器式隔离开关常以侧面手柄式操作机构来传动，熔断器装于隔离开关的动触片中间，其结构紧凑。作为电气设备及线路的过负荷及短路保护用。

(1) HR系列熔断器式隔离开关的型号及含义（见图7-6-5）。

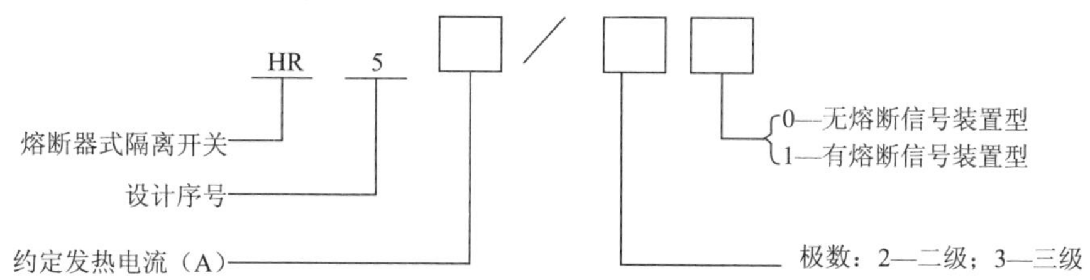

图7-6-5　HR系列熔断器式隔离开关的型号及含义

(2) 结构特点。HR系列熔断器式隔离开关有HR3、HR5、HR6、HR17系列等。HR3系列熔断器式隔离开关是由RTO有填料熔断器和隔离开关组成的组合电器，具有RTO有填料熔断器和隔离开关的基本性能。当线路正常工作时，接通和切断电源由隔离开关来完成；当线路发生过载或短路故障时，熔断器式隔离开关的熔体烧断，及时切断故障电路。正常运行时，保证熔断器不动作。当熔体因线路故障而熔断后，只需要按下锁板即可更换熔断器。

3. HG系列熔断器式隔离器

熔断器式隔离器用熔断体或带有熔断体的载熔件作为动触头的一种隔离器。HGI系列熔断器式隔离器用于交流50Hz、额定电压380V，具有高短路电流的配电回路和在电动机回路中用于电路保护，如图7-6-6所示。

HG系列熔断器式隔离器由底座、手柄和熔断体支架组成，并选用高分断能力的圆筒帽型熔断体。操作手柄能使熔断体支架在底座内上下滑动，从而分合电路。隔离器的辅助触头先于主触头断开，后于主电路而接通，这样只要把辅助触头串联在线路接触器的控制回路中，就能保证隔离器元件接通和断开电路。如果不与接触器配合使用，就必须在无载状态下操作隔离器。

当隔离器使用带撞击器的熔断体时，任一极熔断体熔断后，撞击器弹出，通过横杆触动装在底板上的微动开关，使微动开关发出信号，切断接触器的控制回路，这样就能防止电动机单相运行。

4. HK系列旋转式隔离开关熔断器组

隔离开关熔断器组是隔离开关的一极或多极与熔断器串联构成的组合电器。广泛用于照明、电热设备及小容量电动机的控制线路中，手动不频繁地接通和分断电路的场所，与熔断体配合起短路保护的作用。常用的有 HK2、HK8 系列旋转式隔离开关熔断器组，又称开启式负荷开关或胶盖瓷底开关。HK2 系列开启式负荷开关由隔离开关和熔体组合而成，瓷底座上装有进线座、静触头、熔体、出线座及带瓷质子柄的刀片式动触头，上面装有胶盖以防操作时触及带电体或分断时熔断器产生的电弧飞出伤人，结构如图 7－6－7 所示。

图 7－6－6　HG 系列熔断器式隔离器

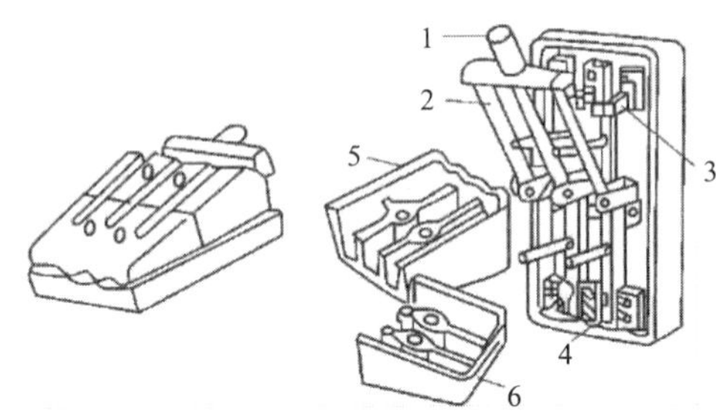

1—手柄；2—刀闸；3—静触座；4—安装熔丝的接头；5—上胶盖；6—下胶盖

图 7－6－7　HK2 型开启式负荷开关结构示意

HK 系列开启式负荷开关由于结构简单、价格便宜，目前广泛作为隔离电器使用。但由于这种开关因体积大、动触头和静触头易发热而出现熔蚀现象，新型的 HY122 隔离开关正逐步取代 HK 系列开启式负荷开关。

HK 系列旋转式隔离开关熔断器组的型号及含义如下（见图 7－6－8）：

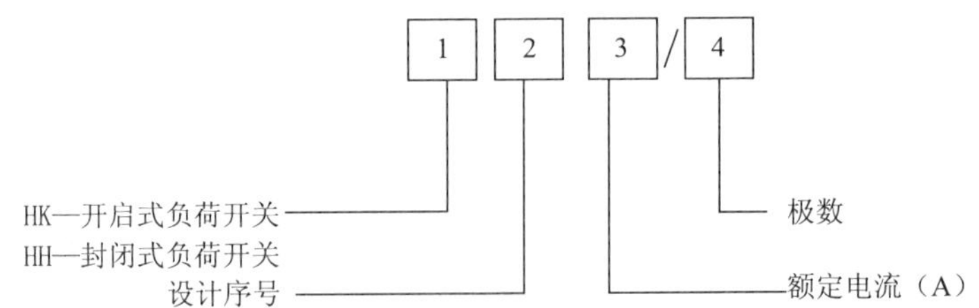

图 7－6－8　HK 系列旋转式隔离开关熔断器组的型号及含义

（二）低压组合开关

组合开关又称转换开关，一般用于交流 380V、直流 220V 以下的电气线路中，供手动不频繁地接通与分断电路，以小容量感应电动机的正、反转和星—三角降压动的控制。它具有体积小、触头数量多、接线方式灵活、操作方便等特点。

1. 结构特点

HZ系列组合开关有HZ1、HZ2、HZ3、HZ4、HZ5以及HZ10等系列产品，开关的动、静触头都安放在数层胶木绝缘座内，胶木绝缘座可以一个接一个地组装起来，多达六层。动触头由两片铜片与具有良好灭弧性能的绝缘纸板销合而成，其结构有90°与180°两种。动触头连同与它组合在一起的隔弧板套在绝缘方轴上，两个静触头则分置在胶木座边沿的两个凹槽内。动触点分断时，静触头一端插在隔弧板内；当接通时，静触头一端则夹在动触头的两片铜片当中，另一端伸出绝缘座外边以便接线。当绝缘方轴转过90°时，触点便接通或分断一次。而触点分断时产生的电弧，则在隔板中熄灭。由于组合开关操作机构采用扭簧储能机构，使开关快速动作，且不受操作速度的影响。组合开关按不同形式配置动触头与静触头，以及绝缘座堆叠层数不同，可组合成几十种接线方式，常用的HZ10系列组合开关的结构如图7-6-9所示。

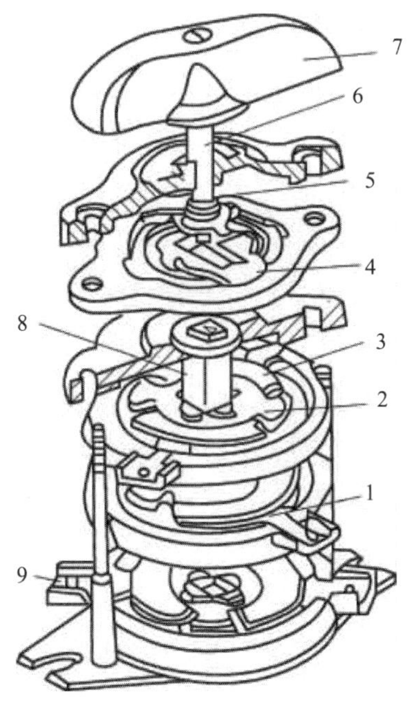

1—静触片；2—动触片；3—绝缘垫板；4—凸轮；5—弹簧；
6—转轴；7—手柄；8—绝缘杆；9—接线柱

图7-6-9　HZ10系列组合开关结构图

2. 型号及含义

HZ 系列低压组合开关的型号及含义见图 7-6-10。

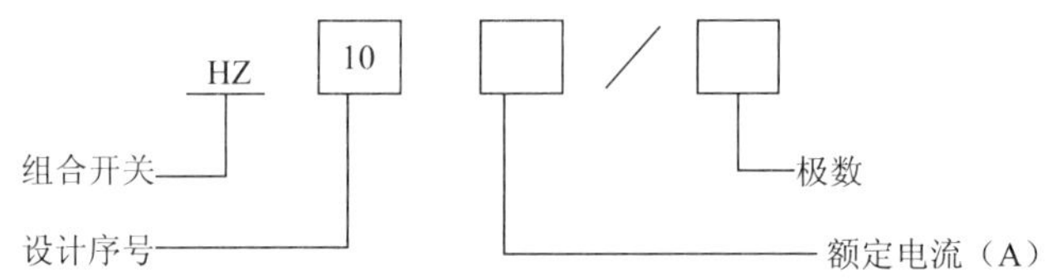

图 7-6-10　HZ 系列低压组合开关的型号及含义

（三）低压熔断器

熔断器是一种最简单的保护电器，它串联于电路中，当电路发生短路或过负荷时，熔体熔断自动切断故障电路，使其他电气设备免遭损坏。低压熔断器具有结构简单，价格便宜，使用、维护方便，体积小，重量轻等优点，因而得到广泛应用。

1. 压熔断器的型号、种类及结构

（1）低压熔断器的型号和含义见图 7-6-11。

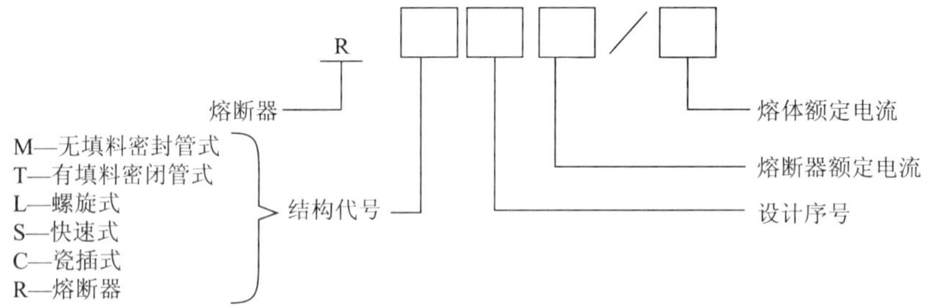

图 7-6-11　低压熔断器的型号及含义

（2）低压熔断器的使用类别及分类。低压熔断器按结构形式不同，有触刀式、螺栓连接、圆筒帽、螺旋式、圆管式、瓷插式等形式。按用途不同可分为一般工业用熔断器、半导体保护用熔断器和自复式熔断器等。

（3）常用低压熔断器。熔断器一般由金属熔体、连接熔体的触头装置和外壳组成。常用低压熔断器外形如图 7-6-12 所示。低压熔断器的产品系列、种类很多，常用的产品系列有 RL 系列螺旋管式熔断器，RT 系列有填料密封管式熔断器，RM 系列无填料封闭管式熔断器、NT（RT）系列高分断能力熔断器，RLS、RST、RS 系列半导体保护用快速熔断器，HG 系列熔断器式隔离器等。

(4) 熔体材料及特性。熔体是熔断器的核心部件，一般由铅、铅锡合金、锌、铝、钢等金属材料制成。由于熔断器是利用熔体熔化切断电路，因此要求熔体的材料熔点低、导电性能好、不易氧化和易于加工。

(a) 瓷插式熔断器　(b) RM10无填料封闭管式熔断器　(c) RL16螺旋式熔断器　(d) RTO有填料封闭管式熔断器　(e) RS3快速熔断器

图 7-6-12　常用低压熔断器

2. 熔断器工作原理

当电路正常运行时，流过熔断器的电流小于熔体的额定电流，熔体正常发热温度不会使熔体熔断，熔断器长期可靠运行；当电路过负荷或短路时，流过熔断器的电流大于熔体的额定电流，熔体熔化切断电路。

3. 熔断器的技术参数及工作特性

(1) 熔断器技术参数。熔断器的主要技术参数有额定电压、额定电流和极限分断能力。

1) 额定电压，指熔断器长期能够承受的正常工作电压。熔断器的额定电压应等于熔断器安装处电网的额定电压。如果熔断器的工作电压低于其额定电压，熔体熔断时可能会产生危险的过电压。

2) 熔断器的额定电流，指在一般环境温度（不超过 40℃）下，熔断器外壳和载流部分长期允许通过的最大工作电流。

3) 熔体的额定电流，指熔体允许长期通过而不熔化的最大电流。一种规格的熔断器可以装设不同额定电流的熔体，但熔体的额定电流应不大于熔断器的额定电流。

4) 极限分断电流，指熔断器能可靠分断的最大短路电流。

(2) 工作特性。

1) 电流—时间特性。熔断器熔体的熔化时间与通过熔体电流之间的关系曲线（见图 7-6-13)，称为熔体的电流—时间特性，又称为安秒特性。熔断器的安秒特性由制造厂家给出，通过熔体的电流和熔断时间呈反时限特性，即电流越大，熔断时间就越短。图 7－6－13 中为额定电流不同的熔体 1 和熔体 2 的安秒特性曲线，熔体 2 的额定电流小于熔体 1 的额定电流，熔体 2 的截面积小于熔体 1 的截面积，同一电流通过不同额定电流的熔体时，额定电流小的熔体先熔断，例如同一短路电流 I_d 流过两熔体时，$t_2<t_1$，熔体 2 先熔断。

2）熔体的额定电流与最小熔化电流。熔体的额定电流指熔体长期工作而不熔化的电流，由熔断器的安秒特性曲线可以看出，随着流过熔体电流逐渐将少，熔化时间不断增加。当电流减少到一定值时，熔体不再熔断，熔化时间趋于无穷大，该电流值称为最小熔化电流，用 I_{zx} 表示。

3）熔断器短路保护的选择性。选择性是指当电网中有几级熔断器串联使用时，如果某一线路或设备发生故障时，应当由保护该设备的熔断器动作，切断电路，即为选择性熔断；如果保护该设备的熔断器不动作，而由上一级熔断器动作，即为非选择性熔断。发生非选择性熔断时将扩大停电范围，从而造成不应有的损失。如图 7－6－14 所示电路中，在 K 点发生短路时，FU1 应该先熔断，FU 不应该动作。在一般情况下，如果上一级熔断器的熔断时间为下一级熔断器熔断时间的 3 倍，就可能保证选择性熔断。当熔体为同一材料时，上一级熔体的额定电流为下一级熔体额定电流的 2～4 倍。

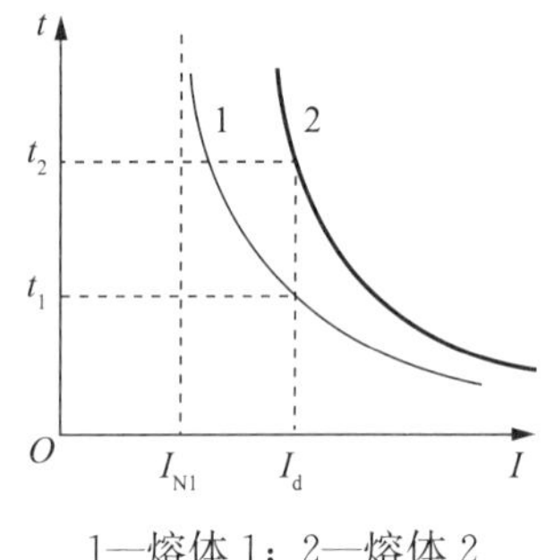

1—熔体 1；2—熔体 2

图 7－6－13　熔断器的安秒特性

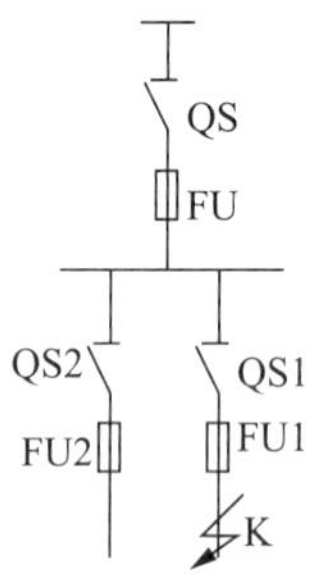

图 7－6－14　熔断器的配合接线

（四）低压断路器

低压断路器又称自动空气开关、自动开关，是低压配电网和电力拖动系统中常用的一种配电电器。低压断路器的作用是在正常情况下，不频繁地接通或开断电路；在故障情况下，切除故障电流，保护线路和电气设备。低压断路器具有操作安全、安装使用方便、分断能力较高等优点，因此，在各种低压电路中得到广泛应用。

1. 低压断路器分类及型号

低压断路器是利用空气作为灭弧介质的开关电器，低压断路器按用途分为配电用和保护电动机用；按结构形式分为塑壳式和框架式。

低压断路器分为框架式（万能式）断路器和塑壳式断路器两大类，目前我国万能式断路器主要有DW15、DW16、DW17（ME）、DW45等系列；塑壳式断路器主要有DZ20、CM1、TM30等系列。下面以DZ20型断路器为例，介绍其型号及技术参数（见图7-6-15）：

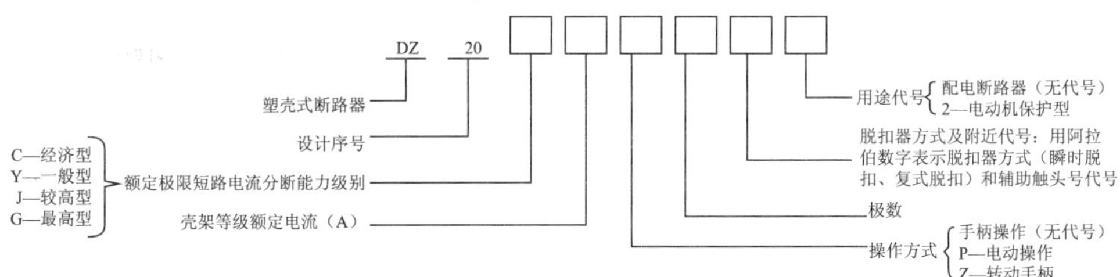

图7-6-15　DZ20型断路器型号及技术参数

低压断路器的主要特性及技术参数有额定电压、额定频率、极数、壳架等级额定电流、额定运行分断能力、极限分断能力、额定短时耐受电流、过流保护脱扣器时间—电流曲线、安装形式、机械寿命及电寿命等。

2. 低压断路器基本结构及工作原理

常用低压断路器由脱扣器、触头系统、灭弧装置、传动机构和外壳等部分组成。

脱扣器是低压断路器中用来接受信号的元件，用它来释放保持机构而使开关电器打开或闭合。当低压断路器所控制的线路出现故障或非正常运行情况时，由操作人员或继电保护装置发出信号，脱扣器会根据信号通过传递元件使触头动作跳闸，切断电路。触头系统包括主触头、辅助触头。主触头用来分、合主电路，辅助触头用于控制电路，用来反映断路器的位置或构成电路的联锁。主触头有单断口指式触头、双断口桥式触头和插入式触头等几种形式。低压断路器的灭弧装置一般为栅片式灭弧罩，灭弧室的绝缘壁一般用钢板纸压制或用陶土烧制。

低压断路器脱扣器的种类有：热脱扣器、电磁脱扣器、失压脱扣器和分励脱扣器等。

热脱扣器起过载保护作用，热脱扣器按动作原理不同，分为有热动式和液压式；电磁脱扣器又称短路脱扣器或瞬时过流脱扣器，起短路保护作用；失压脱扣器与被保护电路并联，起欠压或失压保护作用；分励脱扣器的电磁线圈被保护电路并联，用于远距离控制断路器跳闸。

低压断路器的工作原理如图 7-6-16 所示。断路器正常工作时，主触头串联于三相电路中，合上操作手柄，外力使锁扣克服反作用力弹簧的拉力，将固定在锁扣上的动、静触头闭合，并由锁扣扣住牵引杆，使断路器维持在合闸位置。当线路发生短路故障时，电磁脱扣器产生足够的电磁力将衔铁吸合，通过杠杆推动搭钩与锁扣分开，锁扣在反作用力弹簧的作用下，带动断路器的主触头分闸，从而切断电路；当线路过载时，过载电流流过热元件使双金属片受热向上弯曲，通过杠杆推动搭钩与锁扣分开，锁扣在反作用力弹簧的作用下，带动断路器的主触头分闸，从而切断电路。

3. 常见低压断路器

(1) 塑壳式断路器。塑壳式断路器的主要特征是所有部件都安装在一个塑料外壳中，没有裸露的带电部分，提高了使用的安全性。塑壳式断路器多为非选择型，一般用于配电馈线控制和保护、小型配电变压器的低压侧出线总开关、动力配电终端控制和保护，以及住宅配电终端控制和保护，也可用于各种生产机械的电源开关。小容量（50A 以下）的塑壳式断路器采用非储能式闭合，手动操作；大容量断路器的操动机构采用储能式闭合，可以手动操作，亦可由电动机操作。电动机操作可实现远方遥控操作。塑壳式断路器外形示意如图 7-6-17 所示。

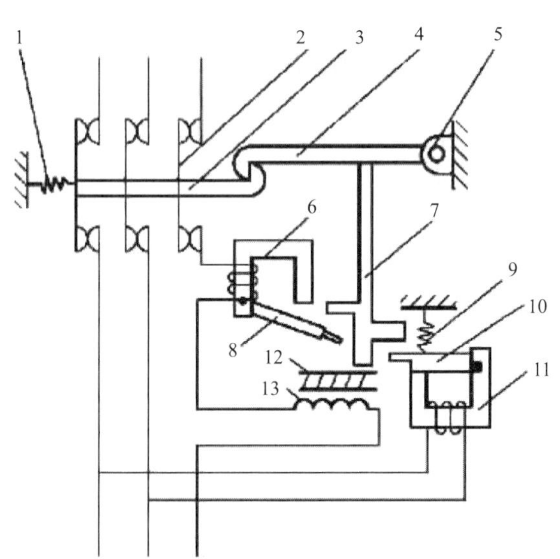

1、9—弹簧；2—触头；3—锁键；4—搭钩；5—轴；6—电磁脱扣器；7—杠杆；
8、10—衔铁；11—欠电压脱扣器；12—双金属片；13—电阻丝

图 7-6-16　低压断路器工作原理示意图

(2) 框架式断路器。框架式断路器是在一个框架结构的底座上装设所有组件。由于框架式断路器可以有多种脱扣器的组合方式，而且操作方式较多，故又称为万能式断路器。CW 系列万能式断路器外形示意如图 7－6－18 所示。

图 7－6－17　塑壳式断路器外形示意图　　图 7－6－18　CW 系列万能式断路器示意图

框架式断路器容量较大，其额定电流为 630A～5000A，一般用于变压器 400V 侧出线总开关、母线联络断路器或大容量馈线断路器和大型电动机控制断路器。

(3) 智能断路器。智能断路器由触头系统、灭弧系统、操动机构、互感器、智能控制器、辅助开关、二次接插件、欠压和分励脱扣器、传感器、显示屏、通信接口、电源模块等部件组成。智能脱扣器原理框图如图 7－6－19 所示。智能脱扣器的保护特性有：过载长延时保护，短路短延时保护，反时限、定时限、短路瞬时保护，接地故障定时限保护。

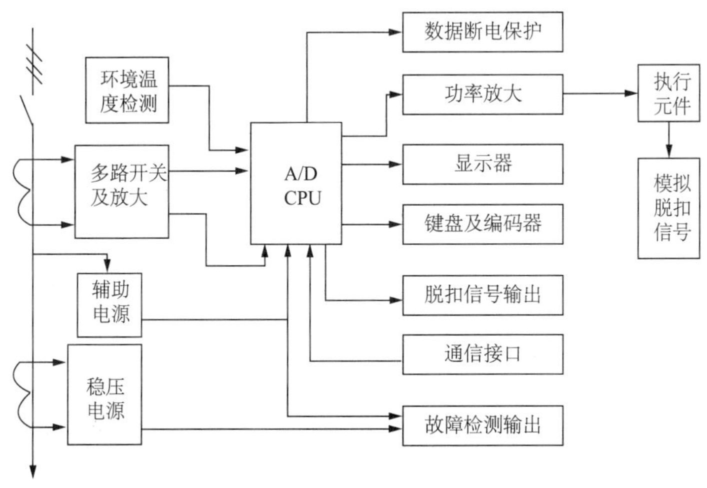

图 7－6－19　智能脱扣器原理框图

智能断路器的核心部分是智能脱扣器。它由实时检测、微处理器及其外围接口和执行元件3个部分组成。

1）实时检测。智能断路器要实现控制和保护作用，电压、电流等参数的变化必须反映到微处理器上。

2）微处理器系统。这是智能脱扣器的核心部分，由微处理与外围接口电路组成，对信号进行实时处理、存储、判别，对不正常运行进行监控等。

3）执行部分。智能脱扣器的执行元件是磁通变换器，其磁路全封闭或半封闭，正常工作时靠永磁体保证铁芯处于闭合状态，脱扣器发出脱扣指令时，线圈通过的电流产生反磁场抵消了永磁体的磁场，动铁芯靠反作用力弹簧动作推动脱扣件脱扣。

智能断路器外形示意如图7-6-20所示。

（4）微型断路器。微型断路器是一种结构紧凑、安装便捷的小容量塑壳断路器，主要用来保护导线、电缆和作为控制照明的低压开关，所以亦称导线保护开关。一般均带有传统的热脱扣、电磁脱扣，具有过载和短路保护功能。其基本形式为宽度在20mm以下的片状单极产品，将两个或两个以上的单极组装在一起，可构成联动的二、三、四极断路器。微型断路器广泛应用于高层建筑、机床工业和商业系统，随着家用电器的发展，现已深入到民用领域。国际电工委员会（IEC）已将此类产品划入家用断路器。

目前我国生产的微型断路器有K系列和引进技术生产的S系列、C45和C45N系列、PX系列等。C型系列断路器如图7-6-21所示。

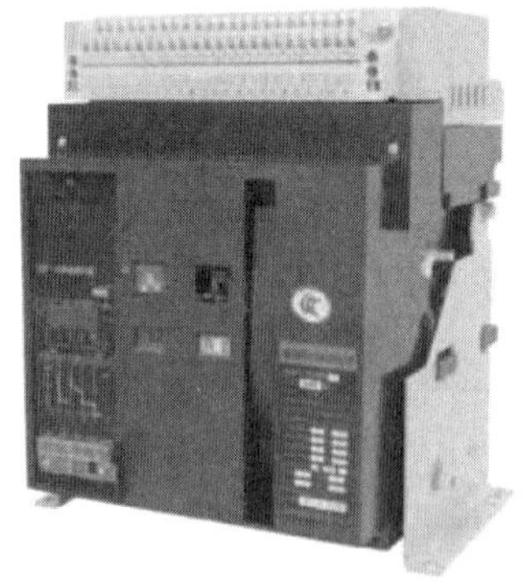

图7-6-20　智能断路器外形示意图

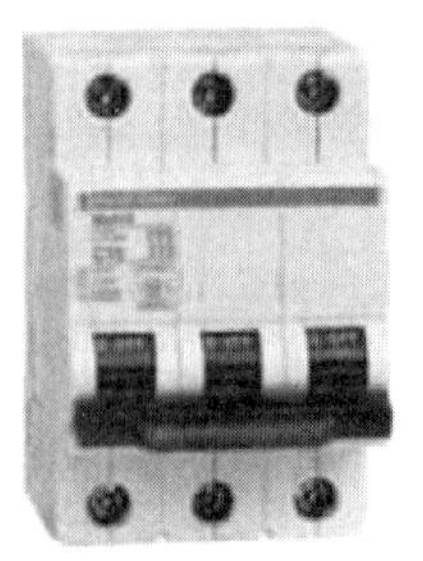

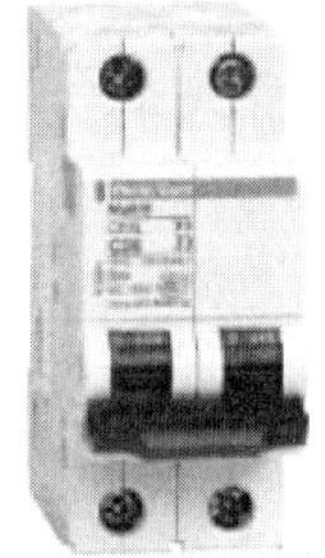

图7-6-21　C型系列断路器

4. 交流接触器

接触器是一种自动电磁式开关，用于远距离频繁地接通或开断交、直流主电路及大容量控制电路。接触器的主要控制对象是电动机，能完成启动、停止、正转、反转等多种控制功能；也可用于控制其他负载，如电热设备、电焊机以及电容器组等。接触器按主触头通过电流的种类，分为交流接触器和直流接触器。

(1) 交流接触器型号及含义见图 7－6－22。

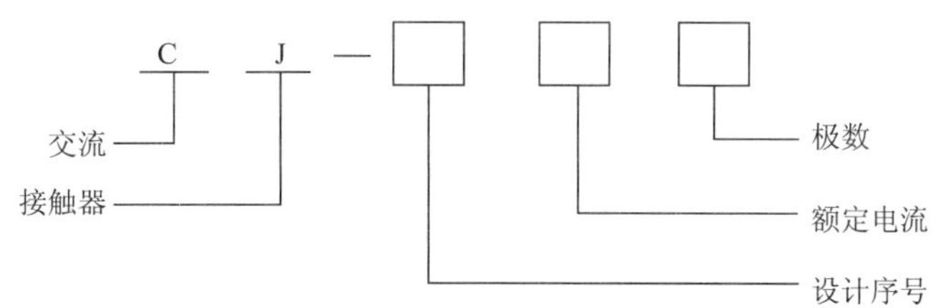

图 7－6－22　交流接触器型号及含义

常用交流接触器的型号有 CJ20 等系列，它的主要特点是动作快、操作方便、便于远距离控制，广泛用于电动机、电热设备及机床等设备的控制。其缺点是噪声偏大，寿命短，只能通断负荷电流，不具备保护功能，使用时要与熔断器、热继电器等保护电器配合使用。

(2) 交流接触器结构及工作原理。

1) 交流接触器基本结构。交流接触器主要由电磁系统、触头系统、灭弧装置及辅助部件等组成。电磁系统由电磁线圈、铁芯、衔铁等部分组成，其作用是利用电磁线圈的得电或失电，使衔铁和铁芯吸合或释放，实现接通或关断电路的目的。

交流接触器的触头可分为主触头和辅助触头。主触头用于接通或开断电流较大的主电路。一般由三对接触面较大的动合触头组成。辅助触头用于接通或开断电流较小的控制电路，一般由两对动合和动断触头组成。

2) 交流接触器工作原理。交流接触器的工作原理如图 7－6－23 所示，当按下按钮 7，接触器的线圈 6 得电后，线圈中流过的电流产生磁场，使铁芯产生足够的吸力，克服弹簧的反作用力，将衔铁吸合，通过传动机构带动主触头和辅助动合触头闭合，辅助动断触头断开。当松开按钮，线圈失电，衔铁在反作用力弹簧 4 的作用下返回，带动各触头恢复到原来状态。

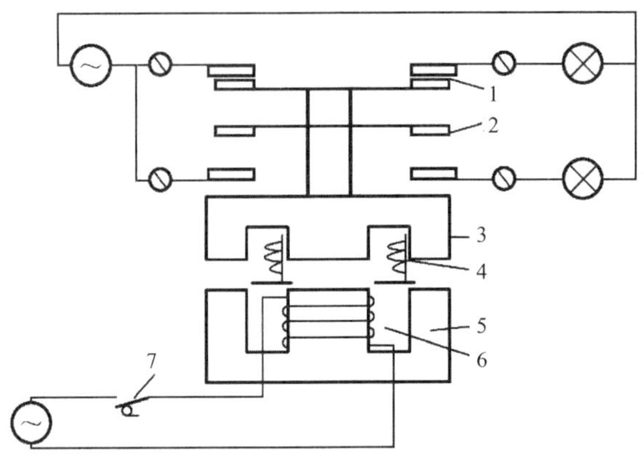

1—静触头；2—动触头；3—衔铁；4—反作用力弹簧；5—铁芯；6—线圈；7—按钮

图 7-6-23 交流接触器的工作原理

常用的 CJ20 等系列交流接触器在 85%～105%额定电压时，能保证可靠吸合；电压降低时，电磁吸力不足，衔铁不能可靠吸合。运行中的交流接触器，当工作电压明显下降时，由于电磁力不足以克服弹簧的反作用力，衔铁返回，使主触头断开。

（五）主令电器

主令电器是用于接通或开断控制电路，以发出指令或动作程序控制的开关电器。常用的主令电器有按钮、行程开关、万能转换开关和主令控制器等。主令电器是小电流开关，一般没有灭弧装置。

1. 按钮

按钮是一种手动控制器。由于按钮的触头只能短时通过 5A 及以下的小电流，因此按钮不宜直接控制主电路的通断。按钮通过触头的通断在控制电路中发出指令或信号，改变电气控制系统的工作状态。

（1）型号及含义见图 7-6-24。

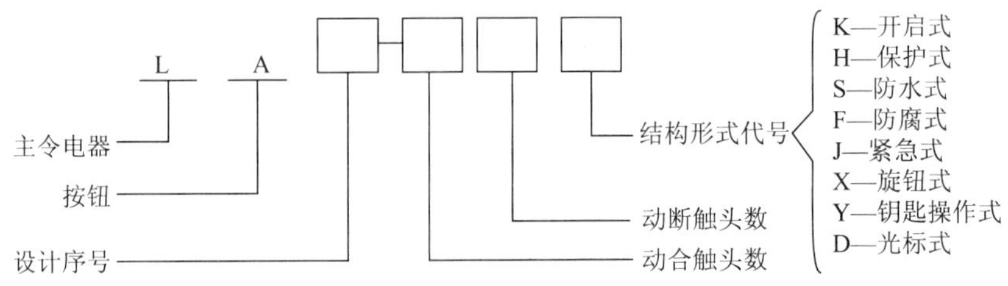

图 7-6-24 按钮型号及含义

（2）种类及结构。按钮一般由按钮帽，复位弹簧，桥式动、静触头，支柱连杆及外壳组成。常用按钮的外形如图 7-6-25 所示。

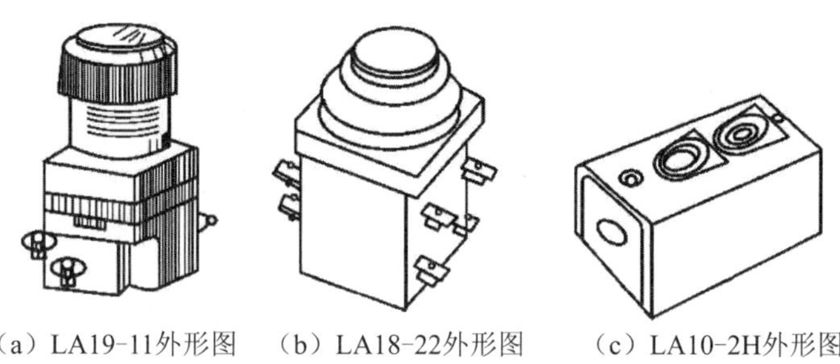

（a）LA19-11外形图　（b）LA18-22外形图　（c）LA10-2H外形图

图 7-6-25　常用按钮的外形图

按钮根据触头正常情况下（不受外力作用）分合状态分为启动按钮、停止按钮和复合按钮。

1）启动按钮。正常情况下，触头是断开的；按下按钮时，动合触头闭合，松开时，按钮自动复位。

2）停止按钮。正常情况下，触头是闭合的；按下按钮时，动断触头断开，松开时，按钮自动复位。

3）复合按钮。由动合触头和动断触头组合为一体，按下按钮时，动合触头闭合，动断触头断开；松开按钮时，动合触头断开，动断触头闭合。复合按钮的动作原理如图 7-6-26 所示。

图 7-6-26 中 1—1 和 2—2 是静触点，3—3 是动触点，图中各触点位置是自然状态。静触点 1—1 由动触点 3—3 接通而闭合，此时 2—2 断开。按下按钮时，动触点 3—3 下移，首先使静触点 1—1（称动断触点）断开，然后接通静触头 2—2（称动合触点），使之闭合；松手后在弹簧 4 作用下，动触头 3—3 返回，各触头的通断状态又回到图 7-6-26 所示位置。

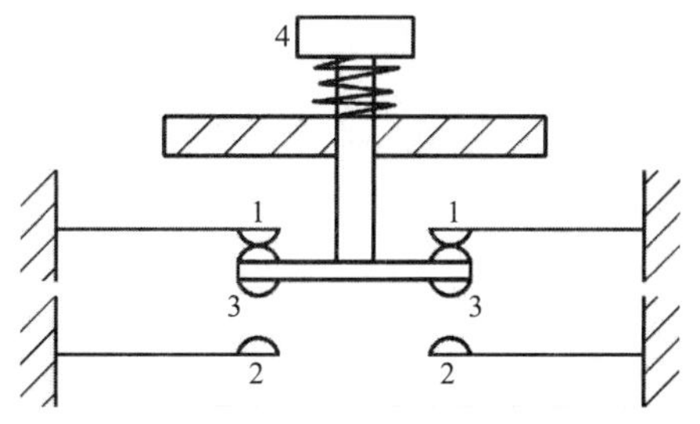

图 7-6-26　复合按钮的动作原理

生产中用不同的颜色和符号标志来区分按钮的功能及作用。各种按钮的颜色规定如下：启动按钮为绿色；停止或急停按钮为红色；启动和停止交替动作的按钮为黑色、白色或灰色；点动按钮为黑色；复位按钮为蓝色（若还具有停止作用时为红色）；黄色按钮用于对系统进行干预（如循环中途停止等）。

2. 行程开关

行程开关又叫限位开关，其作用与按钮相同。不同的是按钮是靠手动操作，而行程开关是靠生产机械的某些运动部件与它的传动部位发生碰撞，使其触头通断从而限制生产机械的行程、位置或改变其运行状态。行程开关的种类很多，但其结构基本一样，不同的仅是动作的转动装置。行程开关有按钮式、旋转式等，常用的行程开关有 LX19，JLXK1 等系列。

（1）型号及含义见图 7-6-27。

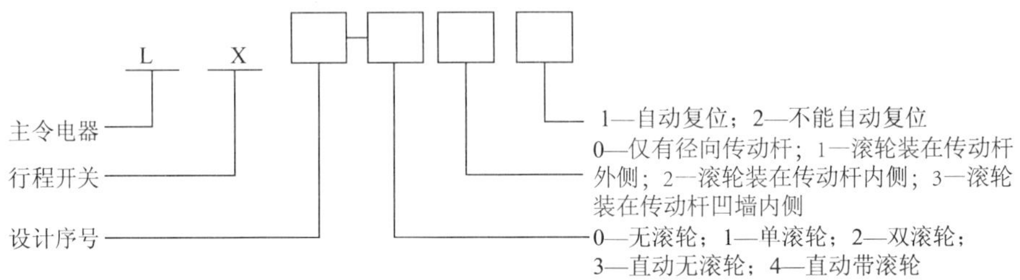

图 7-6-27　行程开关型号及含义

（2）结构及工作原理。各系列行程开关的基本结构大体相同，都是由触头系统、操作机构和外壳组成。JLXK1 系列行程开关的外形如图 7-6-28 所示。

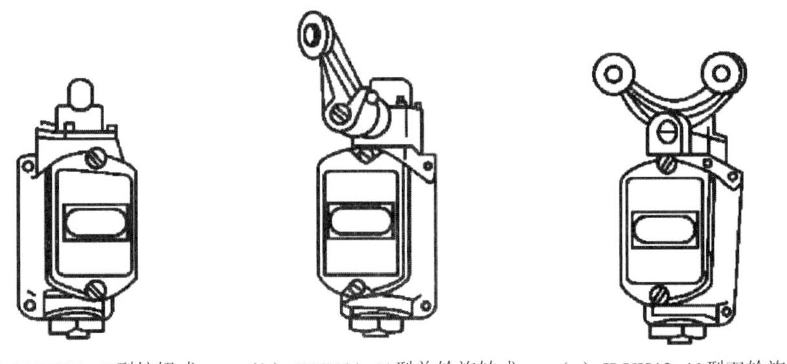

（a）JLXK13-11型按钮式　（b）JLXK11-11型单轮旋转式　（c）JLXK12-11型双轮旋转式

图 7-6-28　JLXK1 系列行程开关的外形图

当运动机械的挡铁压到行程开关的滚轮上时，传动杠杆连同转轴一起转动，使凸轮推动撞块，当撞块被压到一定位置时，推动开关快速动作，使其动断触头断开，动合触头闭合；当滚轮上的挡铁移开后，复位弹簧就使行程开关各部分恢复原始位置。这种单轮自动恢复式行程开关是依靠本身的恢复弹簧来复原，在生产机械的自动控制中应用较广泛。

第七节　剩余电流动作保护装置的应用

一、剩余电流动作保护范围

剩余电流动作保护是防止因低压电网剩余电流造成故障危害的有效技术措施，低压电网剩余电流保护一般采用剩余电流总保护（中级保护）和末级保护的多级保护方式。

（1）剩余电流总保护和中级保护的范围是及时切除低压电网主干线路和分支线路上断线接地等产生较大剩余电流的故障。

（2）剩余电流末级保护装于用户受电端，其保护的范围是防止用户内部绝缘破坏、发生人身间接接触触电等剩余电流所造成的事故，对直接接触触电，仅作为基本保护措施的附加保护。

剩余电流动作保护器对被保护范围内相—相、相—零间引起的触电危险，保护器不起保护作用。

二、剩余电流动作保护器的选用

（1）剩余电流动作保护器，必须选用符合 GB 6829 标准，并经中国电工产品认证委员会认证合格的产品。

（2）剩余电流动作保护器安装场所的周围空气温度，最高为＋40℃，最低为－5℃，海拔不超过 2000m，对于高海拔及寒冷地区，以及周围空气温度高于＋40℃低于－5℃运行的剩余电流动作保护器可与制造厂家协商制定。

（3）剩余电流动作保护器安装场所应无爆炸危险、无腐蚀性气体，并应注意防潮、防尘、防振动和避免日晒。

（4）剩余电流动作保护器的安装位置，应避开强电流线和电磁器件，避免磁场干扰。

(5) 剩余电流动作总保护在躲开电力网正常漏电情况下，漏电动作电流应尽量选小，以兼顾人身和设备的安全。剩余电流动作总保护的额定动作电流宜为可调档次值，其最大值见表7-7-1。

表7-7-1　剩余电流动作总保护额定动作电流　单位：mA

电网剩余电流情况	非阴雨季节	阴雨季节
剩余电流较小的电网	75	200
剩余电流较大的电网	100	300

(6) 剩余电流动作保护器的额定电流应为用户最大负荷电流的1.4倍为宜。

(7) 剩余电流动作末级保护器的漏电动作电流值，应小于上一级剩余电流动作保护的动作值，但应不大于：

1) 家用、固定安装电器，移动式电器，携带式电器以及临时用电设备小于或等于30mA。

2) 手持电动器具为10mA，特别潮湿的场所为6mA。

(8) 剩余电流动作中级保护器，其额定剩余电流动作电流应介于上、下级剩余电流动作电流值之间。具体取值可视电力网的分布情况而定。

(9) 上下级保护间的动作电流级差应按下列原则确定：

1) 分段保护上下级间级差为1.5倍。

2) 分级保护为两条支线，上下级间级差为1.8倍。

3) 分级保护为三条支线，上下级间级差为2倍。

4) 分级保护为四条支线，上下级间级差为2.2倍。

5) 分级保护为五条支路以上，上下级间级差为2.5倍，但是对于保护级差尚应在运行中加以总结，从而选用较为理想的级差。

(10) 三相保护器的零序互感器信号线应设断线闭锁装置。

(11) 选择触电、剩余电流动作保护的三条参考原则：

1) 总保护的容量应按出线容量的1.5倍选择。总保护的动作电流选在该级保护范围内的不平衡电流的2～2.5倍范围内为宜。

2) 总保护与用户的分级保护应合理配合。总保护的额定动作电流是用户分保护额定动作电流的2倍，动作时间0.2s为宜。

3) 每户尽量不选用带重合闸功能的保护器，若选用时，应拨向单延档，封去多延档，防止重复触电事故的发生。

三、剩余电流动作保护方式

剩余电流动作保护方式应根据电网接地方式、电网结构情况确定。

（1）装设剩余电流动作保护器的低压电网必须是电源中性点直接接地系统。农村低压电力网基本上采用的是 TT 系统，即配变低压侧中性点直接接地，网络内所有受电设备的外露可导电部分用保护接地线（PE 线）接至电气上与电力系统的接地点无直接关联的接地极上。采用 IT 系统的低压电力网，应装设剩余电流动作总保护和剩余电流动作末级保护。对于供电范围较大或有重要用户的低压电力网，可酌情增设剩余电流动作中级保护。

（2）剩余电流动作总保护应选用如下任一方式：

1）安装在电源中性点接地线上。

2）安装在电源进线回路上。

3）安装在各出线回路上。

（3）剩余电流动作中级保护可根据网络分布情况装设在分支配电箱的电源线上。

（4）剩余电流动作末级保护可装在接户箱或动力配电箱，或装在用户室内的进户线上。

（5）TT 系统中的移动式电器、携带式电器、临时用电设备、手持电动器具，应装设剩余电流动作末级保护，Ⅱ类和Ⅲ类电器除外。

（6）采用 TN－C 系统的低压电力网，不宜装设剩余电流动作总保护及剩余电流动作中级保护，但可装设剩余电流动作末级保护。末级保护的受电设备的外露可导电部分仍需用保护线与保护中性线相连接，不得直接接地以改变 TN－C 系统的运行方式。

（7）采用 IT 系统的低压电力网不宜装设电流型剩余电流动作保护器。

（8）剩余电流动作保护器动作后应自动断开电源，对开断电源会造成事故或重大经济损失的用户，应由用户申请经县供电部门批准，可采用剩余电流动作报警信号方式及时处理缺陷。

（9）农村低压电力网的剩余电流动作保护方式，由县级供电部门选定，运行中需要改变剩余电流动作保护方式时也需经县级供电部门批准，当涉及改变低压电力网系统运行方式时，必须经省供电部门批准。

四、电流动作保护器安装前的测试

安装剩余电流动作保护器前，必须了解低压电网的绝缘水平。规程对低压电网绝缘水平的规定值为0.5MΩ以上。为了保障保护器的正常运行，必须达到所要求的绝缘水平。因此，要进行绝缘电阻测试。测试时，多数用直接测量法，使用500V绝缘电阻表。测量前，要将配电变压器停电，并消除对被测低压电网产生感应电压的各种可能性，在无电的情况下进行测试。

（1）测试前，拆除配电变压器二次接地线、电网中所有设备的接地线，包括零线的重复接地、三孔插座的接地线，使整个低压电网处于与地隔离绝缘状态。

（2）测量单相绝缘电阻时，把未测相与中性线的连线打开，使测得的值为单相绝缘电阻值。测量时，被测相与绝缘电阻表L端相接，地与绝缘电阻表E相接，观察绝缘电阻表所测数值，即为被测相的绝缘电阻。

（3）测量三相绝缘电阻时，不必把未测相与中性线的连线打开，测得任一相的绝缘电阻都能反映出三相的绝缘水平。如果低压电网中无三相负荷，可将三根相线与一根中性线捏在一起，与绝缘电阻表L端相接，大地与绝缘电阻表E端相接，所测值为低压电网绝缘电阻。

五、剩余电流动作保护器的安装

剩余电流动作保护器的接线要按产品说明书的要求接线，使用的导线截面积应符合要求。

（1）剩余电流动作保护器标有“电源侧”和“负荷侧”时，电源侧接电源，负荷侧接负荷，不能反接。

（2）安装组合式剩余电流动作保护器的空心式零序电流互感器时，主回路导线应并拢绞合在一起穿过互感器，并在两端保持大于15cm距离后分开，防止无故障条件下因磁通不平衡引起误动作。

（3）安装了剩余电流动作保护器装置的低压电网线路的保护接地电阻应符合要求。

（4）总保护采用电流型剩余电流动作保护器时变压器的中性点必须直接接地。在保护区范围内，电网零线不得有重复接地。零线和相线保持相同的良好绝缘，保护器后的零线和相线在保护器间不得与其他回路共用。

（5）剩余电流动作保护器安装时，电源应朝上垂直于地面，安装场所应无腐蚀气体，无爆炸危险物，防潮防尘防震，防阳光直晒，周围空气温度上限不超过

40℃，下限不低于−5℃。

（6）剩余电流动作保护器安装后应进行如下检验：

1）带负荷拉合 3 次，不得有误动作。

2）用试验按钮试跳 3 次应正确动作。

3）各相用 1kΩ 左右试验电阻或 40W～60W 灯泡接地试跳 3 次，应正确动作。

六、剩余电流动作保护器的正确接线

检测触（漏）电电流信号元件时，或零序电流互感器安装时，应注意：

（1）不许只穿零线。

（2）不许穿在重复接地线上。

（3）不许漏穿相线或零线。

（4）不许有任何一相多绕圈穿过零序电流互感器，或零线在多回线的两相电流互感器中公用。

（5）动力照明分计时，应照明动力共用一套两相电流互感器或照明，动力分别用两套两相电流互感器。

（6）不许在三相四线制中把照明的相线接在保护之后，而零线接在保护之前，整个回路失去剩余电流动作保护。

（7）不许在各回路间形成公用相电压回路。

（8）不许接地保护、接零保护混用。

（9）不许在两相电流互感器保护区内有重复接地。

（10）同级保护器间应单独设零线回路，不许设“公用零线”。

（11）剩余电流动作保护装置中用电设备的保护零线不应穿过零序电流互感器，应把保护零线接到剩余电流动作保护装置前面；但工作零线必须穿过零序电流互感器。

（12）剩余电流动作保护器的工作零线不许用开关、刀开关断开，或装设熔丝。

（13）不同低压系统不允许共用同一根工作零线。

（14）各户单相三孔插座外安装的剩余电流动作保护器，要切实注意不要漏接相线。

（15）剩余电流动作保护系统应实现三级保护为宜，整定值合理，不越级跳闸。

（16）加强线路绝缘：

1）在灶房内宜采用双层保护绝缘线和抗老化的新型聚氯乙烯绝缘线。橡皮线和普通塑料线不得贴墙布设，容易凝露或烟重的地方不应装设开关、插座。

2）导线接头的黑胶布不得贴墙，不得夹在瓷夹板中。

3）普通塑料线和橡皮线不得直接埋入土中或墙内，也不得挂在钉上或绑在树上，应当使用穿墙套管、瓷柱等绝缘物加以固定。

七、剩余电流动作保护器的运行和维护及调试

1. 剩余电流动作保护器安装后的调试

（1）安装剩余电流动作总保护的低压电力网，其剩余电流应不大于保护器额定剩余动作电流的50%，达不到要求时应进行整修。

（2）装设剩余电流动作保护的电动机及其他电气设备的绝缘电阻应不小于0.5MΩ。

（3）装设在进户线上的剩余电流动作断路器，其室内配线的绝缘电阻：晴天不宜小于0.5MΩ，雨季不宜小于0.08MΩ。

（4）保护器安装后应进行如下检测：

1）带负荷分、合开关3次，不得误动作。

2）用试验按钮试验3次，应正确动作。

3）各相用试验电阻接地试验3次，应正确动作。

2. 剩余电流动作保护器的运行管理工作

为能使剩余电流动作保护器正常工作，始终保持良好状态，从而起到应有的保护作用，必须做好下列各项运行管理工作：

（1）剩余电流动作保护器投入运行后，使用单位或部门应建立运行记录和相应的管理制度。

（2）剩余电流动作保护器投入运行后，每月需在通电状态下按动试验按钮，以检查剩余电流动作保护器动作是否可靠。在雷雨季节，应当增加试验次数。由于雷击或其他不明原因使剩余电流动作保护器动作后，应做仔细检查。

（3）为检验剩余电流动作保护器在运行中的动作特性及其变化，应定期进行动作特性试验。其试验项目为：测试动作电流值；测试不动作电流值；测试分断时间。剩余电流动作保护器的动作特性由制造厂整定，按产品说明书使用，使用中不得随意变动。

（4）凡已退出运行的剩余电流动作保护器在再次使用之前，应按（3）中规

定的项目进行动作特性试验；试验时应使用经国家有关部门检测合格的专用测试仪器，严禁利用相线直接触碰接地装置的试验方法。

（5）剩余电流动作保护器动作后，经查验未发现故障原因时，允许试送一次；如果再次动作，应查明原因找出故障，必要时对其进行动作特性试验而不得连续强送；除经检查确认为剩余电流动作保护器本身发生故障外，严禁私自撤除剩余电流动作保护器强行送电。

（6）定期分析剩余电流动作保护器的运行情况，及时更换有故障的剩余电流动作保护器；剩余电流动作保护器的维修应由专业人员进行，运行中遇有异常现象应找电工处理，以免扩大事故范围。

（7）在剩余电流动作保护器的保护范围内发生电击伤亡事故，应检查剩余电流动作保护器的动作情况，并分析未能起到保护作用的原因。在未进行调查前应保护好现场，不得拆动剩余电流动作保护器。

（8）除了对使用中的剩余电流动作保护器必须进行定期试验外，对断路器部分亦应按低压电器的有关要求进行定期检查与维护。

3. 农网内剩余电流动作保护器的维护管理要点

（1）农村电网中，每年春季乡电管站应对保护系统进行一次普查，重点检查项目是：

1）测试保护器的动作电流值是否符合规定。

2）检查变压器和电动机的接地装置，有否松动或接触不良现象。

3）测量低压电网和电器设备的绝缘电阻。

4）测量中性点剩余电流，消除电网中的各种剩余电流隐患。

5）检查剩余电流动作保护器运行记录。

（2）台区经理每月至少要对保护器试验 1 次，每当雷击或其他原因使保护器动作后，也应作一次试验；农业用电高峰及雷雨季节要增加试验次数以确认其完好；对停用的剩余电流动作保护器，在使用前都应试验一次。注意：在进行动作试验时，严禁用相线直接触碰接地装置。平时应加强日常维护、清扫与检查。

（3）剩余电流动作保护器动作后应立即进行检查。若检查后未发现事故点，则允许试送一次。若再次动作，便要查明原因找出故障。使用中严禁私自撤除剩余电流动作保护器而强行送电。

（4）建立剩余电流动作保护器运行记录，内容包括安装、试验及动作情况等。要及时认真填写并定期查看分析，提出意见并签字。全年要统计辖区内剩余电流动作保护器的安装率、投运率、有效动作次数及拒动次数（指发生事故后保护器不动作的次数)。

(5) 在保护范围内发生电击伤亡事故后，应检查剩余电流动作保护器的动作情况，分析未能起到保护作用的原因并保护好现场。此外应注意：不得改动剩余电流动作保护器；运行中若发现剩余电流动作保护器有异常现象时，应拉下进户开关找电工修理，防止扩大停电范围；不准有意使剩余电流动作保护器误动或拒动，更不准擅自将剩余电流动作保护器退出运行。

第八章　配电线路及低压设备运行维护

第一节　配电线路巡视检查

一、配电线路巡视的规定、要求

下面内容主要介绍配电线路巡视的目的、方法和要求、周期、分类。

1. 配电线路巡视的目的

（1）及时发现缺陷和威胁线路安全的隐患。

（2）掌握线路运行状况和沿线的环境状况。

（3）通过巡视，为线路检修和消缺提供依据。

2. 配电线路巡视的方法和要求

（1）巡线工作应由有电力线路工作经验的人员担任。单独巡线人员应考试合格并经工区（公司、所）主管生产领导批准。电缆隧道、偏僻山区和夜间巡线应由两人进行。在暑天或大雪等恶劣天气下，必要时由两人进行。单人巡线时，禁止攀登电杆和铁塔。

（2）雷雨、大风天气下或事故巡线，巡视人员应穿绝缘鞋或绝缘靴；暑天、山区巡线应配备必要的防护工具和药品；夜间巡线应携带足够的照明工具。

（3）夜间巡线应沿线路外侧进行；大风巡线应沿线路上风侧前进，以免触及断落的导线；特殊巡视应注意选择路线，防止洪水、塌方、恶劣天气等对人的伤害。

（4）事故巡线应始终认为线路带电。即使明知该线路已停电，也应认为线路随时有恢复送电的可能。

（5）巡线人员发现导线、电缆断落地面或悬吊空中，应设法防止行人靠近断线地点 8m 以内，以免跨步电压伤人，并迅速报告调度和上级，等候处理。

3. 配电线路巡视的周期

（1）定期巡视。1kV～10kV 市区：一般每月一次郊区及农村每季至少一次。

（2）特殊巡视。根据本单位情况制定，一般在大风、冰雹、大雪等自然天气变化较大的情况下进行。

（3）夜间巡视。重负荷和污秽地区 1kV～10kV 线路每年至少一次；对于新线路投运初期（正常运行 3 月后）应进行一次。

（4）故障巡视。在发生跳闸或接地故障后，按调度或主管生产领导指令进行。

（5）监察性巡视。根据本单位情况制订，对重要线路和事故多发线路，每年至少一次。

4. 配电线路巡视的分类

巡视的种类一般有定期巡视、特殊巡视、夜间巡视、故障巡视、监察性巡视。

（1）定期巡视。定期巡视也叫正常巡视，由专职巡线员按规定的巡视周期巡视线路，主要是检查线路各元件运行情况，有无异常损坏现象，掌握线路及沿线的情况，并向群众做好防护宣传工作。

（2）特殊巡视。特殊巡视主要是在节日、天气突变（如导线覆冰，大雾、大风、大雪、暴风雨等特殊天气情况以及河水泛滥、山洪暴发、地震、森林起火等自然灾害）、线路过负荷以及特殊情况发生时进行。特殊巡视不一定要对全线路进行检查，只是对特殊线路的特殊地段进行检查，以便发现异常现象采取相应措施。

（3）夜间巡视。夜间巡视是利用夜间对电火花观察特别敏感的特点，有针对性地检查导线接点及各部件节点有无发热、绝缘子因污秽或裂纹而放电的现象。

（4）故障巡视。故障巡视主要是为了查明线路故障原因，找出故障点，便于及时处理并恢复送电。

（5）监察性巡视。监察性巡视由各单位负责人及技术员进行，目的是除了解线路和沿线情况，还可以对专职巡视员的工作进行检查和督导。监察性巡视可全线检查，也可对部分线路抽查。

二、配电线路巡视的流程

（1）核对巡视线路的技术资料，做到心中有数。

（2）根据巡视线路的自然状况，准备巡视所需的工器具。

（3）召开班前会，交代巡视范围、巡视内容，落实责任分工。

(4) 做好危险点分析，采取周密的安全控制措施。

(5) 学习标准化作业指导卡后，到巡视地段后核对线路名称和巡视范围，进行巡视。

(6) 巡视结束后记录巡视手册。

三、配电线路巡视项目及要求

线路巡视的内容包括杆塔、导线、电缆、横担、拉线、金具、绝缘子及沿线情况。

1. 杆塔

(1) 杆塔是否倾斜，根部是否有腐蚀，基础是否缺土，有无冻鼓现象，杆塔有无被车撞、被水淹的可能性。

(2) 混凝土杆是否有裂纹、水泥脱落及钢筋外露等情况，铁塔构件是否弯曲、变形、锈蚀、丢失。

(3) 木杆有无腐朽、烧焦、开裂，绑桩有无松动，木楔是否变形或脱出。

(4) 各部件螺栓是否松动，焊接处是否开焊或焊接不完整、锈蚀。

(5) 杆号牌或警示牌是否齐全、明显。

(6) 杆塔周围有无杂草及攀附物，有无鸟巢等。

2. 导线

(1) 各相导线弧垂是否平衡，有无过松或过紧，对地距离是否符合规程规定。

(2) 导线有无断股、锈蚀、烧伤等，接头有无过热、氧化现象。

(3) 跳线或引线有无断股、锈蚀、过热、氧化现象，固定是否规范。

(4) 绑线有无松动、断开现象。

(5) 绝缘导线外皮是否鼓包变形、受损、龟裂。

(6) 导线邻近、平行、交叉跨越距离是否符合规程规定。

(7) 导线上是否有杂物悬挂。

3. 横担

(1) 铁横担是否锈蚀、变形、松动或严重歪斜。

(2) 木横担是否腐朽、烧损、变形、松动或严重歪斜。

(3) 瓷横担有无污秽、损伤、裂纹、闪络、松动或严重歪斜。

4. 拉线

(1) 拉线有无松弛、破股、锈蚀现象。

（2）拉线金具是否齐全，有无锈蚀、变形，连接是否可靠。

（3）水平拉线对地距离是否符合规程规定，有无妨碍交通或易被车撞等危险。

（4）拉线有无护套。

（5）拉线棒及拉线盘埋深是否符合规程规定，有无上拔，基础是否缺土。

5. 金具及绝缘子

（1）金具是否锈蚀、变形，固定是否可靠。

（2）开口销有无锈蚀、断裂、脱落，垫片是否齐全，螺栓是否坚固。

（3）绝缘子有无污秽、损伤、裂纹或闪络现象。

（4）绝缘子有无歪斜现象，铁脚有无锈蚀、松动、变形。

6. 标志

（1）杆塔编号悬挂或刷写是否规范，是否符合规程规定。

（2）警示标志是否齐全、规范，是否符合规程规定。

（3）设备标志、调度编号是否齐全、规范，是否符合规程规定。

（4）标志固定是否可靠。

7. 沿线周围情况

（1）防护区内有无堆放的柴草、木材、易燃易爆物及其他杂物。

（2）防护区内有无危及线路安全运行的天线、井架、脚手架、机械施工设备等。

（3）防护区内有无土建施工、开渠挖沟、植树造林、种植农作物、堆放建筑材料等危害线路的运行。

（4）防护区内有无爆破、土石开方损伤导线的可能。

（5）线路附近的树木、建筑物与导线的间隔距离是否符合规程规定。

（6）邻近的电力、通信、索道、管道及电缆架设是否影响线路安全运行。

（7）河流、沟渠边线的杆塔有无被水冲刷、倾倒的危险。

（8）沿线是否有污染源。

（9）线路巡视和检修通道是否畅通。

四、危险点分析及安全控制措施

危险点分析及安全控制措施见表 8－1－1。

表 8-1-1 危险点分析及安全控制措施

危险点	控制措施
狗咬、蜂蛰、交通意外、溺水、摔伤	巡线路过村屯和可能有狗的地方先吆喝，备用棍棒，防备被狗咬
	发现蜂窝时不要触碰。带治疗蜂蜇、蛇咬药及防中暑的药品
	横过公路、铁路时，要注意观望，遵守交通法规，以免发生交通意外事故
	过河时，不得趟不明深浅的水域，不得踩薄或疏松的冰；过没有护栏的桥时，要小心防止落水
	巡线时应穿工作鞋，路滑或过沟、崖、墙时防止摔伤，沿线路前进，不走险路
	单人巡视时禁止攀登杆塔
触电伤害	沿线路外侧行走，大风巡线应沿线路上风侧前进
	发现导线断落地面或悬吊空中，应设法防止行人靠近断线地点 8m 以内
	登杆塔检查时与带电体保持足够的安全距离，带电体上有异物时严禁用手直接取下

五、PMS2.0 配电线路巡视方法及要求

1. 巡视周期

（1）根据配电线路巡视的周期进行创建，不同巡视类型分别进行巡视周期的维护。

（2）要求：根据国网实用化“配电线路巡视录入率”要求，配电馈线必须维护巡视周期，而且线路巡视周期不能存在超期记录。

2. 巡视计划

（1）一是可以根据巡视周期生成巡视计划，二是通过手工创建生成巡视计划。

（2）要求：巡视计划根据实际业务进行调整后，进行计划发布。

3. 巡视记录

（1）一是通过移动作业 PDA 进行数据上传，二是通过系统页面进行人工登记。

（2）要求：根据国网实用化“配电巡视录入及时率”要求，配电巡视工作结束后 72h 内必须录入系统。

六、案例

（1）巡视任务：某地段 10kV 线路 1～18 号杆特殊巡视。

（2）巡视人：两人同时进行巡视。

（3）工器具准备：绝缘靴 2 双、绝缘手套 2 双、绝缘棒 1 组、干木棒 1 根、绝缘绳 1 条。

（4）危险点及安全措施：2 号与 3 号间跨越河流。手拄干木棒试探泥水深度。

（5）巡视过程。大雨过后，两人核对某低洼地段 10kV 线路技术资料，准备好工器具，对危险点进行准确分析，穿好绝缘靴，戴好绝缘手套，拿绝缘棒和干木棒对线路进行巡视。步行到达巡视地段，按巡视指导卡程序对线路进行巡视。经巡视，线路杆根无泥土流失，电杆没有倾斜，拉线底把没有上拔现象，导线、金具、绝缘子等无雷击放电现象。巡视结束后记录到巡视手册中。

第二节　配电线路及设备缺陷管理

一、配电线路缺陷分类及缺陷标准

（一）缺陷分类

按缺陷的紧急程度可分为危急缺陷、重大缺陷和一般缺陷。

（1）危急缺陷，是指严重程度已使设备不能继续安全运行，随时可能导致发生事故和危及人身安全的缺陷。必须立即消除，或采取必要的安全措施，尽快消除。

（2）重大缺陷，是指设备有明显损伤、变形，或有潜在的危险，缺陷比较严重，但可以在短期内继续运行的缺陷。可在短期内消除，消除前要加强巡视。

（3）一般缺陷，是指设备状况不符合规程要求，但对近期安全运行影响不大的缺陷。可列入年、季、月检修计划或日常维护工作中消除。

（二）缺陷标准

1. 导线

（1）危急缺陷

1）单一金属导线断股或截面损伤超过总截面的 25%。

2）钢芯铝线的铝线断股或损伤超过铝截面的 50%。

3）钢芯线的钢芯独股钢芯有损伤或多股钢芯有断股。

4）受张力的直线接头有抽笺或滑动现象。

5）接头烧伤严重、明显变色，有温升现象。

（2）重大缺陷

1）单一金属导线断股或截面损伤超过总截面的17%。

2）钢芯铝线的铝线断股或损伤截面超过总截面的25%。

3）导线上悬挂杂物。

4）交叉跨越处导线间距离小于规定值的50%。

（3）一般缺陷

1）单一金属导线断股或截面损伤为总截面的17%。

2）钢芯铝线的铝线断股或损伤为总截面的25%以下。

3）导线有松股。

4）不同金属、不同规格、不同结构的导线在一个耐张段内。

5）导线接头接点有轻微烧伤并有发展的可能。

6）导线接头长度小于规定值。

7）导线在耐张线夹或茶台处有抽筊现象。

8）固定绑线有损伤、松动、断股。

9）导线间及导线对各部距离不足。

10）导线弧垂不合格、不平衡。

11）金属导线过引接续无过渡措施。

12）铝线或钢芯铝线在立瓶、耐张线夹处无铝包带。

13）引下线、母线、跳接引线松弛。

14）绝缘线老化破皮。

2. 杆塔

（1）危急缺陷

1）水泥杆倾斜度超过15°。

2）水泥杆杆根断裂。

3）水泥杆受外力作用产生错位变形露筋超过1/3周长。

4）铁塔主材料弯曲严重，随时有倒塔危险。

（2）重大缺陷

1）水泥杆倾斜度超过10°。

2）木杆杆根截面缩减至50%及以下。

3）水泥杆受外力作用露筋超过1/4周长或面积超过$10cm^2$。

4）水泥杆严重腐蚀、酥松。

(3) 一般缺陷

1) 杆塔基础缺土或因上拔及冻鼓使杆塔埋深小于标准埋深的5/6。

2) 水泥杆倾斜度超过5°。

3) 水泥杆露筋，保护层脱落、酥松，法兰盘锈蚀。

4) 水泥杆纵向裂纹长度超过1.5m、宽度超过2mm，横向裂纹超过2/3周长、宽度超过1mm。

5) 木杆腐朽、水泥杆脚钉松动。

6) 铁塔保护帽酥松、塔材缺少、锈蚀。

7) 无标志牌、相位牌、警示牌。

3. 拉线

(1) 紧急缺陷

受外力作用，接线松脱对人身和设备安全构成严重威胁。

(2) 重大缺陷

张力拉线松弛或地把抽出。

(3) 一般缺陷

1) 拉线或拉线棒锈蚀截面达到20%以上。

2) 拉线或拉线棒小于实际承受接力。

3) 拉线松弛。

4) 拉线对各部距离不足。

5) UT线夹装反、缺件。

6) 穿越导线的拉线无绝缘措施。

7) 拉线地锚坑严重缺土。

4. 绝缘子

(1) 危急缺陷

1) 绝缘子击穿接地。

2) 悬式绝缘子销针脱落。

(2) 重大缺陷

1) 绝缘电阻为零。

2) 瓷裙破损面积达1/4及以上。

3) 有裂纹。

(3) 一般缺陷

1) 瓷裙缺口，瓷釉烧坏，破损表面超过$1cm^2$。

2）铁件弯曲，螺帽松脱。

3）绝缘子电压等级不符合要求。

5. 横担、金具及变台

（1）重大缺陷

1）横担变形导致相间短路。

2）木横担腐朽断面积超过1/2。

3）落地式变台无围栏。

（2）一般缺陷

1）铁横担歪斜度超过15/1000，木横担超过1/50。

2）木横担腐朽断面积超过1/3。

3）横担变形，金具、横担严重锈蚀腐深度达到1/3。

4）横担缺件。

6. 线路防护

（1）重大缺陷

导线对地（公路、铁路、河流等）距离不符合规程要求，与建筑物的水平距离小于0.5m、垂直距离小于1m。导线距树很近，使树木烧焦。

（2）一般缺陷

1）导线与建筑物、树木等的水平或垂直距离不足。

2）在线路防护区内存在堆放、修筑、开挖、架线等威胁线路安全的现象。

二、配电线路缺陷管理

配电线路缺陷是指运行中的设施发生异常情况，不能满足运行标准，产生不良后果的缺陷。配电线路缺陷管理应做到以下方面：

（1）缺陷管理机制

成立缺陷管理小组，明确责任分工、消缺时间和保证措施等。

（2）缺陷规定消除时间

危急缺陷必须尽快消除（不超过24h）或采取必要的安全技术措施临时处理；重大缺陷应在短期（72h）内消除，消除前应加强巡视；一般缺陷列入年、季、月工作计划消除。重大及以上缺陷消除率为100％，一般缺陷年消除率不能低于95％。

（3）缺陷处理程序

1）巡视人员发现缺陷后登记在缺陷记录上，并上报运行管理单位技术负责人。

2）技术员审核后交运行管理单位主管人员决定处理意见。重大及以上缺陷应上报县级农电公司主管领导，共同研究处理意见。

3）巡视人员发现危急缺陷时应立即向有关领导汇报，管理人员组织作业人员迅速处理，消缺后登记在缺陷记录上。

4）缺陷处理完毕后，由技术员现场验收并签字，不合格时将此缺陷重新按缺陷处理程序办理。

5）缺陷处理完毕后，应登记在检修记录中，相关处理人员和验收人员签字存档。

6）春、秋检中发现并已处理的缺陷不再执行缺陷处理程序，但应统计在当月的总消除数量中，发现未处理的缺陷应执行缺陷处理程序。

7）登记的缺陷应分为高压、低压、设备等部分。

（4）消除的缺陷必须保证质量，确保在一年内不能再出现问题。

三、PMS2.0配电线路缺陷管理及要求

（1）缺陷来源：巡视记录、试验报告、检测记录。

（2）缺陷性质：一般、严重、危急。

（3）缺陷管理流程：

1）及时消缺流程：即24h内完成消缺的缺陷，班组人员进行登记缺陷信息及消缺信息、验收信息，填写完成后发给专责进行审核，审批通过后，流程结束。

2）除及时消缺之外的缺陷流程：班组人员进行缺陷登记后，发给专责进行安排消缺，根据是否停电安排停电计划及停电停役申请，编制工单派发到消缺班组，消缺班组消缺后上报修饰记录验收，修试记录验收后完成消缺。

（4）缺陷管理要求：

1）根据国网实用化“配电缺陷记录数”统计要求，配电线路缺陷应该按实际情况录入系统、保持线上数据与实际业务相符；

2）根据国网实用化“配电缺陷录入及时率”要求，配电缺陷发现后72h内必须录入系统；

3）根据国网实用化“配电缺陷记录完整性”要求，配电缺陷记录关键字段必须维护完整；

4）根据国网实用化“配电缺陷与任务单关联率”要求，已消除的严重、一般配电缺陷与工作任务单的关联率，不包括即时处理缺陷（发现后24h内消除的

缺陷)；

5) 根据国网实用化“配电严重、危急缺陷消除及时率”要求，配电严重缺陷要求发现1个月内消缺，危急缺陷要求发现24h内消缺。

四、案例

某日李某发现某10kV线路06号杆倾斜不到15°，随后登记在巡线手册中，并标明属一般缺陷。上报供电所技术员，经技术员审核后签字，安排在检修中消除。随后，所长同技术员安排以张某为工作负责人的4人作业班组进行扶杆工作，工作结束后，技术员验收合格，登记在检修记录中消缺完成，工作负责人、技术员签字存档。

第三节 配电线路事故抢修

一、配电线路事故抢修流程

正确的事故抢修流程是事故抢修质量的保证，是正确指挥的理论依据。应以“时间短、动作快、抢修准、质量高”为原则，按照“接收事故信息，查找事故点，启动抢修预案，事故处理，恢复送电，总结分析”的流程进行。

(1) 接到故障通知后，立即通知运行管理单位人员进行巡线，查找故障点。

(2) 在故障现场看守，防止行人误入带电区域而造成人员伤亡，已造成人员伤亡的要及时向领导汇报，并联系相关救护人员。

(3) 进行现场勘查，做好抢修计划，并向领导汇报。

(4) 启动事故抢修预案，做好人员分工以及工器具、材料的准备，填写事故应急抢修单。

(5) 确认线路已停电，在故障线路两端做好安全措施后，开始抢修作业。

(6) 抢修作业结束后，技术人员对现场进行验收，与作业人员一起在事故应急抢修单上签字确认，并带回单位保存。

(7) 召开事故分析会，总结事故教训。

配电线路事故抢修流程如图8-3-1所示。

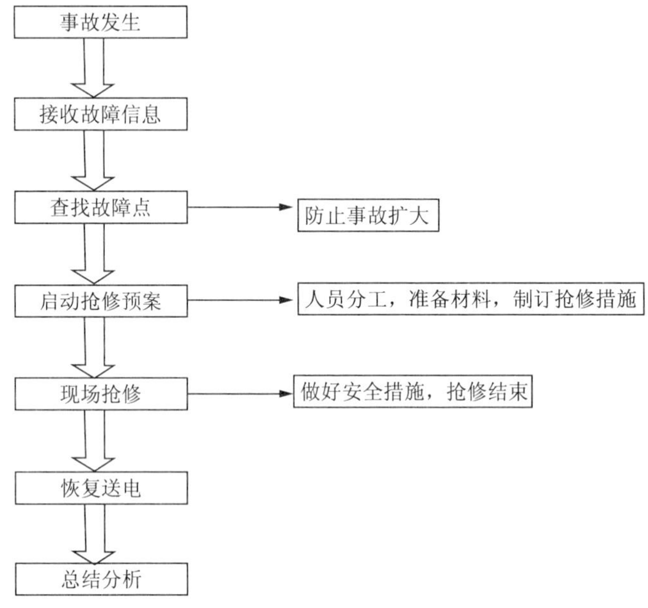

图 8-3-1　配电线路事故抢修流程

二、配电线路事故抢修要求

配电线路事故报修要制订事故抢修预案，建立健全抢修机制，明确启动条件，明确人员分工，做好事故抢修准备工作，保证抢修质量和时间，做好现场危险点分析和安全控制措施，抢修结束后做好事故分析。

抢修预案内容应包括：

(1) 成立事故抢修领导小组，明确抢修小组总指挥，明确相关抢修人员的职责。

(2) 明确事故抢修原则，保证尽快消除事故，减少停电时间。

(3) 明确事故抢修标准，达到安全可靠运行。

(4) 明确事故抢修保证措施，如：人员组织要得力，车辆安排要充足，使用合格的工器具和材料。

(5) 建立健全抢修相关人员与政府、医疗、保险等部门的联络机制，保证沟通顺畅，便于解决因事故带来的其他影响。

(6) 明确事故抢修启动条件，避免盲目进行事故抢修，造成人员或设施受损及材料的浪费。

三、配电线路故障点的查找

正确分析和判断故障点是故障抢修的关键，及时准确查找故障点是故障抢修的保障。

（1）通过报修电话或停电通知，对停电线路进行确认。

（2）对于发生接地的线路要从变电站出线开始巡视查找故障点，采取分级测试的方法查找。

（3）人工巡视时要向群众搜集故障信息，并按线路巡视要求进行。

（4）查到故障点后，应保护好现场，防止故障扩大，做好故障处理的前期工作。

（5）当故障点没有找到时，可采用分段排除法判断。停分支线，送主干线，逐级试送，判断故障线路，缩小故障排查面积，然后查找故障点。

（6）可以通过线路安装的故障指示仪来判断故障线路，查找故障点。

（7）断路故障点查找重点要考虑导线接点是否断开、外力破坏等因素。

（8）短路故障点查找重点要考虑导线引流、树害及外力破坏等因素。

（9）接地故障点查找重点要考虑避雷器或绝缘子是否击穿，导线是否与树接触，引流线是否与横担相接等因素。

四、案例

下面介绍短路跳闸事故的处理案例。

1. 故障类型及危害

某月某日雷雨过后，某 10kV 线路速断跳闸，全镇 7000 余户居民生活用电全部中断。

2. 故障原因

接到故障巡线通知后，抢修人员沿变电站出线进行故障巡视。通过对各分支线路逐一排查，确定线路末端分支线路 3 号杆受雷击，A 相导线落地，是造成本次事故的直接原因。

3. 故障处理步骤

（1）断开事故线路，保护现场，向领导汇报，组织人力、物力，启动抢修预案。

（2）抢修步骤

1）巡视人员在现场看守，防止行人进入导线落地点 8m 以内，并立即向站长汇报。

2）站长向调度汇报事故情况后，启动抢修预案。

3）立即组织人员填写事故应急抢修单，准备抢修材料和工具。

4）做好故障线路两端的安全措施后，进行抢修，达到运行标准。

5）抢修工作结束后，完全拆除安全措施，所有人员撤离现场，恢复送电。

4. 危险点分析及控制措施

危险点分析及控制措施见表8－3－1。

表8－3－1　危险点分析及控制措施

危险点	控制措施
高空坠落物体打击伤人	上杆前检查登杆工具及脚钉是否完好
	作业人员必须戴好安全帽，杆上作业必须使用安全带、工具袋，工具、材料用小绳传递，地面应设围栏
	使用扳手应合适好用，防止伤人
感电伤人	线路作业前，必须对线路做好安全技术措施
	对一经操作即可送电的分段开关、联络开关，应设专人看守

5. 事故分析

通过班后会总结，本次事故的主要原因是雷击导线所致。今后在工作中采取安装线路防雷针式绝缘子的方法可以减轻雷击损害，对空旷线路要重点巡视。

第四节　低压设备运行维护

一、低压设备运行标准

（一）低压开关类控制设备的运行标准

1. 低压开关类控制设备的运行标准

（1）低压开关类控制设备应选用国家有关部门认定的定型产品，严禁使用明文规定的淘汰产品。

（2）低压开关类控制设备的各项技术参数须满足运行要求。其所控制的负荷必须分路，避免多路负荷共用一个开关设备。

（3）各设备应有相应标识，并统一编号。

(4) 各种仪表、信号灯应齐全完好。

(5) 动触头与固定触头的接触应良好。

(6) 低压开关是控制设备，应定期进行清扫。

(7) 操作通道、维护通道均应铺设绝缘垫，通道上不准堆放杂物。

2. 常用低压开关类控制设备种类

(1) 低压隔离开关。

(2) 低压熔断器组合电器，熔丝熔断器式刀开关、刀熔开关。

(3) 开关熔断器组。

(4) 组合开关，也称转换开关。

(二) 低压保护设备的运行标准

(1) 低压保护设备应选用国家有关部门认定的定型产品，严禁使用明文规定的淘汰产品。

(2) 低压保护设备各项技术参数须满足运行要求。

(3) 低压保护设备的选择和整定，均应符合动作选择性的要求。

(4) 低压保护设备应定期进行传动试验，校验其动作的可靠性。

(5) 低压保护设备应定期进行清扫。

(6) 操作通道、维护通道均应铺设绝缘垫，通道上不准堆放杂物。

二、低压设备的维护要求

(一) 人员要求

(1) 低压设备维护人员应持证上岗。

(2) 低压设备维护人员应由工作经验的人员担任。

(3) 低压设备维护人员维护过程中严格执行规程标准、规定。

(二) 周期要求

(1) 低压配电设备巡视周期宜每月进行一次，最多不超过两个月进行一次。根据天气和负荷情况，可适当增加巡视次数。

(2) 低压设备维护工作可根据巡视情况确定。

(三) 巡视要求

(1) 巡视工作应由有电力线路工作经验的人担任。新参加工作人员不得单独巡线，暑天、夏天必要时由两个人进行。

(2) 单人巡线时不得攀登电杆和铁塔。

(3) 巡线人员发现导线断落地面或悬吊空中，应设法防止行人靠近断线地点8m以内，并迅速报告领导，等候处理。

(4) 巡线发现缺陷及时记录，确定缺陷类别，及时上报管理部门。

三、危险点预控及安全注意事项

危险点预控及安全注意事项见表8-4-1。

表8-4-1 危险点预控及安全注意事项

危险点	控制措施
误入带电设备	维护设备与相邻运行设备必须用围栏明显隔离，并悬挂“止步，有电危险”标示牌，标示牌应面对检修设备
	中断维护工作，每次重新开始工作前，应认清工作地点、设备名称和编号，严禁无监护单人工作
高处作业	正确使用安全带，戴好安全帽
零部件跌落打击	应使用传递绳和工具袋传递零部件，严禁抛掷
	不准在开关等设备构架上存放物件或工器具

第五节　低压配电设备的停电操作

低压电气设备安全主要是指1000V及以下的供配电系统中的设备或装置。

一、低压配电设备操作要求

(1) 在低压用电设备（如充电桩、路灯、用户终端设备等）上工作，应采用工作票或派工单、任务单、工作记录、口头、电话命令等形式，口头或电话命令应留有记录。

(2) 在低压用电设备上工作，需高压线路、设备配合停电时，应填用相应的工作票。

(3) 在低压用电设备上停电工作前，应断开电源、取下熔丝，加锁或悬挂标示牌，确保不误合。

在低压用电设备上停电工作前，应验明确无电压，方可工作。

(4) 操作人员接触低压金属配电箱（表箱）前应先验电。

(5) 有总断路器（开关）和分路断路器（开关）的回路停电，应先断开分路断路器（开关），后断开总断路器（开关）。送电操作顺序与此相反。

(6) 有刀开关和熔断器的回路停电，应先拉开刀开关，后取下熔断器。送电操作顺序与此相反。

(7) 有断路器（开关）和插拔式熔断器的回路停电，应先断开断路器（开关），并在负荷侧逐相验明确无电压后，方可取下熔断器。

二、低压配电设备带电操作要求

(1) 低压配电设备带电工作时，应采取遮蔽有电部分等防止相间或接地短路的有效措施；若无法采取遮蔽措施时，则将影响作业的有电设备停电。

(2) 使用有绝缘柄的工具，其外裸的导电部位应采取绝缘措施，防止操作时相间或相对地短路。防止操作时相间或相对地短路。低压电气带电工作应戴手套、护目镜，并保持对地绝缘。禁止使用锉刀、金属尺和带有金属物的毛刷、毛掸等工具。

(3) 在带电的低压配电装置上工作时，要保证人体和大地之间、人体与周围接地金属之间、人体与其他导体之间有良好的绝缘或相应的安全距离。应采取防止相间短路和单相接地的隔离措施。

三、低压配电设备停电的安全措施

(1) 将检修设备的各方面电源断开取下熔断器，在开关或刀开关操作把手上挂“禁止合闸，有人工作!”的标示牌。

(2) 工作前应验电。

(3) 根据需要采取其他安全措施。

第六节　低压常见故障处理

一、使用仪器仪表判断低压设备故障、故障处理步骤及要求

1. 低压设备接地故障的判断、故障的处理步骤及要求

(1) 低压设备接地故障的判断。使用500V绝缘电阻表判断低压设备接地故障现象。

（2）低压设备接地故障的处理步骤及要求。

1）断开低压设备电源。

2）任意测量设备不同相对地绝缘电阻值，分别作好记录并比较。

3）所测得设备某相对地绝缘电阻值很小或为零，说明该设备该相存在接地现象。

4）测量时应使用缩小范围法，先测量主干路，再测量不同分支路。

5）每次测量后，应立即对设备放电。

2. 低压设备短路故障的判断、故障的处理步骤及要求

（1）低压设备短路故障的判断。使用万用表判断低压设备短路故障现象。

（2）低压设备短路故障的处理步骤及要求。

1）断开低压设备电源。

2）测量设备相间电阻值，分别作好记录并比较。

3）所测得设备某相电阻值很小或为零，说明该设备该相存在短路现象。

4）测量时应使用缩小范围法，先测量主干路设备，再测量不同分支路设备。

3. 低压设备断相故障的判断、故障的处理步骤及要求

（1）低压设备断相故障的判断。使用万用表判断低压设备断相故障现象。

（2）低压设备断相故障的判断、故障的处理步骤及要求。

方法一：电阻测量法。

1）断开低压设备电源。

2）测量设备相间电阻值，分别作好记录并比较。

3）所测得断相设备某相电阻值指针不动，说明该设备该相存在断相现象。

4）测量时应使用缩小范围法，先测量主干路，再测量不同分支路。

方法二：电压测量法。

1）使用万用表选择合适的电压量程。

2）测量设备相间电压值，分别作好记录并比较。

3）所测得断相设备某相电压值为零值，说明该设备该相存在断相现象。

4）测量时应使用缩小范围法，先测量主干路，再测量不同分支路。

4. 低压设备过载故障的判断、故障的处理步骤及要求

（1）低压设备过载故障的判断。使用卡流表判断低压设备过载故障现象。

（2）低压设备过载故障的处理步骤及要求。

1）使用卡流表测量每相电流值，分别作好记录并比较。

2）所测得的设备过载相电流值过高或较说明书数值大很多，说明该设备该

相存在过载现象。

3）测量时应使用扩大范围法，先测量不同分支路，再测量主干路。

5. 低压设备绝缘击穿故障的判断、故障的处理步骤及要求

（1）低压设备绝缘击穿故障的判断。使用绝缘电阻表判断低压设备绝缘击穿故障现象。

（2）低压设备绝缘击穿故障的处理步骤及要求。

1）断开低压设备电源。

2）任意测量不同相设备绝缘电阻值或测量每相对地绝缘电阻值，分别作好记录并比较。

3）所测得接地相设备某相对地绝缘电阻值很小或为零，说明该设备存在绝缘击穿现象。

4）测量时应使用缩小范围法，先测量主干路，再测量不同分支路。

第九章　移动作业终端应用

第一节　移动作业应用概述

随着国网信息化建设不断深化，PMS、营销系统、ERP、GIS平台等系统相继投入使用，管理信息化系统的使用已经融入日常工作中。PMS2.0移动作业作为主站系统在移动端的扩展应用，实现了输变配三大专业包括巡视、检测、检修以及配网抢修在现场的移动应用，使用内网Windows Mobile版PDA和内外网安卓移动设备在现场填写相关专业记录并回传PMS2.0系统，实现了电力现场移动办公。

目前移动作业分为内网移动应用和外网移动应用，内网移动应用功能包括巡视、检测、检修和配网抢修；外网移动应用功能包括配网抢修。内网移动终端是通过加装安全接入芯片，利用VPN专网接入安全接入平台，直接访问内网移动交互平台，并由内网移动交互平台向PMS系统进行业务数据的交互，数据安全性较高，普遍采用具备三防的工业级平板设备，硬件防护比较高。外网移动终端通过外网移动网关穿透隔离装置访问内网移动交互平台与PMS系统进行业务数据交互，并返回外网移动网关进行业务数据的轮询和转发。使用外网可借助个人手机或专用外网移动终端访问业务APP，安卓终端设备便捷小巧且便于携带，便于现场工作。

移动终端的工作模式分为离线模式、在线模式。对于需实时与主站交互的场景，可选择在线模式，例如配网抢修业务；对于实时性要求不高且不需要与主站频繁交互的场景，可选择离线模式，例如巡视、检测、检修专业。移动终端的数据传输模式分为USB直连、在线传输。对于在主站端，有条件通过USB接口传输且数据量比较大的应用场景，可选择USB直连数据传输模式；对于在作业现场，需要实时获取业务数据的场景，可选择在线数据传输模式。

随着安卓系统稳定性提高及使用范围的扩大，安卓平板的价格在急剧下降，即使工业级的安卓平板，价格也远远低于目前使用的基于 Windows Mobile 系统的设备。同时，安卓平板在系统性能、可扩展性、用户体验、界面展现等方面都有较好的优势。

此外，目前 4G 网络的快速发展，为移动终端在线应用提供了快捷的数据传输通道，也为现场移动作业的广泛应用提供了良好的基础。因此，在 PMS2.0 移动作业中，建议选择安卓系统的移动终端，并可根据实际应用场景，自行确定是否选择工业级移动终端。另外，为避免已有投资浪费，对 Windows Mobile 版本移动应用进行升级改造，逐步更换（目前 Windows Mobile 版移动终端仅支持输变电巡视专业的应用）。

第二节　外网故障抢修 APP

一、设备要求及账号权限分配

1. 配网抢修 APP 应用安装手机配置及要求（如表 9－2－1 所示）

表 9－2－1

名称	操作系统	型号	备注
手机	android5.0 及以上	市场常见型号即可	不建议使用：锤子、小辣椒、360 等不常见的手机
注：使用手机登录配网抢修 APP 进行操作时，手机必须为安卓（android5.0 及以上）系统。			

2. 权限分配

在使用配网抢修管理 APP 功能时，必须要对操作人员进行抢修资源的维护：即要通过 PMS2.0 主站系统中抢修资源维护的功能对操作人员账号进行添加，使此人有操作终端的权限。以石家庄公司—运维检修部（检修分公司）—配抢一班为例，具体操作如下：

（1）使用负责人账号进行登陆，登录后点击菜单配网抢修管控→基础管理→抢修资源维护页面，如图 9－2－1 所示。

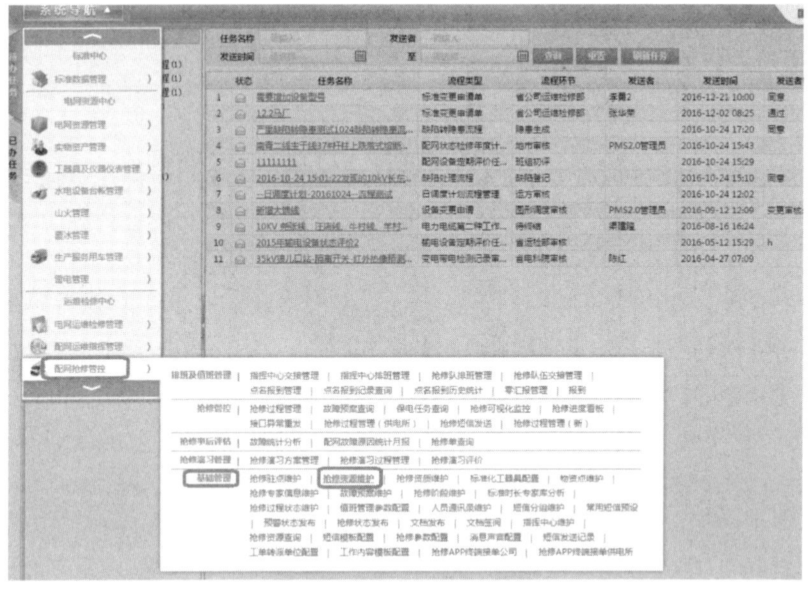

图 9-2-1

（2）选中需要添加人员的内部队伍，新建或编辑人员进行人员的添加，如果列表中有要添加的人，但是此人的终端登录名为空，也必须进行账号的删除，重新进行添加，或者通过修改将登录终端账号进行添加，如图 9-2-2 所示。

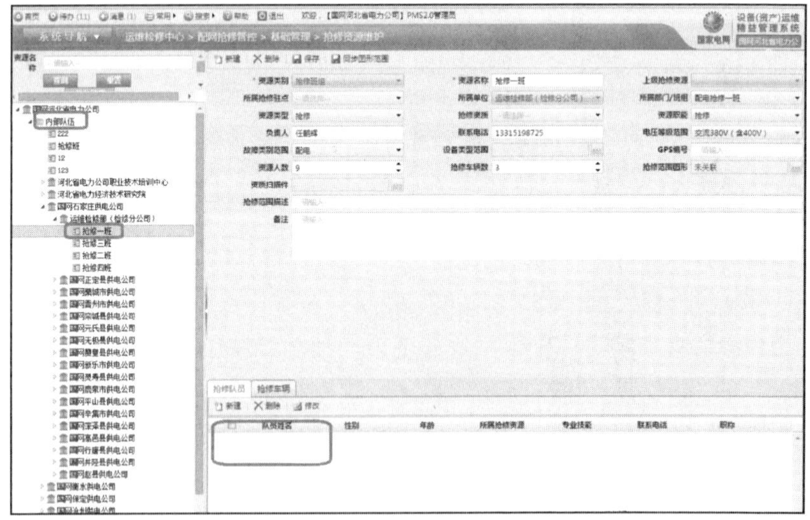

图 9-2-2

（3）以任朝晖为例，在抢修资源维护中没有此人账号，需要进行添加，同时进行 isc 的同步，生成此人的登录名，如果有此人记录，但是终端登录列为空，也需要通过修改按钮进行 isc 的同步，操作方法相同，以新建为例，如图 9－2－3 所示。

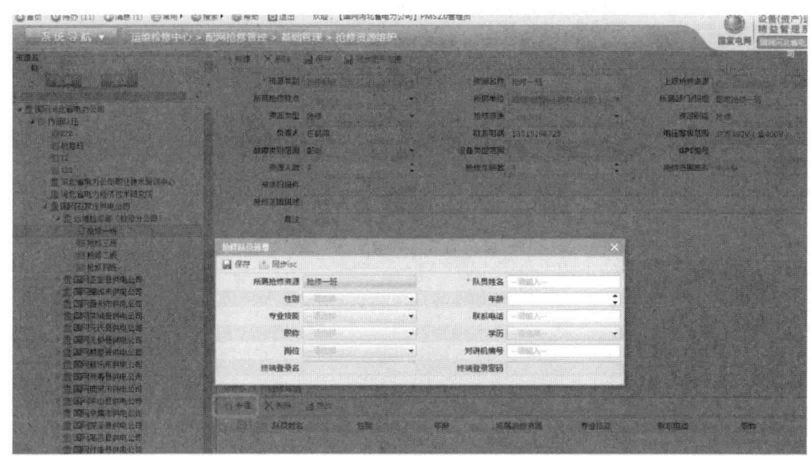

图 9－2－3

（4）同步 isc：点击新建后，点击同步 isc 按钮，跳转如图 9－2－4 页面所示。

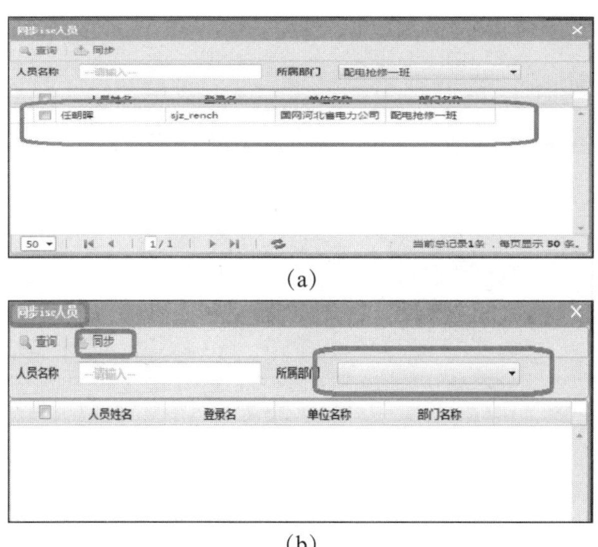

（a）

（b）

图 9－2－4

(5) 查询：选择任朝晖所在的部门（配电抢修一班），然进行查询操作，如图 9-2-5 所示。

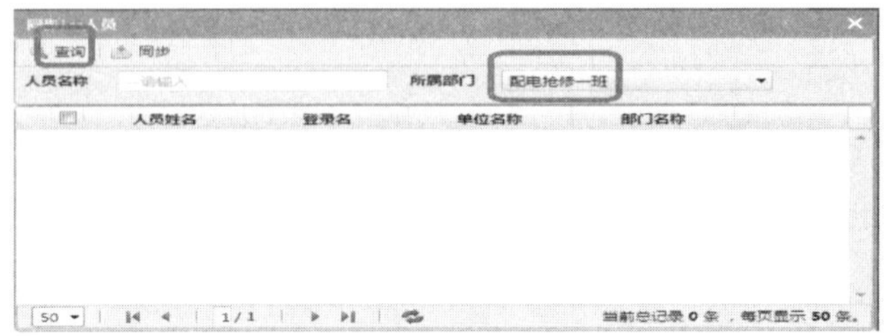

图 9-2-5

(6) 同步，如图 9-2-6 所示。

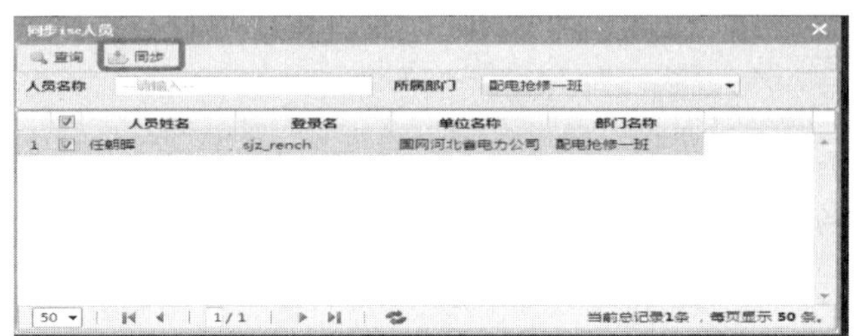

图 9-2-6

(7) 保存，如图 9-2-7 所示。

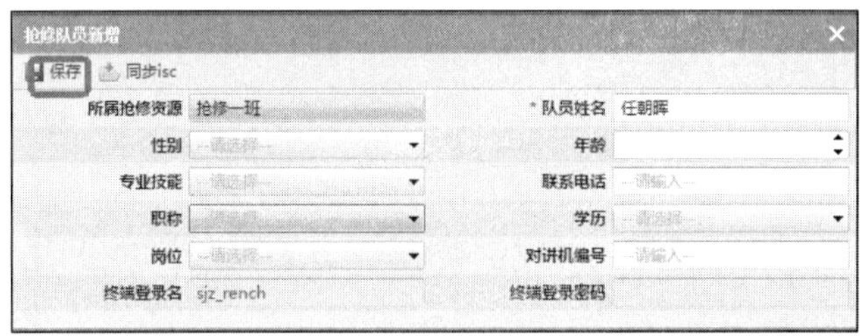

图 9-2-7

点击保存生成相关记录，就可以用手机进行登录配抢 APP 终端程序了。如图 9-2-8 所示。

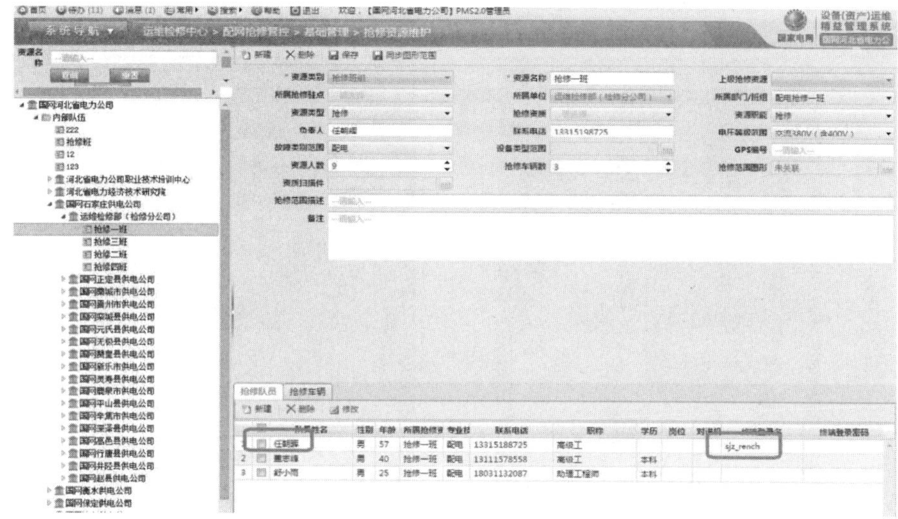

图 9-2-8

注：在进行 isc 人员同步时，被同步人员必须是 PMS2.0 系统已经有的人员，不然同步 isc 时系统中没有的人员是无法进行同步的。

二、安装手机抢修 APP 过程

1. 扫二维码进行安装

在内网电脑，打开谷歌（Google）浏览器，输入外网 MIP 二维码地址：http://10.122.6.202/rest/AppOut，回车，进入国家电网移动应用平台，通过手机扫一扫功能，扫页面二维码方式进行下载，并按照提示进行安装，再到商店里安装故障抢修 APP 即可。

2. 通过拷贝配网抢修 APK 的方式进行安装

通过拷贝项目组发布的配网抢修 APK 到手机的方式，点击后，按照提示进行安装即可。

三、移动终端使用

1. 登录及配置

（1）配置地址：点击配置地址按钮，进入平台配置地址界面，IP 地址（61.182.207.178），端口（9091），点击“确定”按钮，如图 9-2-9 所示。

（2）登录：输入 PMS 用户的用户名和密码，勾选记住密码选项，点击“登录”按钮进行登录，如图 9-2-10 所示。

图 9-2-9

图 9-2-10

2. 功能说明

(1) 设置页

侧滑首页界面可以进设置界面，如图 9-2-11 所示。

(2) 铃声设置功能说明：点击“铃声设置”，进入铃声设置界面，可以选择推送抢修单时提醒铃声，此功能需要成功部署消息推送服务之后才能正常使用。

(3) 预警设置

功能说明：点击“预警设置”，进入预警设置界面，可以选择是否开启预警功能，开启后如果在未接单中有快要超时的工单，在预警时间内该工单会有铃声提醒，预警提醒时间与主站设置的时间保持一致，此功能默认为“关闭”。

(4) 清除数据缓存功能说明：点击“清除数据缓存”，弹出提醒，如果选择“确定”将会清除终端内部缓存数据，清除后数据会自动重新加载，加载时间会有点长，请耐心等待。

(5) 清除图片缓存功能说明：点击“清除图片缓存”，弹出提醒，如果选择“确定”将会清除终端内部缓存图片。

(6) 注销功能说明：点击“注销”按钮，弹出提示，如果“确定”应用将注销跳转到登录界面，但这时用户并没有下班，还是在职状态。

（7）上班功能说明：进入首页后首先需要下班，如果不点击“下班”按钮，界面上的所有工单都不能进行操作，如图 9－2－12 所示。

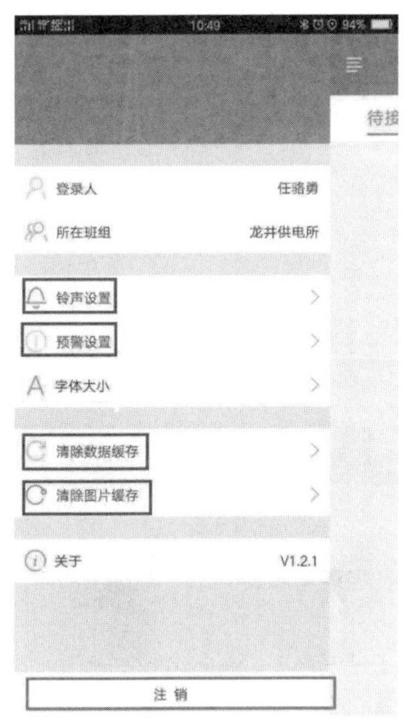

图 9－2－11

图 9－2－12

上班后如果有交接班信息将会提醒“你有交接班信息，请查收”，点击“确定”按钮，交接班成功后将在处理中显示交接过来的工单。如图 9－2－13 所示。

3. 配网抢修 APP 抢修操作流程

所有工单操作一定是在：下班状态下才能操作，所以，登录账号后一定要先点击“下班”。

（1）待接单

功能说明：登录手机配网抢修 APP 系统，或者主站推送工单过来在终端通知栏会有消息和铃声提醒，点击该条信息可进入工单分布界面。在待接单中显示主站派过来的抢修工单，如果是派给个人则只有该用户自己可以看到；如果是派给抢修队则该抢修队下的所有队员都能看到该工单，如果工单被其中一人接单，剩下的队员将不再看到此工单。点击“接”按钮进行接单，如图 9－2－14 所示。

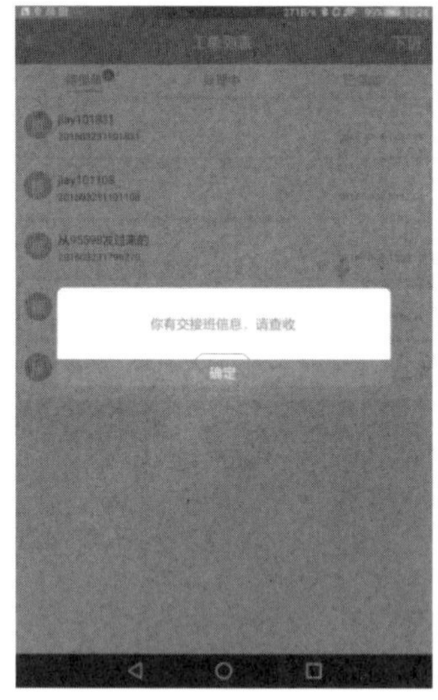

图 9-2-13

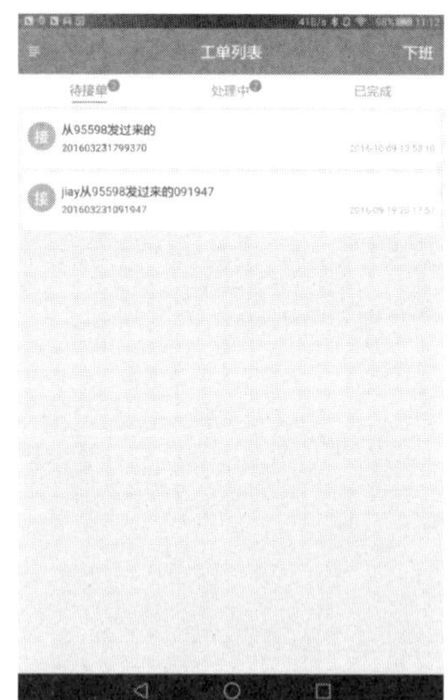

图 9-2-14

注：可以直接通过消息提醒进入地图，然后点击右下角“接单”。

（2）到达现场后，点击下面已到达，如图 9-2-15 所示。

（a）　　　　（b）

图 9-2-15

（3）现场勘察：通过抢修 APP 对故障点进行照相记录，如图 9-2-16 所示。

（a）　　（b）

图 9-2-16

（4）修复记录：

功能说明：修复记录中“*”为必填项。点击“选择工作内容模板”按钮，可进入工作内容模板界面。点击“已修复”按钮，数据将上传到 PMS2.0 主站，成功后数据不能再进行修改，“已修复”按钮将置灰。如图 9-2-17 所示。

已修复后该工单为 95598 工单则显示在列表中为待审核状态，如图 9-2-18 所示。

如果该工单在主站审核不通过，则该工单显示为审核回退状态，重新提交如图 9-2-19 所示。

（a）　　（b）

图 9－2－17

图 9－2－18

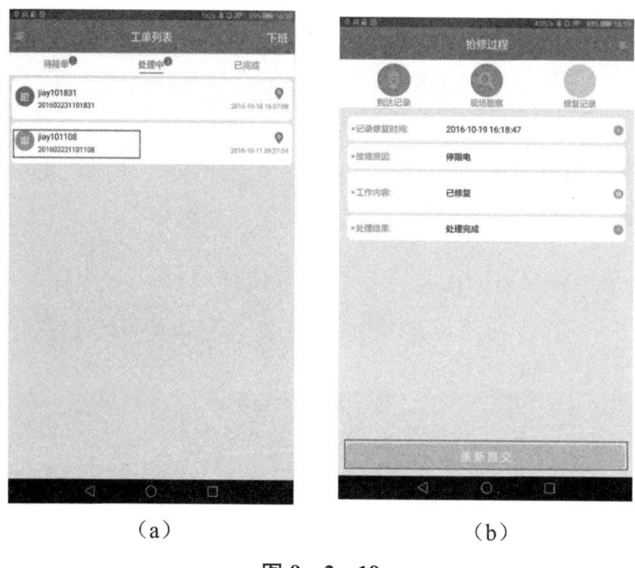

图 9-2-19

（5）审核：

提交后主站审核通过后工单会在已完成列表中显示，如图 9-2-20 所示。

图 9-2-20

第三节　内网移动巡检

一、主站操作

1. 进入系统导航→电网运维检修管理→巡视管理→巡视计划编制，如图9-3-1所示。

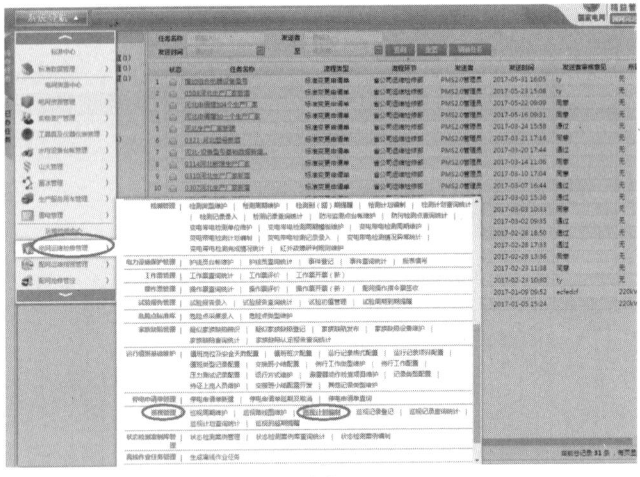

(a)

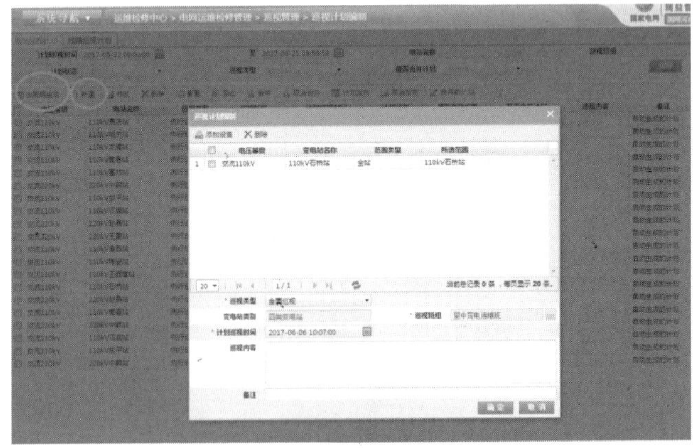

(b)

图9-3-1

2. 巡视记录登记-作业文本编制审核：

（1）编制：电网运维检修管理→巡视管理→巡视记录登记→作业文本编制，如图 9－3－2 所示。

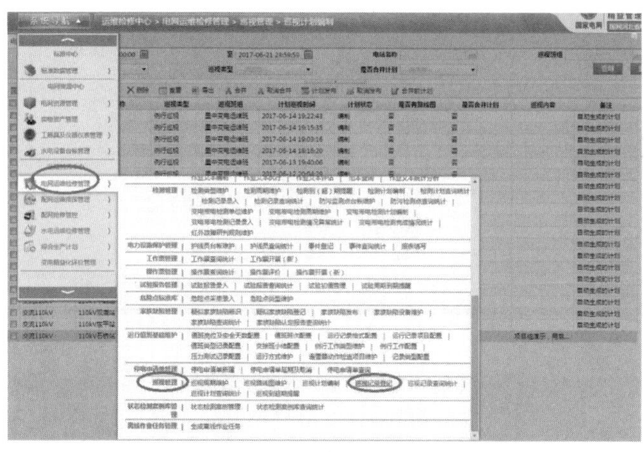

（a）

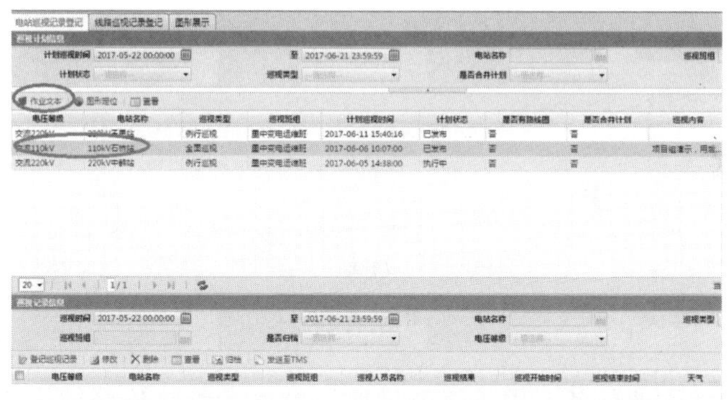

（b）

图 9－3－2

（2）审核：进入系统导航→电网运维检修管理→巡视管理→巡视记录登记→作业文本→启动流程（启动流程后，作业文本状态为“审核中”，审核完成后，作业文本状态变为“审核完成”），如图 9－3－3 所示。

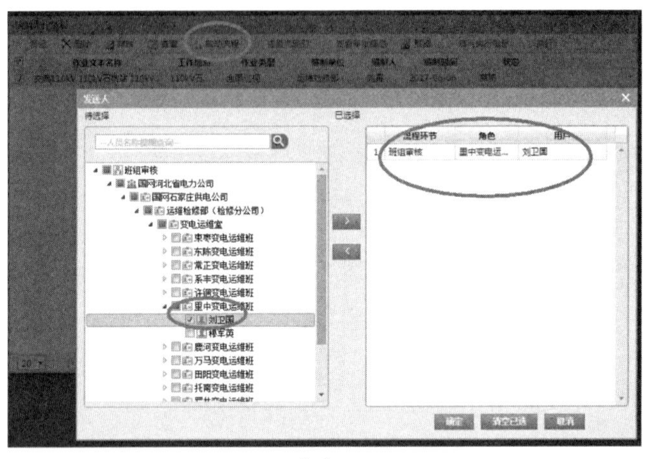

（a）

（b）

图 9-3-3

3. 生成离线作业任务：进入系统导航→电网运维检修管理→离线作业任务管理→生成离线作业任务（选择工作负责人，然后进行生成离线作业任务），如图 9-3-4 所示。

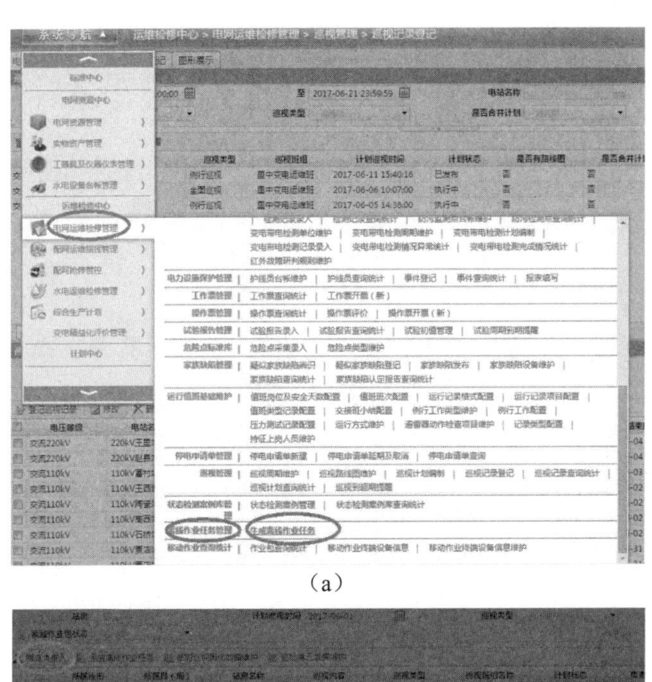

（a）

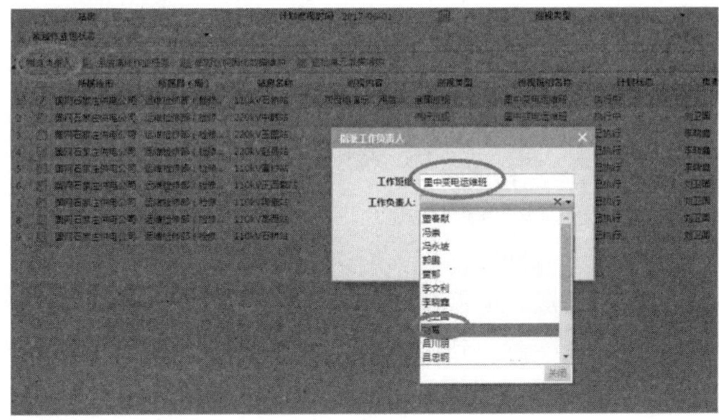

（b）

（c）

图 9－3－4

二、终端操作

1. 终端连接登录

终端与主站的连接，可通过：安全接入平台。找到平板上安全接入平台客户端，点击进入。点击左下角绿色图标，进行连接；选择“信任此应用”加载连接；最后，屏幕上显示：已连接，即连接成功，可登录 MIP 了。

2. 登录及配置

打开 MIP 客户端进入登录页面，输入账号、密码；配置：IP 地址及端口号，确定。完成后，点击“登录”即可，然后打开移动巡检（IP 地址：10.122.6.202；端口号：80）。

3. 作业包下载

点击“计划巡视”，进入页面。在“未下载”页面可看到生成的离线作业包，右端有下载箭头。点击箭头，进行下载，即完成。可看到“未下载”页面已找不到该作业任务，跳至“已下载”页面可查看到此作业包。点击此任务，可进入任务详情。

4. 作业包执行

(1) 作业文本：点击“作业文本”进入，填写作业文本信息，右上角“保存”。点击页面下方蓝色“下一步：基本信息”，同样操作填写信息并保存。最后，在作业文本信息右上角点击“执行”，“确认”。

(2) 常规巡视：作业文本执行成功，点击：常规巡视。点击一个巡视设备，维护巡视结果。站内巡视，采用读卡；线路巡视，采用定位，点击右下角红色定位图标即可。若线路巡视定位有问题时，可长按巡视设备，弹出反馈页面，填写原因即可。

如有缺陷隐患登记需要，可进行下面操作。

(3) 关联缺陷：巡视时发现缺陷/隐患，点选巡视设备跳转页面，点击红色“+”新增缺陷信息，可添加附件照片，并保存。回到常规巡视页面可看到，登记了缺陷的设备下方有显示缺陷数量 1。隐患登记亦如此。

(4) 新增运行记录：点击任务详情右上角→选择“运行记录”→选择工作类型（如：设备测温..）→填写设备测试信息→运行记录测量信息，并保存，长按运行记录可删除。

(5) 保存更新周期、完成巡视：

步骤：任务详情页面，点击右上方保存图标；未填写巡视结果的设备会提示是否完成巡视，点击“确定”或剩余设备巡视记录；弹出提示框：是否更新巡视周期，勾选周期，“确定”。

此时，任务为：待上传状态。

5. 作业包上传

任务详情页面，点击右上角三个点→“上传任务”→弹出提示框，“确定”，上传成功。跳转任务信息页面，在“已上传”页面，显示出此任务。

上传完成后，同时电脑上可看到该任务同步更新到了：已上传状态。至此，终端操作部分全部完成。最后，只要到电脑上将巡视记录归档即可。

三、主站相关数据查看

主站上到离线作业任务，可看到：计划状态，已执行；离线作业包状态，已上传，如图 9-3-5 所示。

图 9-3-5

同样，缺陷、隐患、运行记录、巡视记录登记和作业文本执行情况等，都可以在电脑上的相关菜单中查看到终端操作上传的数据。

第十章 安全隐患排查治理

第一节 安全隐患排查治理有关概念

一、安全隐患排查治理工作原则

安全隐患排查治理是企业管理的重要内容，按照“谁主管、谁负责”和“全覆盖、勤排查、快治理”的原则，明确责任主体，落实职责分工，实行分级分类管理，做好全过程闭环管控。

二、安全隐患

安全隐患是指安全风险程度较高，可能导致事故发生的作业场所、设备设施、电网运行的不安全状态、人的不安全行为和安全管理方面的缺失。

【释义】安全隐患定义从广度上说明导致隐患的因素，不仅仅限于静态的设备、设施和装置，而是包括人的不安全行为、物的不安全状态和环境的不安全因素，以及安全管理上的不当或缺失等各方面。从深度上说明判定隐患的原则，即只有那些风险程度较高、可能引发安全生产事故的情况，才可定性为本《国家电网公司安全隐患排查治理管理办法》所指的安全隐患。

三、安全隐患分级

安全隐患分为Ⅰ级重大事故隐患、Ⅱ级重大事故隐患、一般事故隐患和安全事件隐患四个等级。本章所述“安全隐患”指“Ⅰ级重大事故隐患、Ⅱ级重大事故隐患、一般事故隐患和安全事件隐患”的统称（“Ⅰ级重大事故隐患和Ⅱ级重大事故隐患”合称“重大事故隐患”）。下述人身、电网、设备和信息系统事件，依据《国家电网公司安全事故调查规程》（国家电网安监〔2011〕2024号）认定。交通、火灾、环境污染和飞行事故等依据国家有关规定认定。

（一）Ⅰ级重大事故隐患

指可能造成以下后果的安全隐患：

（1）1～2 级人身、电网或设备事件；

（2）水电站大坝溃决事件；

（3）特大交通事故，特大或重大火灾事故；

（4）重大以上环境污染事件。

（二）Ⅱ级重大事故隐患

指可能造成以下后果或安全管理存在以下情况的安全隐患：

（1）3～4 级人身或电网事件；

（2）3 级设备事件，或 4 级设备事件中造成 100 万元以上直接经济损失的设备事件，或造成水电站大坝漫坝、结构物或边坡垮塌、泄洪设施或挡水结构不能正常运行事件；

（3）5 级信息系统事件；

（4）重大交通，较大或一般火灾事故；

（5）较大或一般等级环境污染事件；

（6）重大飞行事故；

（7）安全管理隐患：安全监督管理机构未成立，安全责任制未建立，安全管理制度、应急预案严重缺失，安全培训不到位，发电机组（风电场）并网安全性评价未定期开展，水电站大坝未开展安全注册和定期检查等。

（三）一般事故隐患

指可能造成以下后果的安全隐患：

（1）5～8 级人身事件；

（2）其他 4 级设备事件，5～7 级电网或设备事件；

（3）6～7 级信息系统事件；

（4）一般交通事故，火灾（7 级事件）；

（5）一般飞行事故；

（6）其他对社会造成影响事故的隐患。

（四）安全事件隐患

指可能造成以下后果的安全隐患：

（1）8 级电网或设备事件；

（2）8 级信息系统事件；

（3）轻微交通事故，火警（8级事件）；

（4）通用航空事故征候，航空器地面事故征候。

四、安全隐患分类

安全隐患根据《国家电网公司安全隐患排查治理管理办法》划分为电网运行及二次系统、输电、变电、配电、发电、电网规划、电力建设、信息通信、环境保护、交通、消防、装备制造、煤矿、安全保卫、后勤和其他共十六大类进行统计，每一类均包含设备、系统、管理和其他隐患。

第二节　职责和分工

一、职责分工

（1）根据“统一领导、落实责任、分级管理、分类指导、全员参与”的要求，国家电网公司建立总部分部、省、地市和县公司级单位组成的四级隐患排查治理工作机制。

（2）各级单位主要负责人对本单位隐患排查治理工作负全责。

（3）安全隐患所在单位是安全隐患排查、治理和防控的责任主体。发展策划、人力资源、运维检修、调度控制、基建、营销、农电、科技（环保）、信息通信、消防保卫、后勤和产业等部门是本专业隐患的归口管理部门，负责组织、指导、协调专业范围内隐患排查治理工作，承担闭环管理责任。

（4）各级安全监察部门是隐患排查治理的监督部门，负责督办、检查隐患排查治理工作，归口管理相关数据的汇总、统计、分析、上报。

二、省公司级单位的主要职责

（1）负责重大事故隐患排查治理的闭环管理。

（2）贯彻执行政府部门及公司有关要求，组织所属单位开展隐患排查治理工作，保证隐患排查治理所需资金投入和物资供应。各专业职能部门对分管专业范围内安全隐患的排查治理负有管理职责。

（3）核定所属单位上报的重大事故隐患，组织制定、审查批准治理方案，监督、协调治理方案实施，对治理结果进行验收。

（4）对由于主网架结构性缺陷，或主设备普遍性问题，以及重要枢纽变电站、跨多个地市公司级单位管辖的重要输电线路处于检修或切改状态造成的隐患进行排查、评估、定级，制定治理方案，明确治理责任主体，并组织实施。

（5）按照公司总部分部委托范围，具体负责受委托运行维护的跨区电网隐患排查治理。

（6）检查所属单位隐患排查治理开展情况，协调解决所属单位在工作执行过程中遇到的各种问题，针对共性、苗头性、倾向性安全隐患，适时组织开展专项排查治理活动。

（7）汇总、统计、分析本单位隐患排查治理情况，向公司和地方政府有关部门汇报。

（8）督促承担境外工程项目的送变电施工企业参照本办法开展隐患排查治理工作。

三、地市公司级单位的主要职责

（1）负责本单位安全隐患的排查和评估定级；负责审定县公司级单位上报的一般事故隐患；负责初步审核县公司级单位上报的重大事故隐患；对评估为重大等级的隐患，及时报省公司级单位核定。

（2）根据省公司级单位的安排，负责重大事故隐患控制、治理等相关工作，负责一般事故隐患治理的闭环管理，归口管理并协调、督促所属二级机构、县公司级单位开展安全事件隐患排查治理。各专业职能部门对分管专业范围内安全隐患的排查治理负有管理职责。

（3）受省公司级单位委托，编制重大事故隐患治理方案，报送省公司级单位审查。

（4）根据省公司级单位指导和安排，具体实施重大事故隐患的治理，对重大事故隐患治理结果进行预验收并向省公司级单位申请验收。

（5）负责本单位隐患排查治理情况汇总、统计、分析和上报工作。

（6）协调当地政府相关部门或其他行业单位，促进隐患排查治理。

四、县公司级单位的主要职责

（1）负责本单位安全隐患的排查和评估定级。对评估为重大和一般事故隐患的，及时报地市公司级单位审核。

（2）根据地市公司级单位的安排，负责重大和一般事故隐患控制、治理方案编制、实施、验收申请等相关工作，负责安全事件隐患治理的闭环管理。

（3）负责本单位隐患排查治理情况的汇总、统计、分析和上报工作。

（4）协调当地政府相关部门或其他行业单位，促进隐患排查治理。

五、班组、乡镇供电所的主要职责

（1）结合设备运维、监测、试验或检修、施工等日常工作排查安全隐患。

（2）根据上级安排开展专项安全隐患排查和治理工作。

（3）负责职责范围内安全隐患的上报、管控和治理工作。

第三节　过程管控及考核

一、事故隐患排查治理主要工作流程

国家电网公司对事故隐患排查治理的工作流程作出了明确而清晰的规定，即“（排查）发现—评估—报告—治理（控制）—验收—销号”六个环节，缺一不可。

（1）排查（发现）环节，是与每个员工息息相关的，企业的每一位员工都有责任和义务，通过不同方式和途径，主动排查（发现）事故隐患。在这一思想的统领之下，提出了事故隐患排查治理工作必须全面覆盖，人人参与。排查（发现）事故隐患的人不仅仅限于班组（站）一线员工，也包括管理人员，包括领导。

（2）评估环节，包含了预评估和评估环节，重大事故隐患还有一个核定环节。对排查（发现）的事故隐患，隐患所在的直接管理层（一般为车间、工区或者县公司管理部门）必须对该事故隐患进行预评估，根据上报的信息对其进行初步定性和分级，既可以为下一环节的评估给出建议，也可以表达预评估人员的主观想法；评估一般由预评估的直接上级专业管理部门进行，专业管理部门根据上报的信息和预评估结果，对该事故隐患的定性和分级进行确认和批准，如判定为一般事故隐患的，就可以直接报分管领导签字认可；如判定为重大事故隐患的，必须在规定时间内上报网省公司一级的专业主管部门进行核定；网省公司专业主管部门根据基层单位上报的重大事故隐患信息对该事故隐患进行最终确认和批准，判断是否为重大事故隐患。

（3）报告环节，即信息报送环节。这一环节主要有以下几个要求，一是及时

入库。被评定为事故隐患的必须由隐患所在单位的安全监督管理部门根据签字确认的档案表，按照规范要求录入数据库，在治理过程中及时填报治理完成情况。二是统计报表。作为事故隐患相关数据统计分析归口部门的安全监督部门必须按照年、季、月在系统内生成报表，逐级上报，即基层单位上报网省公司，网省公司核对后上报国家电网公司。三是分析报告。即是对事故隐患排查治理工作的总结分析，这部分文字材料与相应的统计报表除了报告给公司系统上级管理部门外，还要报送给当地政府安全监督管理部门和电力监管部门。

（4）治理环节，即对事故隐患实施治理的具体环节，可以分为预控措施实施、治理方案编制、治理实施三个部分。控制措施实施是指在发现事故隐患以后，相关机构除按照流程向上级主管部门及时报告以外，还应立即采取能力范围以内的，最大限度预防和控制隐患向事故发展的措施。治理方案编制是指发现事故隐患后，隐患所在单位应立即根据现场实际情况，组织编制切实可行的治理方案，报上级主管部门审查批准，治理方案应将前期采取的预控措施一并纳入编制范围。治理实施即是按照上级主管部门批准后的治理方案进行具体落实，按照方案开展治理事故隐患。

（5）验收和销号是事故隐患排查治理结束的最后两个环节。事故隐患治理完成后，治理方应向运行单位或上级部门申请治理项目验收，验收不合格，由治理方继续进行治理。验收合格，有验收组给出明确的验收结论，并由验收组组长签字确认。事故隐患经验收组验收，确认消除后，由验收组出具确认事故隐患消除的书面材料。隐患所在单位将有签字的“档案表”复印一份报送安全监督管理部门，由安全监督管理部门根据“档案表”在数据库中填写事故隐患治理完成情况。事故隐患完成治理，经过验收，自动进行销号，第二年不再统计和报送该编号的事故隐患情况。

二、安全隐患排查方式

安全生产事故隐患排查方式主要是指开展事故隐患排查的具体工作方式和方法。事故隐患的排查应与安全生产常规工作紧密结合，也可开展专项事故隐患排查工作。常见的事故隐患排查方式与手段主要包括：日常巡视、检修预试、专项监督、专项活动、安全检查、安全性评价、电网方式分析、事故分析等。

结合专业的常规工作、专项工作和监督检查活动进行。常规工作如设备的日常巡视、检修预试；专项工作以电网年（月）度和临时运行方式分析，各类安全性评价、输变电设备评估，以及已发生事故、障碍、异常和违章的原因分析等；

监督检查如各级春秋季安全大检查、专项督查等，形成常态化、多途径的排查（发现）机制，建立常规工作与事故隐患排查相融合的意识和理念。

1. 日常巡视

运行维护人员利用日常设备巡视通过观察排查事故隐患，如线下有树、建筑物、施工现场、山火等，线上有异物等，也可在日常巡视中利用仪器仪表排查事故隐患，如利用红外测温设备发现刀闸触头温度很高等事故隐患。运维人员要擅于从设备日常巡视中发现问题，并对其进行风险分析，对于风险程度较高，导致后果会形成事故的，应按照制度规定的要求，向工区（车间）报送，并主动询问和督促对该问题的认定和处理意见，保证自己责任范围内的设备的安全稳定运行。

2. 检修预试

检修预试是事故隐患排查最为重要和有效的手段，每年春检、秋检时间长、检修设备多，是排查和治理设备事故隐患的有利时机，现有的设备事故隐患很多是通过检修预试排查发现的，尤其是设备的普遍性问题，通过检修预试更能有效发现。

3. 安全检查

安全检查主要包括春、秋季安全大检查，迎峰度夏（冬）、重要活动保电安全检查，反违章、隐患排查治理、安全专项活动督查，基建、农电、供电、产业、信息等专业安全检查，还包括日常工作检查，如检修预试工作全面开展后，各级领导干部和管理人员应严格执行到岗到位规定，到达现场后应开展必要的检查。

安全检查是安全管理的必要手段，也是事故隐患排查的重要手段，包括自查、互查及上级部门检查的方式。安全检查发现的隐患仍然需要被查单位进行评估，确定是否为事故隐患。

4. 安全性评价

安全性评价是一项非常全面、深入和系统的工作，其对电力安全生产的各个环节、各个方面进行评价，系统梳理电力安全隐患和薄弱环节，全面评估各专业领域安全风险，制定落实治理方案和措施。一般以 2 年～3 年或 3 年～5 年为周期，按照“制定评价计划、开展自查评、组织专家查评、实施整改方案、开展复查评”过程，建立闭环动态管理工作机制，是一项常态化的工作。

安全性评价主要包括输电网安全性评价、城市电网安全性评价、电网调度系统安全生产保障能力评估、设备评估等。

一般来说，安全性评价会发现很多问题，并需要进行整改，其在复评时，整改率将作为考核指标，但要注意，这些问题需进一步进行评估，才能确定是否为事故隐患。

5. 电网方式分析

电网方式分析是排查电网事故隐患的重要手段，主要包括年度、季度电网方式分析，月度、周电网方式安全校核，电网过渡方式分析，电网临时方式分析，电网特殊方式分析，迎峰度夏（冬）电网方式分析等。

电网方式分析排查出的事故隐患一般都是治理周期长、治理资金多、治理难度大、对电网安全影响大，基本上都涉及到基建技改工程，因此要高度重视，全力开展电网安全事故隐患的治理工作，在事故隐患未消除前，必须采取相关预防措施，将电网安全事故隐患的风险降至最低。

6. 事故（事件）、异常和违章的原因分析

事故分析与处理是安全管理的一种方式，也称为事后管理。一般来说，每一起事故的发生都是多个环节都存在问题的结果。按照“四不放过”原则，对发生的违章事件和事故进行深入分析，可以找到导致事故发生的关键问题，发现安全生产的薄弱环节，举一反三，深刻吸取事故教训，全面深入治理各类问题，确保事故不再发生。通过对这些问题的评估，可以梳理出事故隐患并纳入事故隐患治理工作流程。

7. 专项排查行动

每年根据电力生产的季节性特点和一些突发情况，开展有针对性的专项活动，如“迎峰度夏（冬）设备隐患排查”“输电线路跨越民房安全隐患排查”“全面梳理排查电网隐患”等，利用专项排查行动，对排查出问题，进行评估，确定为事故隐患后纳入事故隐患治理工作流程。

8. 专项监督

专业管理部门根据当前安全生产实际情况可以开展安全隐患排查治理专项监督工作，如当前安全生产管理面临特殊的环境或时常发生同类的问题，专业管理部门可以针对这一现象开展专项监督，排查事故隐患，积极开展治理，确保安全生产稳定。

三、安全隐患排查治理过程考核

为推进安全关口前移，鼓励早排查隐患、早治理隐患，强化“全覆盖、勤排查、快治理”的工作机制，狠抓隐患源头整治，提前消除事故苗头，夯实安全生

产基础，提升本质安全水平，国网河北省电力公司依据国网（安监/3）481—2014《国家电网公司安全隐患排查治理管理办法》《国家电网公司关于开展安全隐患排查治理过程考核的意见》（国家电网安质〔2016〕627 号）制定了《国网河北省电力公司安全隐患排查治理过程考核实施意见》。

（一）考核原则

1. 奖罚结合原则

鼓励各单位、部门、班组、岗位积极自查自改隐患、早查早改隐患，总结、推广隐患排查治理经验，对作出突出贡献的，予以奖励；对隐患的产生以及排查治理工作不到位负有责任的，予以处罚。

2. 分级考核原则

按照隐患的级别（Ⅰ级重大事故隐患、Ⅱ级重大事故隐患、一般事故隐患、安全事件隐患），根据在隐患排查治理过程中作出贡献大小或对隐患排查治理工作不到位负有责任的轻重，分级分类进行考核。

3. 全面覆盖原则

实行上级单位对下级单位考核和同级安质部门监督，确保考核对象覆盖隐患产生以及排查治理工作全过程涉及的所有单位、部门、班组、岗位，包含设备、物资等供应商以及施工、调试、监理等服务商。

（二）考核主要内容及标准

（1）对以下情况作出突出贡献的，予以奖励。

1）及时排查治理Ⅰ、Ⅱ级重大事故隐患；

2）及时排查治理家族性、全局性的设备隐患；

3）及时排查治理制度、规程、标准缺失或存在错误、流程不畅等管理性隐患；

4）及时排查治理常规方法（手段）不易发现的隐蔽性隐患；

5）总结推广适用面广、实用性强的隐患排查治理经验。

（2）对被上级单位或本单位安质部门组织的安全检查、抽查、督查发现的以下情况负有责任的，予以处罚。

1）没有及时落实相关技术标准、反事故措施等要求而形成的隐患；

2）施工、调试或大修技改、检修试验遗留的隐患；

3）在日常巡视维护、运行方式分析、安全性评价、监理活动等应发现而未发现的隐患；

4）上级单位或专业部门要求排查的专项隐患、家族性隐患，本单位或专业部门存在但没有排查出的隐患；

5）经多次专项排查后仍重复出现的同类隐患（不含外部不可控环境因素造成的隐患）；

6）未将治理责任落实到单位、部门、班组、岗位的隐患；

7）无故不安排项目（不落实资金）治理的隐患；

8）没按计划完成治理的隐患；

9）因管控原因导致隐患级别升级或引发安全事件的隐患；

10）多次治理仍未根治的同一隐患（不含外部不可控环境因素造成的隐患）；

11）未执行“两单一表”管控的重大隐患；

12）没纳入安监一体化平台进行管控的隐患；

13）安监一体化平台隐患库中记录的隐患排查治理闭环管控情况与实际情况严重不符的隐患。

（3）对公司安全隐患排查治理过程管理中做出突出贡献的本部部门、单位奖励标准。

1）在公司系统周生产安全例会上进行通报表扬，在公司月度安全质量月报、隐患排查简报中进行通报表扬；

2）在同业对标“安全隐患排查治理工作评价指数”中对相关单位给予 0.1～1 分的加分奖励；

3）在基层单位企业负责人年度业绩考核中给予 0.1～0.5 分的加分奖励；

4）在本部部门绩效考核中给予 0.2～1 分的加分奖励。

（4）获得突出贡献奖励的单位、集体和个人，公司和各单位应在进行评优（先）工作中予以优先考虑。

第四节　工作开展注意事项

一、安全隐患与设备缺陷关系

安全隐患与设备缺陷有延续性又有区别。设备、设施的缺陷偏重于设备功能不能达到设计要求，即设备本身与设计或正常情况下存在不一致的地方，所以缺陷一般是指设备缺陷，主体是设备。而事故隐患则是综合指单个或多个元素共同作用，形成一种不安全的状态。超出设备缺陷管理制度规定的消缺周期仍未消除的设备危急缺陷和严重缺陷，即为安全隐患。

根据《国家电网公司安全隐患排查治理管理办法》，对规定的一个消缺周期内的设备缺陷（无论是否满足隐患等级）不纳入安全隐患管理，仍由各级单位按照设备缺陷管理规定和工作流程处置。

二、安全隐患预警

（1）建立安全隐患预警通告机制。因计划检修、临时检修和特殊方式等使电网运行方式变化而引起的电网运行隐患风险，由相应调度部门发布预警通告，相关部门制定应急预案。电网运行方式变化构成重大事故隐患，电网调度部门应将有关情况通告同级安全监察部门和相关部门。

（2）对排查出影响人身和设备安全的隐患，要分析其风险程度和后果严重性，由相关专业管理部门或作业实施单位及时发布预警通告，及时告知涉及人身和设备安全管理的责任单位。

（3）接到隐患预警通告后，涉及电网、人身和设备安全管理的责任单位应立即采取管控、防范或治理措施，做到有效降低隐患风险，保障作业人员和电网及设备运行安全，并将措施落实情况报告相关部门。隐患预警工作结束后，发布单位应及时通告解除预警。

三、安全隐患过程管理

（一）安全隐患排查（发现）环节

各级单位、各专业应采取技术、管理措施，结合常规工作、专项工作和监督检查工作排查、发现安全隐患，明确排查的范围和方式方法，专项工作还应制定排查方案。

（1）排查范围应包括所有与生产经营相关的安全责任体系、管理制度、场所、环境、人员、设备设施和活动等。

（2）排查方式主要有：电网年度和临时运行方式分析；各类安全性评价或安全标准化查评；各级各类安全检查；各专业结合年度、阶段性重点工作和“二十四节气表”组织开展的专项隐患排查；设备日常巡视、检修预试、在线监测和状态评估、季节性（节假日）检查；风险辨识或危险源管理；已发生事故、异常、未遂、违章的原因分析，事故案例或安全隐患范例学习等。

（3）排查方案编制应依据有关安全生产法律、法规或者设计规范、技术标准以及企业的安全生产目标等，确定排查目的、参加人员、排查内容、排查时间、排查安排、排查记录要求等内容。

（二）安全隐患评估报告

（1）安全隐患的等级由隐患所在单位按照预评估、评估、认定三个步骤确定。重大事故隐患由省公司级单位或总部相关职能部门认定，一般事故隐患由地市公司级单位认定，安全事件隐患由地市公司级单位的二级机构或县公司级单位认定。

（2）地市和县公司级单位对于发现的隐患应立即进行预评估。初步判定为一般事故隐患的，1 周内报地市公司级单位的专业职能部门，地市公司级单位接报告后 1 周内完成专业评估、主管领导审定，确定后 1 周内反馈意见；初步判定为重大事故隐患的，立即报地市公司级单位专业职能部门，经评估仍为重大隐患的，地市公司级单位立即上报省公司级单位专业职能部门核定，省公司级单位应于 3 天内反馈核定意见，地市公司级单位接核定意见后，应于 24 小时内通知重大事故隐患所在单位。

（3）地市公司级单位评估判断存在重大事故隐患后应按照管理关系以电话、传真、电子邮件或信息系统等形式立即上报省公司级单位的专业职能部门和安全监察部门，并于 24 小时内将详细内容报送省公司级单位专业职能部门核定。

（4）省公司级单位对主网架结构性缺陷、主设备普遍性问题，以及由于重要枢纽变电站、跨多个地市公司级单位管辖的重要输电线路处于检修或切改状态造成的隐患进行评估，确定等级。

（5）跨区电网出现重大事故隐患，受委托的省公司级单位应立即报告委托单位有关职能部门和安全监察部门。

（三）安全隐患治理（控制）

安全隐患一经确定，隐患所在单位应立即采取防止隐患发展的控制措施，防止事故发生，同时根据隐患具体情况和急迫程度，及时制定治理方案或措施，抓好隐患整改，按计划消除隐患，防范安全风险。

（1）重大事故隐患治理应制定治理方案，由省公司级单位专业职能部门负责或其委托地市公司级单位编制，省公司级单位审查批准，在核定隐患后 30 天内完成编制、审批，并由专业部门定稿后 3 天内抄送省公司级单位安全监察部门备案，受委托管理设备单位应在定稿后 5 天内抄送委托单位相关职能部门和安全监察部门备案。

重大事故隐患治理方案应包括：隐患的现状及其产生原因；隐患的危害程度和整改难易程度分析；治理的目标和任务；采取的方法和措施；经费和物资的落

实；负责治理的机构和人员；治理的时限和要求；防止隐患进一步发展的安全措施和应急预案。

（2）一般事故隐患治理应制定治理方案或管控（应急）措施，由地市公司级单位负责在审定隐患后15天内完成。

（3）安全事件隐患应制定治理措施，由地市公司级单位二级机构或县公司级单位在隐患认定后1周内完成，地市公司级单位有关职能部门予以配合。

（4）安全隐患治理应结合电网规划和年度电网建设、技改、大修、专项活动、检修维护等进行，做到责任、措施、资金、期限和应急预案“五落实”。

（5）公司总部、分部、省公司级单位和地市公司级单位应建立安全隐患治理快速响应机制，设立绿色通道，将治理隐患项目统一纳入综合计划和预算优先安排，对计划和预算外急需实施的项目须履行相应决策程序后实施，报总部备案，作为综合计划和预算调整的依据；对治理隐患所需物资应及时调剂、保障供应。

（6）未能按期治理消除的重大事故隐患，经重新评估仍确定为重大事故隐患的须重新制定治理方案，进行整改。对经过治理、危险性确已降低、虽未能彻底消除但重新评估定级降为一般事故隐患的，经省公司级单位核定可划为一般事故隐患进行管理，在重大事故隐患中销号，但省公司级单位要动态跟踪直至彻底消除。

（7）未能按期治理消除的一般事故隐患或安全事件隐患，应重新进行评估，依据评估后等级重新填写“重大、一般事故或安全事件隐患排查治理档案表”，重新编号，原有编号销除。

（四）安全隐患治理验收销号

（1）隐患治理完成后，隐患所在单位应及时报告有关情况、申请验收。省公司级单位组织对重大事故隐患治理结果和第十七条第四款规定的安全隐患进行验收，地市公司级单位组织对一般事故隐患治理结果进行验收，县公司级单位或地市公司级单位二级机构组织对安全事件隐患治理结果进行验收。

（2）事故隐患治理结果验收应在提出申请后10天内完成。验收后填写“重大、一般事故或安全事件隐患排查治理档案表”。重大事故隐患治理应有书面验收报告，并由专业部门定稿后3天内抄送省公司级单位安全监察部门备案，受委托管理设备单位应在定稿后5天内抄送委托单位相关职能部门和安全监察部门备案。

（3）隐患所在单位对已消除并通过验收的应销号，整理相关资料，妥善存档；具备条件的应将书面资料扫描后上传至信息系统存档。

（五）隐患排查治理工作定期评估

省、地市和县公司级单位应开展定期评估，全面梳理、核查各级各类安全隐患，做到准确无误，对隐患排查治理工作进行评估。定期评估周期一般为地市、县公司级单位每月一次，省公司级单位至少每季度一次，可结合安委会会议、安全分析会等进行。

四、安全隐患档案

（1）各级单位应运用安全隐患管理信息系统，对排查出的隐患做到“一患一档”。隐患档案应包括以下信息：隐患简题、隐患来源、隐患内容、隐患编号、隐患所在单位、专业分类、归属职能部门、评估等级、整改期限、整改完成情况等。隐患排查治理过程中形成的传真、会议纪要、正式文件、治理方案、验收报告等也应归入隐患档案，电子文档应及时录入安全隐患管理信息系统。

（2）安全隐患档案填写，应执行《国网河北省电力公司安全生产事故隐患录入规范要求》，并着重注意：

1）隐患档案填写质量。隐患简题言简意赅，隐患现状描述清楚，隐患后果分析充分；每一项隐患要尽量准确填写投入金额，没有工程项目预算的，要估算材料费用，填入隐患档案表中，要重点注意金额的单位，系统默认金额单位为万元，避免由于忽视金额单位而造成单位隐患排查治理投入金额虚高的情况。

2）录入系统隐患的完整性，每一条隐患需要附隐患现状及治理完成后的照片、隐患治理方案等资料。

3）隐患填报的及时性，隐患排查治理与日常工作紧密结合常态开展，要注意录入隐患的及时性，避免补录、突击录入安全隐患的情况。

第十一章　电能质量

第一节　电能质量的概念

电能质量即电力系统中电能的质量，是指通过公用电网供给用户端的交流电能的品质。理想的电能应该是完美对称的正弦波，即用电网应以恒定的频率、正弦波形和标准电压对用户供电。同时，在三相交流系统中各相电压和电流的幅值应大小相等、相位对称且互差 120°。但由于系统中的发电机、变压器和线路等设备非线性或不对称，负荷性质多变，加之调控手段不完善及运行操作、外来干扰和各种故障等原因，这种理想的状态并不存在，因此产生了电网运行、电力设备和供用电环节中的各种问题，使波形偏离对称正弦，由此便产生了电能质量问题。由此便产生了电能质量问题。

电能质量（Power Quality），从严格意义上讲，衡量电能质量的主要指标有电压、频率和波形。从普遍意义上讲是指优质供电，包括电压质量、电流质量、供电质量和用电质量 4 个方面的相关术语和概念。电能质量问题可以定义为：导致用电设备故障或不能正常工作的电压、电流或频率的偏差，其内容包括频率偏差、电压偏差、电压波动与闪变、三相不平衡、瞬时或暂态过电压、波形畸变（谐波）、电压暂降、中断、暂升以及供电连续性等。

电能质量的主要指标有：电压偏差、三相电压不平衡、供电可靠性、谐波等。围绕电能质量含义，从不同角度理解通常包括：

（1）电压质量，以实际电压与理想电压的偏差，反映供电企业向用户供应的电能是否合格的概念。这个定义能包括大多数电能质量问题，但不能包括频率造成的电能质量问题，也不包括用电设备对电网电能质量的影响和污染。

（2）电流质量，反映了与电压质量有密切关系的电流的变化，是电力用户除对交流电源有恒定频率、正弦波形的要求外，还要求电流波形与供电电压同相位以保证高功率因素运行。这个定义有助于电网电能质量的改善和降低线损，但不能概括大多数因电压原因造成的电能质量问题。

(3) 供电质量其技术含义是指电压质量和供电可靠性，非技术含义是指服务质量。包括供电企业对用户投诉的反应速度以及电价组成的合理性、透明度等。

(4) 用电质量，包括电流质量与反映供用电双方相互作用和影响中的用电方的权利、责任和义务也包括电力用户是否按期、如数交纳电费等。

第二节 电压偏差

供电系统在正常运行下，某一节点的实际电压与系统标称电压［通常，电力系统的额定电压（见电压等级）采用标称电压去描述，对电气设备则采用额定电压的术语，它们其实是同一个数值］之差对系统标称电压的百分数称为该节点的电压偏差，数学表达式为：电压偏差＝（实际电压－系统标称电压）/系统标称电压×100％。

系统被指定的电压称为标称电压，系统是指在一个共同标称电压下相互连接的导线（线路）和设备的组合。电气设备额定电压，根据规定的电气设备工作条件，通常由制造商确定的电气设备电压，作为系统受电器具的电气设备（如电动机、照明器具等）的额定电压等于其接入系统的标称电压，作为系统电源的电气设备（如发电机、变压器副边绕组等）的额定电压比所接系统的标称电压高5％～10％。

电压偏差概念，又称电压偏移，指供配电系统改变运行方式和负荷缓慢地变化使供配电系统各点的电压也随之变化，各点的实际电压与系统的额定电压之差称为电压偏差。

对20kV及以下三相供电电压偏差为标称电压的±7％；220V单相供电电压偏差为标称电压的＋7％，－10％。特殊运行方式下的电压允许偏差值由调度部门确定。对电压质量有特殊要求的用户，供电电压允许偏差值由供用电协议确定。

电压合格率是指实际运行电压在允许电压偏差范围内累计运行时间与对应的总运行统计时间之比的百分值。电压合格率＝［1－Σn_1 电压监测点电压超出偏差时间（分）/Σn_1 电压监测点运行时间（分）］×100％，n 为监测点个数。

影响电压合格率的原因有：

(1) 供电距离超过合理的供电半径。

(2) 供电导线截面选择不当，电压损失过大。

(3) 线路过负荷运行。

(4) 用电功率因数过低，无功电流大，加大了电压损失。

(5) 冲击性负荷、非对称性负荷的影响。

(6) 调压措施缺乏或使用不当，如变压器分头摆放位置不当等。

(7) 用电单位装用的静电电容器补偿功率因数没采用自动补偿。

总之，无功电能的余、缺状况是影响供电电压偏差的重要因素。

低电压配变数据的系统查询：

登录 PMS 系统账号，点击导航运维检修中心→配网运维管控→配网运维管控管理→低电压治理专题，即可查看辖区内低电压配变的总体运行情况。如图 11-2-1 所示。

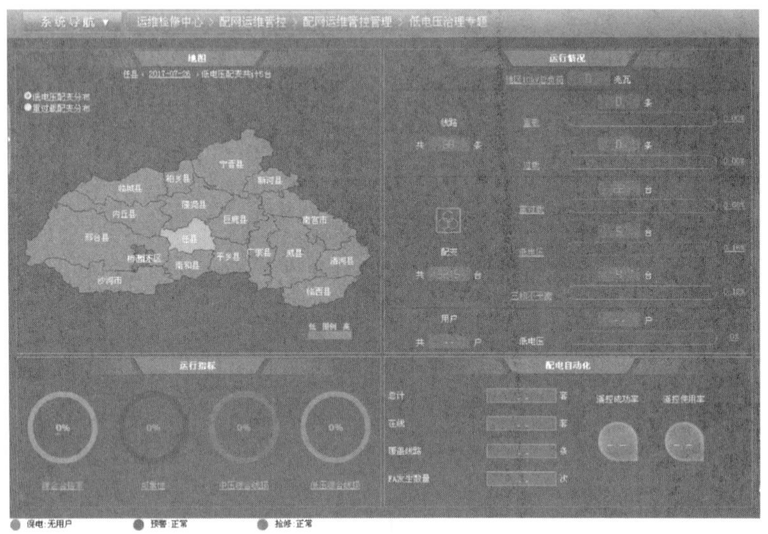

图 11-2-1

点击低电压配变显示低电压配变的明细、发生次数和时长。如图 11-2-2 所示。

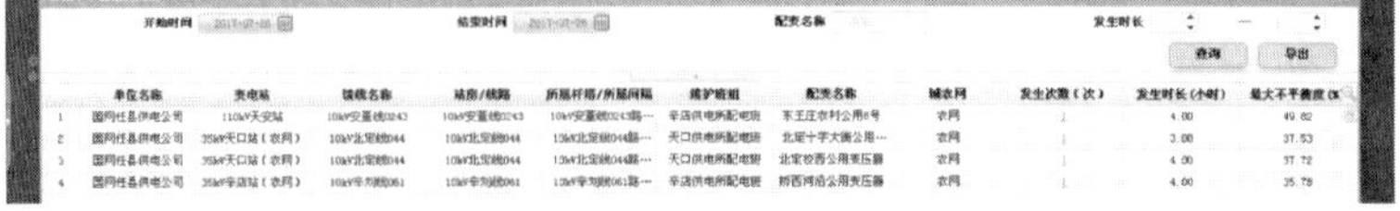

图 11-2-2

点击一台配变，查看配变的电压曲线，通过采集数据列表查看每个整点的功率、电压和电流数据，如图 11-2-3 所示。

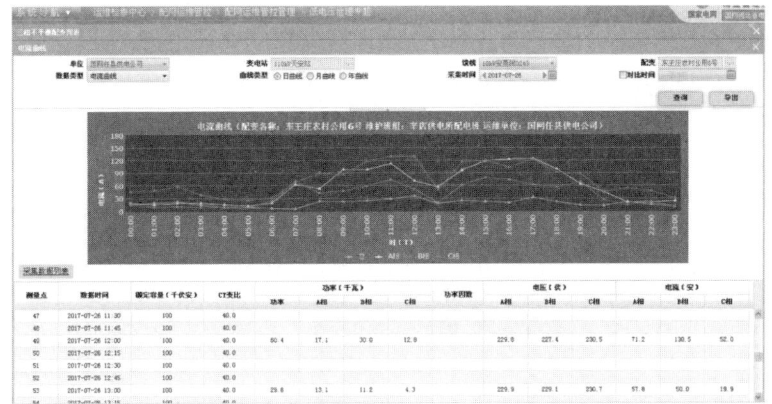

图 11-2-3

一般情况下，电气设备在额定电压下工作，是比较适合的工作状况，使用寿命也比较长。但实际上，系统电压有或大或小的偏差。电压偏差对电气设备的工作状况、性能、效率和寿命都有一定的影响。

(1) 对照明设备的影响。照明设备中白炽灯对电压偏移的影响最为敏感，电压升高时发光效率大大提高，但寿命也大大缩短。电压降低时白炽灯寿命可以提高，但发光效率大大降低，使光通量减少。对于日光灯而言，灯管的寿命与通过灯管的工作电流有关，通过灯管的工作电流增加，则寿命降低，此外，电压降低会使日光灯的光通量降低，低温时会使日光灯启动困难。

(2) 对异步电动机的影响。当机端电压降低时，电动机的转矩及起动转矩与电压平方成比例的下降，例如电压降低 10%，转矩降到额定值的 81%，电动机滑差略有降低；在负荷较重时电动机的总损耗增加，电动机输出功率稍微减小；电动机吸收的无功功率明显下降（但当电压低于某临界电压时，无功负荷又开始增加）；电动机的电流增加（线绕式转子的转子电流也增加），使铁芯、绕组温升增加，若机端电压长期处于 $0.9Un$ 以下，可能因绕组绝缘老化而降低电动机的寿命，甚至烧坏绕组使电机损坏。当机端电压升高时，上述变化有些逆转，但电动机的电流因磁路饱和，励磁电流迅速增加（无功功率以电压高次方增加）使电机电流增加，铁芯、绕组温升增加。电压正偏差过大时，也会降低电动机的寿命，甚至造成电机损坏。

(3) 对变压器、互感器的影响。当电压升高时，对变压器、互感器的影响主要有两方面：一是励磁电流增加，使铁芯中磁感应强度 B 增加，导致铁损增加、铁芯温升增加。二是油中和绕组表面电场强度增加，促使油和绕组绝缘老化加速，严重时将导致绝缘老化，降低绝缘寿命。当电压降低时，在传输同样功率条件中，绕组电流增加，绕组损耗与电流平方成比例地增加。

(4) 对并联电容器的影响。电容的无功功率与电压平方成比例，电压降低使无功功率输出大大降低。电压上升虽然其无功功率提高，但由于电场强度增强使局部放电加强，使绝缘寿命降低。

(5) 对家用电器的影响。电压降低使电视机色彩变坏、亮度变暗，电压升高使显像管寿命降低。电压升高使电子设备阴极加热电流增加，而降低寿命。阴极电压升高5%，寿命约缩短一半。电压偏移过大时，使电子计算机和控制设备出现错误结果和误动。

电压合格率的调节一般采取无功就地平衡的方式进行无功补偿，并及时调整无功补偿量，从源头上解决问题，改善电压合格率的常用措施有：

(1) 改善用电功率因数，使无功就地平衡。

(2) 合理选择供电半径。

(3) 合理选择供电系统线路的导线截面。

(4) 合理配置变、配电设备，防止其过负荷运行。

(5) 适当选用调压措施，如串联补偿、变压器加装有载调压装置、安装同期调相机或静电电容器等。

第三节　三相电压不平衡

三相电压不平衡是指三相电压在幅值上不同或相位差不是120°，或兼而有之。不平衡度指三相电力系统中三相不平衡的程度，用电压、电流负序基波分量或与零序基波分量的方均根值百分比表示。正序分量是将不平衡的三相系统的电量按对称分量法分解后其正序对称系统中的分量。负序分量是将不平衡的三相系统的电量按对称分量法分解后其负序对称系统中的分量。零序分量是将不平衡的三相系统的电量按对称分量法分解后其零序对称系统中的分量。

公共连接点是电力系统中一个以上用户的连接处。电力系统公共连接点电压不平衡度限值为：电网正常运行时，负序电压不平衡度不超过2%，短时不得超过4%；低压系统零序电压限值不作规定，但各相电压必须满足GB/T 12325《电能质量　供电电压允许偏差》的要求。接于公共连接点的每个用户引起该点负序电压不平衡度允许值一般为 1.3%，短时不超过 2.6%。短时用于量化短时间变化持续时间的修饰词，指时间范围为 3s～60s。

测量应在电力系统正常运行的最小方式（或较小方式）下，不平衡负荷处于正常、连续工作状态下进行，并保证不平衡负荷的最大工作周期在内。对于电力系统的公共连接点，测量持续时间取一周（168h），每个不平衡度的测量间隔可为 1min 的整倍数；对于波动负荷，可取正常工作日 24h 持续测量，每个不平衡度的测量间隔为 1min。

三相不平衡配变数据的系统查询：

登录 PMS 系统账号，点击导航运维检修中心→配网运维管控→公变分析→公变三相不平衡分析，即可查看辖区内分供电所三相不平衡的台数和占比情况。如图 11-3-1 所示。

	单位	公变数（台）	用采覆盖公变数（台）	采集公变数（台）	三相不平衡台数（台）	三相不平衡占比（%）	三相不平衡次数（次）	时长（小时）	三相不平衡度异常
1	国网任县供电公司辛店供电所配电班	323	323	323	2	0.62	2	8	0
2	国网任县供电公司天口供电所配电班	452	451	451	2	0.44	2	7	0
3	国网任县供电公司大屯供电所配电班	513	513	513	0	0	0	0	0
4	国网任县供电公司城关供电所配电班	395	395	393	0	0	0	0	0
5	国网任县供电公司永福庄供电所配电班	391	391	391	0	0	0	0	0
6	国网任县供电公司邢湾供电所配电班	369	369	368	0	0	0	0	0
7	国网任县供电公司骆庄供电所配电班	304	304	304	0	0	0	0	0
8	国网任县供电公司固城供电所配电班	468	468	468	0	0	0	0	0
9	总计	3215	3214	3212	4	0.12	4	15	0

图 11-3-1

点击配变台数显示三相不平衡的配变明细，点击具体配变显示最大不平衡度、发生时间和发生时长等相关数据，如图 11-3-2 所示。

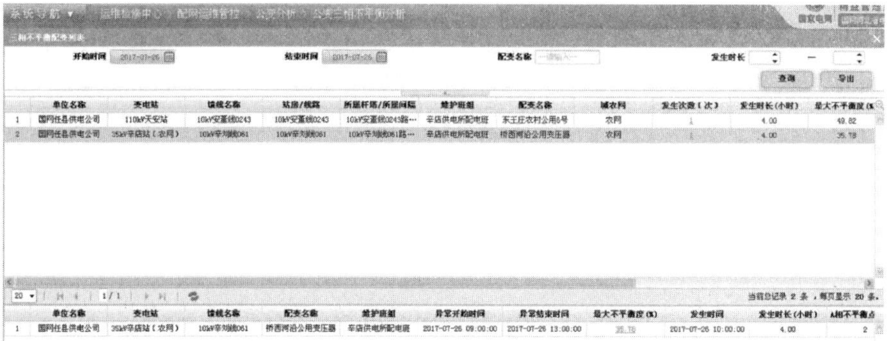

	单位名称	变电站	馈线名称	站房/线路	所属杆塔/所属间隔	维护班组	配变名称	城农网	发生次数（次）	发生时长(小时)	最大不平衡度(%)
1	国网任县供电公司	110kV天安站	10kV安董线0243	10kV安董线0243	10kV安董线0243路…	辛店供电所配电班	东王庄农村公用6号	农网	1	4.00	49.82
2	国网任县供电公司	35kV辛店站（农网）	10kV辛刘线061	10kV辛刘线061	10kV辛刘线061路…	辛店供电所配电班	桥西河沿公用变压器	农网	1	4.00	35.78

	单位名称	变电站	馈线名称	配变名称	维护班组	异常开始时间	异常结束时间	最大不平衡度(%)	发生时间	发生时长(小时)	A相不平衡点
1	国网任县供电公司	35kV辛店站（农网）	10kV辛刘线061	桥西河沿公用变压器	辛店供电所配电班	2017-07-26 09:00:00	2017-07-26 13:00:00	35.78	2017-07-26 10:00:00	4.00	2

图 11-3-2

点击查看配变的电压曲线，通过采集数据列表查看每个每相整点的功率、电压和电流数据，如图 11-3-3 所示。

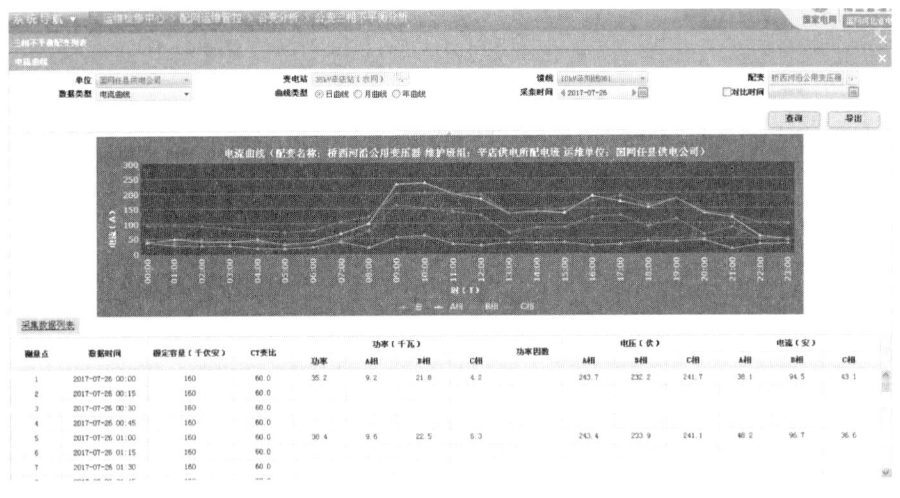

测量点	数据时间	额定容量（千伏安）	CT变比	功率（千瓦）				功率因数	电压（伏）			电流（安）		
				功率	A相	B相	C相		A相	B相	C相	A相	B相	C相
1	2017-07-26 00:00	160	60.0	35.2	9.2	21.8	4.2		243.7	232.2	241.7	38.1	94.5	43.1
2	2017-07-26 00:15	160	60.0											
3	2017-07-26 00:30	160	60.0											
4	2017-07-26 00:45	160	60.0											
5	2017-07-26 01:00	160	60.0	38.4	9.6	22.5	5.3		243.4	233.9	241.1	48.2	96.7	36.6
6	2017-07-26 01:15	160	60.0											
7	2017-07-26 01:30	160	60.0											

图 11-3-3

三相不平衡的危害：

（1）增加线路及配点变压器电能损耗。在三相四线供电网络中，电流通过线路导线时，因存在阻抗必将产生电能损耗，其损耗与通过电流的平方成正比，当相电流平衡的时候，系统的电能损耗最小。

（2）降低配变变压器出力以及增加铁损。配变设计时其绕组结构是按负载平衡运行工况设计的，其绕组性能基本一致，各相额定容量相等。配件的最大允许出力要受到每相额定容量的限制。假如当配变处于三相负载不平衡工况下运行，负载轻的一相就有富余容量，从而使配变的出力减少其出力减少程度与三相负载的不平衡度有关。三相负载不平衡越大，配变出力减少越多。为此，配变在三相负载不平衡时运行，其输出的容量就无法达到额定值，其备用容量亦相应减少，过载能力也降低。假如配变在过载工况下运行，极易引发配件发热，严重时甚至会造成配变烧毁。

（3）电动机效率降低。配变在三相负载不平衡工况下运行，将引起输出电压三相不平衡。由于不平衡电压存在着正序、负序、零序 3 个电压分量，当这种不平衡的电压输入电动机后，负序电压产生旋转磁场与正序电压产生的旋转磁场相反，起到制动作用。但由于正序磁场比负序磁场要强得多，电动机仍按正序磁场方向转动。而由于负序磁场的制动作用，必将引起电动机输出功率减少，从而导致电动机效率降低。同时电动机的温升和无功损耗，也将随三相电压的不平衡度而增大。所以电动机在三相电压不平衡状况下运行，是非常不经济和不安全的。

（4）影响用电设备的安全运行。三相负荷平衡是安全供电的基础。三相负荷不平衡，轻则降低线路和配电变压器的供电效率，重则会因负荷相超载过多，可能造成某相导线烧断、开关烧坏甚至配电变压器单相烧毁等严重后果。

（5）影响用户用电质量。当三相负荷严重不对称，中性点电位就会发生偏移，线路压降和功率损失就会大大增加，接在重负荷相的单相用户易出现电压偏低、电灯不亮、电器效能降低、小水泵易烧毁的问题。而且在轻负荷相的单相用户易出现电压偏高的情况，可能造成电器绝缘击穿、缩短电器使用寿命或损坏电器。对动力用户来说，三相电压不平衡会引起电机过热现象，所以只有三相负荷平衡才能保证用户的电能质量。

（6）影响电能计量。根据对称分量法，三相不平衡电流可以分解为三相平衡的正序、负序和零序 3 个分量，负序和零序电流分量的存在必然会对计量仪表的精度产生影响。在高压侧，虽然零序电流在变压器内环流，不会向系统传递，但负序电流分量可以毫无阻碍地向系统传递，因此仍然会对计量仪表的精度产生影响。

由不对称负荷引起的电网三相不平衡，可以采用下列方法解决：

（1）将不对称负荷分散接到不同的供电点，以减小集中连接造成不平衡度超标。

（2）将不对称负荷合理分配到各相，尽量使其平衡化（换相连接）。

（3）将不对称负荷接到更高电压等级上供电，以使连接点的短路容量足够大。

（4）采用平衡装置。

第四节　供电可靠性

供电可靠性是指供电系统持续供电的能力，是考核供电系统电能质量的重要指标，反映了电力工业对国民经济电能需求的满足程度，已经成为衡量一个国家经济发达程度的标准之一；供电可靠性可以用如下一系列指标加以衡量：供电可靠率、用户平均停电时间、用户平均停电次数、系统停电等效小时数。

我国供电可靠率目前一般城市地区达到了 3 个 9（即 99.9%）以上，用户年平均停电时间<8.76h；重要城市中心地区达到了4个9（即99.99%）以上，用户年平均停电时间<53min。当前随着用户对供电可靠性的要求越来越高，我国供电可靠率指标也在不断地变化。

供电系统用户供电可靠性，是指供电系统对客户用户连续供电的能力。反映了供电系统对社会电能需求的满足程度，是规划、设计、基建、施工、设备选型、生产运行、供电服务等方面的质量和管理水平的综合体现。

（1）用户分类：用户是从供电系统接受、购买电能的单位或个人。根据用户受电电压的高低，把用户分为以下三类：

1）低压用户，指以380V/220V电压受电的用户。一个接受供电部门计量收费的低压用电单位或者个人作为一个低压用户统计单位。

2）中压用户，指以10（6、20）kV及以下电压受电的用户。接在10（6、20）kV中压线路上的用户配电变压器及用电设备，不管该用户有几台配电变压器及用电设备，也不管这些设备间在几条重要线路上应以一个计量点作为一个重要用户统计单位。

3）高压用户，指以35kV及以上电压受电的用户。高压用户的每一个受电降压变电所，作为一个高压用户统计单位。

（2）供电系统的状态分类

1）供电状态

用户随时可以从供电系统获得所需电能的状态。

2）停电状态

用户不能从供电系统获得所需电能的状态，包括与供电系统失去电的联系和未失去电的联系。

（3）按停电性质分类

1）故障停电

内部故障停电：本企业（直辖市、地市级供电企业或独立的县级供电企业）管辖范围以内的电网或设施等故障引起的停电。

外部故障停电：本企业（直辖市、地市级供电企业或独立的县级供电企业）管辖范围以外的电网或设施等故障引起的停电。

2）预安排停电

计划停电：检修停电、施工停电、用户申请停电、调电。

临时停电：临时检修停电、临时施工停电、用户临时申请停电、临时调电。

限电：系统电源不足限电、供电网限电。

(4) 可靠性主要指标

1) 供电可靠率指在统计期间内，对用户有效供电时间总小时数与统计期间小时数的比值，记作 RS-1，以电能质量在线监测系统计算结果为准，计算式为：供电可靠率＝（用户有效供电时间/统计期间时间）×100%＝（1－用户平均停电时间/统计期间时间）×100%。若不计外部影响时，则记作 RS-2；若不计系统电源不足限电时，则记作 RS-3。

2) 用户平均停电时间即用户在统计期间内的平均停电小时数，记作 AIHC-1（h/户），计算式为：用户平均停电时间＝∑（每次停电持续时间×每次停电用户数）/总供电用户数。若不计外部影响时，则记作 AIHC-2（h/户）；若不计系统电源不足限电时，则记作 AIHC-3（h/户）。

3) 用户平均停电次数即用户在统计期间内的平均停电次数，记作 AITC-1（次/户），计算式为：用户平均停电次数＝∑每次停电用户数/总供电用户数。若不计外部影响时，则记作 AITC-2（次/户）；若不计系统电源不足限电时，则记作 AITC-3（次/户）。

4) 系统停电等效小时数，即在统计期间内，因系统对用户停电的影响折（等效）成系统（全部用户）停电的等效小时数，记作 SIEH（h），计算式为：系统停电等效小时数＝∑（每次停电容量×每次停电时间）/系统供电总容量。

(5) 电能质量在线系统中压停电事件维护

1) 进入供电数据管理－数据维护－选择供电所，点击中压运行数据维护，如图 11-4-1 所示。

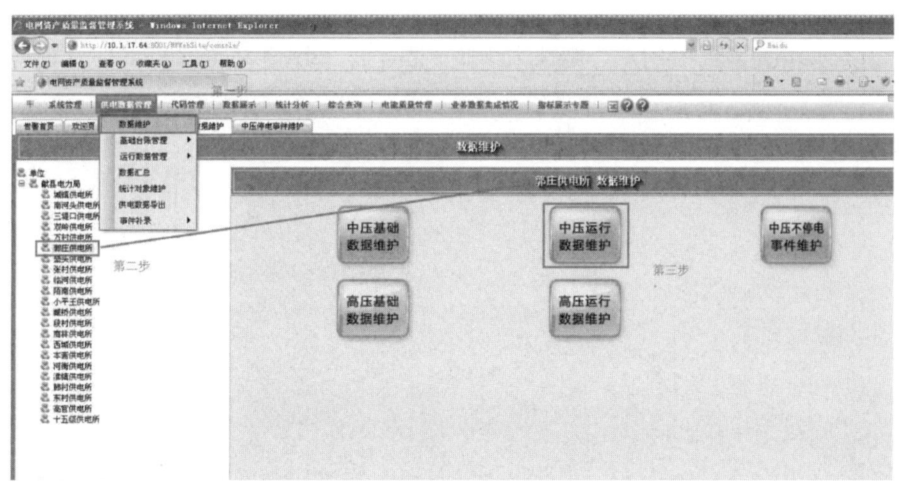

图 11-4-1

2）切换月份，拖动下面滚条查看事件时间，然后选中事件并点击修改，进行相关操作，如图 11－4－2 所示。

图 11－4－2

3）进入停电事件录入界面，对集成的停电事件进行维护：维护停电性质、停电起止时间、责任原因、停电设备等。维护完相关信息后点击保存，即可完成停电事件的确认，如图 11－4－3 所示。

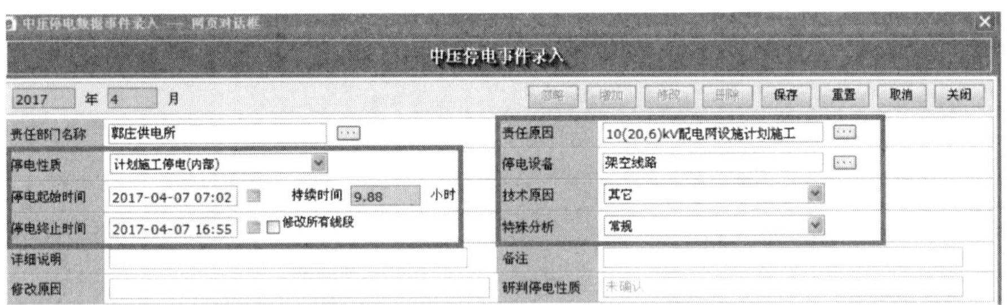

图 11－4－3

4）如需补录停电用户，则选中线段，点：停电用户，如图 11－4－4 所示。

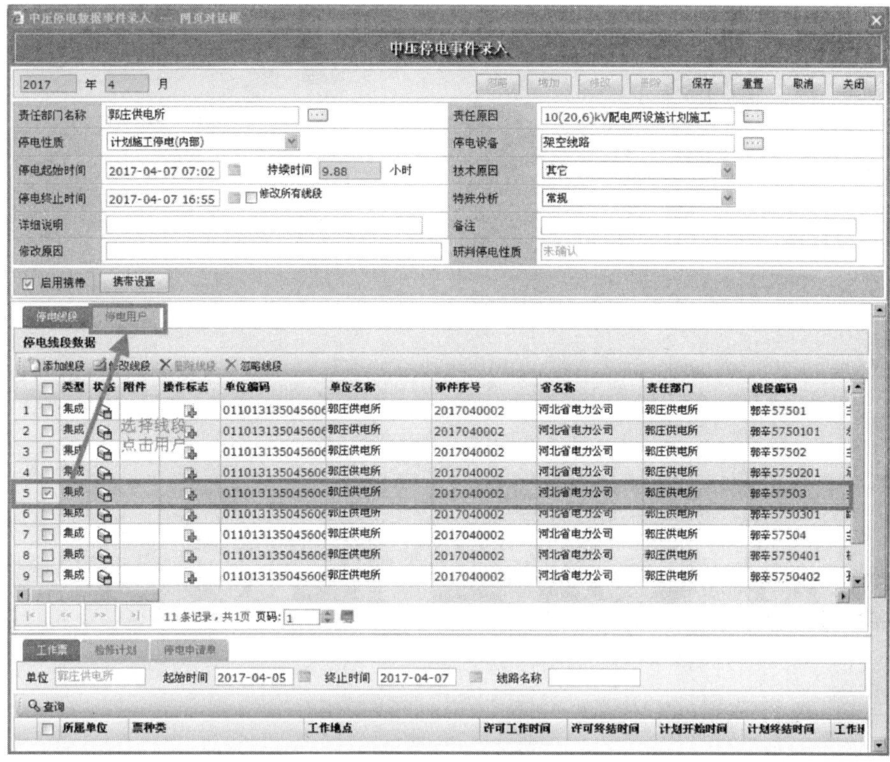

图 11-4-4

5）进入停电用户界面，点添加用户，如图 11-4-5 所示。

停电线段 停电用户

停电用户数据

添加用户 修改用户 删除用户 忽略用户 研判记录

	线段编码	线段名称	用户名称	用户编码	电压等级	用户性质	停…
1	郭辛57503	主干4段	国庆丝杠厂	0534232175	10kV	专用	计划
2	郭辛57503	主干4段	陈尧综合1|05753033811	T0011780133	10kV	公用	计划
3	郭辛57503	主干4段	陈尧综合2|05753033911	T0011780134	10kV	公用	计划
4	郭辛57503	主干4段	陈尧京综合3号	T0012903864	10kV	公用	计划

图 11-4-5

6）进入停电用户选择界面，如图 11-4-6 所示。

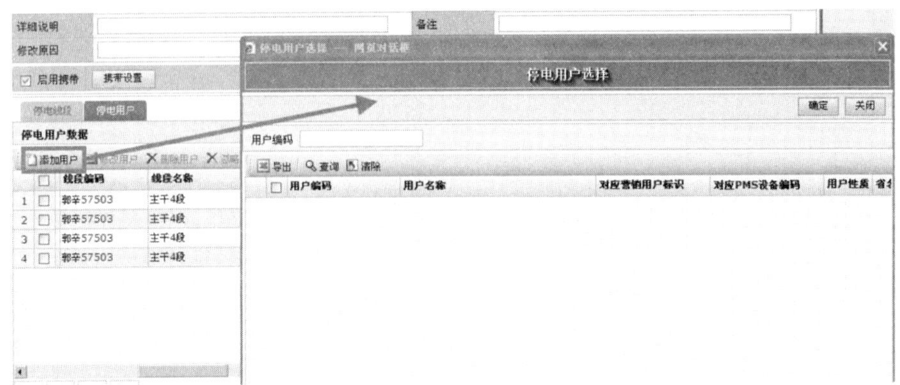

图 11-4-6

7）选择用户后，点确定即可。

（6）影响可靠性的因素：电力系统是一个互相由发电、输电、配电系统及用户用电设备联系的庞大的系统，他们因互相联系而互相影响，其中配电系统是直接面向用户的系统，影响可靠性的因素较多，主要的因素有以下几个方面：

1）网络结构，包括网络的接线形式、联络方式、电网布局、供电半径是否合理等。

2）电网装备，包括设备的设计、技术性能、制造和安装质量；设备老化程度及更新；线路的传输容量及设备裕度；继电保护和自动装置动作的正确性。

3）电网自动化水平，包括调度自动化、变电站综合自动化、配网自动化、电网稳定自动控制水平等。

4）运行维护，包括设备运行维护和操作能力水平；检修质量及试验水平；带电作业的水平和能力等。

5）管理技术，计划停电安排的合理性；安全性评价状态等。

6）基础数据统计，农村配电网具有元件众多、网络结构复杂，基础数据统计管理水平。

7）人员素质，处理停电故障能力；检修水平、专业素质等。

（7）可靠性目标：通常是根据系统可靠运行的要求来规定的，它是系统可靠性达到希望水平的总的要求和目的，在进行可靠性评估时，首先要确定可靠性的目标。

1）保证系统的充裕度，即以合格的质量连续地向用户提供所需的电力和电量。

2）保证系统的安全性，采取措施使系统经受住可能的偶发事故而不必削减负荷或停电，并避免对系统和元件造成严重损坏。

3）保证电力系统的整体性，其目标是即使在严重的偶发事故下也不致造成电力系统主要环节或部分的不可控性。

4）限制故障扩大，或减小停电范围，以及保证停电后迅速恢复运行。

（8）供电所提高供电可靠性的技术措施

1）为了提高供电可靠性，对于辐射式配电网应在主干线上采用线路分段接线方式，一般 10kV 线路主干线宜分为 2～3 段并装设分段开关。在重要负荷或负荷较大的分支线路首端可安装重合器，分支线较大的也可考虑装设线路分段装置。

2）环网接线开环运行接线方式时，当某段线路停电时可闭合联络开关，使用户从另一个方向得到供电，从而有效地减少停电时户数。

3）农村电网相对比较分散，线路较长，发生故障的几率大，因此选择合适的供电半径能够减少线路发生故障的几率，提高供电可靠性，农村电网 10kV 线路供电半径以不大于 10km 为宜。

4）提高农村配网设备、设施装备水平，按照" 安全可靠、经济高效、技术适用、减少维护、节能环保" 的原则，采用成熟先进的新技术、新设备、新材料、新工艺，禁止使用国家明令淘汰及不合格产品。

5）有序实现中低压配电自动化，可以减少故障次数，缩小事故停电范围，缩短事故停电时间，为快速恢复供电、分析、诊断、报告事故原因提供有效的依据，提高供电质量和可靠性。

6）带电作业是提高供电可靠性指标的一项极其有效手段，许多配电项目可以积极开展 10kV 带电作业。同时，发电车也可以在停电的情况下或供电困难的时候临时发电保障用户的用电，电力线路故障寻址器也可用于解决电力线路故障点检测精度不高、查找故障点费时的问题。

（9）供电所提高供电可靠性的管理措施

1）根据公司下达的可靠性指标，分解到线路和配变台区，合理安排停电时间。

2）合理制定月度检修计划，尽力安排配合上级停电工作的检修。

3）加强对设备的巡视、预试和缺陷管理，推广状态检修和零点检修。

4）优化施工方案，落实各项工作措施，配备必要的检修、交通和通讯装备，缩短停电时间。

5）应用 PMS 系统加强 10kV 线路和配电变压器的负荷监测工作，用电高峰时及时调整、转移负荷。

6）制定科学合理的供电可靠性考核管理办法，考核指标以其分配的时户数为考核基准，按月进行奖惩，提高员工工作积极性。

7）加强电力设施的防护工作，防止外力破坏事故的发生。

8）做好客户安全用电管理工作，防止因客户不正确用电扩大故障范围。

（10）供电所可靠性分析会内容

1）上月提高可靠率措施落实执行情况。

2）所长通报本月可靠率指标完成情况及与计划和去年同期指标的对比结果。

3）安全质量员通报本月的事故（障碍）和计划（临时）停电情况，要特别讲清每次停电事件的原因、停电的时户数，通报本月计划（临时）、急修停电时间及造成的时户数。

4）所长组织大家进行讨论，分析计划（临时）停电工作、停电时间、停电范围是否可以缩短，事故（障碍）造成的停电是否可以避免及怎样做到。

5）根据讨论结果制订下月停电工作计划，制定防范措施，确保可靠率指标完成。

第五节　无功补偿

电力系统的无功补偿与无功平衡，是保证电压质量的基本条件，对保证电力系统的安全稳定与经济运行起着重要的作用。

功率因数概述：在交流电路中，电压与电流之间的相位差 φ 的余弦叫做功率因数，用 $\cos\varphi$ 表示，在数值上，功率因数是有功功率和视在功率的比值，即 $\cos\varphi=P/S$。

功率因数的大小与电路的负荷性质有关，是电力系统的一个重要的技术数据，也是衡量电气设备效率高低的一个系数。功率因数低，说明电路用于交变磁场转换的无功功率大，从而降低了设备的利用率，增加了线路供电损失。所以，供电部门对用电单位的功率因数有一定的标准要求。

一台用电设备（如电动机），其铭牌上标出的功率因数是指额定负载下的功率因数值。一个车间或一个企业用电负荷的功率因数是随着负荷性质的变化及电压的波动而变动的，为此应采取措施改善企业的功率因数。

功率因数要求：

(1) 10 (6、20) kV 出线功率因数应在 0.90 及以上。

(2) 100kVA 及以上 10kV 公用配电变压器低压侧功率因数应不低于 0.90，其他公用配电变压器低压侧功率因数宜达到 0.90。

(3) 农业用户配电变压器低压侧功率因数应在 0.85 及以上。

(4) 100kVA 及以上 10 (6、20) kV 供电的电力用户，其低压侧功率因数应大于 0.95；其他电力用户，其低压侧功率因数应大于 0.90。

在供电系统中，绝大多数电气设备如变压器、电动机、感应电炉等均属于感性负荷。这些电气设备在运行中不仅消耗有功功率 P，而且消耗相当数量的无功功率 Q。如果无功功率过大会使供电系统的功率因数过低，从而给电力系统带来下列不良影响：

(1) 增大线路和变压器的功率和电能损耗。如果功率因数小，在 P 一定时，则线路（或变压器）的功率损耗和电能损耗也随之增大。

(2) 使网络中的电压损失增大，造成供电质量降低。在 P 一定时，无功功率增大（即功率因数降低），必然引起电网电压损失随之增加，供电电压质量下降。

(3) 使供电设备的供电能力降低。供电设备的供电能力（容量）是一定的，由于有功功率 $P=S\cos\varphi$，功率因数越低，一定容量的供电设备所能供给的有功功率就越小，于是使供电设备的供电能力有所降低。

从上面的分析得知，电感设备耗用的无功功率越大，功率因数就越低，引起的后果也越严重。不论是从节约的电能、提高供电质量，还是从提高供电设备的供电能力出发，都必须采取补偿无功功率的措施来改善功率因数。

1. 从提高功率因数需要确定补偿容量

如果电力网最大负荷月的平均有功功率为 P_{av}，补偿前的功率因数为 $\cos\varphi_1$ 补偿后的功率因数 $\cos\varphi_2$，则补偿容量可用下述公式计算

$$Q_C=P_{av}(\tan\varphi_1-\tan\varphi_2)=P_{av}\left(1-\frac{\tan\varphi_2}{\tan\varphi_1}\right)$$

$$Q_C=P_{av}\left(\sqrt{\frac{1}{\cos^2\varphi_1}-1}-\sqrt{\frac{1}{\cos^2\varphi_2}-1}\right)$$

有时需要将 $\cos\varphi_1$ 提高到大于 $\cos\varphi_2$，小于 $\cos\varphi_3$，则补偿容量应满足下述不等式

$$P_{av}\left(\sqrt{\frac{1}{\cos^2\varphi_1}-1}-\sqrt{\frac{1}{\cos^2\varphi_2}-1}\right)\leqslant Q_C\leqslant P_{av}\left(\sqrt{\frac{1}{\cos^2\varphi_1}-1}-\sqrt{\frac{1}{\cos^2\varphi_3}-1}\right)$$

式中：

Q_C ——所需补偿容量，kvar；

P_{av}——最大负荷日平均有功功率，kW。

$\cos\varphi_1$ 应采用最大负荷日平均功率因数，$\cos\varphi_2$ 确定平均适当。通常，将功率因数从 0.9 提高到 1.0 所需的补偿容量，与将功率因数从 0.72 提高到 0.9 所需的补偿容量相当。因此，在提高功率因数下进行补偿其效益明显下降。这是因为在高功率因数下，$\cos\varphi$ 曲线的上升率变小，因此提高功率因数所需的补偿容量将要相应增加。

2. 从降低线损需要来确定补偿容量

线损是电力网经济运行的一项重要指标，在网络参数一定的条件下，其与通过导线的电流平方成正比。如设补偿前流经电力网的电流为 I_1，其有、无功分量为 I_{1R} 和 I_{1X}，则

$$I_1 = I_{1R} - jI_{1X}$$

若补偿后，流经网络的电流为 I_2，其有、无功量为 I_{2R} 和 I_{2X}，则

$$I_2 = I_{2R} - jI_{2X}$$

但是加装电容器后将不会改变补偿前的有功分量，固有 $I_{1R} = I_{2R}$ 如图 11－5－1 所示。

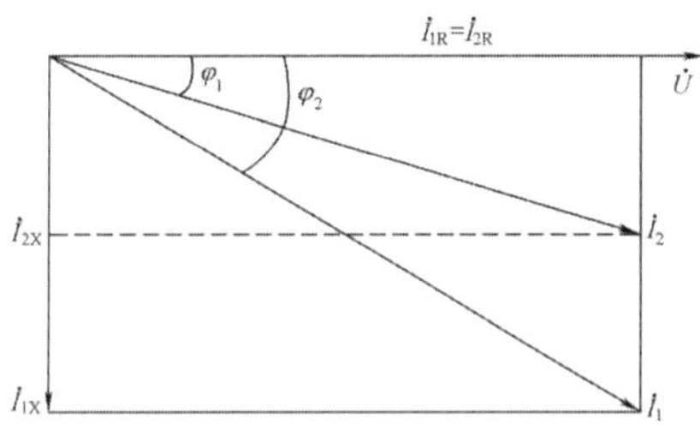

图 11－5－1 电流相量图

补偿前的线路损耗为

$$\Delta P_1 = 3I_1^2R = 3\left(\frac{I_{1R}}{\cos\varphi_1}\right)^2 R$$

补偿后的线路损耗为

$$\Delta P_2 = 3I_2^2R = 3\left(\frac{I_{2R}}{\cos\varphi_2}\right)^2 R$$

补偿后线损降低的百分值为

$$\Delta P_S(\%) = \frac{\Delta P_1 - \Delta P_2}{\Delta P_1} \times 100\% = \left[1 - \left(\frac{\cos\varphi_1}{\cos\varphi_2}\right)^2\right] \times 100\%$$

而补偿容量为：

$$Q_C = \sqrt{3}U\Delta I_X = P(\tan\varphi_1 - \tan\varphi_2)$$

3. 从提高运行电压需要来确定补偿容量

在配电线路的末端，运行电压较低，特别是重负荷、细导线的线路。加装补偿电容以后，可以提高运行电压，这就产生了按提高电压的要求，选择补偿多大的电容比较合理的问题。此外，在网络正常的线路中，装设补偿电容时网络电压的压升不能越限，为了满足这一约束条件，也必须求出补偿容量 Q_C 和网络电压增量之间的关系。

当装设补偿电容以前，网络电压可用下述表达式计算为

$$U_1 = U_2 + \frac{PR + QX}{U_2}$$

装设补偿电容后，电源电压 U_1 不变，变电站母线电压 U_2 升到 U_2' 且

$$U_1 = U_2' + \frac{PR + (Q - Q_C)X}{U_2'}$$

$$\Delta U = U_2' - U_2 = \frac{Q_C X}{U_2'}$$

$$Q_C = \frac{U_2'\Delta U}{X}$$

式中：

U_2'——投入电容后母线电压值，kV；

ΔU——投入电容后电压增量，kV。

三相所需总容量为

$$\sum Q_C = 3Q_C = 3\frac{U_{21}'}{\sqrt{3}}\frac{\Delta U_1}{\sqrt{3}}\frac{1}{X} = \frac{\Delta U_1 U_{21}'}{X}$$

可见，三相补偿容量的公式与单相补偿容量的公式是一样的，不过所包含的电压和电压的增量是线电压和相电压的区别而已。

农村配网无功补偿的原则：先进性与经济性相结合，统一规划，合理布局，分级补偿，就地平衡。

农村配网无功补偿的方式：集中补偿与分散补偿相结合，以分散补偿为主；高压补偿与低压补偿相结合，以低压补偿为主；调压与降损相结合，以降损为主；动态补偿与静态补偿相结合，以动态补偿为主。

（1）低压集中补偿，在配电变压器 0.4kV 低压母线上装设一系列补偿，属于集中补偿。

（2）线路补偿，在配电线路杆上进行固定补偿，属于分散补偿。

（3）随机补偿，在客户终端用电设备上进行补偿，属于分散补偿，常称随机补偿。

（4）随器补偿，在配电变压器低压侧并联电容器，主要指配电变压器单独设置一组补偿电容器为随器补偿，属于分散补偿性质。

无功补偿容量的确定：

（1）10kV 配电变压器应配备足够容量的补偿电容器，配变总容量在 100kVA 及以上的用户，应采用分组自动投切补偿装置，其补偿容量根据负荷性质和大小来确定。

（2）10kV 配电线路可以根据无功负荷情况采取分散补偿的方式进行补偿。

（3）5kW 及以上的交流异步电动机应进行随机补偿，其补偿容量依据电动机空载无功损耗确定。

无功补偿的配置原则：

（1）中压线路补偿点以一处为宜，一般不超过两处，补偿容量依据局部电网配电变压器空载损耗和无功基荷两部分来确定。以电缆为主的中压线路，其所接变电站母线电容电流较大或消弧线圈处于欠补偿状态时，应尽量避免采用线路补偿方式，防止中压线路单相接地时电容电流过大产生过电压。

（2）配电变压器低压侧的无功补偿装置容量可按变压器最大负载率为 75%、负荷自然功率因数为 0.85、补偿到变压器最大负荷时，其高压侧功率因数不低于 0.95 进行无功优化计算后确定。

（3）低压线路补偿作为配电变压器低压侧集中补偿和随机补偿的辅助手段，补偿容量不宜过大，可通过低压配电网无功优化计算分析后确定。

（4）低压用户电动机随机无功补偿容量应以电动机负载大小、负载特性、满载功率因数的高低为条件进行确定，应以不向电网反送无功，或在电网负荷高峰时不从或少从电网吸收无功为原则。

第十二章　营业业务

第一节　业扩报装流程概述

一、业扩报装的定义

业扩报装（即业扩或业务扩充），是电力企业营业工作中的习惯用语，即为新装和增容客户办理各种必须的登记手续和一些业务手续。业扩报装是供电企业电力供应和销售的受理环节，是电力营销工作的开始。

二、业扩报装的主要内容

（1）受理用户新装、增容和增设电源的用电业务申请。

（2）根据客户和电网的情况（通过现场查勘），制订供电方案。

（3）组织因业扩报装引起的供电设施新建、扩建工程的设计、施工、验收、启动。

（4）对用户内部受电工程进行设计审查、中间检查和竣工验收。

（5）签订供用电合同。

（6）装表接电。

（7）汇集整理有关资料并建档立户。

三、业务办理流程及办理说明

（一）居民新装、增容

1. 业务办理流程

用电申请、签订合同 → 装表接电

2. 业务办理说明

用电申请、签订合同
业务办理实行"一证受理"，在收到您的主体资格证明并签署"承诺书"后，正式受理您的用电申请，同时与您签订供用电合同，请提前准备以下资料： 用电人主体资格证明（包括居民身份证、军人证、护照、户口簿或者公安机关出具的户籍证明）。
装表接电
现场勘查需要提供的资料：房屋产权证明或土地权属证明（包括房产证、国有土地使用证、土地租赁协议、若属农村须由所在农村或乡镇及以上政府部门根据所辖权限开具证明等。） 在受理您用电申请后，我们将安排客户经理在下一个工作日或与您约定的时间进行现场勘查，如现场具备条件，将直接装表接电。 供电方案答复期限：居民客户不超过 3 个工作日。 装表接电期限：受电工程检验合格并办结相关手续后，居民客户 3 个工作日内送电。 根据国家《供电营业规则》规定，产权分界点以下部分由您负责施工，产权分界点以上工程由我们负责，产权分界点一般设在"供电接户线用户端最后支持物"，我们将与您在合同中约定。

注：居民客户增容用电业务，在办理用电申请时还需提供近期电费缴费卡或近期电费发票。

（二）低压非居民新装、增容

1. 业务办理流程

用电申请→确定方案→工程实施及装表接电

2. 业务办理说明

用电申请
业务办理实行“一证受理”，在收到您的主体资格证明并签署“承诺书”后，正式受理您的用电申请，请提前准备以下资料： 用电主体资格证明（包括自然人提供居民身份证、军人证、护照、户口簿或者公安机关出具的户籍证明；企业及工商客户提供营业执照；事业单位提供组织机构代码证）。
确定方案
现场勘查需要提供的资料：房屋产权证明或土地权属证明（包括房产证、国有土地使用证、土地租赁协议。若属农村须由所在乡、镇或乡镇以上级别政府部门根据所辖权限开具的证明等；若属军队，须由团级及以上提供证明）；若为租赁，则需同时提供租赁协议及产权人同意报装证明材料。 现场勘查：在受理您用电申请后，我们将在下一个工作日或按照与您约定的时间至现场查看供电条件，并答复您供电方案，如现场具备条件，将直接装表接电。 供电方案答复期限：低压电力客户不超过 7 个工作日。
工程实施及装表接电
如果您的用电涉及工程施工，根据国家规定，产权分界点以下部分由您负责施工，产权分界点以上工程由供电企业负责。产权分界点一般设在“供电接户线用户端最后支持物”，我们将与您在合同中约定。 我们将根据与您约定的时间或电网配套工程竣工当日为您装表供电，同时签订《供用电合同》。 装表接电期限：受电工程检验合格并办结相关手续后，非居民客户 5 个工作日内送电。

注：低压非居民增容用电业务，除了在办理用电申请时还需提供电费缴费卡或近期电费发票外，其他流程环节、服务方式、服务时限、收费标准等均同低压非居民新装用电业务。

（三）高压新装、增容

1. 业务办理流程

用电申请→确定方案→工程设计→工程施工→装表接电

2. 业务办理说明

用电申请
业务办理实行“一证受理”，在收到您的主体资格证明并签署“用电业务申请承诺书”后，正式受理您的用电申请。 客户用电主体资格证明： （1）企业、工商客户提供企业法人营业执照或个体工商营业执照。 （2）机关事业单位应提供事业法人证书或组织机构代码证。 （3）军队提供主体证明材料。 （4）自然人提交有效身份证明（包括身份证、军人证、护照、户口簿或公安机关户籍证明等，以个人名义办理，仅限居民生活用电）。 小区新装客户需提交建设用地规划许可证、建设工程规划许可证。
确定方案
在受理您用电申请后，我们将安排客户经理在下一个工作日或按照与您约定的时间至现场查看供电条件，并在 15 个工作日（双电源客户 30 个工作日）内答复供电方案。 现场勘查需要提供的资料： （1）用电经办人办理用电申请时均应提交有效身份证明，法定代表人出具的授权委托书。 （2）对涉及国家优惠电价的应提供政府有权部门核发的资质证明和公益证明（学校、养老院、居委会等）。 （3）房屋产权证明或土地权属证明文件：1）合法的土地使用证明（国有土地使用证、土地租赁协议、若属农村须由所在乡、镇或乡镇以上级别政府部门根据所辖权限开具证明等；若属军队，须由团级以上提供证明）。2）房产证复印件（若为租赁，则需同时提供租赁协议复印件及产权人同意报装证明材料）。 （4）“两高”及特殊客户需收取环评报告。 （5）需要开具增值税发票客户，提供一般纳税人资格证明。 （6）重要用户等级认定表。

工程设计
对普通客户不再组织设计审核，请将设计单位资质，施工图纸与竣工资料合并报验。 对重要、“两高”及其他特殊客户请您自主选择有相应资质的设计单位开展受电工程设计。设计完成后，请及时提交设计文件，我们将在5个工作日内完成审查。如设计文件未经我公司审核同意，不得据此施工，否则，我公司将依据相关规定，不予竣工检验和接电。 受电工程应根据供电方案答复单进行设计，您所委托的设计单位应具有与工程电压等级及设计范围相对应的设计资质管理部门颁发的《工程设计资质证书》，并按照资质范围开展设计。跨省的设计单位应在河北省建设厅登记备案。
工程施工
请您自主选择您产权范围内工程的施工单位（需具备相应资质）进行施工。 对普通客户不再组织中间检查。 对重要、“两高”及其他特殊客户在电缆管沟、接地网等隐蔽工程覆盖前，请及时通知我们进行中间检查，我们将于5个工作内完成中间检查。 工程竣工后，请及时报验，我们将于5个工作内完成竣工检验，竣工检验需要提供的资料： （1）高压客户竣工报验申请表； （2）设计、施工、试验单位资质证书复印件； （3）工程承装负责人签名并加盖单位公章的工程说明及竣工图； （4）客户设备验收自检报告； （5）电气试验及保护整定调试记录，主要设备型式试验报告。 提示：请您自主选择施工单位和设备材料供应单位开展受电工程施工。您所委托的施工单位应具备与工程电压等级及工程施工范围相对应的《承装（修、试）电力设施许可证》。施工单位的《承装（修、试）电力设施许可证》许可类别和等级，应与工程类别相符。
装表接电
在竣工检验合格，签订《供用电合同》及相关协议，并结清业务费用后，我们将在5个工作日内为您装表接电。业务费用的标准按照当地物价部门的文件执行。

特殊客户送电前必备资料
（1）煤矿、非煤矿山客户需提交以下资料：采矿许可证、安全生产许可证。 （2）冶金、化工、石油、电气化铁路等特定行业或35kV及以上供电的需提交项目可研报告；根据政府要求提交：政府职能部门有关本项目立项的批复、核准、备案文件、能评批复、环评批复、安全许可证复印件。 （3）对于“两高”及其他特殊客户、按照国家要求，加验环评报告等证照资料。其中，“两高”及特殊客户主要包括：钢铁、电解铝、铁合金、水泥、电石、烧碱、黄磷、锌冶炼高耗能等特殊行业客户。 （4）建设工程规划许可证及附件。

注：高压客户增容用电业务，除了在办理用电申请时还需提供近期电费发票外，其他流程环节、服务方式、服务时限、收费标准等均同高压新装用电业务。

（四）居民客户分布式光伏并网

1. 业务办理流程

并网申请→接入系统方案确认→工程施工→并网发电

2. 业务办理说明

并网申请
在受理您分布式电源并网申请时，您需提供的申请材料包括： （1）并网申请书。 （2）申请人身份证。 （3）房产证（或乡镇及以上政府出具的房屋使用证明）。 （4）对于住宅小区居民使用公共区域建设分布式电源，需提供物业、业主委员会或居民委员会的同意建设证明。 （5）若您受他人委托办理业务，还需提供您的身份证和委托书。
接入方案确定
受理您的申请后，我们将按照与您约定的时间至现场查看接入条件，并在20个工作日内答复接入系统方案。
并网验收与调试
工程竣工后，请您及时报验，我们在受理并网验收及并网调试申请后，10个工作日内完成并网验收与调试。

并网运行
我们将与您签署关于购售电、供用电和调度方面的合同，免费提供关口计量表和发电量计量用电能表；调试通过后直接转入并网运行。
其他事项
（1）我们在并网及后续结算服务中，不收取任何服务费用。如果您是分布式光伏发电项目，我们将免费代您向政府能源主管部门进行备案。 （2）在受理您的申请书后，我们将安排专属客户经理，为您全程提供业务办理服务。在业务办理过程中，如果您需要了解业务办理进度，可以直接与您的客户经理联系或拨打 95598 服务热线进行查询。

（五）非居民分布式光伏并网

1. 业务办理流程

并网申请→接入系统方案确定→设计文件审核→工程实施→并网发电

2. 业务办理说明

并网申请
在受理您分布式电源并网申请时，您需提供的申请材料包括： （1）并网申请书。 （2）申请人身份证。 （3）企业法人营业执照、土地证项目合法性支持性文件（或场地使用证明）。 （4）需政府核准的项目，提供政府投资主管部门同意开展前期工作的批复文件；大工业用户，提供用户内部电气接线图。 （5）若您受他人委托办理业务，还需提供您的身份证和委托书。
接入方案确定
受理您的申请后，我们将按照与您约定的时间至现场查看接入条件，并在规定期限内答复接入系统方案，第一类项目 40 个工作日（其中分布式光伏发电单点并网项目 20 个工作日，多点并网项目 30 个工作日）、第二类项目 60 个工作日内答复接入系统方案。

设计文件审核
设计完成后，请及时提交设计文件，我们将在 10 个工作日内完成审查并答复意见。
并网验收与调试
工程竣工后，请您及时报验，我们在受理并网验收及并网调试申请后，0.4kV 及以下电压等级接入的分布式电源 10 个工作日内完成并网验收与调试；10kV 及以上分布式电源 20 个工作日内完成并网验收与调试。
并网运行
我们将与您签署关于购售电、供用电和调度方面的合同，免费提供关口计量表和发电量计量用电能表；调试通过后直接转入并网运行。
其他告知事项
(1) 我们在并网及后续结算服务中，不收取任何服务费用。 (2) 在受理您的申请书后，我们将安排专属客户经理，为您全程提供业务办理服务。在业务办理过程中，如果您需要了解业务办理进度，可以直接与您的客户经理联系或拨打 95598 服务热线进行查询。 (3) 若您属于 35kV 电压等级接入，年自发自用电量大于 50%，或 10kV 电压等级接入且单个并网点总装机容量超过 6MW，年自发自用电量大于 50%的分布式电源项目，我们将在 60 个工作日内答复接入系统方案。 (4) 您可以登录中华人民共和国住房和城乡建设部网站 http：//www.mohurd.gov.cn/查询并选择具备相应资质的设计单位；登录中国电力信息公开网 http：//www.12398.gov.cn/查询并选择具备相应资质的施工、试验单位。 (5) 在完成并网后，请您及时向地市级财政、价格、能源主管部门，提出纳入补助目录申请；政府相关部门批准后，请及时告知我们，确保补助资金及时拨付到位。

第二节　供电方案的确定

供电方案主要是解决供多少、如何供的问题，供电方案的正确与否将影响电网的结构与运行是否合理、灵活，用电的供电可靠性是否得到满足等。因此，正确的供电方案是确保安全、稳定、经济、合理供电和用电的重要环节，也为正确执行电价分类、正确安装电能计量装置、合理收费等工作创造必要的条件。

一、现场勘察

根据与客户预约时间，组织开展现场勘查。现场勘查前，应预先了解待勘查地点的现场供电条件。

现场勘查，应重点核实客户负荷性质、用电容量、用电类别等信息，结合现场供电条件，初步确定供电电源、计量、计费方案，并填写现场勘查单。勘查主要内容包括：

（1）对申请新装、增容用电的居民客户，应核定用电容量，确认供电电压、计量装置位置和接户线的路径、长度。

（2）对申请新装、增容用电的非居民客户，应审核客户的用电需求，确定新增用电容量、用电性质及负荷特性，初步确定供电电源、供电电压、供电容量、计量方案、计费方案等。

（3）对拟定的重要电力客户，应根据国家确定重要负荷等级有关规定，审核客户行业范围和负荷特性，并根据客户供电可靠性的要求以及中断供电危害程度确定供电方式。

（4）对申请增容的客户，应核实客户名称、用电地址、电能表箱位、表位、表号、倍率等信息，检查电能计量装置和受电装置运行情况。

对现场不具备供电条件的，应在勘查意见中说明原因，并向客户做好解释工作。客户现场如存在违约用电、窃电嫌疑等异常情况，勘查人员应做好现场记录，及时报相关职责部门，并暂缓办理该客户用电业务。在违约用电、窃电嫌疑排查处理完毕后重新启动业扩报装流程。

二、确定供电方案

依据国家电网公司业扩供电方案编制有关规定和技术标准要求，根据现场勘查结果、电网规划、用电需求及当地供电条件等因素，经过技术经济比较、与客户协商一致后，拟定供电方案。方案内容包括：

（1）客户基本用电信息，包括：户名、用电地址、行业、用电性质、负荷分级，核定的用电容量，拟定的客户分级。

（2）客户接入系统方案应包括供电电压等级，供电电源及每路进线的供电容量，供电线路及敷设方式要求，产权分界点设置。

（3）客户受电系统方案应包括受电装置的容量、无功补偿标准、客户电气主接线型式、运行方式、主要受电装置电气参数，并明确应急电源及保安措施配置，谐波治理、继电保护、调度通信要求。

（4）计量方案应包括计量点设置，电能计量装置配置类别及接线方式、计量方式、用电信息采集终端安装方案等。

（5）计费方案应包括用电类别、电价分类及功率因数考核标准等信息。

（6）告知事项。包括客户有权自主选择具备相应资质要求的电力设计、施工单位，以及设备材料供应商，注意事项等。对有受电工程的客户，应明确受电工程建设投资界面。

根据客户供电电压等级和重要性分级，供电方案审批推行网上会签或集中会审，并由营销部门统一答复客户。

三、供电方案的有效期

高压供电方案有效期1年，低压供电方案有效期3个月。供电方案变更，应严格履行审批程序，如由于客户需求变化造成方案变更，应书面通知客户重新办理用电申请手续；如由于电网原因，应与客户沟通协商，重新确定供电方案后再答复客户。

第三节　用电变更业务

变更用电是供电所日常性工作，具有项目多、范围广、服务性强及政策性强的特点。它的主要对象是已用电的各类正式用电客户。变更用电采用营业厅受理和电子渠道受理（简称线下和线上）两种方式。通过线下和线上受理的申请，分别由营业厅受理人员和服务调度人员负责确认资料的有效性和完整性。

变更用电的主要内容包括减容（减容恢复）、暂停（暂停恢复）、移表、暂拆

（复装）、更名、过户、销户、改类（基本电价计费方式变更、调需量值、居民峰谷变更）等业务。

一、减容

用户申请减容应符合下列条件：

（1）减容一般只适用于高压供电用户；

（2）用户申请减容，应提前 5 个工作日办理相关手续；

（3）用户提出减少用电容量的期限最短不得少于 6 个月，但同一日历年内暂停满 6 个月申请办理减容的用户减容期限不受时间限制；

（4）用户同一自然人或同一法人主体的其他用电地址不应存在欠费，如有欠费则给予提示。

受理用户减容，应按下列规定办理：

（1）减容必须是整台或整组变压器的停止或更换小容量变压器用电，根据用户提出的减容日期，将对申请减容的设备进行拆除（或调换）。从拆除（或调换）之日起，减容部分免收基本电费。其减容后的容量达不到实施两部制电价规定容量标准的，应改为相应用电类别单一制电价计费，并执行相应的分类电价标准。

（2）减容后执行最大需量计费方式的，合同最大需量按减容后总容量申报，申请减容周期应以抄表结算周期或日历月为基本单位，起止时间应与抄表结算起止时间一致或为整日历月。合同最大需量核定值在下一个抄表结算周期或日历月生效。

（3）减容分为永久性减容和非永久性减容。非永久性减容在减容期限内供电企业保留用户减少容量的使用权。减容两年内恢复的，按减容恢复办理；超过两年的按新装或增容手续办理。

现场工作人员应根据现场勘查结果，拟定供电方案，形成供电方案答复单。营销部门统一答复用户供电方案。线上受理业务可通过电子渠道将供电方案推送给用户确认并反馈。供电方案答复时限：正式受理后，单电源用户 15 个工作日完成，多电源用户 30 个工作日完成。

二、减容恢复

用户申请减容恢复应按下列规定办理：

（1）用户申请减容恢复，应在 5 个工作日前提出申请；

（2）用户提出恢复用电容量的时间是否超过 2 年，超过 2 年应按新装或增容办理；

（3）用户同一自然人或同一法人主体的其他用电地址是否存在欠费，如有欠费则应给予提示。

现场工作人员根据现场勘查结果，拟定供电方案，形成供电方案答复意见。营销部门统一答复用户供电方案。具备条件的，可通过电子渠道将供电方案推送给用户确认并反馈。供电方案答复时限：正式受理后，单电源用户 15 个工作日，多电源用户 30 个工作日。

三、暂停

受理时应按下列规定办理：

（1）用户申请暂停须在 5 个工作日前提出申请。

（2）暂停用电必须是整台或整组变压器停止。

（3）申请暂停用电，每次应不少于 15 天，每一日历年内暂停时间累计不超过 6 个月，次数不受限制。暂停时间少于 15 天的，则暂停期间基本电费照收。

（4）当年内暂停累计期满 6 个月后，如需继续停用的，可申请减容，减容期限不受限制。

（5）自设备加封之日起，暂停部分免收基本电费。如暂停后容量达不到实施两部制电价规定容量标准的，应改为相应用电类别单一制电价计费，并执行相应的电价标准。

（6）减容期满后的用户以及新装、增容用户，2 年内申办暂停的，不再收取暂停部分容量百分之五十的基本电费。

（7）选择最大需量计费方式的用户暂停后，合同最大需量核定值按照暂停后总容量申报。申请暂停周期应以抄表结算周期或日历月为基本单位，起止时间应与抄表结算起止时间或整日历月一致。合同最大需量核定值在下一个抄表结算周期或日历月生效。

（8）暂停期满或每一日历年内累计暂停用电时间超过 6 个月的用户，不论是否申请恢复用电，供电企业须从期满之日起，恢复其原电价计费方式，并按合同约定的容量计收基本电费。

（9）用户同一自然人或同一法人主体的其他用电地址不应存在欠费，如有欠费则应给予提示。

四、暂停恢复

应按下列规定办理：

(1) 用户申请暂停恢复前须在恢复日前5个工作日提出申请;

(2) 用户的实际暂停时间少于15天者,暂停期间基本电费照收;

(3) 暂停恢复后容量再次达到实施两部制电价规定容量标准的,应将暂停时执行的单一制电价计费,恢复为原两部制电价计费;

(4) 用户同一自然人或同一法人主体的其他用电地址不应存在欠费,如有欠费则应给予提示。

五、移表

应按下列规定办理:

(1) 用户移表应提前5个工作日申请;

(2) 在用电地址、用电容量、用电类别、供电点等不变,仅电能计量装置安装位置变化的情况下,可办理移表手续。

根据与用户约定的时间进行现场勘查,确定移表具体实施方案,填写现场勘查单或录入移动作业终端,并由用户签字(或者电子签名方式)确认。现场勘查时限:正式受理后5个工作日内完成;对有特殊要求的用户,按照与用户约定的时间完成。

现场具备直接移表条件的,应采用"一岗制"作业模式,当场完成移表工作。

存在用户受电工程的,收到用户竣工检验申请后,按照国家、行业标准、规程,对用户受电工程的工程质量进行全面检验。具备条件的,可由用户自行通过电子渠道提交竣工检验申请。竣工检验时限:竣工检验受理后5个工作日内完成;对有特殊要求的用户,按照与用户约定的时间完成。

如需变更计量装置,由装表接电人员完成装表接电工作,并由用户在纸质电能计量装接单或者移动作业终端上签字(电子签名方式)确认表计底度。装表接电时限:竣工检验受理后5个工作日内完成;对有特殊要求的用户,按照与用户约定的时间完成。

六、暂拆及复装

受理"暂拆/复装"业务时应按下列规定办理:

(1) 暂拆和复装适用于低压供电用户;

(2) 用户办理暂拆手续后,供电企业应在5个工作日内执行暂拆;暂拆原因消除,用户办理复装手续后,供电企业应在5个工作日内复装接电。用户申请暂拆时间最长不得超过 6 个月，超过暂拆规定时间要求复装接电者，按新装手续办理；

（3）用户同一自然人或同一法人主体的其他用电地址不应存在欠费，如有欠费则应给予提示。

按照与用户约定的时间开展现场勘查，现场核实用户的暂拆/复装申请信息，与用户协商确定计量装拆方案，填写现场勘查单或录入移动作业终端，由用户签字（或者电子签名方式）确认。现场勘查时具备直接拆表/装表接电条件的，应采用“一岗制”作业模式，当场完成拆表/装表接电工作。

七、更名

应按下列规定办理：

（1）在用电地址、用电容量、用电类别不变条件下，可办理更名；

（2）更名一般只针对同一法人及自然人的名称的变更。

八、过户

应按下列规定办理：

（1）在用电地址、用电容量、用电类别不变条件下，可办理过户；

（2）原用户应与供电企业结清债务；

（3）居民用户如为预付费控用户，应与用户协商处理预付费余额；

（4）涉及电价优惠的用户，过户后需重新认定；

（5）原用户为增值税用户的，过户时必须办理增值税信息变更业务；

（6）用户同一自然人或同一法人主体的其他用电地址的电费缴费情况正常，如有欠费则应给予提示。

九、销户

应按下列规定办理：

（1）询问用户申请意图，向用户提供用电业务办理告知书；

（2）接收并审核用户申请资料，已有用户资料或资质证件尚在有效期内，则无需用户再次提供；对资料不齐全的，应通过缺件通知书形式告知用户具体缺件内容；

（3）核查用户同一自然人或同一法人主体的其他用电地址不应存在欠费，如有欠费则给予提示；

(4) 如用户为临时用电销户，按照合同约定确定是否退回临时接电费，确需退还临时接电费的，告知用户销户后办理临时接电费退费手续。

十、改类——基本电价计费方式变更

应按下列规定办理：

(1) 基本电价计费方式变更只适用执行两部制电价的用户。

(2) 基本电价计费方式变更周期为按季度变更。用户可提前15个工作日向电网企业申请变更下一周期的基本电价计费方式。

(3) 用户同一自然人或同一法人主体的其他用电地址不应存在欠费，如有欠费则应给予提示。

十一、改类——调需量值

应按下列规定办理：

(1) 用户可提前5个工作日申请。

(2) 用户同一自然人或同一法人主体的其他用电地址的电费缴费情况正常，如有欠费给予提示。

(3) 申请值最大需量核定低于变压器容量和高压电动机容量总和的40%时，按容量总和的40%核定合同最大需量；对按最大需量计费的两路及以上进线用户，各路进线分别计算最大需量，累加计收基本电费。

十二、改类——居民峰谷变更

受理时应特别注意只适用于执行低压居民电价且为“一户一表”电价的用户。

对需要更换电能表的，由营业厅受理人员与用户预约更换电能表的时间，告知需其配合工作以及相关注意事项，并将流程发至现场工作班组（部门），提醒相应人员及时处理。对不需要更换电能表的，发起特抄流程。特抄失败的，与用户预约现场抄表时间，告知其配合工作以及相关注意事项。

按照与用户约定的时间，组织完成电能表换装或现场特抄作业，并由用户在纸质电能计量装接单或者移动作业终端上签字（电子签名方式）确认表计底度。

第四节　营业厅收费

一、电费回收的重要性

电费回收是供电企业经营活动的终端环节，是供电企业的主要经营收入来源，也是企业维持生产和发展的重要保障。随着供电企业发展规模的持续扩大，供电企业的电费管理工作越来越复杂，为了避免客户欠交电费和潜在的坏账风险，应积极细致的做好电费回收工作。

二、营业厅收费

客户在营业厅柜面交纳电费或业务费用时，营业厅综合柜员应准确录入客户户号信息（如无法提供户号，可根据户名、用电地址等信息进行模糊查询），与客户核对基本信息（户号、户名、地址等）一致后，告知客户电费年月、电费金额及应交纳违约金、业务费用金额等，客户确认后，方可正常收取。

客户交纳费用应准确、完整地记录在营销业务应用系统中，并严格与相应业务款项类型匹配一致。

1. 现金缴费

（1）核实客户基本信息，并告知客户应交纳电费金额。

（2）客户交纳现金后，应做好清点，对50、100元纸币应使用验钞机进行检验，小于50元的纸币及硬币应采用人工方式进行判别，对疑似假币应要求客户给予更换。对破损、污损较严重或难以辨识的纸币及硬币，应要求客户给予更换。清点完成后，按照余额找还客户，并请客户给予清点、查收。收费过程实行唱收唱付。如客户愿意将剩余金额作为暂存款，则按照预交电费流程操作。

（3）客户交纳电费完成后，开具电费发票、加盖收讫章后，提供给客户。如客户为部分缴费，则不打印电费发票，出具收据并盖章提供给客户，告知客户全额交纳后，可到供电营业厅开具电费发票。

（4）收取的现金应及时放入保险箱保管。

2. 现金解款单缴费

（1）核实客户基本信息，并告知客户应交纳电费金额。

（2）营业厅综合柜员收取现金解款单后，应验证现金解款单真伪，核对金额、总户号等信息，验证无误后，在营销信息系统中进行销账处理。

（3）客户交纳电费完成后，开具电费发票、加盖收讫章后，提供给客户。如客户为部分缴费，则不打印电费发票，出具收据并盖章提供给客户，告知客户全额交纳后，可到供电营业厅开具电费发票。

（4）收取的现金应及时放入保险箱保管。

3. 支票、本票、汇票缴费

（1）核实客户基本信息，并告知客户应交纳电费金额。

（2）营业厅综合柜员收取支票、本票、汇票后，应验证客户票据的真伪、金额、有效期及填写规范性等，验证无误在营销信息系统中进行在途操作，不得直接做到账处理。

（3）客户交纳完成后，不打印电费发票，出具收据并盖章提供给客户，告知客户票据解交、电费到账后，可到供电营业厅开具电费发票。

4. POS机刷卡缴费

（1）核实客户基本信息，并告知客户应交纳电费金额。

（2）营业厅综合柜员应验证客户提供的银行卡是否具备刷卡功能（核查发卡行、银联标志等），验证无误后，告知客户进行刷卡操作，并请客户自行输入密码，不得代为输入密码等信息。

（3）刷卡完毕后，营业厅综合柜员应核对签购单上的卡号、金额，并请客户对签购单签字确认。开具电费发票、加盖收讫章后，提供给客户。银行卡签购单应与发票收据存根联一同保管。

5. 客户自助缴费机缴费

适用于非卡表客户和居民卡表客户利用银行卡和现金购电。

客户通过POS机、现金机或其他卡设备发送缴费信息，终端设备可以部署在任何居民方便使用的地方自助缴费，如营业厅、公共场所等。客户采用自助缴费终端交纳电费，营业厅综合柜员应按照以下流程操作：

（1）客户根据缴费终端提示进行缴费操作。

（2）营业厅综合柜员每日收费结束后，清点缴费终端内收取现金金额，并与营销信息系统进行核对，确保款项一致。

此种缴费不受时间、地点的限制，方便了客户的缴费，有效解决了电力客户缴费难的问题。

24h自助供电营业厅收取的现金原则上每日上午、下午两次解交银行，在缴费高峰时，应视现金收取情况安排多次解款。

三、退费管理

（1）如该户的综合柜员当日款项未交接，则该收费人员可在营销信息系统内进行冲正操作，并从已收现金中支出。如该综合柜员款项已完成交接，则不得直接在柜面退费，需客户提出申请后，通过退费流程进行客户退费。

（2）客户正常退费，应从柜面的备用金或通过退费流程到财务部门申请费用进行退费，不得从当日现金收费中支出。

（3）客户交纳电费、业务费用或购买电费充值卡时，如支付金额超过3000元，应引导客户直接将款项划转到公司指定账户，凭现金解款单、银行进账单等缴费或办理购买充值卡业务。如客户首次支付大额现金，对于银行网点距离供电所营业厅较远的，应提醒客户尽量在上午交纳或先行预约，便于现金及时解交银行。

（4）在现金收费过程中，如缺少零钱，不得自行垫付，应由班组长统一在备用金中给予全额兑换。

各供电所营业厅应设专人负责各综合柜员收费汇总及现金解款工作。

四、解交管理

（1）供电所自行解交的，每日款项核对完成后，应于银行下班前及时到银行网点进行现金解交，对日现金收费量较大的营业厅，视现金收取情况可安排多次解款。应配备专业的现金保管运输箱，解款人员不得少于2人，并配备一定的防护用具。对于路途较远的，应乘坐供电所车辆前往，不得乘坐公共交通工具、私家车或自行（摩托、电动）车等前往。

（2）银行上门收款的营业厅，营业厅应填写好现金解款单，将解款单与现金放于专用解款包中，并在收款时，认真核对收款人员身份，做好交接手续登记、存档，并在解款到位后，给予确认。解款时应按照电费、业务费分别解款，并在银行方登记解款时间、解款供电所、解款人员等信息，携带解款单据返回后，应及时上交，并在信息系统中登记解款的时间、人员、解款单号等信息，便于后续的营财账项核对工作。对当日不能及时解款的金额，应在次日单独解款。

（3）农村供电所营业厅坐收电费现金的，应当即进行销账处理，每天下午16：00前收取的电费现金由综合柜员负责当天解交银行电费专户，16：00后收取的电费现金当日填制好现金缴款单，并在现金缴款单上注明××××年××月××日16：00后收取的电费现金，16：00后收取的电费现金连同填制好的现金缴款单一并存放入保险箱，次日上午解交。

（4）对收取的支票、本票、汇票等票据，营业厅综合柜员每日下午16:00前将当日所收支票等票据到财务部门加盖印签章后解交银行，并在支票、本票、汇票进账单上填写客户总户号附在电费日收报表后，递交电费账务班。当天无法及时解交银行的票据应在次日上午解交。

收费管理流程见表12-4-1。

表12-4-1 供电所坐收收费工作流程

管理流程	流程说明
	01 收费前准备工作。检查营业场所的收费设施（如电脑、自助缴费机、票据打印机、售电卡盒等）以及售电网络运行是否正常。检查电费票据是否齐全和充足，登录SG186系统，核对电费票号码是否与系统登记一致
	02 收费。综合柜员可接受客户的缴费方式包括但不限于现金、POS机刷卡和银行转账。综合柜员收取现金时，钱款应当面点清、唱收唱付、避免错收。客户POS机刷卡时，综合柜员应提醒客户核对缴费金额是否正确，并留存客户签字的刷卡票据。目前尚未接入SG186系统的自建收费系统及缴费终端，综合柜员应将每笔收费同步在SG186营销系统做坐收处理
	03 打印电费票据。收费后，综合柜员应实时打印收费票据并交付客户。在打印票据时应核对票据编号与系统票号是否一致
	04 判断收费是否正确。当错收客户电费的情况下，综合柜员应进行冲正操作，以保证客户数据正常。收费冲正仅适用于当日解款前同一综合柜员的收费操作。解款后发现错收时，不能再进行冲正，应进行冲红，做退费处理

表 12-4-1（续）

管理流程	流程说明
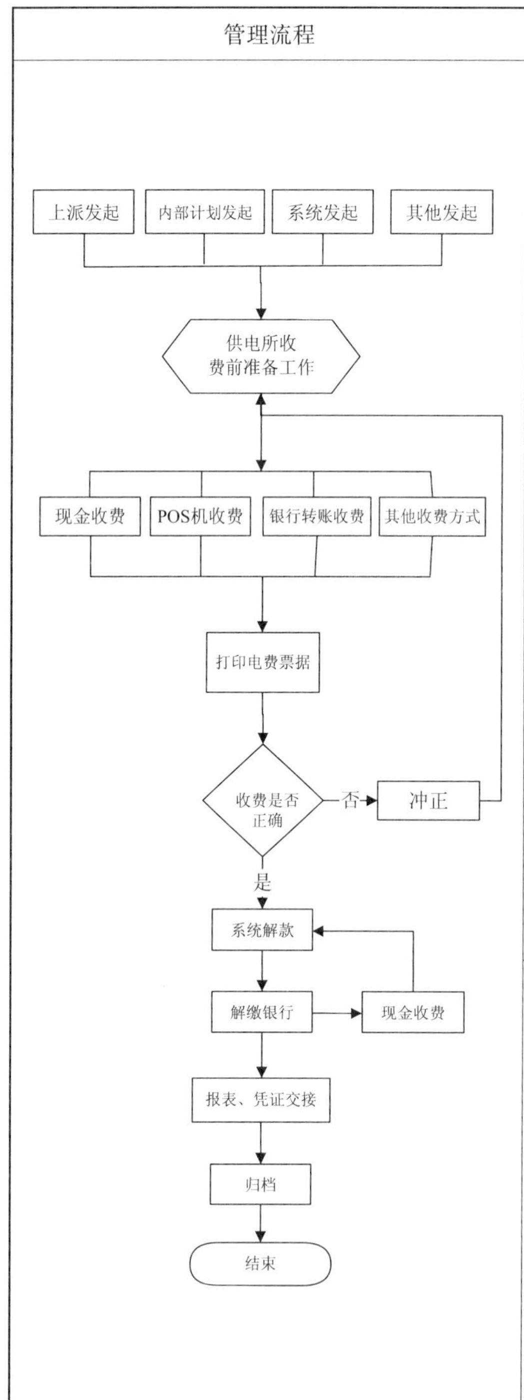	05 解款。严格执行电费日清日结制度，收取的现金必须当日全额进行解款，并存入公司电费账户。收费总额应与 SG186 营销系统解款金额一致，每张银行交款凭证中都应注明对应的解款编号。每日根据现金解款记录金额填写银行现金交款单，保证解款记录与银行现金交款单一一对应。综合柜员应每日清理核对解款单据，并打印日解款报表（一式三联）交与供电所账务员
	06 解交银行电费专户。综合柜员将核对后的钱款、票据交与供电所账务员，填写《交接台账》，双方签字确认。由供电所账务员统一解交银行
	07 解交银行后现金收费。当日解交银行后收取的现金，在收费结束后，综合柜员进行解款并填写银行现金缴款单，保证解款记录与银行现金交款单一一对应（每条解款记录对应一个银行现金交款单），将核对无误的钱款及单据交与供电所账务员，填写《交接台账》，双方签字确认后，封包存入专用保险柜，并于次日解交公司电费账户
	08 报表、凭证等交接。供电所账务员在 SG186 营销系统中审核综合柜员的收费记录、解款记录、日解款报表与银行单据是否一致，核对无误后，双方签字确认存档，供电所账务员与综合柜员各留存一份，供电所账务员于次日将日解款报表、POS 机结算单、现金缴款单、银行回单依次别在一起，交与公司营销部账务人员。供电所账务员每天核对自建系统收费记录与录入 SG186 系统的坐收记录是否一致，建立《自建系统审核台账》并每日填写

第五节　其他业务办理

一、费控业务

为方便客户更为精准了解用电情况，公司将原有负控系统升级为费控系统。费控系统与负控原理相同，都是先购电，再用电，但其显示由原来的剩余电量变更为剩余电费。以往负控是根据平均电价测算出大致电量，从而提醒客户预交电费。但因受到基本电费、功率因数电费的影响，平均电价只是一个粗略的估计值，所以负控终端上显示的剩余电量不够精确。费控系统则是根据客户每天用电量和基本电费分摊等因素计算出每日电费，这个值较负控购电的平均电价方式来说更具有代表性，能更为精准地计算出客户已用电费、剩余电费，从而提醒客户及时购电。

在客户签署费控协议后，供电公司通过智能电表及用电采集系统自动采集客户的实时电表示数，经过测算后与企业账户预存余额相比较。若客户预存余额低于之前设置的预警值，供电公司则会通过短信提示客户及时缴费，在预存余额低于零时，系统则会开始进行自动审批停电流程，直至客户足额购电后，恢复供电。

二、阶梯电价家庭户籍人口用电基数业务

对家庭户籍人口在 5 人（含 5 人）以上的用户，执行居民生活合表电价。

常住人口在 5 人及以上的“一户一表”居民用户，需携带：

（1）公安部门核发的居民户口簿原件（SG186 系统中立户者应在户口簿中）；

（2）家庭所有常住人口身份证原件和复印件、办理人员身份证原件或复印件；

（3）如户口簿地址与 186 系统用电地址不一致或常住人口户口簿未在一个户口簿上，要求常住的用电地址的居委会开证明；

（4）近期电费账单或提供户名、户号。

三、“低保户”“五保户”免费用电基数

城乡“低保户”和农村“五保户”家庭每户每月申请享受 15kWh 免费用电基数。

第十三章　电价电费

第一节　电价基本知识

一、电价

1. 电价概念

电价是指电能商品价格的总称。

2. 电价的种类

包括电力生产企业的上网电价、电网间的互供电价、电网销售电价。

(1) 上网电价指发电厂向电网输送电力商品的结算价格，对电网经营企业而言，上网电价也称为电网的购入电价。

上网电价是调整独立经营发电厂与电网经营企业利益关系的重要手段，是协调发、供电企业两者经济关系，促进发、供电企业协调发展的主要经济杠杆之一，目前我国执行的上网电价均执行单一制电价制度。

(2) 互供电价是指电网与电网之间相互销售的电力价格，售电与购电双方均为电网独立经营企业。互供电价包括跨省、自治区、直辖市电网和独立电网之间；省级电网和独立电网之间；独立电网与独立电网之间的互供电量结算价格。

(3) 销售电价是指电网经营企业向电力用户销售电能的价格，是最敏感最复杂的电价。销售电价是电网电力价格的主体，每一种销售电价按照供电电压等级高低不同由不同的目录电价和其他的附加费用构成。

销售电价中的目录电价及其他加价由各独立网、省网及省级以上电网根据本电网企业发供电成本不同而形成不同的价格。

3. 电价的管理原则

电价管理实行统一政策、统一定价、分级管理原则。

二、销售电价概念和原则

1. 销售电价概念

销售电价是指电网经营企业对终端用户销售电能的价格。

2. 制定销售电价的原则

销售电价实行政府定价，统一政策，分级管理。坚持公平负担，有效调节电力需求，兼顾公共政策目标，并建立与上网电价联动的机制的原则。

三、销售电价的构成

销售电价由购电成本、输配电损耗、输配电价及政府性基金 4 部分构成。

购电成本指电网企业从发电企业或其他电网购入电能所支付的费用及依法缴纳的税金，包括所支付的容量电费、电度电费。

输配电损耗指电网企业从发电企业或其他电网购入电能后，在输配电过程中生的正常损耗。输配电价指按照《输配电价管理暂行办法》制定的输配电价。

输配电价指按照《输配电价管理办法》制定的输配电价。

政府性基金指按照国家有关法律、行政法规规定或经国务院以及国务院授权部门批准，随售电量征收的基金及附加。

四、销售电价的分类

（1）电价按用电类别划分为居民生活用电、农业生产用电、工商业及其他用电 3 类。

1）居民生活用电应用范围：居民生活用电价格，是指城乡居民家庭住宅，以及机关、部队、学校、企事业单位集体宿舍的生活用电价格。城乡居民住宅小区公用附属设施用电（不包括从事生产、经营活动用电），学校教学和学生生活用电、社会福利场所生活用电、宗教场所生活用电、城乡社区居民委员会服务设施用电以及监狱监房生活用电，执行居民生活用电价格。

2）农业生产用电范围：农村乡镇、国营农场、牧场、电力排灌站和垦殖场、学校、机关、部队以及其他单位举办的农场或农业基地的农田排涝、灌溉、电犁、打井、打场、脱粒、积肥、育秧、口粮加工（指非商品性的），牲畜饲料加工、防汛临时照明和黑光灯捕虫用电。

3）工商业及其他用电范围：除居民生活用电和农业生产用电以外的其他用电。

(2) 电价按照使用时段划分，可分为峰电价、谷电价、平电价。

1) 含义：峰谷电价制度是指按电网日负荷的峰、谷、平3个时段规定不同的电价，高峰和低谷时段电价在平段电价基础上下浮动40%，尖峰时段电价在平段电价基础上上浮60%。

2) 峰谷电价制度的适用范围：河北南网供电区域内执行峰谷分时电价范围主要是：电网企业供电营业区域内的电力用户（国家和省另有规定的除外）均实行峰谷分时电价，其中，对大工业和受电变压器容量在100kVA及以上的非普工业用户实行尖峰电价。

3) 峰谷电价制度优点：峰谷电价制度同季节性电价制度一样，既起到了价格经济杠杆作用，又考虑了客户的用电时间，因此，对客户用电起到了鼓励和制约作用，是世界各国普遍采用的一种电价制度。

五、销售电价的计价方式

销售电价计价方式分为单一制和两部制。

(一) 单一制电价制度

1. 定义

单一制电价制度是以在用户安装的电能表计每月表示出实际用电量为计费依据的一种电价制度。

实行单一制电价的用户，每月应付的电费与其设备和用电时间均不发生关系，仅以实际用电量计算电费，用电多少均是一个单价。

2. 适用范围

我国销售电价类别中除变压器容量在315kVA及以上的大工业客户外，其他所有用电均执行单一制电价制度。其中容量在100kVA（或kW）及以上的用户还应执行功率因数调整电费办法。

3. 单一制电价制度的优缺点

单一制电价制度可促使用户节约电能，并且抄表、计费简单，但这种电价对用户用电起不到鼓励或制约的作用。

(二) 两部制电价

1. 含义

两部制电价包括基本电价和电度电价两部分。基本电费按客户的最大需量或客户接装设备的最大容量计算，基本电价按最大需量计费的，计费的用户应和电网企业签订合同，按合同确定值计收电费，如果用户实际最大需量超过核定值

5%，超过5%部分的基本电费加一倍收取。电度电费按客户每月记录的用电量计算的电价制度。基本电价是指按用户用电容量或最大需量计算的电价。

2. 适用范围

我国一般对大工业生产用电，即受电变压器总容量为315kVA及以上的工业生产用电实施两部制电价制度。

3. 优越性

（1）可发挥价格经济杠杆作用，促使客户提高设备的利用率、减少不必要的设备容量，降低电能损耗、压低尖峰负荷、提高负荷率。

（2）可使客户合理负担费用，保证电力企业财政收入。

对执行两部制电价的用户，新装户、增容、减容、暂停、暂换、改类或终止用电（销户）时，均应根据用电用户实际用电天数（日用电不足24小时的，按一天计算）计算基本电费，每日按月基本电费的1/30计算。若暂停用电不足15天者，则不予扣减基本电费。

六、居民阶梯电价制度

1. 居民阶梯电价定义

居民阶梯电价是指将现行单一形式的居民电价，改为按照用户消费的电量分段定价，用电价格随用电量增加呈阶梯状逐级递增的一种电价定价机制。

2. 居民阶梯电价优点

通过实行居民阶梯电价政策，可以充分发挥价格杠杆的作用，引导用户特别是用电量多的居民调整用电行为，促进合理、节约用电，从而有利于建设资源节约型和环境友好型社会。

七、临时用电电价制度

对基建工地、农田水利、市政建设、抢险救灾、举办大型展览等临时用电实行临时用电电价制度，电费收取可装表计量电量，也可按其用电设备容量或用电时间收取。对未装用电计量装置的客户，供电企业应根据其用电容量，按双方约定的每日使用时数和使用期限预收全部电费。用电终止时，如实际使用时间不足约定期限1/2的，可退还预收电费的1/2；超过约定期限1/2的，预收电费不退；到约定期限时，得终止供电。

第二节　销售电价的分类及实施范围

一、河北南网现行销售电价分类

河北南网现行销售电价按照用电类别划分，分为居民生活用电电价、工商业及其他用电电价、农业生产用电电价共 3 大类。

二、各类电价实施范围

(一) 居民生活电价

居民生活电价执行范围：指城乡居民家庭住宅，以及机关、部队、学校、企事业单位集体宿舍的生活用电价格。城乡居民住宅小区公用附属设施用电（不包括从事生产、经营活动用电），学校教学和学生生活用电、社会福利场所生活用电、宗教场所生活用电、城乡社区居民委员会服务设施用电以及监狱监房生活用电，执行居民生活用电价格。

(1) 城乡居民家庭住宅用电：指城乡居民家庭住宅，以及机关、部队、学校、企事业单位集体宿舍的生活用电。不含利用居民住宅、集体宿舍开办会所、商店、餐饮、美容美发、网吧等从事生产、经营活动的用电。

部队生活用电是指部队（含武警）营区内宿舍的生活用电，不含办公、训练、装备、指挥等用电。

(2) 城乡居民住宅小区公用附属设施用电：指城乡居民住宅小区（村庄）内的公共场所照明、电梯、电子防盗门、电子门铃、消防、绿地、门卫、车库等非经营性用电，以及居民小区用水增压水泵、居民供热终端换热站、居民小区电锅炉供暖、中央空调（含国家鼓励的热泵技术供暖、制冷）用电。不包括小区（村庄）内的生产和经营性场所用电，以及属市政、交通等部门管理的道路照明用电。

(3) 学校教学和学生生活用电：指学校的教室、图书馆、实验室、体育用房、校系行政用房等教学设施，以及学生食堂、澡堂、宿舍等学生生活设施用电。

执行居民生活电价的学校，是指经国家有关部门批准，由政府及其有关部门、社会组织和公民个人举办的公办、民办学校，包括：1) 普通高等学校（包括大学、独立设置的学院和高等专科学校）；2）普通高中、成人高中和中等职业学校（包括普通中专、成人中专、职业高中、技工学校）；3）普通初中、职业初中、成人初中；4）普通小学、成人小学；5）幼儿园（托儿所）；6）特殊教育学校（对残障儿童、少年实施义务教育的机构）。不含各类经营性培训机构，如驾校、烹饪、美容美发、语言、电脑培训，以及党校和机关、企事业单位培训中心等。

（4）社会福利场所生活用电：指经县级及以上人民政府民政部门批准，由国家、社会组织和公民个人举办的，为老年人、残疾人、孤儿、弃婴提供养护、康复、托管等服务场所的生活用电。

（5）宗教场所生活用电：指经县级及以上人民政府宗教事务部门登记的寺院、宫观、清真寺、教堂等宗教活动场所常住人员和外来暂住人员的生活用电。不含经营性和非生活设施用电。

（6）城乡社区居民委员会服务设施用电：指城乡居民社区居民委员会工作场所及非经营公益服务设施的用电。具体包括：城乡社区居民委员会、村委会的办公场所用电及其附属的非经营公益性的文化娱乐场所用电。

（7）博物馆、图书馆、会展中心、纪念馆和全国爱国主义教育示范基地等免费开放的公益性文化单位用电。

（8）农村饮水安全工程供水用电：指乡镇及其以下农村居民饮水工程用电。饮水工程同时用于非居民用水的，应按照供水比例确定相应的用电量。

（9）监狱监房生活用电。

（二）工商业及其他用电电价

依据冀价管字〔2006〕57号，自2006年起将商业、非居民照明、非普工业用电三类电价合并为一般工商业及其他类电价；2016年6月起，为减少销售电价分类，经国家批准，河北省将大工业、一般工商业及其他用电电价合并为工商业及其他电价。根据国家电网公司统计工作要求，大工业、非普工业、非居民照明及商业照明用电并类后的统计口径保持不变，执行范围不变。

1. 普通工业（工商业及其他用电单一制）

普通工业电价应用范围：凡以电为原动力，或以电冶炼、烘焙、熔焊、电解、电化的一切工业生产，受电容量不足315kVA或低压受电，以及在上述容量、受电电压以内的下列种项用电。

（1）机关、部队、学校及学术研究、试验等单位的附属工厂有产品生产并纳入国家计划，或对外承受生产及修理业务的用电。

（2）铁道（包括地下铁道）、航运、电车、电讯、下水道、建筑部门及部队等单位所属修理工厂的用电。

（3）自来水厂、工业试验、照相制版工业水银灯用电。

2. 非工业（工商业及其他用电单一制）

非工业（工商业及其他用电）电价应用范围：凡以电为原动力，或以电冶炼、烘焙、熔焊、电解、电化的试验和非工业生产，其总容量在3kW及以上者。例如：

（1）机关、部队、商店、学校、医院及学术研究、试验等单位的电动机、电热、电解、电化、冷藏等用电。

（2）铁道、地下铁道（包括照明）、管道输油、航运、电车、电讯、广播、仓库、码头、飞机场及其他处所的加油站、打气站、充电站、下水道等电力用电。

（3）电影制片厂摄影棚水银灯用电和专门对外营业的电影院，剧院、电影放映队、宣传队的影剧场照明、通风、放映机、幻灯机等用电。

（4）基建工地施工用电。

（5）地下防空设施的通风、照明、抽水用电。

（6）有线广播站电力用电（不分设备容量大小）。

3. 非居民照明（工商业及其他用电单一制）

“非居民照明”电价应用范围：原《电、热价格》中照明用电除居民生活用电和商业用电以外部分。

（1）一般照明用电。

（2）铁道、航运等信号灯用电。

（3）霓虹灯、荧光灯、弧光灯、水银灯（电影制片厂摄影棚水银灯除外）、非对外营业的放映机用电。

（4）电扇、电熨斗、电钟、电铃、收音机、电动留声机、电视机、电冰箱等电器用电。

（5）总容量不足3kW的晒图机、医疗用X光机、无影灯、消毒等用电。

（6）以电动机带动发电机或整流器整流供给照明之用电。

（7）除上列各项用电的其他非工业用的电力、电热，其用电设备总容量不足3kW而又无其他非工业用电者。

（8）工业用单相电动机，其总容量不足1kW，或工业用单相电热，其总容量不足2kW，而又无其他工业用电者。

（9）市政部门管理的公用道路、桥梁、码头照明用电；公共厕所、公共水井用灯、标准钟、报时电笛及公安部门交通指挥灯、公安指示灯、警亭用电、不收门票的公园内路灯等用电。

4. 商业（工商业及其他用电单一制）

商业电价应用范围：凡从事商品交换或商业、金融、服务性的有偿服务所需的电力（计价管〔1996〕828 号）。

（1）商场、商店、物资供销、仓储、服装家具店、洗染店、宾馆、招待所、旅社、酒家、茶座、咖啡厅、餐馆等用电。

（2）美容美发厅、浴室、录像放映点、影剧院、游戏机室、彩扩摄像店、歌舞厅、卡拉 OK 厅等用电。

（3）金融、保险、旅游点、房地产经营、咨询服务等用电。

（4）电子计算业及其他综合技术服务事业等用电。

5. 大工业用电电价（工商业及其他用电两部制）

大工业用电电价执行范围：凡以电为原动力，或以电冶炼、烘焙、熔焊、电解、电化的一切工业用户，受电容量在 315kVA 及以上者以及符合上述容量规定的下列用电，均执行大工业电价。

（1）机关、部队、学校及学术研究、试验等单位的附属工厂（凡以学生参加劳动实习为主的校办工厂除外），有产品生产并纳入国家计划，或对外承受生产及修理业务的用电。

对外承受生产及修理业务的用电是指主要以对外承受生产及修理用电并收取费用，用电量较大，变压器容量在 320kVA 及以上的可以实行两部制电价。

（2）铁道（包括地下铁道）、航运、电车、电讯、下水道、建筑部门及部队等单位所属修理工厂的用电。

（3）自来水厂用电。

（4）工业试验用电。工业试验用电定义包括自产产品的试验和对外单位产品试验，如强度试验等。

（5）照相制版工业水银灯用电。

（三）农业生产用电电价

1. 农业生产用电适用范围

（1）农业用电：指各种农作物的种植活动用电。包括谷物、豆类、薯类、棉花、油料、糖料、麻类、烟草、蔬菜、食用菌、园艺作物、水果、坚果、含油果、饮料和香料作物、中药材及其他农作物种植用电。

（2）林木培育和种植用电：指林木育种和育苗、造林和更新、森林经营和管护等活动用电。其中，森林经营和管护用电是指在林木生长的不同时期进行的促进林木生长发育的活动用电。

（3）畜牧业用电：指为了获得各种畜禽产品而从事的动物饲养活动用电，以及养殖场、养殖小区的畜禽等养殖污染防治设施运行用电。不包括专门供体育活动和休闲等活动相关的禽畜饲养用电。

（4）渔业用电：指在内陆水域对各种水生动物进行养殖、捕捞，以及在海水中对各种水生动植物进行养殖、捕捞活动用电。不包括专门供体育活动和休闲钓鱼等活动用电以及水产品的加工用电。

（5）农业灌溉用电：指为农业生产服务的灌溉及排涝用电。

（6）农产品初加工用电：指对各种农产品（包括天然橡胶、纺织纤维原料）进行脱水、凝固、去籽、净化、分类、晒干、剥皮、初烤、沤软或大批包装，以及农民专业合作社对其社员的农产品进行初级加工、贮藏，以提供初级市场的用电和秸秆切割、粉碎、成型等初加工用电。

2. 农业生产用电价格

农业生产用电价格是指农业、林木培育和种植、畜牧业、渔业生产用电，农业灌溉用电，以及农产品初加工用电的价格。

以农、林、牧、渔产品为原料进行的谷物磨制、饲料加工、植物油和制糖加工、屠宰及肉类加工、水产品加工，以及蔬菜、水果、坚果等食品加工用电不执行农业生产电价。

三、相关电价政策

（一）一户多人口用电

对于家庭常住人口在5人及以上的“一户一表”居民用户，可持房产证明、户口本、居委会证明和家庭所有常住人口身份证等相关材料，向当地供电企业或小区管理单位提出申请。经供电企业或小区管理单位甄别后，具备分表计量的安装分表，不具备分表计量的按照合表用户电价执行。

（二）居民电采暖用电

居民电采暖用电执行合表电价。凡电采暖用户均可向当地供电企业提出申请执行合表电价。生活用电与采暖用电实行分表计量的，其生活用电执行居民阶梯电价，采暖用电按照合表用户电价执行；生活用电与采暖用电未实行分表计量的，每年11月到次年3月采暖期用电按照合表用户电价执行，其他月份执行居民阶梯电价。电采暖用户同时可选择执行相应的峰谷分时电价，具体政策按照冀价管〔2015〕185号文件执行。

（三）居民阶梯电价

（1）阶梯电价执行范围：自2012年7月1日起，省内单独安装电能表，且电网企业或小区管理单位等能够直接抄表的居民用户执行阶梯电价。

对城乡“一户一表”居民用户实行阶梯电价。

未实行一户一表的合表居民用户，以及电网企业对小区管理单位的售电，不执行居民阶梯电价。

对城乡居民小区执行居民电价的公共设施用电，以及执行居民电价的非居民用户用电和宗老界依法设立的公益慈善组织、社会福利机构的生活用电不执行居民阶梯电价。

（2）分档电量：第一档：居民户月用电量在180度及以内，维持现行电价水平。其中：不满1kV用户电价每度0.52元；1kV～10kV用户电价每度0.47元。

第二档：居民户月用电量在181度～280度，在第一档电价基础上每度提高0.05元。

第三档：居民户月用电量在281度及以上，在第一档电价基础上每度提高0.30元。

我省以“年”为周期执行阶梯电价；将各档电量标准×12作为分档电量标准。

注：年度用电量未达到阶梯电价分档电量标准的跨年不结转。

（3）阶梯电价其他相关规定：因调价、新装、销户等原因用电不足一年的，按照实际用电月数计算分档电量。将各档电量标准×实际用电月数作为分档电量标准。

用电不足一个月的，按照一个月计算。

实际用电天数不足一个月的按照一个月执行。

（四）峰谷分时电价

1. 工商业用电

（1）实施范围：电网企业供电营业区域内的电力用户（国家和省另有规定的除外）均实行峰谷分时电价，其中：对大工业用户和受电变压器容量在100kVA及以上的非普工业用户实行尖峰电价；拥有电蓄热采暖和电蓄冰制冷设备的用户，其低谷用电执行“双蓄”电价。

（2）河北省暂不实行峰谷分时电价的用户范围

1）铁路、行政机关、学校（不含校办工商企业）、部队（含武警）、监狱（含劳教所、看守所，不含生产经营企业）、医院、城乡供水（供热、供气）、城乡路灯和农业生产用电。

2）广播电视站无线发射台（站）、转播台（站）、差转台（站）、监测台（站）。

3）商场（含商业综合体）、超市、餐饮店（馆）和宾馆用户（自愿选择实行峰谷分时电价的用户除外）。

4）商业用电、非居照明用电不实行尖峰电价。

5）农产品批发市场、农贸市场、农产品冷链物流的冷库用电暂不执行峰谷分时电介（自愿选择执行峰谷分时电价的用户除外）

（3）峰谷时段划分

峰段时段：8∶00—12∶00，16∶00—20∶00；

平段时段：6∶00—8∶00、12∶00—16∶00、20∶00—22∶00；

谷段时段：22∶00—次日6∶00；

尖峰时段：每年6、7、8月的9∶00—12∶00。

（4）电价标准

高峰和低谷时段用电价格在平段电价基础上分别上、下浮动40%，尖峰时段用电价格在平段电价基础上上浮60%。“双蓄”设备低谷时段用电价格在平段电价基础上下浮50%。

2. 居民生活用电

（1）居民用电峰谷分时电价实施范围：供电企业能够直接抄表到户的居民用户（含执行居民电价的非居民用户，不含多户居民共用一块电表计量的用户），以及城乡居民住宅小区公用附属设施用电（不包括从事生产、经营活动用电），均可自愿选择实行峰谷分时电价政策。一经选定，一年内不得变更。

（2）峰谷时段划分

峰段8∶00—22∶00；谷段22∶00—次日8∶00。

（3）电价标准

峰电价在平电价基础电价上提0.03元，谷电价在平电价基础电价下降0.22元。执行阶梯电价的用户第二、三档峰、谷电价分别在第一档电价基础上加价0.05元、0.30元。

（五）电动汽车电价

（1）对向电网经营企业直接报装接电的经营性集中式充换电设施用电，执行大工业用电价格。2020 年前，暂免收基本电费。

（2）其他充电设施按其所在场所执行分类目录电价。其中：居民家庭住宅、居民住宅小区、执行居民电价的非居民中设置的充电设施用电，执行居民用电价格中的合表用户电价；党政机关、企事业单位和社会公共停车场中设置的充电设施用电，执行“一般工商业及其他”类用电价格。

（3）电动汽车充换电设施用电执行峰谷分时电价政策。鼓励电动汽车在电力系统用电低谷时段充电，提高电力系统利用效率，降低充电成本。

第三节　功率因数调整办法

一、考核功率因数的目的

电力企业为了改善电压质量，减少损耗，需根据电网中无功电源的经济配置及运行上的要求，确定集中补偿无功电力的措施，并要求广大的电力用户分散补偿无功电力，这样可以做到：按电压等级逐级补偿，同时，补偿的无功电力，可随负荷的变化进行调整，并实现自动投切，达到就近供给，就地平衡，使电网输送的无功电力为最少，又使用户在生产用电时电能质量较好，并能节省能源，用户亦能相应地减少电费支出。考核功率因数的目的在于检验用户无功功率补偿的情况，通过功率因数的考核，实现改善电压质量，减少损耗，减少电费支出，使供用电双方和社会都能取得最佳的经济效益的目的。

二、功率因数标准值及适用范围

我国现行的功率因数考核，是参照 1983 年出台的《功率因数调整电费办法》进行的。它根据客户不同的用电性质及功率因数可能达到的程度，分别规定其功率因数标准值及不同的考核办法。

按月考核加权平均功率因数，分为以下 3 个不同级别。级别划分一般按客户用电性质、供电方式、电价类别及用电设备容量等因素来完成。

（1）功率因数标准 0.90，适用于 160kVA 以上的高压供电工业用户（包括社队工业用户），装有带负荷调整电压装置的高压供电电力用户和 3200kVA 及以上的高压供电电力排灌站。

（2）功率因数标准 0.85，适用于 100kVA（kW）及以上的其他工业用户

（包括社队工业用户），100kVA（kW）及以上的非工业用户，100kVA（kW）及以上的商业和100kVA（kW）及以上的电力排灌站。

（3）功率因数标准0.80，适用于100kVA（kW）及以上的农业用户和趸售用户，但大工业用户未划由供电企业直接管理的趸售用户，功率因数标准应为0.85。

三、功率因数的计算

（1）凡实行功率因数调整电费的客户，应装设带有防倒装置的无功电能表，按客户每月实用有功电量和无功电量，计算月平均功率因数。

（2）凡装有无功补偿设备且有可能向电网倒送无功电量的客户，应随其负荷和电压变动及时投入或切除部分无功补偿设备，电业部门并应在计费计量点加装带有防倒装置的反向无功电能表，按倒送的无功电量与实用无功电量两者的绝对值之和，计算月平均功率因数。

（3）根据电网需要，对大客户实行高峰功率因数考核，加装记录高峰时段内有功、无功电量的电能表，据以计算月平均高峰功率因数；对部分用户还可试行高峰、低谷两个时段分别计算功率因数。

四、电费的调整

根据计算的功率因数，高于或低于规定标准时，在按照规定的电价计算出其当月电费后，再按照“功率因数调整电费表”（见表13-3-1～表13-3-3）所规定的百分数增减电费。如客户的功率因数在“功率因数调整电费表”所列两数之间，则以四舍五入计算。

表 13-3-1 以 0.90 标准值的功率因数调整电费表

<table>
<tr><td rowspan="2">减收电费</td><td>实际功率因数</td><td>0.90</td><td>0.91</td><td>0.92</td><td>0.93</td><td>0.94</td><td colspan="12">0.95～1.00</td></tr>
<tr><td>月电费减少/%</td><td>0.0</td><td>0.15</td><td>0.30</td><td>0.45</td><td>0.60</td><td colspan="12">0.75</td></tr>
<tr><td rowspan="2">增收电费</td><td>实际功率因数</td><td>0.89</td><td>0.88</td><td>0.87</td><td>0.86</td><td>0.85</td><td>0.84</td><td>0.83</td><td>0.82</td><td>0.81</td><td>0.80</td><td>0.79</td><td>0.78</td><td>0.77</td><td>0.76</td><td>0.75</td><td>0.74</td><td>0.73</td></tr>
<tr><td>月电费减少/%</td><td>0.5</td><td>1.0</td><td>1.5</td><td>2.0</td><td>2.5</td><td>3.0</td><td>3.5</td><td>4.0</td><td>4.5</td><td>5.0</td><td>5.5</td><td>6.0</td><td>6.5</td><td>7.0</td><td>7.5</td><td>8.0</td><td>8.5</td></tr>
<tr><td rowspan="2">减收电费</td><td>实际功率因数</td><td></td><td></td><td></td><td></td><td></td><td></td><td></td><td></td><td></td><td></td><td></td><td></td><td></td><td></td><td></td><td></td><td></td></tr>
<tr><td>月电费减少/%</td><td></td><td></td><td></td><td></td><td></td><td></td><td></td><td></td><td></td><td></td><td></td><td></td><td></td><td></td><td></td><td></td><td></td></tr>
<tr><td rowspan="2">增收电费</td><td>实际功率因数</td><td>0.72</td><td>0.71</td><td>0.70</td><td>0.69</td><td>0.68</td><td>0.67</td><td>0.66</td><td>0.65</td><td colspan="9">功率因数自 0.64 及以下，每降低 0.01 电费增加 2%</td></tr>
<tr><td>月电费减少/%</td><td>9.0</td><td>9.5</td><td>10.0</td><td>11.0</td><td>12.0</td><td>13.0</td><td>14.0</td><td>15.0</td><td colspan="9"></td></tr>
</table>

表 13-3-2　以 **0.85** 标准值的功率因数调整电费表

减收电费	实际功率因数	0.85	0.86	0.87	0.88	0.89	0.90	0.91	0.92	0.93	0.94～1.00							
	月电费减少/%	0.0	0.1	0.2	0.3	0.4	0.5	0.65	0.80	0.95	1.1							
增收电费	实际功率因数	0.84	0.83	0.82	0.81	0.80	0.79	0.78	0.77	0.76	0.75	0.74	0.73	0.72	0.71	0.70	0.69	0.68
	月电费减少/%	0.5	1.0	1.5	2.0	2.5	3.0	3.5	4.0	4.5	5.0	5.5	6.0	6.5	7.0	7.5	8.0	8.5
减收电费	实际功率因数																	
	月电费减少/%																	
增收电费	实际功率因数	0.67	0.66	0.65	0.64	0.63	0.62	0.61	0.60	功率因数自 0.59 及以下，每降低 0.01 电费增加 2%								
	月电费减少/%	9.0	9.5	10.0	11.0	12.0	13.0	14.0	15.0									

表 13-3-3 以 0.80 标准值的功率因数调整电费表

减收电费	实际功率因数	0.80	0.81	0.82	0.83	0.84	0.85	0.86	0.87	0.88	0.89	0.90	0.91	0.92～1.00				
	月电费减少/%	0.0	0.1	0.2	0.3	0.4	0.5	0.6	0.7	0.8	0.9	1.0	1.15	1.30				
增收电费	实际功率因数	0.79	0.78	0.77	0.76	0.75	0.74	0.73	0.72	0.71	0.70	0.69	0.68	0.67	0.66	0.65	0.64	0.63
	月电费减少/%	0.5	1.0	1.5	2.0	2.5	3.0	3.5	4.0	4.5	5.0	5.5	6.0	6.5	7.0	7.5	8.0	8.5
减收电费	实际功率因数																	
	月电费减少/%																	
增收电费	实际功率因数	0.62	0.61	0.60	0.59	0.58	0.57	0.56	0.55	功率因数自 0.54 及以下，每降低 0.01 电费增加 2%								
	月电费减少/%	9.0	9.5	10.0	11.0	12.0	13.0	14.0	15.0									

五、其他规定

根据电网的具体情况，对不需增设无功补偿设备，用电功率因数就能达到规定的用户，或离电源较近，电能质量较好，需进一步提高功率因数的用户，可以降低功率因数标准值或不实行功率因数调整电费办法，但须经省、市、自治区电力局批准，并报电网管理局备案。降低功率因数标准的用户的实际功率因数，高于降低后的功率因数标准时，不减收电费，但低于降低后的标准时，则增收电费。

第四节　电量电费计算

一、电量计算

（一）抄见电量计算

抄见电量计算是根据用户计费电能表的抄见示数、表位数和综合倍率等计算出抄见电量。

表计抄见电量计算（即有功，包括尖、峰、平、谷电量；无功电量）

抄见电量计算＝（本次示数－上次示数）×综合倍率

分时电能表以总、尖、峰、谷电量 4 个示数为基准，平电量等于总电量与尖、峰、谷、电量之差。

（二）变压器损耗电量计算

变压器损耗电量简称变损电量，一般采用查表法计算。根据变压器的总用电量、变压器电量、生产班次和变压器型号，在变损电量速算表中提取相应的有关损耗电量、无功损耗电量作为变损电量的依据。

（三）线路损耗电量计算

有功损耗电量＝（有功总抄见电量＋总有功变损电量）×有功线损系数

无功损耗电量＝（无功总抄见电量＋总无功变损电量）×无功线损系数

若用户的计量方式是高供高计、则总有功变损电量、总无功变损电量为零。

（四）结算电量计算

有功电量＝抄见电量＋变损电量＋线损电量

无功电量＝无功电量＋无功变损电量＋无功线损电量

二、电度电费计算

电度电费包括目录电度电费和代征基金两部分。

电能损耗电量不征收附加。因此，电度电费计算分为两类，即无损耗电量用户和有损耗电量用户。

（一）计算规则

（1）无损耗电量用户电费计算。按目录电度电费、代征基金分开计算与按电度电价（包含代征基金）计算的电度电费。

（2）有损耗电量用户电费计算。按目录电度电费、代征基金分开计算，目录电度电费、代征基金均进行四舍五入，两者之和即为电度电费。

（3）如当月发生变更或需要分次计算的用户，在计算电度电费时，变更前后或分次抄表的抄见电量按对应的电价标准进行分段计算。

（二）目录电度电费计算

目录电度电费计算是依据用户的结算电量及该部分电量所对应的电度电价执行标准计算出来的电费，不包含附加费。

单费率用户＝结算电量×目录电度电价。

复费率用户＝结算电量（尖、峰、平、谷各时段）×
电目录电价（尖、峰、平、谷各时段）

（三）代征基金计算

代征基金＝结算电量（尖、峰、平、谷各时段）×
代征电价（尖、峰、平、谷各时段）

三、基本电费计算

（一）基本电费的相关规定

基本电价是代表电力企业中的容量成本，即固定资产的投资费用。基本电费的计算可按变压器容量计算，也可按最大需量计算；对哪类客户选择哪种计算办法可由用户自行选择。

（二）收取基本电费的计算方法有两种

（1）按客户自备受电变压器计算。凡是以自备专用变压器受电的客户，基本电费可按变压器容量计算。不通过专用变压器接用的高压电动机，按其容量另加千瓦数计算基本电费，1kW 相当于 1kVA。

（2）若用户有不经变压器而直接接用的高压电动机时，计算基本电费则应加上高压电动机的容量，千瓦视同千伏安。

（3）对按变压器容量计收基本电费时，按正常运行方式下每路电源受电总容量计算基本电费；对按最大需量计收基本电费时，按每路电源分别计算最大需量。单电源客户的受电总容量是指该电源供电的主变容量。双电源客户：当两路电源同时受电时，每路电源的受电容量为打开高压母联后该路的主变容量，并分别计收基本电费；一路主供一路备用时，每路电源的受电容量为该路能够供电的最大主变容量之和，在核定的方式下，按其中容量或最大需量较大的一路计收基本电费。

（4）客户确因生产不景气、转产等原因，提前 5 个工作日向当地电网企业申请办理减容、暂停、减容恢复、暂停恢复用电，电网企业对电力用户减容（暂停）设备，自设备加封之日起，减容（暂停）部分免收基本电费。减容（暂停）后容量达不到实施两部制电价规定容量标准的，应改按相应用电类别单一制电价计费，并执行相应的分类电价标准。无论采取何种基本电费结算方式，对实际最大需量超出减容、暂停后约定容量的，遵照国家供电营业规则第一百条第 2 款规定，按私自增容进行违约用电处理。

（5）电力用户申请暂停用电必须是整台或整组变压器停止运行，申请暂停时间每次应不少于 15 天，每一日历年内累计不超过 6 个月，超过 6 个月的可由用户申请办理减容。超过 6 个月且未申请办理暂停恢复或减容的，超过天数需缴纳基本电费。

（6）按最大需量计算。由电业部门安装最大负荷需求量表记录最大需求量的客户，其基本电费按最大需量计算，并应实行下述规定：

1）电力用户选择按最大需量方式计收基本电费的，应与电网企业签订合同，并按合同最大需量计收基本电费。

2）电力用户实际最大需量超过合同确定值 105％时，超过 105％部分的基本电费加一倍收取；未超过合同确定值 105％的，按合同确定值收取；申请最大需量核定值低于变压器容量和高压电动机容量总和的 40％时，按容量总和的 40％核定合同最大需量。对按最大需量计费的两路及以上进线用户，各路进线分别计算最大需量，累加计收基本电费。由于电网负荷紧张，电网企业限制用户的最大需量低于容量的 40％时，按实际比例核定最大需量。

3）最大需量应以指示 15min 内平均最大需求量表为标准。

（三）客户基本电费计算标准

（1）按最大需量或按变压器容量：按照变压器容量收取基本电费的原则为：基本电费以月计算，但新装、增容、变更与终止用电，当月的基本电费可按实用天数（日用电不足24h的，按一天计算），每日按全月基本电费1/30计算。事故停电、检修停电、计划限电不扣减基本电费。

（2）对转供容量的计算：转供户按容量计算基本电费时，需按合同约定的方式进行扣减。

（3）被转供户的容量，达到两部制电价时，实行两部制电价。

（4）对备用设备容量可参照下列原则与客户以协议方式规定：《供电营业规则》以变压器容量计算基本电费的客户，其备用的变压器（含高压电动机），属冷备用状态并经供电企业加封的，不收基本电费。属热备用状态的或未经加封的，不论使用与否都计收基本电费。客户专门为调整用电功率因数的设备，如电容器、调相机等不计收基本电费。

（5）大工业客户自行选择基本电费的计费方式：大工业客户自行选择基本电费的计费方式后，基本电价计费方式变更周期不少于90天，电力用户可在电网企业下一个月抄表之日前15个工作日，向当地电网企业申请变更基本电价计费方式。

（四）基本电费的计算

（1）基本电费的计算公式：

1）按受电容量计收时：

基本电费＝基本电价×约定总容量

式中，基本电价——有权价格部门核定的单位容量费用，元/（kVA·月）。

2）按最大需量计收时

基本电费＝基本电价×最大需量

式中，基本电价——有权价格部门核定的单位最大需量费用，元/（kW·月）。

（2）按设备容量计收基本电费的客户，如设备运行天数不足一个月时，按实际使用天数，每天按全月基本电费的1/30计收。

（3）多路供电的基本电费计算

1）一个受电点有两路及以上进线，正常时间同时使用。

按变压器容量计算：各路按受电变压器容量相加计算基本电费。

按最大需量计算：各路进线应分别计算最大需量，如因电力部门有计划的检修或其他原因，造成客户倒用线路增加的最大需量，其增大部分计算时可以合理扣除。

2）一个受电点有两路电源或两个回路供电，经电力部门认可，正常时互为备用。

按变压器容量计算：应选择容量大的变压器的容量来计算。

按最大需量计算：应选择需量值最大的计收基本电费。

（五）功率因数电费计算

（1）凡实行功率因数调整电费的客户，应装设带有防倒装置的无功电能表，按客户每月实用有功电量和无功电量，计算月平均功率因数。

（2）凡装有无功补偿设备且有可能向电网倒送无功电量的客户，应随其负荷和电压变动及时投入或切除部分无功补偿设备，电业部门并应在计费计量点加装带有防倒装置的反向无功电能表，按倒送的无功电量与实用无功电量两者的绝对值之和，计算月平均功率因数。

$$\text{月平均功率因数}\cos\varphi=\frac{\text{有功电量}}{\sqrt{(\text{有功电量})^2+(\text{无功电量})^2}}$$

（3）功率因数调整电费计算方法：

单一制功率因数调整电费＝目录电度电费×功率因数调整电费增减百分数

两部制功率因数调整电费＝（基本电费＋目录电度电费）×功率因数调整电费增减百分数

注：目录电度电费不包含居民生活电费和非居民照明电费。

（4）当月用户增容或变更用电，如功率因数标准发生变化，根据变化前后的电量数据分段进行计算。

（5）分次结算的用户，最后一次抄表时按全月电量计算功率因数，以全月目录电度电费和全月基本电费作为基数计算功率因数调整电费。

（6）用户的月平均功率因数是按照总有功电量、总无功电量计算的，按照不同电价类别对应的考核值分别计算调整电费。

（7）高供低量用户的有功、无功变压器损耗均参加月平均功率因数计算。

（8）电费的调整：根据计算的功率因数，高于或低于规定标准时，在按照规定的电价计算出其当月电费后，再按照“功率因数调整电费表”所规定的百分数增减电费。如客户的功率因数在“功率因数调整电费表”所列两数之间，则以四舍五入计算。

(六) 单一制用户电费计算

(1) 低压客户电费计算公式为

电费金额＝抄见电量×电能单价

(2) 其他客户电费计算公式为

电费金额＝抄见电量×电价＋抄见电量×电价×(±)功率因数增、减%＋其他代收

(七) 两部制用户电费计算

电费总金额＝基本电费＋电度电费＋功率因数调整电费

四、电费计算实例

(一) 居民客户的电费计算实例

【例】用户当月抄见总电量为 280 度，其中峰时段电量为 160 度、谷时段电量为 120 度，之前累计阶梯电量为 3276 度，试问客户电费是多少？峰电价 0.55 元/kWh，谷电价 0.30 元/kWh。

解：峰电费＝160×0.55 元/度＝88 元

谷电费＝120×0.3 元/度＝36 元

二阶差价＝(3360－3276)×0.05 元＝4.2 元

三阶差价＝[280－(3360－3276)]×0.3＝58.8 元

用户总电费＝88＋36＋4.2＋58.8＝187 元

(二) 两部制工业客户电费计算实例

【例】某工业用户，10kV 供电，变压器容量为 315kVA，计量方式为高压计量，2017 年 7 月有功电量为 20000kWh，无功电量为 5000kWh，请计算该户的功率因数、功率因数调整电费、7 月总电费。(假设目录电价为 0.50 元/kWh，基本电费 20 元/千伏安/月，其中国家重大水利工程建设基金 0.0053 元，大中型水库移民后期扶持资金 0.0026 元，地方水库移民后期扶持资金 0.0005 元，可再生能源电价附加 0.019 元)

解：电费计算：

(1) 电度电费合计为：20000×0.50＝10000 元

(2) 基本电费：315×20＝6300 元

(3) 基金及附加：20000×(0.0053＋0.0026＋0.0005＋0.019)＝548 元

(4) 功率因数为：cos(arctan5000/20000)＝0.97

查功率因数调整电费表得电费调整率为－0.75％。

功率因数调整电费＝（10000＋6300）×（－0.75％）＝－162.99元。

该户电费总计为10000＋6300－162.99＋548＝16685.01（元）。

答：该户功率因数为0.97，功率因数调整电费－162.99元，7月总电费16685.01元。

第十四章　计量装置与采集运维管理

第一节　电能表基本知识

电能表是测量电能的专用仪表，是电能计量最基础的设备，广泛用于发电、供电和用电的各个环节，本模块介绍电能表的分类、型号及铭牌标志符号的含义和主要技术参数，通过学习以便在工作中正确认识电能表，正确选择电能表。

一、电能表的分类

（一）按使用电路分类

电能表按其安装使用的电路可分为直流电能表和交流电能表。

（二）按原理分类

电能表按其工作原理可分为电气机械式电能表和电子式电能表（又称静止式电能表、固态式电能表）。电气机械式电能表是用于交流电路作为普通的电能测量仪表，可分为感应型、电动型和磁电型。其中最常用的是感应型电能表。电子式电能表可分为全电子式电能表和机电式电能表，也有将机电式电能表单独列为一类的。

（三）按相线分类

交流电能表按其相线又可分为单相电能表、三相三线电能表和三相四线电能表。

（四）按结构分类

电能表按其结构可分为整体式电能表和分体式电能表。

（五）按用途分类

电能表按其用途可分为有功电能表，无功电能表，最大需量表，标准电能表，复费率分时电能表，预付费电能表，损耗电能表和多功能电能表，单相本地费控智能电能表，多用户智能电能表，费控智能电能表等，二象限有功、无功组合多功能电能表，四象限有功、无功组合多功能表。

（六）按准确度等级分类

电能表按其准确度等级可分为普通安装式电能表（0.2S级、0.5S级、0.2级、0.5级、1.0级、2.0级、3.0级）和携带式精密级电能表（0.01级、0.02级、0.05级、0.1级、0.2级）。

（七）按付款方式不同

电能表可分为正常付费电能表、预付费电能表和预付费智能电能表。

（八）按照使用寿命

感应式电能表可分为普通型电能表和长寿命电能表。

二、电能表的型号及铭牌标志符的含义

（一）型号及含义

1. 名称

名称标明该电能表按用途分类的名称。

2. 型号

我国对电能表型号的表示方式规定如下：

铭牌标示规律：类别代号＋组别代号＋设计序号＋派生号。

（1）类别代号：D——电能表。

（2）组别代号：

表示相线：D——单相；S——三相三线有功；T——三相四线有功。

表示用途：A——安培小时计；X——无功；B——标准；D——多功能；S——全电子式；Z——最大需量；F——复费率；H——总耗；J——直流；T——长寿命；M——脉冲；Y——预付费。

（3）设计序号：用阿拉伯数字表示。

（4）派生号：T——湿热、干燥两用；TH——湿热带用；TA——干热带用；G——高原用；H——船用；F——化工防腐用等。

例如：

DD——单相电能表，如DD862型、DD28型。

DS——三相三线有功电能表，如DD864型。

DT——三相四线有功电能表，如 DT862 型、DT864 型。

DX——无功电能表，如 DX862 型、DXD 型。

DB——标准电能表，如 DB2 型、DB3 型。

DBS——三相三线标准电能表，如 DBS25 型。

DSSD——三相三线全电子式多功能电能表。

DDY——单相预付费电能表，如 DDY59 型。

DSF——三相三线复费率电能表。

DJ——直流电能表，如 DJ1 型。

DDSF——预付费集中式智能电能表，如 DDSF - K 型。

DTZY——三相四线费控智能电能表，如 DTZY866 型。

DDZY——单相本地费控智能电能表，如 DDZY866 型。

DDSH——多用户智能电能表，如 DDSH1999 型。

（二）电能表的铭牌和技术参数

（1）电能表名称。

（2）电能表型号。

（3）准确度等级。准确度等级用置于圆圈内的数字来表示。如圆圈内数字 2 表明该表准确度等级为 2.0 级。

（4）电能计量单位。有功电能表的电能计量单位为千瓦时（kW·h)；无功电能表的电能计量单位为千乏时（kvar·h)。

（5）基本电流和额定最大电流。基本电流（标定电流）是确定电能表有关特性的电流值，以 I_b表示；额定最大电流是仪表能满足其制造标准规定的准确度的最大电流值，以 I_{max}表示。如 1.5（6）A 即电能表的基本电流值为 1.5A，额定最大电流为 6A。如果额定最大电流小于基本电流的 150%，则只标明基本电流。对于三相电能表还应在前面乘以相数，如 3×5（20）A；对于经电流互感器接入式电能表，则标明互感器二次电流，以/5A 表示，电能表的基本电流和额定最大电流可以包括在型式符号中，如 FL246 - 1.5 - 6 或 FL246 - 5（6)，若电能表常数中已考虑互感器变比时，应标明互感器变比，如 3×1000/5A。

（6）参比电压。指的是确定电能表有关特性的电压值，以 U_N表示。对于三相三线电能表，以相数乘以线电压表示，如 3×380V；对于三相四线电能表，则以相数乘以相电压/线电压表示，如 3×220/380V；对于单相电能表，则以电压线路接线端上的相电压表示，如 220V。如果电能表通过测量用互感器接入，并且在常数中已考虑互感器变比时，应标明互感器变比，如 3×10000/100V。

(7) 参比频率。指的是确定电能表有关特性的频率值，以赫兹（Hz）作为单位。我国电能表的参比频率是50Hz。

(8) 电能表常数。指的是电能表记录的电能和相应的转数或脉冲数之间关系的常数。有功电能表以kWh/r（imp）或r（imp）/kWh形式表示；无功电能表以kvarh/r（imp）或r（imp）/kvarh形式表示。两种常数互为倒数关系。有功电能表用形式1kWh：盘转数（或转）/kWh（r/kWh）表示；无功电能表用形式1kvarh=盘转数（或转）/kvarh（r/kvarh）表示。

(9) 计量许可证。计量许可证用MC表示。

(10) 制造标准。

(11) 绝缘标志。采用Ⅱ级防护绝缘封的仪表。

(12) 对全电子式电能表，若参比温度不是23℃，应在铭牌上标出。

第二节　用户计量方式的选择原则

电能计量装置的配置原则在DL/T 448—2000《电能计量装置技术管理规程》中有明确规定，在此再作必要的补充说明。

一、用户电能计量点的设置原则

电能计量点是输、配电线路中装接电能计量装置的位置。在电网中，若电能计量点不完善，便不能准确计算发、供、用电电量，这会遇到不少麻烦，给供电企业的经营工作带来较严重的负面影响。一个计量点一般只装设一套电能计量装置，但根据计量的重要性也可装设两套计量装置。

确定电能计量点的基本原则：贸易结算用电能计量装置，原则上应设置在供用电设施产权分界处；如果产权分界处不具备装设电能计量装置的条件或为了方便管理将电能计量装置设置在其他合适位置的，其线路损耗由产权所有者负担。高压供电，在受电变压器低压侧计量的，应加计变压器损耗。

(1) 高压客户的电能计量，计量点的电压等级应尽可能与供电电压相符。变压器容量为500kVA及以上用户的计量宜采用高供高计。其计量点的选择可以有两种方案：

1) 计量点设在用户变电站的电源进线处，有几路电源安装几套计量装置，这种方案较适合按最大需量计收基本电费的用户。

2）对于一个变电站内有多台主变压器的用户，也可在每台主变压器的高压侧安装一套计量装置，这种方案较适用于按变压器容量计收基本电费的用户。

对35kV公用配电网供电、容量在500kVA以下的，或10kV供电、容量在500kVA以下的，可在低压侧计量，即采用高供低计方式。

（2）6kV～10kV电压等级供电的电力用户，应安装整体式电能计量柜（或高压计量箱）。

（3）当采用整体式计量柜时，若屋内配电装置为成套开关柜，则计量柜宜布置在进线柜之后（即第二柜）；若配电间不设进线断路器，而采用屋外跌落式熔断器方式，则计量柜宜布置在第一柜。为了合理计量电压互感器损耗，高压计量装置的电压互感器应装设在电流互感器的负荷侧。

（4）低压用户和居民用户的计量点应设置在进户线附近的适当位置。

二、用户计量方式分类及其适用范围

1. 高供高计

（1）高供高计的概念。电能计量装置装设点的电压与供电电压一致且在10（6）kV及以上的计量方式，即高压供电在高压侧计量电能的计量方式，称为高供高计。

（2）高供高计的适用范围。一般适用于供电电压在10kV、受电变压器容量在500kVA及以上；供电电压在35kV、受电变压器容量在3150kVA及以上；同一受电点安装两台及以上受电变压器的用户等情况；三圈式变压器供电的用户。

2. 高供低计

（1）高供低计的概念。电能计量装置装设点的电压低于用户供电电压的计量方式，即高压供电在低一级电压侧计量电能的计量方式（不一定是低压侧），称为高供低计。

（2）高供低计的适用范围。适用于除高供高计以外的高压供电用户。

3. 低供低计

（1）低供低计的概念。电能计量装置装设点的电压为低压的计量方式，称为低供低计。

（2）低供低计的适用场合。适用于所有接在低压电网供电的用户。

【例1】某针织品行业电力客户申请用电递交的用电设备清单如表14－2－1所示，试确定该客户的计量方式。

表 14-2-1 某针织品行业电力客户用电设备清单

序号	设备	容量/kW	数量	总容量/kW
1	增压送风机	100	3	300
2	送风机	60	20	1200
3	棉袜机	1050	750	787 500
4	高压染色机	55	5	275
5	锅炉	100	2	200
6	定型机	60	7	420
7	吸风机	400	2	800
8	织袜机	70	100	7000

解：经计算负荷，结合本客户生产实际情况，该客户的合同容量为3000kW，计量方式采用高供高计。选配计量装置如下：电能表计型号 DSSD 型多功能表，三相三线，3×100V，1.5（6）A，TA 为 200A/5A；TV 为 10000/100；综合倍率为 4000。

【例 2】某包装行业电力客户申请用电递交的用电设备清单如表 14-2-2 所示，试确定该客户的计量方式。

表 14-2-2 某包装行业电力客户用电设备清单

序号	设备	容量/kW	数量	总容量/kW
1	包装机	17.5	2	35
2	其他照明			5

解：根据本客户生产实际情况，该客户的合同容量可确定为 40kW，计量方式采用低供低计，先配 DTSD 型多费率多功能表，三相四线，3×220V/380V，20（80）A。

第三节 用户计量方式的技术要求

一、确定用户计量方式的技术规定

电能计量方式与供电方式和电费管理制度有关，我国目前的主要计量方式有高供高计、高供低计、低供低计 3 种方式，具体是：

（1）单相供电的用户装设单相电能计量装置，三相供电的用户装设三相电能计量装置。用户单相供电容量超过 10kW 时，宜采用三相供电。

（2）实行两部制电价的用户，当受电变压器负载率约在 67%及以上时，应装设最大需量表或有计量最大需量功能的多功能电能表。

（3）对须考核用电功率因数的用户，应装设两只具有止逆装置的感应式无功电能表或一只可计量感性无功和容性无功的静止式无功电能表；需要供、受电双向计量时，应分别装设两只具有止逆装置的感应式无功电能表或一只可计量感性无功和容性无功的静止式无功电能表，也可装设一只四象限多功能电能表（即有功正、反向；无功正向感性、容性；无功反向感性、容性）。

（4）低压供电线路的负荷电流为 50A 及以下时，宜采用直接接入式电能表；低压供电线路的负荷电流为 50A 以上时，宜采用经电流互感器接入式的接线方式。

实践证明，由于电能表的结构质量限制，直接接入式电能表的额定最大电流超过 60A 时，接线盒进表线不易固牢，形成接触电阻，大电流通过时会产生较大热量，从而又使接触电阻加大，如此恶性循环，常常造成大容量电能表接线端子过热受损。

（5）实行分时电价的用户和要考核负荷曲线的并网小水、火电站，应装设具有分时计量功能的复费率电能表或多功能电能表。

（6）带有数据通信接口的电能表，其通信规约应符合 DL/T 645—2007《多功能电能表通信协议》的要求。

（7）有两路及以上线路分别来自两个及以上的供电点，或有两个及以上受电点的用户，应分别装设电能计量装置。

（8）用户的一个受电点内若有不同用电类别的用电，应按照国家电价分类，分别安装计费用电能计量装置。在用户受电点内难以按用电类别分别装表时，可安装计费总表，采用其他方式分算电费。

（9）对有供、受电量的地方电网和有自备电厂的用户，应在并网点分设计量供、受电量的电能计量装置或采用四象限计量有功、无功电能的电能表等。

二、高低压计量接线方式的技术要求

（1）接入中性点绝缘系统的电能计量装置，应采用三相三线有功、无功电能表。接入非中性点绝缘系统的电能计量装置，应采用三相四线有功、无功电能表或三只感应式无止逆单相电能表。

（2）Ⅰ、Ⅱ、Ⅲ类贸易结算用电能计量装置，应按计量点配置计量专用电压、电流互感器或者专用二次绕组。电能计量专用电压、电流互感器或专用二次绕组及其二次回路，不得接入与电能计量无关的设备。

（3）对于Ⅰ类计量装置，在设计中应考虑安装主、副两套准确度等级相同或不相同的电能表。当采用准确度等级不同的电能表时，主表原则上应为准确度等级高的表，并应以合同的形式明确。

（4）35kV及以下贸易结算用电能计量装置中电压互感器二次回路，应不装设隔离开关辅助触点和熔断器。

（5）安装在用户处的贸易结算用电能计量装置，10kV及以下电压供电的用户，应配置全国统一标准的电能计量柜或电能计量箱。

三、电能计量装置的二次回路的技术要求

（1）贸易结算用高压电能计量装置应装设电压失压计时器。未配置计量柜（箱）的，其互感器二次回路的所有接线端子、试验端子应能实施铅封。

（2）互感器二次回路的连接导线应采用铜质单芯绝缘线。对电流二次回路，连接导线截面积应按电流互感器的额定二次负荷确定，至少应不小于4mm^2。对电压二次回路，连接导线截面积应按允许的电压降计算确定，至少应不小于2.5mm^2。

（3）互感器实际二次负荷应在25%～100%额定二次负荷范围内，电流互感器额定二次负荷的功率因数应为0.8～1.0。

（4）Ⅰ、Ⅱ类用于贸易结算的电能计量装置中，电压互感器二次回路电压降应不大于其额定二次电压的0.2%；其他电能计量装置中，电压互感器二次回路电压降应不大于其额定二次电压的0.5%。

（5）经电流互感器接入的电能表，其基本电流（标定电流）宜不超过电流互感器额定二次电流的30%，其额定最大电流应为电流互感器额定二次电流的120%左右。直接接入式电能表的基本电流（标定电流）应按正常运行负荷电流的30%左右进行选择。为提高低负荷计量的准确性，应选用过载4倍及以上的电能表。

四、常用典型接线图（见图 14-3-1～图 14-3-3）

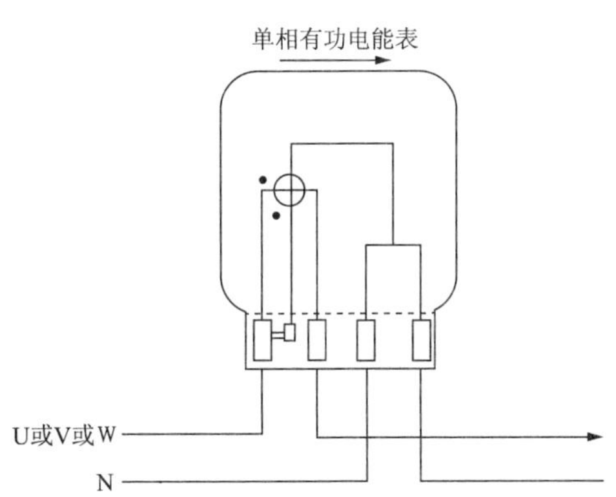

图 14-3-1　单相计量有功电能直接接入式

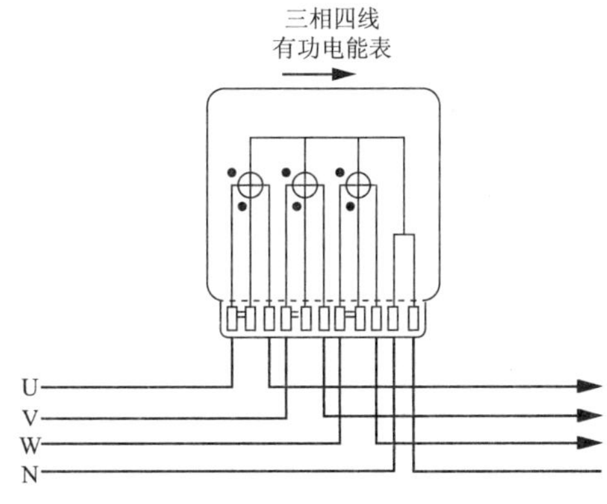

图 14-3-2　低压计量有功电能直接接入式

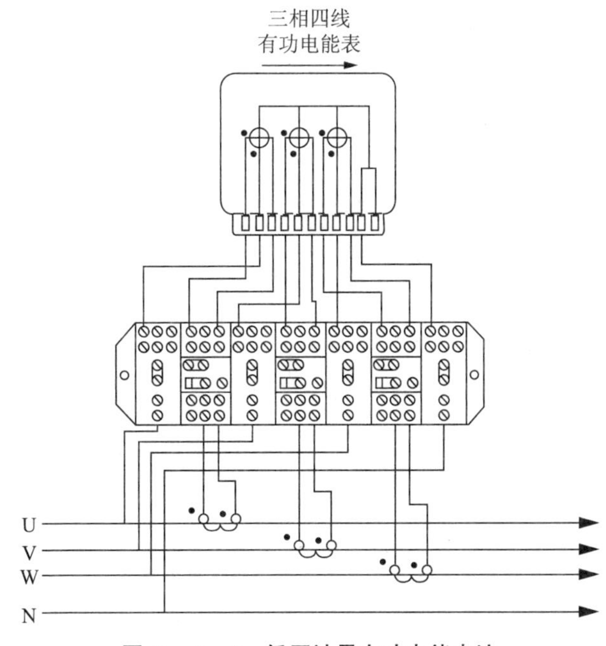

图 14-3-3　低压计量有功电能电流

第四节 电能计量装置选配与安装

一、电能计量装置配置的原则

（1）具有足够的准确度。对于高压电能计量装置，不但电能表、互感器的等级要满足 DL/T 448—2000《电能计量装置技术管理规程》的要求，而且整套装置的综合误差应满足 SD 109—1983《电能计量装置检验规程》的要求。

（2）具有足够的可靠性。要求电能计量装置故障率低，电能表一次使用寿命长，能适应用电负荷在较大范围变化时的准确计量。

（3）功能能够适应营抄管理的需要。一般情况下，电能计量装置应设置以下基本功能：记录有功、无功（感性及容性）电量，多费率计量，最大需量，失压计时以及为负荷监控系统而设置的脉冲量或数字量传输。具体到某一用户，可以根据供用电合同中关于计量方式的规定，选用其中一部分（或全部）功能。

（4）有可靠的封闭性能和防窃电性能，封印不易伪造，在封印完整的情况下，做到用户无法窃电。

（5）装置要便于工作人员现场检查和带电工作。

二、电能计量装置配置的要求

1. 电能表的配置要求

（1）电能表的容量用基本电流（标定电流）I_b表示，电能表基本电流（标定电流）I_b按以下方法确定：

直接接入电能表，其基本电流（标定电流）应根据额定最大电流和过载倍数确定。其中额定最大电流按经核准的用户申请报装负荷容量计算电流确定。

过载倍数的确定：对正常运行中的电能表，实际负荷电流达到额定最大电流的 30%以上的，宜选用过载 2 倍及以上的电能表；为提高低负荷计量的准确性，负荷电流低于 30%的，应选用过载 4 倍及以上的电能表。

电流互感器额定二次电流一般为 5A，在选择经互感器接入电能表基本电流（标定电流）时，可以先计算其取值范围 5A 的 30%为 1.5A，电能表最大额定电流的取值范围 5A 的 120%为 6A，则可选择 1.5（6）A 或 3（6）A 的电能表。

当互感额定二次电流为1A时，其基本电流（标定电流）可采用0.3（1.2）A或1A。对于负荷变动特别大的用户，则推荐选用S级电能表。

一般应保证：最大负荷电流不超过电能表额定最大电流，经常性负荷电流，应不低于电能表基本电流（标定电流）的20%。

（2）电能表的额定电压，应与供电线路电压相适应，否则将无法正确计量。

（3）电能表应在准确度及功能方面满足营业计费的需要。电能表应选用符合国家标准，并经有关部门鉴定质量优良，准许进入电力系统的产品，应淘汰使用年久、绝缘老化、机械磨损的电能表。

（4）新购入单相电能表一般应使用长寿命技术电能表；对于需要实行分时计量的用户，可选用电子式表；对于收费难度很大、临时用电等特殊用户，可选用预付费电能表。

2. 互感器的配置要求

（1）电流互感器额定一次电流的确定，应保证其在正常运行中的实际负荷电流达到额定值的60%左右，至少应不小于30%。否则应选用高动热稳定电流互感器，以减小变比。

按照JJG 313—1994《测量用电流互感器》规程规定，0.2级和0.5级1A在20%I_e时比差各为0.35%和0.75%，达不到0.2%及0.5%的要求，因此规定在选用TA时，正常运行的一次侧电流不得低于30%。

（2）二次侧额定电流必须与电能表额定值对应。

（3）实际二次负荷必须在互感器额定负荷的25%～100%的范围内。若互感器接入二次负荷超过额定值时，则其准确度等级下降。

同一组电流互感器应采用制造厂、型号、额定电流比、准确度等级、二次容量均相同的互感器。不宜使用可任意改变一次绕组匝数以改变变比的穿芯式电流互感器（一次绕组制造厂已固定好或一次只绕一匝的穿芯式电流互感器除外）及变压器套管型电流互感器。

（4）电压互感器的额定电压，应与供电线路电压相适应，否则将无法正确计量。

（5）电压、电流互感器应选用符合国家标准，并经有关部门鉴定质量优良，准许进入电力系统的产品。

3. 二次回路的配置要求

（1）二次回路必须使用铜质单芯绝缘导线，转动部分必须有足够长的裕度，低压电能表和互感器二次回路导线截面至少不得小于4mm^2。

（2）二次回路中，均不得装设熔断器及切换开关，且中间不允许有接头。因为熔断器、切换开关及导线接头存在较大的接触电阻，且常随接触的紧密度和接触面是否洁净而有变化，尤其当运行期较长时，阻值都有增加，使计量准确性得不到保证。

（3）Ⅲ类及以上计量装置的二次回路中，宜装有能加封的专用接线端子盒，安装位置应便于现场带电工作。电能表专用接线盒应具有带负荷现场校表、带负荷换表、防窃电三种功能，要求其性能是阻燃、耐压强度高、绝缘电阻高、通流容量大，并要求热稳定性能达到相应的规定值。接线盒类型有 PJ 型接线式和 FY 型插接式两种。

4. 计量屏及计量箱的配置要求

（1）计量屏（箱）的设计应符合国家有关标准、电力行业标准及有关规程对电能计量装置的要求。

（2）电能计量装置应具有可靠的防窃电措施。电能表、互感器及二次回路，必须安装在封闭可靠的电能计量屏或计量箱内。计量装置电源进线，必须采用电缆或穿管绝缘导线，且不得有破口或裸露部分。

（3）计量屏（箱）内，应留有足够的空间来安装电能表、互感器及一、二次接线，并有足够的安全距离及操作空间距离。

（4）计量屏（箱）内电能表、互感器的安装位置，应考虑现场检查及拆换工作的方便。

（5）计量屏（箱）的活动门必须能加封，门上应有带玻璃的观察窗，以便于抄表读数与观察表计运转情况。

对于需要对电能表面盘进行操作（如设置参数、需量复零等）的计量柜（箱），应在其观察窗处设便于开启的小门，且小门能加铅封。

（6）计量箱与墙壁的固定点应不少于 3 个，使箱体不能前后左右移动。

（7）计量屏（箱）内在电源与计量器具之间宜装熔断器（或自动开关）。

进户线进入计量屏（箱）时，首先应接至熔断器（或自动开关），用来保护电能表及防止电气装置的故障影响电网安全运行。单相电能表在一相上装设一只熔断器，三相四线 U、V、W 三相上分别装设熔断器，但在任何情况下中性线不能装设熔断器。

（8）计量屏（箱）的金属外壳应有接地端钮。

（9）计量配电合一的开关屏，安装的开关电器应具有防震措施。

5. 电能表、互感器准确度等级配置要求

电能表、互感器准确度等级配置如表 14－4－1 所示。

表 14-4-1　电能表、互感器准确度等级配置

电能计量装置类别	准确度等级			
	有功电能表	无功电能表	电压互感器	电流互感器
Ⅰ	0.2S或0.5S	2.0	0.2	0.2S或0.2
Ⅱ	0.5S或0.5	2.0	0.2	0.2S或0.2
Ⅲ	1.0	2.0	0.5	0.5S
Ⅳ	2.0	3.0	0.5	0.5S
Ⅴ	3.0	—	—	0.5S

三、电能计量装置的选用案例

【例 1】某电力客户新装一台容量为 315kVA 变压器 10kV 供电，高供高计，请选配电流互感器、电压互感器额定变比及电能表。

解：
$$I_f=\frac{S}{\sqrt{3}U}=\frac{315}{\sqrt{3}\times 10}\approx 18.19\ (A)$$

$$I_{1N}=\frac{I_f}{60\%}=\frac{18.19}{0.6}\approx 30.32\ (A)$$

$$I_b\leqslant I_{2N}\times 30\%=5\times 0.3=1.5\ (A)$$

$$I_{max}\leqslant I_{2N}\times 120\%=5\times 1.2=6\ (A)$$

应选配 0.5S 级 30/5A 两台电流互感器，0.5 级 10kV/100V 电压感器两台。电能表选择 1.0 级，3×100V，1.5（6）A 一只；无功电能表选择 2.0 级，3×100V，1.5（6）A 一只。

【例 2】某低压电力客户用电，其实际负荷为 30A，请选择电能表。

解：
$$I_b=I_f\times 30\%=30\times 0.3=9\ (A)$$

$$I_{max}=I_b\times 4=9\times 4=36\ (A)$$

故应选配 2.0 级，3×220/380V，10（40）A 电能表一只。

第五节　智能采集终端安装规定及流程

一、工作准备

1. 前期查勘

（1）安装前联系客户，现场实地查勘，确定安装时间；

（2）检查计量装置是否符合要求；

（3）检查现场无线通信信号。

2. 作业前准备

（1）常用工具

钢丝钳、剥线钳、尖嘴钳、斜口钳、螺丝刀（十字、一字）等个人工器具，见图 14－5－1。

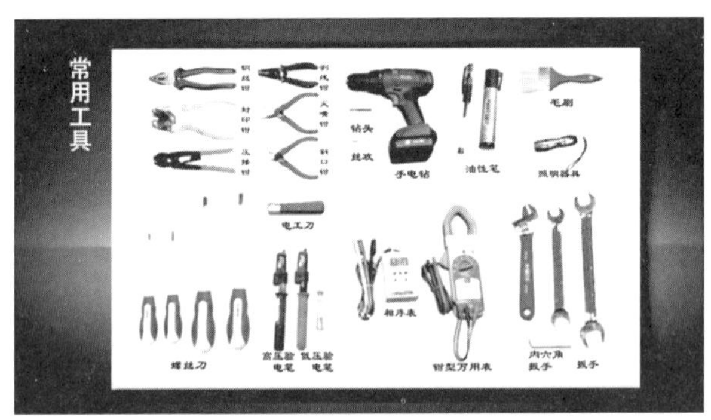

图 14－5－1　常用工具

（2）器具及材料（见图 14－5－2）

1）直接接入式计量装置

四色导线（黄、绿、红、黑或蓝）、RS485 BV－0.3 及以上单芯双绞线、三相电能表（或单相电能表）、低压采集终端（采集器）、方向（线）套、扎带、封印、紧固件、铜压接端子、绝缘胶带。

2）经互感器接入式计量装置

四色导线（黄、绿、红、黑或蓝）、RS485 BV－0.3 及以上单芯双绞线、三相电能表、电流互感器、接线盒、低压采集终端（采集器）、方向（线）套、扎带、封印、紧固件、铜压接端子、绝缘胶带。

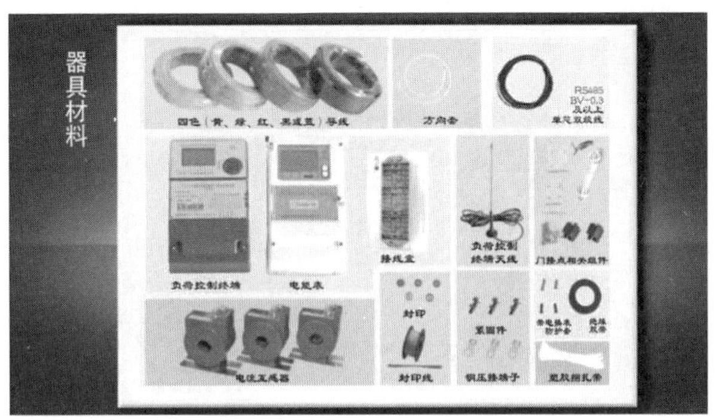

图 14－5－2　器具材料

（3）个人防护用品

安全帽、工作服、棉纱手套、绝缘鞋、护目镜、个人保安线、绝缘手套、绝缘靴，见图 14－5－3。

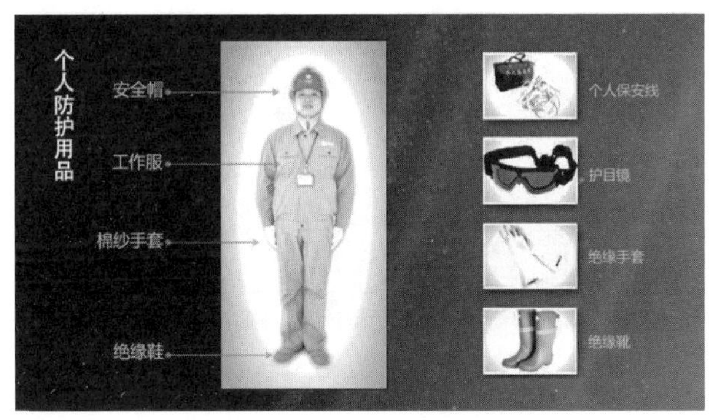

图 14－5－3　个人防护用品

（4）工作票

规范填写施工工作票。

二、现场作业

1. 办理工作票

（1）办理工作票许可，未经许可严禁工作；（2）工作负责人再次检查安全措施；（3）工作负责人确认带电设备位置和注意事项；（4）许可人签字确认。

2. 现场班会

工作负责人向作业人员强调内容见图 14－5－4。

图 14－5－4 现场班会

3. 安全措施确认

向工作班成员交代工作地点、工作内容、带电部位、危险点；正确使用工器具、劳动保护用品，以及防滑防坠落措施。

4. 工作步骤（见图 14－5－5）

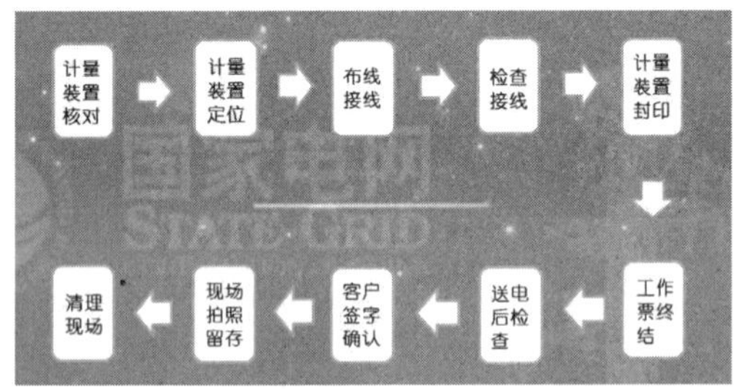

图 14－5－5 工作步骤

（1）计量装置核对见图 14－5－6。

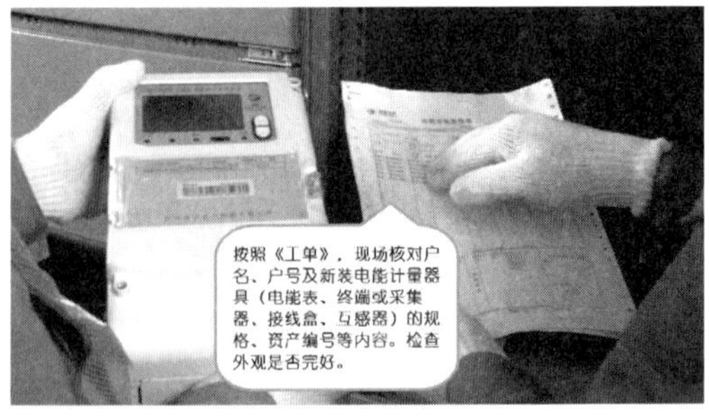

图 14－5－6 计量装置核对

（2）计量装置定位见图 14－5－7。

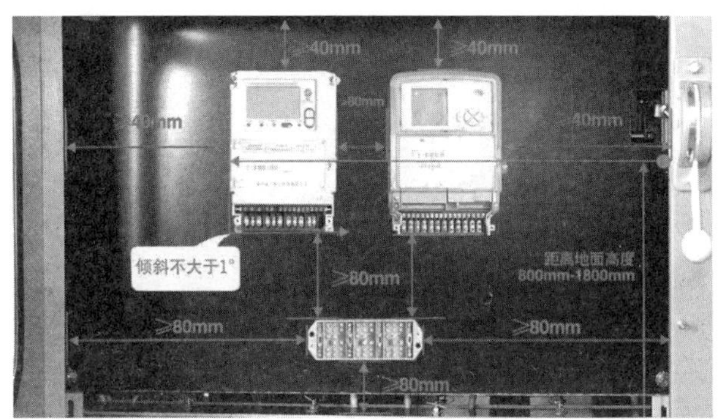

图 14－5－7　计量装置定位

（3）布线接线见图 14－5－8。

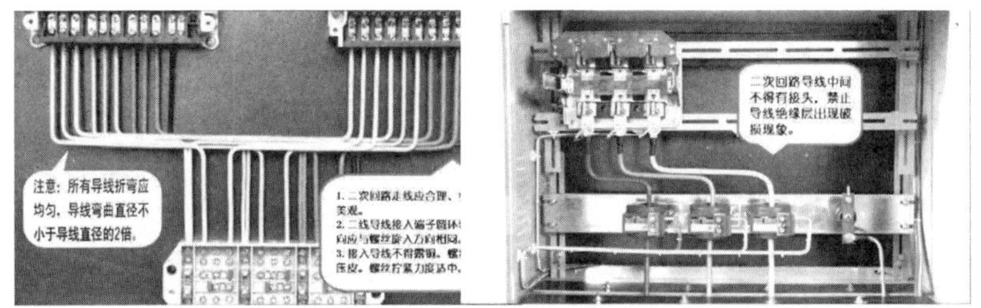

图 14－5－8　布线接线

（4）检查接线见图 14－5－9。

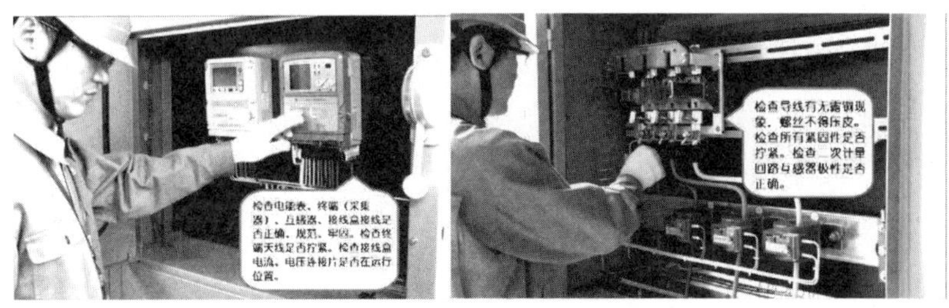

图 14－5－9　检查接线

（5）计量装置封印。电能表、接线盒、计量柜（箱）门均需加封。

（6）工作票终结。

（7）送电后检查。检查电压、电流、电能表起度、时间、时段、采集设备信号等是否正常，见图 14－5－10。

图 14－5－10　送电后检查

（8）客户签字确认。《工单》记录新表起度、装拆作业时间，客户签字确认。

（9）现场拍照留存。对新表起度、客户签字《工单》，现场拍照留存。

（10）整理工具，清理场地。

第六节　电能采集常见故障排查

一、准备工作

1. 常用工具

验电器、钢丝钳、剥线钳、尖嘴钳、斜口钳、螺丝刀（十字、一字）等个人工器具。

2. 个人防护用品

安全帽、工作服、棉纱手套、绝缘鞋、护目镜、绝缘手套、绝缘靴。

3. 电能表封印

须三封一锁齐全，并及时填写封印钳领用记录。

二、现场排查

1. 采集终端常见故障（见图 14－6－1 及表 14－6－1）

图 14-6-1

表 14-6-1 采集终端常见故障

故障现象	常见原因	处理方法
信号灯、在线灯均不亮	(1) SIM 卡未装、接触不良、失效； (2) 采集器通信模块故障	(1) 检查 SIM 卡是否安装到位； (2) 检查 SIM 触电，并重新安装； (3) 更换 SIM 卡； (4) 更换采集通信模块
在线灯不亮，信号灯有显示	(1) SIM 卡未开通； (2) 周边环境 GPRS 信号无（弱）	(1) 检查 SIM 卡是否安装到位； (2) 检查 SIM 触电，并重新安装； (3) 更换 SIM 卡； (4) 更换采集通信模块
在线灯不亮，信号灯有显示	通信信号弱	(1) 检查天线接触是否良好； (2) 更换天线； (3) 将天线转移到信号较好的位置； (4) 加强网络覆盖
下行通信灯常亮	RS 485 通信线短路	(1) 重新接线或更换 485 通信线； (2) 更换相应故障电能表或采集器
所有指示灯都不亮	(1) 采集器未通电； (2) 采集器电源模块损坏	(1) 采集器通电； (2) 更换故障采集器
采集器显示正常，与主站无通信	(1) 采集器通信协议无效； (2) SIM 卡 IP 地址捆绑无效； (3) 死机	(1) 修改通信协议； (2) 重新分配 SIM 卡 IP 地址； (3) 重启或更换采集器

2. 采集器常见故障（见图 14－6－2）

（a）

（b）

图 14－6－2　采集器常见故障

第十五章　用电检查与反窃电

第一节　窃电及违约用电

一、窃电

我国有关电力法规如《供电营业规则》《电力供应与使用条例》等对窃电的定义如下：

窃电，指以非法占用电能，以不交或者少交电费为目的，采用非法手段不计量或者少计量用电的行为。

按《供电营业规则》的规定，任何单位或个人有下列行为之一的，即为窃电：

(1) 在供电企业的供电设施上，擅自接线用电。

(2) 绕越供电企业的用电计量装置用电。

(3) 伪造、开启法定的或者授权的计量检定机构加封的用电计量装置封印用电。

(4) 故意损坏供电企业用电计量装置。

(5) 故意使供电企业的用电计量装置计量不准或者失效。

(6) 采用其他办法窃电。

二、违约用电

根据《供电营业规则》的规定，违约用电定义为：危害供用电安全，扰乱正常供用电秩序，不按照事先约定的供用电合同用电的，属于违约用电行为。

下列危害供用电安全，扰乱正常供用电秩序的行为，属于违约用电行为：

(1) 在电价低的供电线路上，擅自接用电价高的用电设备或私自改变用电类别的。

（2）私自超过合同约定的容量用电的。

（3）擅自超过计划分配的用电指标的。

（4）擅自使用已在供电企业办理暂停手续的电力设备或启用供电企业封存的电力设备的。

（5）私自迁移、更动和擅自操作供电企业的用电计量装置、电力负荷管理装置、供电设施以及约定由供电企业调度的用户受电设备的。

（6）未经供电企业同意，擅自引入（供出）电源或将备用电源和其他电源私自并网的。

第二节　窃电查处规定

一、窃电查处规定

根据《中华人民共和国电力法》《电力供应与使用条例》《用电检查管理办法》《供电营业规则》等法规，选列以下窃电查处规定：

（1）窃电的检查、处理需按照程序规范、手续合法、主体明确的要求进行。

（2）查处窃电案件必须以事实为依据，证据确凿，有法律认可的物证、摄像、笔录等证据。

（3）每例案件均由主持调查责任单位填报、上报。

（4）现场取证，收取证据及材料。

（5）用电检查人员在执行检查任务时，应携带用电检查证，并按规定填写《用电检查工作单》。现场用电检查人员不得少于两人，现场检查确认有违约用电或窃电行为的，检查人员必须当场调查、取证，并下达《违约用电、窃电通知书》一式两份，由客户代表签收，一份送达客户，一份作为处理依据存档备查。

（6）检查人员发现窃电行为应保护现场，及时采取拍照、摄像、录音等手段收集证据，收缴与窃电有关的物证（对不易移动的物证应进行拍照）并及时登记备案。对于窃电工具、窃电痕迹、计量表计等需要鉴定的，检查人员应予以封存。鉴定单位或机关进行鉴定后出具的书面鉴定结论应及时登记备案。

（7）对拒绝承担窃电责任的窃电行为人，其行为构成犯罪的，应依照《中华人民共和国刑法》第一百五十一条或第一百五十二条的规定依法起诉。对已经查获且其窃电行为并构成犯罪的嫌疑人，应向当地公安部门报案，依法起诉。

(8) 客户对窃电行为拒不承认和改正，用电检查人员可依照电力法规规定的程序终止供电。

(9) 对违约用电、窃电行为的处理应依照查、处分开原则。用电检查部门应制定违约用电、窃电处理的内部流程，按照现场开具的连续编号的《违约用电、窃电通知书》，连续登记《违约用电、窃电处理情况登记表》，计算并填写《违约用电、窃电处理工作单》，按照审批权限经相关领导审批后，填写《缴费通知单》，并交给客户；《违约用电、窃电处理工作单》（一式两份）交营业收费部门，登记《违约用电、窃电处理情况登记表》内“转营业收费日期”栏。客户持《缴费通知单》到营业收费部门缴费。营业收费部门依据《违约用电、窃电处理工作单》收取追补电费及违约使用电费，并填写有关内容。填写完毕的《违约用电、窃电处理工作单》，一份留存，一份转回用电检查部门。用电检查部门将“工作单”存档，同时登记《违约用电、窃电处理情况登记表》；对有停限电的客户，安排恢复送电工作。违约、窃电的客户交纳一切费用后，收费营业人员应及时通知用电检查部门，保证尽快恢复对客户的正常供电。

(10) 对查实窃电用户的处理，除当场停止供电，根据电量的多少，分级审批后按不同的电价，追补电费和补交追补电费的三倍违约使用电费。

(11) 因窃电或违约用电造成供电企业的供电设施损坏的，责任者必须承担供电设施的修复费用或进行赔偿。

(12) 私制供电企业专用的用电计量装置封印模者，造成窃电的按窃电处理，造成供电设施损坏的，按有关规定处理，情节严重的移送司法机关追究治安处罚或刑事责任。

(13) 窃电量和窃电时间的认定方法：

1) 在供电设施上擅自接线用电或绕越用电计量装置用电的，所窃电量按私接设备额定容量（千伏安视同千瓦）乘以实际使用时间计算确定。

2) 其他行为窃电所窃电量，按计费电能表最大电流值（对装有限流器的，按限流整定电流值）所指的容量（千伏安视同千瓦）乘以实际窃用的时间计算确定。

3) 窃电时间无法查明时，窃电日数至少以 180 天计算，每日窃电时间：电力用户按 12h 计算，照明用户按 6h 计算。

(14) 供电职工在查处窃电、违约用电过程中，应遵守《供电职工服务守则》，供电职工利用职务之便，内外勾结窃电，或由于工作严重不负责任，在管辖范围内发现多次窃电案件或重大窃电案件时，用电检查应通知其所在单位负责人视其情况及时进行批评、帮助、教育，直至扣发责任者奖金或者给予行政处分、待岗、开除等提议。对构成犯罪的交由司法机关依法惩处。

二、工作准备

（1）常用工具

钢丝钳、剥线钳、尖嘴钳、斜口钳、螺丝刀（十字、一字）、钳形电流表、相位伏安表等个人工器具。

（2）个人防护用品

安全帽、工作服、棉纱手套、绝缘鞋、护目镜、个人保安线、绝缘手套、绝缘靴。

（3）《用电检查工作单》《用电检查结果通知书》《违约用电、窃电通知书》。

三、现场查处

1. 检查程序

（1）着装规范、仪容规范；

（2）检查人员不得少于两人；

（3）按规定填写《用电检查工作单》；

（4）出示《用电检查证》；

（5）检查结束后将《用电检查工作单》交回存档。

2. 检查内容

（1）检查电能表的外观、封印是否齐全（见图 15－2－1）。

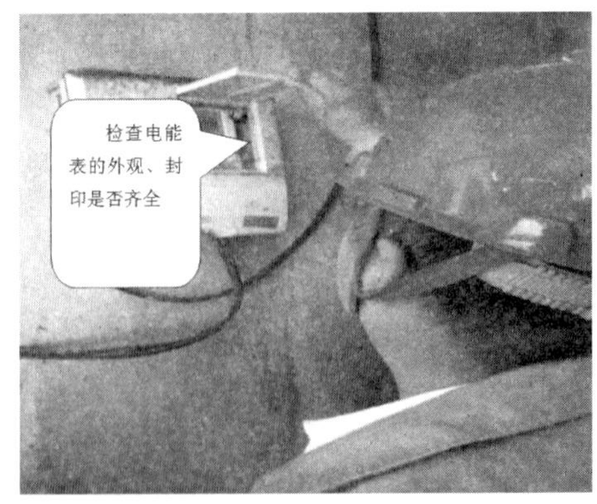

图 15－2－1　电能表外观、封印检查

（2）检查接线有无改接或错接（见图 15-2-2）。

图 15-2-2　检查接线

（3）是否有绕越电能计量装置用电的情况（见图 15-2-3）。

图 15-2-3　绕越电能计量装置用电

（4）检查电流互感器的接线和变比。

（5）对用户的用电量进行检查对比。

（6）故意使电能计量装置不准（见图 15-2-4）。

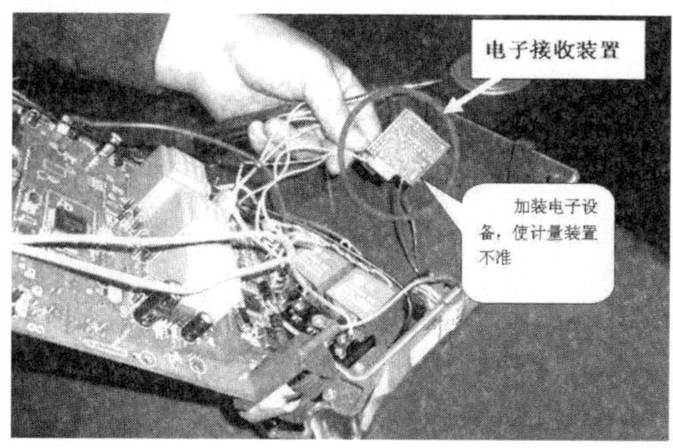

图 15-2-4

3. 处理

(1) 开具《用电检查结果通知书》限期整改。《用电检查结果通知书》一式两份，一份由客户 代表签收，一份存档备查。

(2) 对查获的窃电行为应及时予以制止。有窃电行为者，应承担其相应的责任。

第三节　违约用电处理规定

一、违约用电处理规定

根据《中华人民共和国电力法》《电力供应与使用条例》《用电检查管理办法》《供电营业规则》等法规，选列以下违约用电查处规定：

(1) 违约用电的检查、处理需按照程序规范、手续合法、主体明确的要求进行。

(2) 查处违约用电案件必须以事实为依据，证据确凿，有法律认可的物证、摄像、笔录等证据。

(3) 每例案件均由主持调查责任单位填报、上报。

(4) 现场取证，收取证据及材料。

(5) 用电检查人员在执行检查时，应携带用电检查证，并按规定填写《用电检查工作单》。现场用电监察人员不得少于两人，现场检查确认有违约用电或窃电行为的，检查人员必须当场调查、取证，并下达《违约用电、窃电通知书》一式两份，由客户代表签收，一份送达客户，一份作为处理依据存档备查。

(6) 检查人员发现窃电行为应保护现场，及时采取拍照、摄像、录音等手段收集证据，收缴与窃电有关的物证（对不易移动的物证应进行拍照）并及时登记备案，对于窃电工具、窃电痕迹、计量表计等需要鉴定的，检查人员应予以封存。鉴定单位或机关进行鉴定后出具的书面鉴定结论应及时登记备案。

(7) 对拒绝承担窃电责任的窃电行为人，其行为构成犯罪的，应依照《中华人民共和国刑法》有关条款依法起诉。对已经查获且其窃电行为构成犯罪的嫌疑人，应向当地公安部门报案，依法起诉。

(8) 客户对违约用电行为或窃电行为拒不承认和改正，用电检查人员可依照电力法规规定的程序终止供电。

(9) 对违约用电、窃电行为的处理应依照查、处分开原则。用电检查部门应制定违约用电、窃电处理的内部流程，按照现场开具的连续编号的《违约用电、窃电通知书》，连续登记《违约用电、窃电处理情况登记表》，计算并填写《违约用电、窃电处理工作单》，按照审批权限经相关领导审批后，填写《缴费通知单》，并交给客户；《违约用电、窃电处理工作单》（一式二份）交营业收费部门，登记《违约用电、窃电处理情况登记表》内“转营业收费日期”栏。客户持《缴费通知单》到营业收费部门缴费。营业收费部门依据《违约用电、窃电处理工作单》收取追补电费及违约使用电费，并填写有关内容。填写完毕的《违约用电、窃电处理工作单》，一份留存，一份转回用电检查部门。用电检查部门将“工作单”存档，同时登记《违约用电、窃电处理情况登记表》；对有停限电的客户，安排恢复送电工作。违约、窃电的客户交纳一切费用后，收费营业人员应及时通知用电检查部门，保证尽快恢复对客户的正常供电。

(10) 对查实的违约用电户，除应立即制止、拆除、查封用电设备（器具）外，并给予经济违约处理：

1）在电价低的供电线路上，擅自接用电价高的用电设备或私自改用电类别的，应按实际使用日期补交差额电费，并承担两倍差额的违约使用电量。使用起讫日期难以确定的，使用时间按 3 个月计算。

2）私自超过合同约定的容量用电的，除应拆除私增容设备外，属两部制电价的用户，应补交增容设备容量使用月数的基本电费，并承担 3 倍私增容量基本电费的违约使用电费；其他用户应承担私增容量每千瓦（千伏安）50 元的违约使用电费。如用户要求继续使用者，按新装增容办理手续。

3）擅自超过计划分配的用电指标的，应承担高峰超用电力每次每千瓦 1 元和超用电量与现行电价电费五倍违约使用电费。

4）擅自使用已在供电企业办理暂停手续的电力设备或启用供电企业封存的电力设备的，应停用违约使用的设备。属于两部制电价的用户，应补交擅自使用或启用封存设备容量和使用日数的基本电费，并承担两倍补交基本电费的违约使用电费；其他用户应承担擅自使用或启用封存设备容量每次每千瓦（千伏安）30 元的违约使用电费。启用属于私增容被封存的设备的，违约使用者还应承担相关规定的违约责任。

5）私自迁移、更动和擅自操作供电企业的用电计量装置、电力负荷控制装置、供电设施以及约定由供电企业调度的用户受电设备者，属于居民的应承担每次 500 元的违约使用电费；属于其他用户的应承担每次 5000 元的违约使用电费。

6）未经供电企业同意，擅自引入（供出）电源或将备用电源和其他电源私自并网的，除当场拆除接线外，应承担其引入（供出）或并网电源容量每千瓦（千伏安）500元的违约使用电费。

(11）违约用电用户，拒绝接受处理，可按国家规定的程序和公司规定的审批权限，经批准同意后可停止供电，并追交欠费和违约使用电费，停电造成的后果由违约者自负，情节严重的可依法起诉，追究责任。

(12）因违约用电造成供电企业的供电设施损坏的，责任者必须承担供电设施的修复费用或进行赔偿。

(13）供电职工在查处窃电、违约用电过程中，应遵守《供电职工服务守则》，供电职工利用职务之便，内外勾结窃电，或由于工作严重不负责任，在管辖范围内发现多次窃电案件或重大窃电案件时，用电检查应通知其所在单位负责人视其情况及时进行批评、帮助、教育，直至扣发责任者奖金或者给予行政处分、待岗、开除等提议。对构成犯罪的交由司法机关依法惩处。

二、工作准备

(1）常用工具

钢丝钳、剥线钳、尖嘴钳、斜口钳、螺丝刀（十字、一字）、钳形电流表、相位伏安表等个人工器具。

(2）个人防护用品

安全帽、工作服、棉纱手套、绝缘鞋、护目镜、个人保安线、绝缘手套、绝缘靴。

(3)《用电检查工作单》《用电检查结果通知书》《违约用电、窃电通知书》。

三、现场查处

1. 检查程序

(1）着装规范、仪容规范；

(2）检查人员不得少于两人；

(3）按规定填写《用电检查工作单》；

(4）出示《用电检查证》；

(5）检查结束后将《用电检查工作单》交回存档。

2. 检查内容

(1）用电类别。

（2）用电容量（见图 15－3－1）。

图 15－3－1　用电容量检查

（3）是否擅自启用已暂停的设备。

（4）是否私自迁移、更动和擅自操作供电企业的计量装置和设备（见图 15－3－2）。

图 15－3－2　计量装置和设备检查

（5）是否擅自引入（供出）电源。

（6）是否擅自超过计划分配的用电指标。

3. 处理

（1）开具《用电检查结果通知书》限期整改。《用电检查结果通知书》一式两份，一份由客户 代表签收，一份存档备查。

（2）对查获的违约用电行为应及时予以制止。有违约用电行为者，应承担其相应的违约责任。

第四节　防止窃电的技术措施

一、窃电分析

窃电是一直存在的问题，长期困扰着供电部门。一些个人或企业，将盗窃电能作为获利手段，采取各种方法不计或者少计电量，以达到不交或者少交电费的目的，造成电能的大量流失，损失惊人。窃电严重损害了供电企业的合法权益，扰乱了正常的供用电秩序，而且给安全用电带来威胁。

对窃电方法分析如下：

电能与功率成正比，与用电时间成正比，即

$$W=Pt$$

式中：

P——有功功率；

t——用电时间。

单相有功功率为

$$P=U_{ph}I_{ph}\cos\varphi$$

式中：

U_{ph}、I_{ph}——相电压、相电流；

$\cos\varphi$——功率因数。

三相四线制三表法有功功率测量为三个单相功率之和。其表达式为

$$P=U_AI_A\cos\varphi_A+U_BI_B\cos\varphi_B+U_CI_C\cos\varphi_C$$

三相三线二表法有功功率为

$$P=U_{ab}I_a\cos(30^\circ+\varphi_a)+U_{cb}I_c\cos(30^\circ-\varphi_c)$$

可见，要使计量装置正确计量，三个因素不能忽视：电压、电流和电能表。

常见的窃电方式如下：

1. 改变电流的窃电

（1）把电流互感器的 k1 端与 k2 端短接，使大部分电流不经过电流互感器的一次绕组，从而绕过电能计量装置窃电。

（2）断开电流互感器二次侧、短接电流互感器二次侧或使之分流，使电流幅值从大变小或为零。

(3) 改变电流互感器变比，将大电流比的电流互感器铭牌换成小电流比的铭牌。

(4) 电流互感器变比过大，利用电流互感器的误差特性窃电。

(5) 将电流互感器二次极性接反，使电能表反转窃电，或在电能表电流线圈中通入反向电流窃电。

2. 改变电压的窃电

(1) 失压窃电，将电压互感器的熔断器断开或在电压互感器二次回路装一个开关，随时断开电压进行窃电。

(2) 欠压窃电，虚接电压线。即将电压线芯线揉断，或外层塑料未剥直接压接；采用电容分压，减小电压线圈电压。

(3) 将电压互感器二次相序接反，使电能表反转。

3. 改变电能表的结构和接线方式的窃电

(1) 在计度器上做文章，改变电能表常数，或使计度器不显示，损坏其机械传动部分。

(2) 改变永久磁铁位置，使磁铁与铝盘间隙变小，电能表走慢。

(3) 改变电能表电流线圈匝数。

(4) 改变电能表电压与电流相序接线，即相序错接线。

(5) 改变进入电能表的相线与零线，将进电能表的相线与零线对调，负载接于相线与外加零线之间。

(6) 在电能表接线端子盒或联合接线端子盒背后安装遥控窃电装置窃电。

4. 三相四线式电能表窃电方法

(1) 在三相四线计量回路内任何位置切断电能表的一相、两相或三相电压，使电能表少计。

(2) 在三相四线计量回路内切断电能表的连接零线，使电能表少计。

(3) 在三相四线计量回路内，将一相、两相或三相电流互感器二次侧开路，使电能表少计。

(4) 在三相四线计量回路内，将一相、两相或三相电流互感器二次侧电流旁路，使电能表少计。

(5) 在三相四线计量回路内接入与正常计量无联系的电压或电流，使电能表少计或反计电能。

(6) 在三相四线计量回路内，改变一相、两相或三相电流互感器极性、变比。

（7）在三相四线计量回路外，将一相、两相或三相电流绕过计量装置而旁路用电，且不改变原来的用电系统，使电能表少计。

二、防窃电常用技术措施

通过对上述几种窃电方式的分析，可以看出常用的窃电方法，多是直接接触和改变电能计量装置才能达到窃电的目的。所以加强电能计量装置技术改造，使互感器、计量二次回路、电能表、联合接线盒及表箱等由以前的敞开式计量更改成全封闭式计量，是防止窃电的最有效的方法。

1. 对居民用户的防窃电措施

采用集中装表箱或全封闭表箱，即线进管、管进箱、箱加锁和封印的办法，使人、表分离，让用户无法接触到电能表和二次线。

2. 对高压用户的防窃电措施

电能计量装置的改造方案：采取加装干式组合互感器（高压计量箱），并在组合互感器一次侧用热缩护套（或冷缩护套）进行封闭，以防止在一次接线端子人为短路窃电，二次回路使用铠装导线，电能表、联合接线盒安装在设有密码和防撬锁的全封闭式表箱内等方法，使整个电能计量装置处在一个全封闭状态，并将计量点按以下方法迁移（即室内向室外迁移）。

（1）对部分专线专柜用户因历史原因计量点设在用户侧的一律依法将计量点迁移到产权分界点或变电站，并安装干式组合互感器（高压计量箱），使计量回路同其他回路分开，以避免通过中间环节窃电。

（2）对10kV公用线路上“T”接的专用变压器用户，特别是小型炼钢厂、页岩砖厂等私营企业、乡镇企业。将计量点迁移到10kV公用线与用户支线的上下层间，计量装置按高压用户的电能计量装置改造方案进行安装。表箱安装在电杆上，同时在表箱内加装无线抄表装置，使抄收人员抄表更方便、快捷。给窃电带来一定的难度和风险，使窃电者无可乘之机。

（3）对计量点设在用户侧，且计量方式为高供低计的用户，将计量方式改为高供高计，并将计量点迁移到配电室外进线电杆上或变压器高压侧，电能计量装置按高压用户的电能计量装置改造方案进行安装，使原来敷设在地下的电缆由表前线变成表后线。

3. 对低供低计带电流互感器用户的防窃电措施

（1）改造时将电能计量装置用计量箱或计量柜进行一次全封闭防止窃电。

（2）将油浸式互感器更换成干式组合互感器。将原有的油浸式组合互感器更换成精度0.2S级干式组合互感器。因油浸式组合互感器可以撬开在内安装遥控窃电装置，而干式组合互感器采用整体浇注成一体，同时计量用电流互感器采用0.2S及以上精度，铁芯采用超微晶合金，使误差曲线近似一条水平直线，即使提高电流变比，只要实际一次电流在额定一次电流的1%以上，就有足够的计量精度，可以防止通过组合互感器窃电。

（3）更换原有的机电式电能表。使用新一代全电子式多功能电能表。因全电子式多功能电能表具有不能倒装、不可更改常数且具有失压、失流记录，电流不平衡记录及逆相序记录等事件记录式防窃电功能。

4. 对用电量大而且有窃电嫌疑用户的防窃电措施

应在表箱中加装电能计量装置异常运行测录仪，这种测录仪可以利用移动通信网络直接报警计量回路的各种故障（如失压、欠压、电流开路和短路、相序错误、接线错误等），又能随时和定时采集用户用电负荷情况，对用户的用电情况进行实时监测和科学管理。

5. 其他一些防窃电措施

（1）对原有的编程器加装设置密码程序。安装设置密码程序的编程器，可以方便快捷地为电能表加装密码保护，如果不输入正确的密码，任何编程器将无法对电能表进行操作，这是解决通过编程器窃电最为简单有效的办法。

（2）装设电量监视器。电量监视器又称防窃电装置，是利用高科技手段对计量设备的运行状况进行在线监视。一些防窃电计量监控器和监控计量箱能有效地防止三相四线制接线窃电。电量监视器是根据三相四线制平衡原理研究出来的。在三相四线回路内，计量监控器监测系统实时收集用户电能计量装置中的信号，对其进行放大、比较、逻辑判断，一旦出现三相四线制平衡被破坏，监测系统输出信号推动内部控制系统动作，切断用户供电回路，从而达到防窃电效果。另外，该类装置还具备自动识别功能，能自动识别外部低压输电线断电等。

（3）选用具有防窃电功能的有功电能表。防窃电电能表具有防倒转、防脱钩、防电流短路、防一线一地用电等功能。

（4）装设专用的计量柜、计量屏和防窃电的配电变压器。

1）高压供电且高压计量的用户。在开关室装专用的电能计量柜，高压供电、低压计量的用户在配电室装电能计量屏，各屏柜均应妥善加锁加封，钥匙由电力部门专人管理。

2）将配电变压器低压出线瓷套管用特制的铁箱罩住，不打开铁箱的门，则无法挂线，且门锁可使用专门制作的一次性门锁。

3）配电变压器与计量屏之间的引线用三相四芯电缆，防止将计量装置进出线进行短接窃电。

4）保护好电能表的表尾零线，表尾中性点零线要在计量屏柜内引接，配电变压器的零线应和相线一起，封闭于电缆内、直接引入计量屏柜，不能在计量屏柜外引接。

5）将防窃电装置的电流检测元件安装在配电变压器油箱内的低压侧出线瓷套管的下方，将测得的电流值与通过电能表的电流值相对比，用以监视用户是否有窃电行为。

第十六章　优质服务

第一节　客户接待及投诉管理

供电所是供电公司的一个营业窗口，客户接待与投诉管理不仅关系到企业形象，同时也代表着供电所的服务水平与工作质量。供电所可设置客户接待室，明确专人负责相关方面的接待工作。

供电所长是客户来信来访及投诉接待工作的第一责任人，全面负责供电所的接待及投诉管理。

对客户来信来访及投诉，工作人员应按接待服务行为规范，热情接待，认真听取客户的反映，并根据有关政策、法规、给予解释、答复或处理。对不明确或一时难以答复的事情，无法在承诺期内调查完毕的事项，应热情耐心诚恳的做好解释工作。

供电所应设立意见箱和举报箱，明确专人定期开启。供电所应设立举报电话，广泛听取客户意见，虚心接受客户监督。

供电所应建立客户来信来访及投诉举报记录，对来信来访及投诉举报内容应进行认真登记、编号、分类汇总。并根据来信来访反映的情况，由所长安排调查处理，使来信来访、投诉处理形成闭环管理。

对来信、来访及投诉的接待和处理，一定要认真负责，不得推诿扯皮，不无故拖延时间，要求在受理信访 5 个工作日内向客户做出答复。

对上级转交来的投诉、举报，应在规定时限内调查处理，做好记录，回复客户后，及时以书面形式报告上级调查结果与处理意见。若不需向客户回复的，可直接向上级报告。

如果是确认供电所工作失误造成的差错，给客户造成影响，应及时向客户表示歉意，并予以纠正。对有关责任人给予相应的批评、教育或经济处罚。

对投诉举报案件，力争做到件件落实，事事有回音，受理查处率达到

100%，投诉在5日内、举报在10日内给予答复。

对客户投诉和举报应保密，如有所内职工将客户投诉举报内容泄露给被举报人，一经查实，将从重处理。

第二节　电费催缴技巧

一、抄表收费服务规范

（1）应在规定的日期准确抄录计费电能表读数。因客户的原因不能如期抄录计费电能表读数时，可通知客户待期补抄或暂按前次用电量计收电费，待下一次抄表时一并结清。确需调整抄表时间的，应事先通知客户；

（2）应向客户提供不少于两种可供选择的缴纳电费方式；

（3）在尊重客户、有利于公平结算的前提下，可采用客户乐于接受的技术手段、结算和付费方式进行抄表收费工作。

二、电费催缴技巧

（一）电话催费

1. 电话催费服务要点

（1）前期提醒可采用电话、传真、短信、电子邮件等方式通知。

（2）电话催费时应表明身份，说明来意。

（3）应等客户先挂电话，工作人员再挂电话，挂机动作要轻，不要有意或无意地用力扣电话。

（4）客户有疑问时，应耐心解答；当不能解答时，应礼貌地告知客户。

（5）在电话催费过程中应主动告知客户银行代扣、电费充值卡等缴费渠道和使用方法。

2. 服务话术

表明来意时：“尊敬的客户，您好。我是××供电公司的工作人员×××，您本期应交纳的电费是××元，请您按时缴费，谢谢您的配合。”

（二）现场催费

1. 现场催费服务要点

与客户见面时，须主动自我介绍并出示证件。

根据客户需要进行必要的解释工作，如不能当场解决，应告知客户拨打供电服务热线 95598。

遇客户情绪激动时，应先安抚客户情绪，再处理事情，避免与客户发生争执。

对无法直接送达催费通知单的放在合适位置（如客户的信箱等），或通过社区服务部门转交等方式通知客户，同时要结合电话催收。

拒绝签收的，可通过公证送达、挂号信等方式让客户签收。

2. 服务话术

“您好，我是××供电公司工作人员×××，这是我的证件，这是催费通知单，请您签收，请您按时交清电费，非常感谢您对我们工作的支持!”

离开并递送名片时：“这是我的服务名片，欢迎您拨打上面的电话或供电服务热线 95598，我们将随时为您提供服务，再见!”

（三）欠费跟踪

1. 欠费跟踪服务要点

（1）对催交电费通知单发出后还未缴费的客户进行再次催费。

（2）跟踪欠费时要及时了解客户欠费原因，如非客户原因引起的欠费，应及时向客户解释，取得谅解。

2. 服务话术

再次催费时：“××先生/女士，我是××供电公司工作人员×××，我们已在×月×日发出催交电费通知单，请您尽快缴费，谢谢您的配合。”

代扣未成功时：“××先生/女士，我是××供电公司工作人员×××，因××原因，您的电费未扣款成功，我们会及时跟踪处理，给您带来不便，请您谅解。我们建议您订阅电费短信，便于您了解交费信息。”

第三节　供电所客户座谈与走访

一、召开座谈会

应每年定期召开 1～2 次客户座谈会。

（1）客户座谈会由供电所长主持，营销专责人、安全技术专责人及相关人员参加。邀请当地不同行业、不同类别的电力客户代表、聘请的监督员参加，并邀当地乡（镇）政府领导参加座谈会。

（2）客户座谈会主要内容：向客户通报当前国家电力政策和电力发展形势；解答当前客户关注的热点和难点问题；宣传供电公司开展的电力建设与优质服务工作情况；听取客户对改进供电所服务工作的意见和建议。

（3）应对客户座谈会的内容应做好记录，认真总结，把客户反映的意见和建议进行归纳整理。属于个性问题的，应责令相关人员限期解决；属于共性问题的，由所长主持召开专题会议研究解决。对好的意见和建议应逐一给予落实，从而不断改进服务手段与服务作风。

二、上门服务

应针对不同的客户主动定期或不定期上门服务，了解客户的用电需求，听取客户的意见和建议，解答客户对供用电方面的疑难问题。

（1）走访客户对象包括：政府、人大、政协等交办的函件、提案中涉及的主要用电客户；直接以书面或电话形式向供电所咨询、报告（申请）、投诉的典型客户；上级交办或其他部门转来需要回复处理的用电客户；被新闻媒体曝光的供用电事件所涉及的客户。

（2）主动上门走访和回访客户的主要工作：了解客户用电需求和用电方面的困难；对客户执行电价政策和缴纳电费情况交换意见；征求客户对供电质量和供电可靠性方面的反映；解答在现场走访时客户提出的用电问题；解答或回复客户用书面或电话形式咨询、报告（申请）、投诉中所提出的有关用电问题；解决或处理被新闻媒体曝光的供用电事件；了解客户对供电所落实客户用电问题的满意程度；征求客户对供电所工作作风和服务作风方面的建议和意见。

第四节　供电服务典型案例

一、服务类投诉

（一）营业厅人员服务态度及服务规范问题

案例1：客户来电反映××供电所服务人员郭××的态度不好，把客户的电卡扔地上，客户不满。

事件过程：客户缴费结束后，工作人员郭××在传递磁卡时用力过大，客户未接住卡掉在地上，但工作人员郭××未向客户表示歉意，客户对郭××的态度不满引发投诉。

案例 2： 客户来电反映：去××供电所交电费，收费员××不收取客户的200 元零钱，让客户换成整钱再去缴费，客户表示不解，要求解释，请处理。

事件过程： 客户持 200 张面值 1 元人民币到××供电所购电，收费员××以钱太零为由，要求客户换成面值 100 元整钱再来缴费，引发客户投诉。

案例 3： 客户来电反映去当地供电所缴纳电费，客户称当时带着 100 元准备充值，工作人员工作期间谈笑风生，收取客户 100 元整，找给客户 50 元，但是却帮客户充值了 100 元，当客户回家时，工作人员发现充错费用后找到当地电工称客户贪走供电所 50 元，客户对此表示不认可。

事件过程： 客户到××供电所营业厅购电，工作人员××在给客户充好卡后，收取客户 100 元，因工作疏忽，在校验纸币真伪后，又找给客户 50 元钱，客户将钱拿走。在通过村电工找到客户要回多找的 50 元钱的过程中引发投诉。

暴露问题：

（1）工作人员服务意识淡薄，主动服务意识差，缺乏沟通技巧，且不能有效管理自己的情绪，导致矛盾激化。

（2）不能以“客户为中心”处理问题，大局意识不强。

（3）工作不认真，业务能力差，推诿、搪塞客户。

案例点评： 营业窗口服务人员是供电服务的前沿，承担着树立供电企业良好形象的重任。案例中工作人员因服务态度差引发的投诉严重违反了国家电网公司员工服务“十个不准”中不准违反首问负责制，推诿、搪塞、怠慢客户的要求，说明一些员工的观念还没有完全转变，对供用电关系的认知仍停留在管理与被管理、监督与被监督的层面，还没有实现从用户到客户、从管理到服务、从管电到卖电的观念转变，缺乏主动服务意识，对客户相互推诿、办事拖拉现象还较为普遍。供电企业应加强首问负责制的落实，强化员工业务知识培训，提升员工的职业素养。同时，营业窗口的服务人员还应该具有面对复杂局面、化解客户矛盾的技巧，对待挑剔、愤怒的客户时，要积极地站在客户的立场为客户解决问题，化解客户的不良情绪，而不能一味地推脱，这样才能赢得客户的理解和认可。

（二）现场人员服务态度及服务规范问题

案例 1： 客户来电反映台区经理（也是抄表员）吴××每次收费态度不好，存在打人骂人现象，客户不满，请处理。

事件经过： 投诉客户租用他人房屋从事维修门市经营，月均用电量在

400kWh左右。2014年3月以来，台区经理吴××发现该户用电量骤降，4月10日抄表时用电量仅为10kWh，经了解得知该户打算搬离且不再经营维修门市，有可能造成欠费风险，于是到客户处核实用电情况。在沟通过程中，台区经理吴××态度蛮横，工作方式、方法欠妥导致投诉。

案例2：客户来电反映预付费电卡出现故障后，工作人员与客户联系让其等着，客户称比较着急，但工作人员态度非常恶劣，答复：爱等不等。

事件经过：客户因预付费电卡出现故障，需要卡表维护人员到现场（预付费卡表所在机井位置）抄录卡表内剩余电量信息，工作人员张××致电投诉客户，同客户核对机井位置并约定具体抄录时间。在沟通过程中，因其沟通技巧欠缺，话语生硬，与客户发生争执引发客户投诉。

暴露问题：

（1）工作人员缺乏服务意识，与客户沟通技巧差。

（2）工作方式简单粗暴，说话随意，责任意识差。

案例点评：以上投诉均发生在现场服务人员身上，优质服务不仅仅体现在窗口人员的身上，同时也包括经常与广大客户直接打交道的其他一线工作人员。供电服务涉及营业厅、抄表收费、业扩报装、故障抢修、装表接电、用电检查等诸多环节，因此全体供电服务一线人员都要提高服务意识，改变服务意识淡薄，工作方式简单粗暴的现状，规范服务行为，在日常工作中时刻注意自己的言行举止。供电公司要不断加强员工队伍的培训，提升每位员工的业务技能和服务水平，不断强化服务理念，提高供电服务的综合实力。

（三）营业厅不按时开门问题

案例1：客户来电反映早上8点35分到的××供电营业厅办理浇地用电卡，门上面的营业时间是早上的八点半，但是上班时间还没开门，门口很多人等着，请处理。

事件经过：当天，××供电所营业厅值班人员由县城至××供电所途中，遇路上堵车，见无法按时到岗，其中一名营业人员于8时25分告知所长，所长得知此情况后便紧急安排其他人员向现场等待的客户解释原因，直至8点36分，营业人员到岗开门，营业厅空岗时间6分钟导致客户投诉。

案例2：客户来电反映6月8日9时到“××供电公司营业厅”办理购电业务存在营业时间无工作人员受理的情况，没有达到要求。客户表示非常不满，要求供电公司相关部门尽快核实处理并尽快给客户合理解释。

事件经过：投诉客户6月8日9时（周六、周日营业时间为09：00～16：00，当天 08：58 开门营业）到营业厅办理智能表改造后领卡、缴费业务，智能表改造期间由计量班人员刘××（岗位：计量班库房管理员）在营业厅负责发放智能表电卡，当时刘××因给供电所人员领集中器，导致晚到岗 5 分钟，引发客户投诉。

暴露的问题：

（1）单位服务观念不强，工作纪律松散，责任意识不强，营业厅人员配置不足，值班安排不合理。

（2）没有相应的应急处置措施，当出现营业厅人员不能按时到岗，不能采取有效的应对措施，保证营业厅正常开门，并安抚好客户情绪。

（3）营业厅到点开门营业前，准备工作没做好，不具备办理某项业务条件。

案例点评：以上案例中均是上班途中发生堵车或意外情况造成营业人员无法按时到岗。上班途中出现意外情况也是难免的，但通过投诉事件我们应该反思，是否能考虑因道路或天气原因可能造成延误而提前出门，确保按时到岗，而不是一味强调客观原因，推卸责任。营业厅应急处置预案是否完善，营业窗口的现场管理是否到位。各单位要举一反三，进一步加强窗口人员劳动纪律管控，提高窗口人员责任意识和优质服务风险意识。要建立有效的应急处置机制，合理安排营业窗口在岗人员及应急备班人员，一旦出现此类情况，能立即采取有效措施进行弥补，确保客户的需求能及时得到满足。营业厅人员应提前到岗，营业时间开始前要完成内务整理、业务系统登陆等准备工作，具备营业条件，在营业厅开门时能正常办理业务。窗口服务单位要在节假日、春灌保供电等特殊时期合理安排值班力量，确保服务渠道畅通。临时在营业厅对外办理业务的其他岗位人员，要遵守营业厅相关规定和工作时间要求，纳入营业厅统一管理，不得以内部工作为由影响客户业务办理。

（四）自助售电缴费终端不能正常使用问题

案例：客户来电投诉 2014 年 5 月 19 日上午到××营业厅自助购电、缴费的机器存在无法正常使用的情况（客户前后抵达该营业厅数次，均不能使用）。客户表示非常不满，要求供电公司相关部门尽快核实处理并尽快给客户合理解释。

事件经过：该供电所营业厅厅内、厅外各有一台自助缴费机，投诉客户早晨到××营业厅外自助缴费机缴费，两台缴费机故障均不能缴费。工作人员发现自助缴费机系统故障，立即与厂家技术人员联系，经过厂家电话指导，自助缴费机未恢复正常，仍不能正常缴费，工作人员再次与技术人员联系并处理，正在处理过程中，上午 10：00 左右，该客户再次来缴费，见仍不能缴费便进行投诉。

暴露的问题：

（1）对自助缴费机运行情况没有定期巡视，及时发现故障。

（2）没有缴费机故障应急处理机制，不能采取有效措施及时处理。

（3）服务风险防范意识不够，当发生缴费机故障，没有主动向客户做好解释工作，引导客户通过其他渠道缴费。

案例点评：随着智能表推广的不断深入，客户对 24 小时自助售电缴费终端的依赖程度越来越高。自助售电缴费终端也是供电企业拓展缴费渠道，方便客户缴费，缓解营业厅收费压力，弥补营业厅不能人工 24 小时售电不足的重要手段。建立 24 小时自助售电机每日定时巡视制度，公司各营业厅每日 16 点巡视自助售电机的运行情况，并进行记录，发现异常情况及时处理。应设置专人负责“自助售电缴费终端设备”的日常维护，更换打印纸和票据，日常擦拭保养等。对相关人员进行故障处理培训，备好易损件的配件，确保出现故障能快速进行处理，切实发挥方便客户缴费的作用。出现故障时要张贴故障公告，告知客户其他购电方式或就近其他购电网点的地址，方便客户缴费或购电。

（五）未执行首问负责制，造成客户重复往返问题

案例：客户反映于 2014 年 2 月 3 日上午前往××供电营业厅办理补办电费购电卡事宜，工作人员告知前往该公司××有限责任公司进行补办，但该处无人值班，无法进行电费购电卡补办事宜，客户询问具体时间，也未告知，给客户带来极大的不便。

事件经过：经调查，客户于 2 月 3 日上午前往××供电营业厅办理补办电费购电卡事宜，但是该营业厅无法办理，需客户前往该局××有限责任公司进行补办，恰逢春节期间，××有限责任公司无人值班，造成客户无法购电投诉。

暴露的问题：

（1）不落实首问负责制，没有做到认真了解客户需求，对客户反映的问题没有认真倾听、热心引导，而是推诿、搪塞客户，造成客户往返。

（2）缺乏主动服务意识，不能真正站在客户角度考虑问题，为客户排忧解难。

（3）营业厅工作人员业务技能不高，沟通能力欠佳，对客户的咨询解释不清，造成客户不满。

案例点评：供电营业厅作为供电公司联系广大客户的一个重要桥梁和窗口，应更好地发挥服务事件风险监测方面的作用，并加强与其他部门、班组和人员的沟通、联系，以便做好服务事件的预控工作。以上案例均反映出窗口服务人员缺

乏职业敏感性。“不落实首问负责制造成客户多次往返”触碰了供电服务违章红线；尤其是案例中，客户是春节期间补办电卡，接待人员更应实行首问负责制，即便该业务不属于本营业厅工作范围，接待人员也要热心引导，快速衔接，为客户提供准确的联系人、联系电话和地址，以便客户能够及时办理相关业务，避免重复往返。因此，每一位窗口服务人员都要充分认识到自己工作的重要性，提高业务技能，用高度的责任心将供电服务规范一丝不苟的落实到位，认真履行供电服务承诺，才能真正让客户体验到“如沐春风”的感觉。

二、营业类投诉

（一）业扩报装超时限问题

案例1： 客户反映2014年2月中旬在××营业厅申请办理居民新装业务，至今无人上门处理，已超出规定时间，客户要求尽快处理此事。

事件经过： 客户于2月24日到××供电所申请低压居民新装用电申请。供电所业务受理人员邓××受理客户申请后于当日在SG186系统发起流程，业务流程于2月24日归档。直至客户投诉时，配电班仍未完成客户处装表接电工作引发客户投诉。

案例2： 客户表示3月20号左右在××营业厅申请新装，所有材料已经交清，但现在还未处理，客户有异议，请尽快核实，联系处理。

事件经过： 客户申请用电地址为马庄村卫生室，供电所营业人员告知客户，需提供本人身份证、村里证明及卫生部门开具的许可手续，该客户所带资料中缺少卫生部门许可手续，供电所业扩人员将这一情况告知该客户。随后客户将用电申请和身份证复印件暂存在营业厅，表示过后将许可证带过来。之后客户忘记将许可证带来，因其证件不全，供电所业扩人员没有为客户办理用电业务，客户投诉。

暴露的问题：

（1）业扩报装办理不规范，工作随意性大，不严格按照业扩工作流程要求进行工作，SG186中流程与现场实际不符。

（2）业扩报装体外循环，脱离监管，造成对工作人员工作行为无法约束和管控。

（3）对业扩报装各环节的工作进度和工作质量缺乏监督，对客户报装资料存在的问题不能及时联系沟通，做好解释和告知工作。

（4）业扩报装宣传不到位，对客户办理业务未做好一次性告知，缺乏有效沟通。

案例点评：目前，业扩报装超时限问题在各单位还不同程度地存在，说明业扩报装管理有待改进提高。以上案例中明显存在业扩流程系统外循环的现象，反映出有的单位在管理水平和员工服务意识上还存在差距，业扩报装管理存在漏洞，员工不是通过制度的执行和各种有效手段提升服务水平，履行服务承诺，及时满足客户需求，而是想方设法脱离监督。严格执行业扩报装管理各项规定，深化营销业务系统对业扩报装的全过程管理，严格履行一次性告知制度，严格业扩报装资料、业务办理等信息的录入管理，各类业务一经受理当即录入营销业务应用系统，现场打印申请单由客户签字确认，告知客户答复时间、后续流程及注意事项，确保系统内信息与业扩报装实际进程一致，严禁系统外流转现象。严格执行业扩报装回访机制，对业扩报装各环节的工作进度全过程监督，调查客户满意度，对客户反映的问题及时制定整改措施。同时加大优质服务培训力度，通过学习，激发员工的工作热情和工作的主动性、积极性，增强责任感和服务意识，推动优质服务工作全面提升。

（二）电表估抄、漏抄、错抄问题

案例1：客户反映工作人员电表估抄，客户通过发票查看，每次电费示数都为整数，且与目前电表示数相差较大。

事件经过：台区经理×××负责该户抄表以来，认为客户经常不在家居住，不会产生多少电量，即对此客户家电表进行了估抄，且经常估抄到整数位。近期，供电所要开展营业普查，台区经理×××心中对此客户表底有疑问，即到客户处核实表底，发现自己少抄电量1262kWh，私下找到客户要求补上电费，客户不认可，拨打了投诉电话。

案例2：客户来电反映一直正常用电，但2013年10月至2014年2月未抄表，导致2014年3月电费突增。

事件经过：抄表人员×××因近几个月家中有事，连续五个月未抄录客户家中表计电量，故2013年10月～2014年2月客户家中电量为零，3月份查抄电表时，表码由2013年9月19日抄录的1475，直接到了1779，累计电量达到304度，导致2014年3月电费突增，引起用户不满而投诉。

暴露的问题：

（1）抄表人员工作不负责任，不严格执行抄表管理制度按月准确抄录表底。

（2）相关管理人员对抄表质量缺乏监督，没有对抄表情况进行抽查，定期进行现场复核。

(3) 电费核算环节形同虚设，不能通过电费核算发现电量异常，及时进行纠正。

(4) 营业普查及营销稽查工作质量不高，对表计错抄问题没有及时发现。

案例点评：案例中的估抄、错抄、漏抄问题说明部分单位在抄表、核算、稽查等营销业务管理上存在漏洞。抄核收工作是供电企业与客户交易的终端环节，是供用电双方公平交易的具体体现，也是客户最关注的服务内容之一。供电企业抄表员长时间错抄表计，供电所人员未能有效执行表底复核，电费管理人员也未对长时间零电量户进行管理和核查，违反了供电企业抄核收管理的相关规定。针对此类投诉，一是进一步加强抄表管理，提高抄表准确率和到位率，遇到客户原因而无法抄表时，需按规定进行处理，可通知客户待期补抄或暂按前次用电量计收电费，待下次抄表时一并结清，并征得客户的理解和支持。同时，从管理上重点对上下月电量一样的客户进行抄表抽查。二是加大营业普查力度，减少估抄、错抄现象，提升经营水平和客户满意率。三是加强服务管理，对于客户提出的合理要求，应第一时间进行原因分析，并与客户沟通处理，换位思考解决问题，提高客户问题一次解决率。

(三) 业务收费问题

案例：客户来电反映客户村里近期有农网改造项目，但是客户表示此处供电公司的台区经理向每户收取 200 元费用，客户对此表示不满。

事件经过：因投诉客户所在村为省重点面貌提升村，为该村进行电气化村改造（并非农网改造项目），由××县供电公司投资并对以前老化的低压接户线以及客户表箱、表计等进行改造，改造期间不收取任何费用。客户反映收取 200 元费用的问题，是村委会为改造进户线及其他设施所收取的费用，属于村委会收取造成客户误解投诉。

暴露的问题：

(1) 收费不透明，没有针对改造收费项目向客户进行宣传。

(2) 工作不严谨，工作人员工作较随意，不能严格按照工作要求执行。

案例点评：以上案例中费用虽然不是供电公司工作人员收取，但是仍然造成客户误解，暴露出在施工过程中各种宣传、解释不到位。一定加强对广大员工的教育和监督，杜绝乱收费情况，同时要求村委会在收取费用时要通过村公务栏、喇叭广播的形式进行告知，让客户明白各种费用的用途，减少类似投诉事件的发生。

（四）欠费停复电问题

案例：客户反映被欠费停电，已在2014年4月3日缴清电费并办理复电手续，至今无人上门复电，已超出承诺24小时内复电时间，要求尽快送电，请尽快核实处理。

事件经过：投诉人康××4月欠电费5.86元。在多次催收客户仍未缴清电费的情况下，台区经理于4月30日上午给客户实施了远程停电。家中停电后，客户于4月30日18：20将电费缴清。客户缴费后就外出打工，台区经理也未及时查看客户的缴费记录，一直未给客户送电导致客户投诉。

暴露的问题：

（1）工作人员业务素质，催费工作不严谨，对客户实施欠费停复电没严格按照规定程序执行。

（2）工作人员责任心差，服务意识欠缺，没有真心实意地为客户着想。

案例点评：对于欠费客户执行停电时，供电公司应严格遵守《供电营业规则》第六十七条规定：在停电前3天～7天内，将停电通知书送达用户，对重要用户的停电，应将停电通知书报送同级电力管理部门；在停电前30分钟，将停电时间再通知用户一次，方可在通知规定时间实施停电。《国家电网公司供电服务“十项承诺”》中的规定，对欠电费客户依法采取停电措施，提前7天送达停电通知书，费用结清后24小时内恢复供电。对于配合政府执行的停电，一定要有政府部门的文件。只有严格按照规定执行，将工作做到位，才能避免客户投诉。

三、停送电类投诉

（一）停电信息公告不准确问题

案例：客户来电反映在20日接到此处21日的停电信息，客户表示接到的通知停电时间为早上6点至晚上8点，现在通过系统查询停电信息140417299518，系统查询停电时间为早上6点至晚上10点，现客户对此有疑问，请核实处理。

事件经过：因4月17日～4月23日架设220kV线路，95598远程工作站于4月17日23：21发布临时停电信息，计划停送电时间4月21日6：00～20：00。4月21日晚20：00，因施工任务未按计划完成，故停电信息延时至当天22：00导致客户投诉。

暴露的问题：

（1）停电计划安排不合理，未充分考虑施工现场情况，停电前准备不足，造成停电时间延误。

（2）停电计划管理松散，施工计划执行缺少刚性，停电信息录入不规范，停电信息变更时维护不及时也未再次公告，给客户生产生活造成损失。

（3）检修工作安排不严谨，下令、操作、施工、验收、送电等各环节之间衔接不畅，送电时间不能保证。

案例点评：不按照停电信息发布时间停送电，不仅影响企业信誉，更增加了95598话务和潜在服务风险。应加强停电计划刚性管理，加强业务协同，计划停电前准备充足，避免发生不按时停、送电情况，尽量将停电对客户的不利影响降到最低。对外公示的停、送电时间应为客户感知到的实际停、送电时间，而不是工作单位提交工作票时间和回复调度工作完成时间。计划不能按期执行应及时通过广播、短信等方式通知用电客户，争取取得客户的理解，提前消除服务隐患。

（二）抢修人员服务态度问题

案例1：客户来电反映今日去其家的抢修工作人员态度不好，且没有到电表处具体查看，只是问了一句，告知不处理就离开了，要求尽快核实处理给其答复，请处理。

事件经过：投诉客户拨打95598电话报修，称家中无电，抢修人员到达故障地点，经查此户是因下雨天气潮湿、线路老化，三级漏保挂不住，维修人员告知该客户属于客户资产，非供电企业的抢修范围，由于未给客户解释清楚，引发客户投诉。

案例2：客户来电反映抢修人员态度恶劣，没有好好地和客户解释资产划分问题，导致客户情绪激动。

事件经过：投诉客户因单位内不能正常用电进行报修，抢修人员到达现场后，确认为客户自己设备有问题，向客户说明客户资产故障应由客户自行联系有资质施工队伍处理，而投诉客户认为本单位向供电公司缴电费就应由供电公司维修，客户因对产权归属问题不理解，心中有质疑进而投诉。

暴露的问题：

（1）工作人员服务意识不强，缺乏沟通技巧。

（2）对于客户产权故障没有向客户做好解释工作，导致报修升级为投诉。

案例点评：抢修人员直接面对客户，其工作水平和服务质量代表着供电企业形象，也是客户关注的热点，许多投诉只要工作人员向客户多解释一句，态度好点就能化解。要加强一线抢修人员的培训，使主动服务意识深入每名工作人员心中，提高服务意识和服务技巧，切实转变观念，提升服务水平。

四、供电质量类投诉

（一）频繁停电问题

案例1：××小区自2013年近一年以来发生8次频繁停电投诉，严重影响居民生活。

事件经过：经核实，××小区一期自2013年以来共停电23次，累计停电111.2h，其中计划停电12次，故障停电7次，临时停电4次，2014年3月～2014年4月停电6次，全部为计划停电。查看计划停电原因主要是更换电杆、新立杆塔或对部分线路开关进行检修。××小区二期自2013年以来共停电22次，累计停电85.4h，其中计划停电14次，故障停电8次，2014年3月～2014年4月停电4次，分别是计划停电2次，故障停电2次。查看计划停电原因主要是对部分线路开关检修和对一些表箱更换下户线。

案例2：客户反映该地点从2014年（无具体月份）～4月21日内，出现3次以上停电，严重影响居民的正常生活生产，至今没有解决，客户表示非常不满，要求供电公司相关部门尽快彻底解决此问题并尽快给客户合理解释。

事件经过：经查询系统，2014年3月1日至今，客户投诉的线路共计停电15次，其中计划停电4次，故障停电11次，故障停电原因主要是雨天线下树扫线引起故障跳闸和春灌高峰期负荷增大致使开关自动跳闸，客户反映情况确实存在。

暴露的问题：

（1）农网供电设施相对落后，过负荷、“卡脖子”问题较突出，夏季或农灌负荷高峰过负荷跳闸停电或限电情况较普遍。

（2）人员责任心不强，日常巡视检查不到位，不能及时发现并处理设备缺陷和隐患，稍遇异常天气就导致故障停电频发。

（3）停电计划不严谨，停电“四联动”机制执行不到位。计划停电不能统筹安排，随意性大。

案例点评：目前，频繁停电投诉数量依然很大，占总投诉的50%左右，农网网架结构薄弱，用电高峰时期供电设施过负荷、“卡脖子”现象较为普遍。停电安排不合理，计划检修、电网改造、新客户接入、客户设备检修等停电安排没有做到协同一致，频繁停电、长时间停电现象严重，个别地区甚至还存在对居民用电拉限电的情况。对多次报修和频繁停电问题未能引起重视，不能主动整改，造成同一区域同类投诉重复发生。针对以上问题，要加大配网建设力度，对已有解决方案尽快执行。工程受阻及时协商解决，尊重客户利益，争取客户支持，为电力设施建设和维护工作创造良好的社会环境。要强化员工责任意识，提高巡视质量，及时发现和处理设备隐患。要加强计划停电的统筹协调，推广带电作业，减少计划停电次数。要严格控制停电范围和停送电时间，停电前要提前公告，故障发生时及时宣传引导客户，减少服务风险。

（二）低电压问题

案例1： 客户反映近2个月开始多户电压低，一般发生在用电高峰时间段，客户无法提供当时电压，但表示有家用电器使用不起来的现象，影响正常生活，请尽快核实处理。

事件经过： 当地调查电压低的情况不属实，但经核实，客户所在区域自2013年以来，反映此处电压低投诉9次，电压情况确实存在。

案例2： 客户反映自2000年开始多户电压低，一直到现在都存在全天电压低的情况，电压一般在150V，影响正常生活，请尽快核实处理。

事件经过： 投诉客户处配变容量为50kVA，供电半径790m，所带用电客户171户，位于距离变压器710m处27＃表箱04表位。中午用电高峰段对客户电表处、客户邻居及线路末端的电压值进行测量，测量值分别为155V（投诉客户处）、162V（投诉客户邻居处）、149V（线路末端处），电压值均低于合格范围。

暴露的问题：

（1）电压低长时间未能得到有效解决，当地日常设备巡视以及电网改造计划不合理。

（2）农网建设投入不足，户均配变容量低，不满足高峰时段容量需求。

（3）配变布点不合理，供电半径过长，低压线路线径细，造成压降大，末端电压不满足要求。

案例点评： 目前，农村低电压问题一直没有得到彻底根治，随着农村家用电器的普及，用电负荷的大幅增加，低电压问题更加突出，导致客户家用电器不能正常使用，影响老百姓生活质量。一是要高度重视电压低问题，组织供电所对各村用电情况进行摸底排查，对线路半径长、导线小、户均容量低的台区按照轻重缓急列入改造计划，合理安排停电计划，将施工停电和线路检修、消缺等统筹规划，解决客户处电压低问题。二是对已有整改计划或因客户投诉制定的整改计划，应尽快安排执行。因其他原因导致工程受阻，及时联系客户，做好解释工作，杜绝重复投诉发生。

五、电网建设类投诉

案例1：客户来电反映供电公司在此施工时在路面上挖了一个坑，未恢复路面和设置警示标志，造成一位村民掉入坑内。

事件经过：经调查，供电公司在施工时因工程没有完工，挖的坑没有及时恢复，该情况确实存在。

案例2：客户在反映该地点在××供电公司施工结束后，仍有废弃电力设备没有清理的情况，严重影响居民的生活，对此存在异议，要求供电公司相关部门尽快彻底解决此问题并尽快给客户合理解释。

事件经过：经查，××变电站北侧农田内有废弃电力设备包装物等垃圾，由于××供电公司在变电站内有施工作业，对于施工过程中产生的垃圾，工作人员只是清理到了站外废弃地内，没有做好垃圾后续处理工作。由于刮风等原因，废弃垃圾刮到了客户农田内，影响了居民的生活，引发客户投诉。

暴露的问题：

(1) 电力施工过程制度落实不到位，电力施工善后措施不到位，职能部门未能履行监管职责，对施工后路面恢复、垃圾清理等善后工作把控不严。

(2) 职责不清，对废弃电力设施处理没有相关制度和流程，造成废弃电力设施长期无人处理。

案例点评：电网建设和改造是供电企业日常工作，随着农网升级改造力度的加大，电网施工更加频繁，如果不能严格把控施工质量，做好施工善后工作，会给百姓生活带来不便，极易引起客户不满，甚至引发安全事故。要认真吸取教训，制定工程验收管理办法，明确职责，严格执行，并制定预防整改措施，施工过程中做好各种警示标识，施工后做好路面恢复、垃圾清理等善后工作。要制定废弃电力设施清理制度，明确职责分工和工作时限，确保废弃电力设施能得到及时妥善处理。

第十七章　新型业务办理与推广

第一节　互动服务应用与推广

积极拓展“掌上电力”、“电 e 宝”、95598 网站、微信公众平台等电子渠道的智能缴费支撑功能，推广自助业务查询与办理、预警主动推送、自助复电申请、电子账单推送等功能，进一步提升用户互动服务。

一、95598 网站

95598 智能互动网站，为个人家庭及政府企业用户提供用电查询网上缴费业务办理信息订阅等服务。输入 http：//www.95598.cn/进入 95598 网站（见图 17－1－1），点击“95598”标志，进入“个人与家庭”（见图 17－1－2）或“政府与企业”界面，通过右上角“登录”或“注册”进行登录或注册（见图 17－1－3，注册时的网站账号及密码是自己设置的）。登录后可根据用户编号、查询密码查询电费等（查询密码可通过拨打供电服务热线 95598 等方式获取。）

图 17－1－1　95598 网站页面

图 17－1－2　“个人与家庭”界面

图 17－1－3　登录界面

二、掌上电力

掌上电力客户端软件是由国家电网公司打造的一款掌上电力互动服务平台。主要为客户提供通过手机进行支付购电、用电查询、信息订阅、在线客服等相关电力业务。

主要功能如下（见图 17－1－4）：

（1）支付购电：通过支付宝、电 e 宝渠道进行在线缴费购电业务，支持为他人缴费。

（2）用电查询：包括电量电费查询、缴费购电记录查询、电费余额查询。

（3）在线客服：包括自助客服和热线直拨两个功能。自助客服是以机器人的方式模拟客服人员与客户进行交互；热线直拨是通过软件直接连通 95598 客服热线。

（4）网点导航：可进行周边搜索和定制搜索。周边搜索时，通过 GPS 获取客户位置信息，搜索周边营业网点；定制搜索时，输入关键字，进行营业网点的搜索。

（5）停电公告：默认查询已绑定户号的停电信息，通过右上角的“+”可以通过选择地区和输入关键字查询其他地区的停电信息。

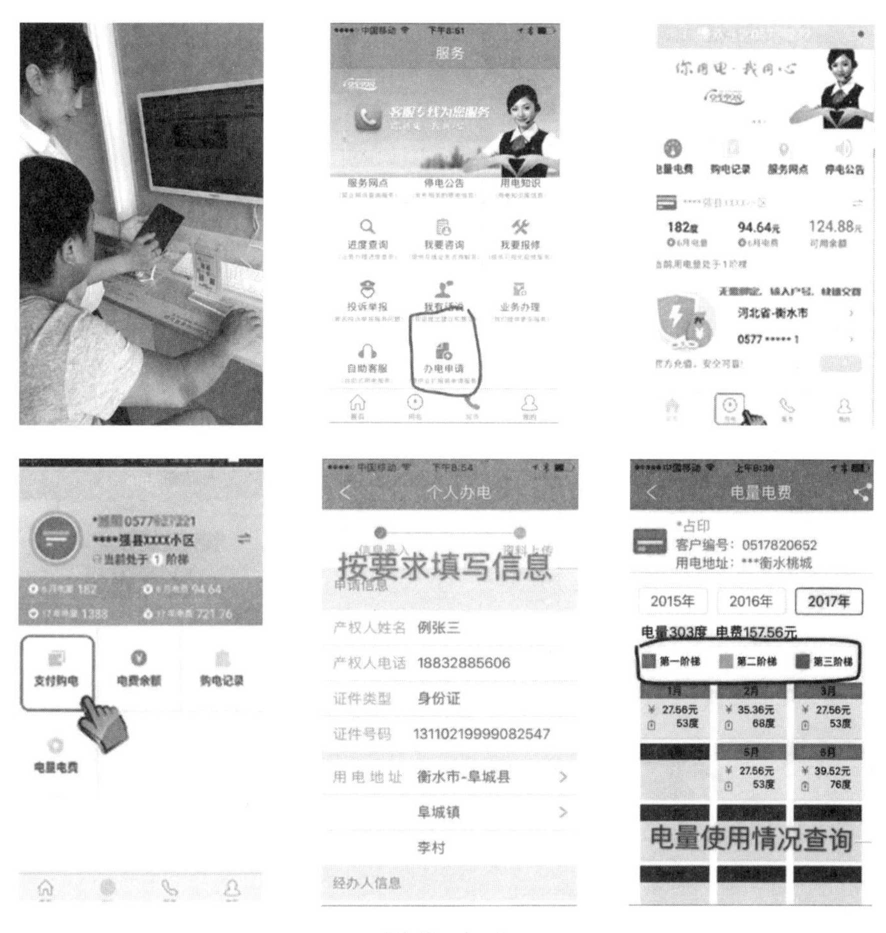

图 17－1－4

三、电 e 宝

“电 e 宝”是国家电网公司自有互联网缴费平台，为广大用电客户提供安全可靠，优质高效的支付服务；是国家电网公司互联网线上供电服务的主营载体之一，集支付结算和金融服务为一体，为国家电网公司电力营销、供电窗口、国网商城、国网商旅等业务提供全方位便捷、高效的资金结算服务，有力支撑了国家电网公司电力服务水平提升。

（一）平台功能及服务（见图 17-1-5）

图 17-1-5　电 e 宝平台界面

（二）电力缴费操作指南（见图 17-1-6、图 17-1-7）

图 17-1-6　电力缴费界面

图 17-1-7　电力缴费操作界面

（三）国网商城（见图 17－1－8）

图 17－1－8

四、微信公众号

国网河北电力微信公众号，为河北电力客户提供电量、电费查询，停电信息查询、电力政策咨询等电力服务业务，绑定方法见图 17－1－9。

图 17－1－9 绑定方法

五、支付宝缴费

支付宝是国网合作的第三方电费支付平台，使用方法见图 17－1－10。

图 17－1－10 支付宝缴费方法

第二节 分布式光伏发电业务办理与推广

一、太阳能

太阳能一般指太阳光的辐射能量。太阳能的主要利用形式有太阳能的光热转换、光电转换以及光化学转换三种主要方式。广义上的太阳能是地球上许多能量的来源，如风能，化学能，水的势能等由太阳能导致或转化成的能量形式。利用太阳能的方法主要有：太阳能电池，通过光电转换把太阳光中包含的能量转化为电能；太阳能热水器，利用太阳光的热量加热水，并利用热水发电等。

二、光伏发电

光伏发电是利用半导体界面的光生伏特效应而将光能直接转变为电能的一种技术。这种技术的关键元件是太阳能电池。太阳能电池经过串联后进行封装保护可形成大面积的太阳电池组件，再配合上功率控制器等部件就形成了光伏发电装置。

（一）光伏效应

如果光线照射在太阳能电池上并且光在界面层被吸收，具有足够能量的光子能够在P型硅和N型硅中将电子从共价键中激发，以致产生电子-空穴对。界面层附近的电子和空穴在复合之前，将通过空间电荷的电场作用被相互分离。电子向带正电的N区和空穴向带负电的P区运动。通过界面层的电荷分离，将在P区和N区之间产生一个向外的可测试的电压。此时可在硅片的两边加上电极并接入电压表。对晶体硅太阳能电池来说，开路电压的典型数值为0.5V～0.6V。通过光照在界面层产生的电子-空穴对越多，电流越大。界面层吸收的光能越多，界面层即电池面积越大，在太阳能电池中形成的电流也越大。

（二）光伏发电原理

太阳光照在半导体p-n结上，形成新的空穴-电子对，在p-n结内建电场的作用下，空穴由n区流向p区，电子由p区流向n区，接通电路后就形成电流。这就是光电效应太阳能电池的工作原理。

太阳能发电有两种方式，一种是光-热-电转换方式，另一种是光-电直接转换方式。

（1）光-热-电转换方式通过利用太阳辐射产生的热能发电，一般是由太阳能集热器将所吸收的热能转换成工质的蒸气，再驱动汽轮机发电。前一个过程是光-热转换过程；后一个过程是热-电转换过程，与普通的火力发电一样。太阳能热发电的缺点是效率很低而成本很高，估计它的投资至少要比普通火电站贵5～10倍。

（2）光-电直接转换方式是利用光伏效应，将太阳辐射能直接转换成电能，光-电转换的基本装置就是太阳能电池。太阳能电池是一种由于光生伏特效应而将太阳光能直接转化为电能的器件，是一个半导体光电二极管，当太阳光照到光电二极管上时，光电二极管就会把太阳的光能变成电能，产生电流。当许多个电池串联或并联起来就可以成为有比较大的输出功率的太阳能电池方阵了。太阳能电池是一种大有前途的新型电源，具有永久性、清洁性和灵活性三大优点。太阳能电池寿命长，只要太阳存在，太阳能电池就可以一次投资而长期使用；与火力发电、核能发电相比，太阳能电池不会引起环境污染。

（三）光伏发电系统组成及分类

（1）光伏发电系统是由太阳能电池方阵，蓄电池组，充放电控制器，逆变器，交流配电柜，太阳跟踪控制系统等设备组成。

（2）光伏发电系统分为独立光伏发电系统、并网光伏发电系统及分布式光伏发电系统。

（四）光伏发电优缺点

与常用的发电系统相比，太阳能光伏发电的优缺点如下：

1. 优点

（1）无枯竭危险；

（2）安全可靠，无噪声，无污染排放外，绝对干净（无公害）；

（3）不受资源分布地域的限制，可利用建筑屋面的优势；

（4）无需消耗燃料和架设输电线路即可就地发电供电；

（5）能源质量高；

（6）使用者从感情上容易接受；

（7）建设周期短，获取能源花费的时间短。

2. 缺点

（1）照射的能量分布密度小，即要占用巨大面积；

（2）获得的能源同四季、昼夜及阴晴等气象条件有关。利用太阳能来发电，设备成本高，太阳能利用率较低，不能广泛应用，主要用在一些特殊环境下，如卫星等。

（五）光伏发电应用领域

（1）用户太阳能电源：1）小型电源 10W～100W 不等，用于边远无电地区如高原、海岛、牧区、边防哨所等军民生活用电，如照明、电视、收录机等；2）3kW～5kW 家庭屋顶并网发电系统；3）光伏水泵：解决无电地区的深水井饮用、灌溉。

（2）交通领域如航标灯、交通/铁路信号灯、交通警示/标志灯、路灯、高空障碍灯、高速公路/铁路无线电话亭、无人值守道班供电等。

（3）通讯/通信领域：太阳能无人值守微波中继站、光缆维护站、广播/通讯/寻呼电源系统；农村载波电话光伏系统、小型通信机、士兵 GPS 供电等。

（4）石油、海洋、气象领域：石油管道和水库闸门阴极保护太阳能电源系统、石油钻井平台生活及应急电源、海洋检测设备、气象/水文观测设备等。

（5）家庭灯具电源：如庭院灯、路灯、手提灯、野营灯、登山灯、垂钓灯、黑光灯、割胶灯、节能灯等。

（6）光伏电站：10kW～50MW 独立光伏电站、风光（柴）互补电站、各种大型停车厂充电站等。

（7）太阳能建筑将太阳能发电与建筑材料相结合，使得未来的大型建筑实现电力自给，是未来一大发展方向。

（8）其他领域包括：1）与汽车配套：太阳能汽车/电动车、电池充电设备、汽车空调、换气扇、冷饮箱等；2）太阳能制氢加燃料电池的再生发电系统；3）海水淡化设备供电；4）卫星、航天器、空间太阳能电站等。

（六）光伏发电相关政策

1. 国家发展改革委关于调整光伏发电陆上风电标杆上网电价的通知（发改价格〔2016〕2729 号）

国家发展改革委关于调整光伏发电陆上风电标杆上网电价的通知

发改价格〔2016〕2729 号

各省、自治区、直辖市发展改革委、物价局，国家电网公司、南方电网公司、内蒙古电力公司：

为落实国务院办公厅《能源发展战略行动计划（2014—2020）》关于风电、光伏电价 2020 年实现平价上网的目标要求，合理引导新能源投资，促进光伏发电和风力发电产业健康有序发展，依据《可再生能源法》，决定调整新能源标杆上网电价政策。经研究，现就有关事项通知如下：

一、降低光伏发电和陆上风电标杆上网电价

根据当前新能源产业技术进步和成本降低情况，降低 2017 年 1 月 1 日之后新建光伏发电和 2018 年 1 月 1 日之后新核准建设的陆上风电标杆上网电价，具体价格见附件 1 和附件 2。2018 年前如果新建陆上风电项目工程造价发生重大变化，国家可根据实际情况调整上述标杆电价。之前发布的上述年份新建陆上风电标杆上网电价政策不再执行。光伏发电、陆上风电上网电价在当地燃煤机组标杆上网电价（含脱硫、脱硝、除尘电价）以内的部分，由当地省级电网结算；高出部分通过国家可再生能源发展基金予以补贴。

二、明确海上风电标杆上网电价

对非招标的海上风电项目，区分近海风电和潮间带风电两种类型确定上网电价。近海风电项目标杆上网电价为每千瓦时 0.85 元，潮间带风电项目标杆上网电价为每千瓦时 0.75 元。海上风电上网电价在当地燃煤机组标杆上网电价（含脱硫、脱硝、除尘电价）以内的部分，由当地省级电网结算；高出部分通过国家可再生能源发展基金予以补贴。

三、鼓励通过招标等市场化方式确定新能源电价

国家鼓励各地通过招标等市场竞争方式确定光伏发电、陆上风电、海上风电等新能源项目业主和上网电价，但通过市场竞争方式形成的价格不得高于国家规定的同类资源区光伏发电、陆上风电、海上风电标杆上网电价。实行招标等市场竞争方式确定的价格，在当地燃煤机组标杆上网电价（含脱硫、脱硝、除尘电价）以内的部分，由当地省级电网结算；高出部分由国家可再生能源发展基金予以补贴。

四、其他有关要求

各新能源发电企业和电网企业必须真实、完整地记载和保存相关发电项目上网交易电量、价格和补贴金额等资料，接受有关部门监督检查。各级价格主管部门要加强对新能源上网电价执行和可再生能源发展基金补贴结算的监管，督促相关上网电价政策执行到位。

上述规定自 2017 年 1 月 1 日起执行。

附件：

1. 全国光伏发电标杆上网电价表
2. 全国陆上风力发电标杆上网电价表

国家发展改革委

2016 年 12 月 26 日

附件 1　全国光伏发电标杆上网电价表

单位：元/千瓦时（含税）

资源区	2017 年新建光伏电站标杆上网电价	各资源区所包括的地区
Ⅰ类资源区	0.65	宁夏，青海海西，甘肃嘉峪关，武威，张掖，酒泉，敦煌、金昌，新疆哈密、塔城、阿勒泰、克拉玛依，内蒙古除赤峰、通辽、兴安盟、呼伦贝尔以外地区
Ⅱ类资源区	0.75	北京，天津，黑龙江，吉林，辽宁，四川，云南，内蒙古赤峰、通辽、兴安盟、呼伦贝尔，河北承德、张家口、唐山、秦皇岛，山西大同、朔州、忻州、阳泉，陕西榆林、延安、青海、甘肃、新疆除Ⅰ类外其他地区
Ⅲ类资源区	0.85	除Ⅰ类、Ⅱ类资源区以外的其他地区

注：1. 西藏自治区光伏电站标杆电价为 1.05 元/千瓦时。2. 2017 年 1 月 1 日以后纳入财政补贴年度规模管理的光伏发电项目，执行 2017 年光伏发电标杆上网电价。3. 2017 年以前备案并纳入以前年份财政补贴规模管理的光伏发电项目，但于 2017 年 6 月 30 日以前仍未投运的，执行 2017 年标杆上网电价。4. 今后，光伏发电标杆上网电价暂定每年调整一次。

附件 2　全国陆上风力发电标杆上网电价表

单位：元/千瓦时（含税）

资源区	2018 年新建陆上风电标杆上网电价	各资源区所包括的地区
Ⅰ类资源区	0.40	内蒙古自治区除赤峰市、通辽市、兴安盟、呼伦贝尔市以外其他地区；新疆维吾尔自治区乌鲁木齐市、伊犁哈萨克族自治州、克拉玛依市、石河子市
Ⅱ类资源区	0.45	河北省张家口市、承德市；内蒙古自治区赤峰市、通辽市、兴安盟、呼伦贝尔市；甘肃省嘉峪关市、酒泉市；云南省
Ⅲ类资源区	0.49	吉林省白城市、松原市；黑龙江省鸡西市、双鸭山市、七台河市、绥化市、伊春市，大兴安岭地区；甘肃省除嘉峪关市、酒泉市以外其他地区；新疆维吾尔自治区除乌鲁木齐市、伊犁哈萨克族自治州、克拉玛依市、石河子市以外其他地区；宁夏回族自治区
Ⅳ类资源区	0.57	除Ⅰ类、Ⅱ类、Ⅲ类资源区以外的其他地区

注：2018 年 1 月 1 日以后核准并纳入财政补贴年度规模管理的陆上风电项目执行 2018 年的标杆上网电价。2 年核准期内未开工建设的项目不得执行该核准期对应的标杆电价。2018 年以前核准并纳入以前年份财政补贴规模管理的陆上风电项目但于 2019 年年底前仍未开工建设的，执行 2018 年标杆上网电价。2018 年以前核准但纳入 2018 年 1 月 1 日之后财政补贴年度规模管理的陆上风电项目，执行 2018 年标杆上网电价。

2. 河北省物价局关于光伏发电项目有关电价补贴政策的通知（冀价管〔2015〕252 号）

河北省物价局关于光伏发电项目有关电价补贴政策的通知

冀价管〔2015〕252 号

各设区市、定州市、辛集市物价局：

为进一步促进我省光伏产业尤其是屋顶分布式光伏产业的健康发展，经省政府同意，现就我省光伏发电项目电价补贴政策通知如下：

一、对屋顶分布式光伏发电项目（不包括金太阳示范工程），按照全电量进行电价补贴，补贴标准为每千瓦时 0.2 元，由省电网企业在转付国家补贴时一并结算。2015 年 10 月 1 日之前投产的项目，补贴时间自 2015 年 10 月 1 日到 2018 年 9 月 30 日；对 2015 年 10 月 1 日至 2017 年底以前建成投产的项目，自并网之日起补贴 3 年。对余量上网电量由省电网企业按照当地燃煤机组标杆上网电价结算，并随标杆上网电价的调整相应调整。

二、对河北省光伏扶贫电站项目，2017 年年底以前建成投产的，自 2016 年 1 月 1 日起补贴标准为每千瓦时 0.2 元，自并网之日起补贴 3 年。其他地面光伏电站项目（包括分布式光伏电站项目），仍按照《河北省人民政府关于进一步促进光伏产业健康发展的指导意见》（冀政〔2013〕83 号）文件规定，执行现行光伏电站电价补贴政策。

河北省物价局

2016 年 1 月 4 日

第三节　电能替代推广应用

一、电能替代的概念

2013 年，随着城市雾霾现象的日益严重和公司售电量增速的持续下滑，国家电网公司提出了“以电代煤、以电代油、电从远方来、来的是清洁电”两个替代发展战略。

电能替代是指在终端能源消费环节利用电能替代燃煤（薪柴）、燃油（气）的能源消费方式。

以电代煤，主要是把工业煤锅炉、工业煤窑炉、居民取暖厨炊等用煤改为用电，减少煤炭直接燃烧带来的污染物排放。

以电代油，主要是大力发展电动汽车、电气化轨道交通、农业电力灌溉等，减少对石油的依赖。

电从远方来，主要是以输电替代输煤，把西部、北部的火电、水电、风电、太阳能发电远距离、大规模输送到东中部地区。

来的是清洁电，就是说使用电能基本没有污染物排放，属于清洁能源。

“以电代煤、以电代油、电从远方来、来的是清洁电”发展战略，统筹兼顾了各类能源以及能源发展各个环节之间的关系，对于构建以安全发展、高效发展、清洁发展为目标的现代能源保障体系至关重要；广泛考虑了能源与经济、社会、环境之间的普遍联系，对于推动能源与经济社会协调发展、全面促进生态文明建设意义重大。

二、实施电能替代的意义

（一）实施电能替代是治理城市雾霾的有效措施

燃煤和燃油是造成环境污染的重要因素，PM2.5 中的 50%～60%来自燃煤，20%～30%来自燃油，政府虽然将天然气归纳为清洁能源，但天然气燃烧后，会产生大量的二氧化碳和氮氧化物，同样会造成污染（新疆乌鲁木齐曾经大力推行“气化新疆”，最终却因为雾霾没有明显改善而开始推行电采暖），电能在终端消费环节的转换效率和排放效应明显优于煤和油，煤炭就地转化为电能并进行集中排污治理的环保效果明显优于分散燃烧，随着清洁能源发电比重的提高，在终端用能环节实施电能替代煤和油，能显著减少城市污染物排放，改善生活环境质量。

（二）实施电能替代是保障能源安全的重要举措

近年来，河北煤炭、天然气、石油等一次能源的对外依存度不断升高，特别是天然气缺气现象时有发生，采取多种途径实现一次能源的节约和替代成为保障河北能源安全的重要措施。随着特高压电网建设落户河北，输电要比输煤、输油、输气更加经济、高效和便捷。充分发挥电网优势，建立以电能为中心的可持续能源供应体系，能大幅度降低能源对外依存度，显著增强河北能源安全保障能力。

（三）电能的比较优势是支撑电能替代的基础

所有的一次能源都可以转换为电能，电能相对于煤炭、石油、天然气等能源具有更加便捷、安全和清洁的优势，而且可以较为方便地转换为机械能、热能等其他形式的能源并实现精密控制。近年来公司大力推行“户户通电”工程，目前输电线路在河北南部地区基本实现了全覆盖，覆盖率远高于集中供暖管道和天然气管道（县城和农村地区的集中供暖和天然气管道覆盖率较低），为大面积推行电能替代打下了良好基础。随着能源价格比对关系逐步趋于合理，石油、天然气价格在未来势必恢复上涨趋势，电能在终端能源消费市场的竞争力会进一步增强，将使电能替代项目具有更加显著的经济效益。

（四）实施电能替代是开拓售电市场的有效途径

我国经济增长已经从高速发展过渡到中速发展阶段，电力增长也将趋于中速发展，公司售电市场增长无法继续依赖过去经济高速增长的发展方式。同时，国家大力支持天然气的开发利用，太阳能、风能、冷热电三联供等分布式能源的发展正在挤占公司售电市场份额，终端能源消费市场竞争日益激烈。如果售电增速不能达到预期，势必对电网建设、公司发展、员工收入造成巨大影响。因此，在经济发展新常态下，电能替代已经成为增加公司售电量、支撑公司发展的重要途径和核心任务。

三、电能替代技术领域分类（见表 17－3－1）

经过近年来的不断开拓和总结，国家电网公司目前共确定了五大类 56 项的电能替代技术领域，但在电能替代工作推进过程中，电能替代领域还在不断的拓展，例如 2017 年以来，沧州公司和保定公司就分别挖掘出中药电烘干、沿海造田真空预压技术等创新替代领域。

表 17-3-1　电能替代技术领域分类

<table>
<tr><th>序号</th><th>一级分类</th><th>二级分类</th><th>具体技术</th></tr>
<tr><td rowspan="12">一</td><td rowspan="12">居民
采暖领域</td><td rowspan="5">分散
电采暖</td><td>碳晶（纤维）</td></tr>
<tr><td>石墨烯</td></tr>
<tr><td>发热电缆</td></tr>
<tr><td>电热膜</td></tr>
<tr><td>蓄能式电暖器</td></tr>
<tr><td rowspan="2">电（蓄）
热锅炉</td><td>直热式供暖电锅炉（电阻类、电极类、电磁涡流类等）</td></tr>
<tr><td>蓄热式供暖电锅炉（蓄热砖、无机熔融盐、有机石蜡等）</td></tr>
<tr><td rowspan="5">热泵</td><td>污水源热泵</td></tr>
<tr><td>水源热泵</td></tr>
<tr><td>土壤源热泵</td></tr>
<tr><td>空气源热泵</td></tr>
<tr><td>低品位余热源（如电厂低温循环水）热泵</td></tr>
<tr><td rowspan="10">二</td><td rowspan="10">工（农）业
生产制造
领域</td><td rowspan="2">工业电锅炉</td><td>直热式工业蒸汽电锅炉（电阻类、
电极类、电磁涡流类等）</td></tr>
<tr><td>蓄热式工业蒸汽电锅炉（蓄热砖、
无机熔融盐、有机石蜡等）</td></tr>
<tr><td rowspan="4">建材电窑炉</td><td>陶瓷电窑炉（梭式窑、隧道窑、辊道窑、
推板窑、钟罩窑等）</td></tr>
<tr><td>水泥、石灰、石膏和岩棉窑炉</td></tr>
<tr><td>微晶玻璃电熔窑炉（全电熔、电助熔）</td></tr>
<tr><td>砖瓦电窑炉</td></tr>
<tr><td rowspan="4">冶金电炉</td><td>直接加热电阻炉</td></tr>
<tr><td>间接加热电阻炉（钟罩式光亮退火炉）</td></tr>
<tr><td>电弧炉（钢包精炼 LF 炉）</td></tr>
<tr><td>中/高频感应电炉</td></tr>
</table>

表 17-3-1（续）

序号	一级分类	二级分类	具体技术
二	工（农）业生产制造领域	辅助电动力	电动鼓风机
			电动空压机
			电动挖掘机
			电液锤
			电动破碎机
		矿山采选	采矿电铲
			矿山采选皮带廊
		农业电排灌	电排灌
		农业辅助生产	电保温设备
			电动制氧机
			电动喷淋机
		农产品加工	电烤烟
			电制茶
			电烤槟榔
三	交通领域	电动车	市政公共交通充（换）电站
			专用电动车
			民用乘用车充（换）电站
			民用电动汽车充电桩
			微型电动汽车
			低速电动车（电动自行车、摩托车、三轮车）
		轨道交通	市政轨道交通
			铁路交通
		港口岸电	船舶靠港岸电
			轨道式、轮胎式电动集装箱起重机
			港口码头电动皮带廊装卸
			岸电入海
		机场桥载 APU 替代	机场桥载 APU 替代

表 17-3-1（续）

<table>
<tr><th>序号</th><th>一级分类</th><th>二级分类</th><th>具体技术</th></tr>
<tr><td rowspan="11">四</td><td rowspan="11">电力供应与消费领域</td><td>燃煤自备电厂、地方电厂替代</td><td>纯燃煤自备电厂、地方电厂替代</td></tr>
<tr><td>油田钻机油改电</td><td>电钻机</td></tr>
<tr><td>油气管线电力加压</td><td>电力加压机</td></tr>
<tr><td rowspan="2">电（蓄）冷空调</td><td>蓄冷式中央空调（水、冰、有机相变）</td></tr>
<tr><td>直冷式中央空调（活塞往复类、螺杆回转类）</td></tr>
<tr><td rowspan="5">大型公共建筑热泵</td><td>污水源热泵</td></tr>
<tr><td>水源热泵</td></tr>
<tr><td>土壤源热泵</td></tr>
<tr><td>空气源热泵</td></tr>
<tr><td>低品位余热源（如电厂低温循环水）热泵</td></tr>
<tr><td rowspan="2">五</td><td rowspan="2">其他</td><td rowspan="2">家庭电气化</td><td>电厨炊技术（电高压锅、电蒸锅、微波炉、电热水壶等）</td></tr>
<tr><td>电洗浴技术（即热式/蓄热式电洗浴热水器）</td></tr>
</table>

四、典型电能替代技术简要介绍

（一）电锅炉

电锅炉是以电力为能源，利用电阻发热或电磁感应发热，通过锅炉的换热部位把热媒水或有机热载体（导热油）加热到一定参数（温度、压力）时，向外输出具有额定工质的一种热能机械设备。分类：电锅炉按照供热方式可分为直热式电锅炉和蓄热式电锅炉，按照输出介质可分为热水电锅炉和蒸汽电锅炉，其中热水电锅炉主要用于生活供暖或洗浴供水，工业生产中也有少量应用；产生蒸汽的电锅炉称为蒸汽电锅炉，多用于火电站、船舶、机车和工矿企业。

（二）电采暖

电采暖是以电能为能源，通过碳纤维板、碳晶、发热电缆或电热膜等介质为发热体，将电能转化为热能，通过采暖房间的地面以低温辐射的方式，把热量送入房间。电采暖可控性强，可实现分户分室控制，操作方便；提高用户居住的舒适性，辐射式供暖减少传统供暖干燥、闷热的感觉；建设成本比普通水暖系统低；节省建筑空间资源；可利用热惰性的特点，利用低谷电加热，减少白天高峰时段耗电量。对学校、写字楼等供暖需求呈间歇性特点的一般工商业用户和在家时间较短的居民用户，可有效降低用户的采暖费用（但对于需要长时间、不间断供暖的用户，运行费用较高）。

（三）热泵

热泵是一种高效节能设备，利用压缩机做功，将低位热能转换为高位热能（吸收低温热源蕴藏的废热，并将其提升到高温热源中），它同时具备冬季采暖和夏季制冷的功能（但也要根据热源确定，例如保定地区有使用温泉作为热源的热泵技术，则只能供暖不能制冷）。按照低温热源的来源不同，热泵分为土壤源热泵（土壤源热泵又称地源热泵）、水源热泵（地下水源、污水源、海水源等）、空气源热泵和工业企业余热源热泵。热泵系统推广领域主要在公共建筑和新建住宅建筑，其中公共建筑主要包括宾馆、商厦、写字楼、医院、学校等；新建住宅建筑主要包括别墅和居民小区等。

（四）冰蓄冷空调

冰蓄冷空调是利用夜间低谷电价电力制冰储存在蓄冰装置中，白天融冰将所储存冷量在高峰电价的时段释放出来，达到节约空调运行费用的目的。冰蓄冷空调的适用于商场、写字楼、剧院、体育场馆、机场、城市综合体等白天空调用量大，晚上不用空调的项目，医院等因空调用量大的项目也具备改造潜力，且河北南网具有双蓄优惠电价，推广潜力较大。

（五）中频电炉

中频电炉利用电磁感应原理对金属进行加热融化，全自动的生产线完成浇筑和成型。中频电炉温控精度高、熔炼速度快，提高产品档次、经济效果好；节电效果明显、能耗低，没有废气排放，防止了空气污染，有利于环境保护，改善了职工劳动条件；投资少、人工成本低，占地少，辅助设备简单、易维修。据现在已经应用了中频电炉的厂家计算，使用中频电炉可以将产品的废品率由20%下降到5%以内，每条生产线的人工成本下降近50万元，替代后的经济效益和环保效益均十分突出。

（六）LF电精炼炉

LF电精炼炉是用来对初炼炉（电弧炉、平炉、转炉）所熔钢水进行精炼，并且能调节钢水温度，工艺缓冲，满足连铸、连轧的重要冶金设备。使用电精炼炉经过电弧加热钢液，不但使精炼过程可以补加合金和调整成分，也可以补加渣料，便于钢液深脱硫和脱氧，并保证连铸要求的始浇温度，提高铸坯质量。

（七）电热隧道窑

电热隧道窑主要用于瓷器烧制，为电动推进连续作业式烧结炉，窑体直径为10m～20m。其中炉体分为低温区、中温区、高温区三个部分，窑炉为人工上瓷胚，由纵向推进机周期性的把推板和瓷胚推入窑炉炉膛，经进料台、低温区、中温区、高温区、到出料工作台后，人工卸料，完成瓷器的烧结过程。电热隧道窑生产线自动化程度较高，生产安全，对温度的控制较为准确，能控制在±1℃范围内，产品质量高，同时可实现“绿色生产”，基本不污染环境。

五、电能替代电量统计认定

（1）电能替代电量统计认定遵循科学规范、有据可依、客观公正、简捷方便的原则，采用直接计量方式（包括公司资产表计和客户资产表计两类）统计认定替代电量。

（2）电能替代设备应单独装表计量，通过人工抄表或用电信息采集系统采集统计，做到“一设备一计量”。对于应用区域集中、分散式替代设备（如分散电采暖）应推广加装嵌入式计量模块，实现“随器计量”。

（3）替代项目现场确实不具备装表条件的，可采用定比定量方式（即根据电能表计量的总电量，通过核定一定比例 或一定电量）统计认定替代电量。定比系数应按照就低不就高的原则取值。

（4）家庭电气化、农业电排灌等数量众多、分散的替代项目，以市级供电单位为基本单元统计填报。

（5）各类电能替代项目的替代电量统计周期为12个月（可跨年）。

注：节选自《国网营销部〈关于印发电能替代工作规则〉的通知》（营销市场〔2017〕17号）

第四节 充换电业务办理与推广

充电桩是常见的充换电设施，一般提供常规充电和快速充电两种充电方式，人们可以使用特定的充电卡在充电桩提供的人机交互操作界面上刷卡使用，进行相应的充电方式、充电时间、费用数据打印等操作，充电桩显示屏能显示充电量、费用、充电时间等数据。

一、业务办理流程（低压）

1. 用电申请、缴费并签订合同

您需提供的申请材料包括：

（1）用电人身份证或户口本等有效身份证明；

（2）固定车位产权证明或产权单位许可证明；

（3）物业出具同意使用充换电设施的证明材料。

（4）若您受用电人委托办理业务，还需提供您的有效身份证明。

2. 装表接电

在受理您用电申请后，我们将在下一个工作日或按照与您约定的时间至现场查看供电条件，并答复您供电方案。

如果您的用电涉及工程施工，请您自主选择您产权范围内工程的施工单位（具备相应资质），在工程竣工后，请及时报验，我们将在1个工作日内完成竣工检验。若验收合格并办结有关手续，在竣工检验时同步完成装表接电工作。

3. 您需注意的事项

根据国家规定，产权分界点以下部分由您负责施工，产权分界点以上工程由供电企业负责。在用电业务办理过程中，如果您需要了解业务办理进度，可以直接到营业厅、登录手机APP或拨打95598服务热线进行查询。

二、业务办理流程（高压）

1. 用电申请

您需提供的申请材料包括：

（1）用电主体资格证明材料。个人用户提交有效身份证明（居民身份证、军人证、护照、户口薄或者公安派出所出具的户籍证明等）；企业、工商客户应提交营业执照或个体工商营业执照；机关事业单位应提交事业法人证书或组织机构代码证；军队应提交主体证明材料。

（2）固定车位产权证明或产权单位许可证明。

（3）物业出具同意使用充换电设施的证明材料。

（4）若您受用电人委托办理业务，还需提供您的有效身份证明。

2. 确定方案

在受理您用电申请后，我们将安排客户经理在下一个工作日或按照与您约定的时间至现场查看供电条件，并在15个工作日内答复供电方案。根据国家规定，产权分界点以下部分由您负责施工，分界点以上向电源侧工程由供电企业负责。

3. 工程设计

请您自主选择产权范围内工程的设计单位（须具备相应资质），设计完成后请及时提交设计文件，我们将在10个工作日内完成审查。

4. 工程施工

请您自主选择拟产权范围内工程的施工单位（须具备相应资质）进行施工，在电缆管沟、接地网等隐蔽工程覆盖前，请及时通知我们进行中间检查，工程竣工后请及时报验，我们将分别于5个工作日内完成竣工检查。

5. 装表接电

在竣工检验合格，签订《供用电合同》及相关协议，结清相关费用并办结相关手续后，我们将在5个工作日内为您装表接电。业务费用的标准按照当地物价部门的价格标准执行。

三、充换电设施用电申请需提供资料清单（见表17-4-1）

表17-4-1 充换电设施用电申请所需资料清单

√必须存档；△视情况存档

序号	资料名称	居民	低压非居	高压
1	用电申请表	√	√	√
2	身份证原件及复印件	√	△	△
3	营业执照原件及复印件		△	△
4	固定车位产权证明或产权单位许可证明		√	√
5	物业部门出具允许施工的书面说明	√	√	
6	主要充电设备符合国家和行业标准的证明材料		√	√
注：增容变更用电时，客户已提供、且在有效期以内的资料无需再次提供。 说明：对于经营性质的低压非居或高压客户，需提供营业执照，可不提供身份证；对于非经营性质的提供身份证。